科学人文总相宜
杨叔子传

许锋华 等著

科学家学术成长资料采集工程
中国科学院院士传记丛书

- 1933年 出生于江西
- 1952年 考入武汉大学
- 1953年 转入华中工学院
- 1984年 《机械工程控制基础》出版
- 1987年 研发钢丝绳断丝定量检测技术
- 1991年 当选中国科学院学部委员
- 1992年 牵头申请"智能制造技术基础"重点项目
- 1993年 任华中理工大学校长
- 1997年 建立首个大学生文化素质教育基地

老科学家学术成长资料采集工程
中国科学院院士传记丛书

科学人文总相宜
杨叔子传

许锋华 等著

中国科学技术出版社
上海交通大学出版社

图书在版编目（CIP）数据

科学人文总相宜：杨叔子传 / 许锋华等著. -- 北京：中国科学技术出版社，2021.5

（老科学家学术成长资料采集工程丛书. 中国科学院院士传记丛书）

ISBN 978-7-5046-7900-0

Ⅰ. ①科… Ⅱ. ①许… Ⅲ. ①杨叔子－传记 Ⅳ. ① K826.16

中国版本图书馆 CIP 数据核字（2021）第 019799 号

责任编辑	何红哲
责任校对	邓雪梅
责任印制	李晓霖
版式设计	中文天地

出 版	中国科学技术出版社　上海交通大学出版社
发 行	中国科学技术出版社有限公司发行部
地 址	北京市海淀区中关村南大街 16 号
邮 编	100081
发行电话	010-62173865
传 真	010-62173081
网 址	http://www.cspbooks.com.cn

开 本	787mm×1092mm　1/16
字 数	365 千字
印 张	24
彩 插	2
版 次	2021 年 5 月第 1 版
印 次	2021 年 5 月第 1 次印刷
印 刷	北京华联印刷有限公司
书 号	ISBN 978-7-5046-7900-0 / K·290
定 价	128.00 元

（凡购买本社图书，如有缺页、倒页、脱页者，本社发行部负责调换）

老科学家学术成长资料采集工程
领导小组专家委员会

主　任：韩启德

委　员：（以姓氏拼音为序）

　　　　陈佳洱　方　新　傅志寰　李静海　刘　旭
　　　　齐　让　王礼恒　徐延豪　赵沁平

老科学家学术成长资料采集工程
丛书组织机构

特邀顾问（以姓氏拼音为序）

　　　　樊洪业　方　新　谢克昌

编 委 会

主　编：老科学家学术成长资料采集工程领导小组办公室

编　委：（以姓氏拼音为序）

　　　　定宜庄　董庆九　郭　哲　胡宗刚　胡化凯
　　　　刘晓堪　吕瑞花　秦德继　任福君　王扬宗
　　　　熊卫民　姚　力　张大庆　张　藜　张　剑
　　　　周大亚　周德进

编委会办公室

主　任：孟令耘　杨志宏

副主任：许　慧　刘佩英

成　员：（以姓氏拼音为序）

　　　　冯　勤　高文静　韩　颖　李　梅　刘如溪
　　　　罗兴波　王传超　余　君　张佳静

老科学家学术成长资料采集工程简介

老科学家学术成长资料采集工程（以下简称"采集工程"）是根据国务院领导同志的指示精神，由国家科教领导小组于2010年正式启动，中国科协牵头，联合中组部、教育部、科技部、工信部、财政部、文化部、国资委、解放军总政治部、中国科学院、中国工程院、国家自然科学基金委员会等11部委共同实施的一项抢救性工程，旨在通过实物采集、口述访谈、录音录像等方法，把反映老科学家学术成长历程的关键事件、重要节点、师承关系等各方面的资料保存下来，为深入研究科技人才成长规律，宣传优秀科技人物提供第一手资料和原始素材。

采集工程是一项开创性工作。为确保采集工作规范科学，启动之初即成立了由中国科协主要领导任组长、12个部委分管领导任成员的领导小组，负责采集工程的宏观指导和重要政策措施制定，同时成立领导小组专家委员会负责采集原则确定、采集名单审定和学术咨询，委托科学史学者承担学术指导与组织工作，建立专门的馆藏基地确保采集资料的永久性收藏和提供使用，并研究制定了《采集工作流程》《采集工作规范》等一系列基础文件，作为采集人员的工作指南。截至2016年6月，已启动400多位老科学家的学术成长资料采集工作，获得手稿、书信等实物原件资料73968件，数字化资料178326件，视频资料4037小时，音频资料4963小时，具有重要的史料价值。

采集工程的成果目前主要有三种体现形式，一是建设"中国科学家博物馆网络版"，提供学术研究和弘扬科学精神、宣传科学家之用；二是编辑制作科学家专题资料片系列，以视频形式播出；三是研究撰写客观反映老科学家学术成长经历的研究报告，以学术传记的形式，与中国科学院、中国工程院联合出版。随着采集工程的不断拓展和深入，将有更多形式的采集成果问世，为社会公众了解老科学家的感人事迹，探索科技人才成长规律，研究中国科技事业的发展历程提供客观翔实的史料支撑。

总序一

中国科学技术协会主席　韩启德

老科学家是共和国建设的重要参与者，也是新中国科技发展历史的亲历者和见证者，他们的学术成长历程生动反映了近现代中国科技事业与科技教育的进展，本身就是新中国科技发展历史的重要组成部分。针对近年来老科学家相继辞世、学术成长资料大量散失的突出问题，中国科协于2009年向国务院提出抢救老科学家学术成长资料的建议，受到国务院领导同志的高度重视和充分肯定，并明确责成中国科协牵头，联合相关部门共同组织实施。根据国务院批复的《老科学家学术成长资料采集工程实施方案》，中国科协联合中组部、教育部、科技部、工业和信息化部、财政部、文化部、国资委、解放军总政治部、中国科学院、中国工程院、国家自然科学基金委员会等11部委共同组成领导小组，从2010年开始组织实施老科学家学术成长资料采集工程。

老科学家学术成长资料采集是一项系统工程，通过文献与口述资料的搜集和整理、录音录像、实物采集等形式，把反映老科学家求学历程、师承关系、科研活动、学术成就等学术成长中关键节点和重要事件的口述资料、实物资料和音像资料完整系统地保存下来，对于充实新中国科技发展的历史文献，理清我国科技界学术传承脉络，探索我国科技发展规律和科技人才成长规律，弘扬我国科技工作者求真务实、无私奉献的精神，在全社会营造爱科学、学科学、用科学的良好氛围，是一件很有意义的事情。采集工程把重点放在年龄在80岁以上、学术成长经历丰富的两院院士，以及虽然不是两院院士、但在我国科技事业发展中作出突出贡献的老科技工作者，充分体现了党和国家对老科学家的关心和爱护。

自2010年启动实施以来，采集工程以对历史负责、对国家负责、对科技事业负责的精神，开展了一系列工作，获得大量反映老科学家学术成长历程的文字资料、实物资料和音视频资料，其中有一些资料具有很高的史料价值和学术价值，弥足珍贵。

以传记丛书的形式把采集工程的成果展现给社会公众，是采集工程的目标之一，也是社会各界的共同期待。在我看来，这些传记丛书大都是在充分挖掘档案和书信等各种文献资料、与口述访谈相互印证校核、严密考证的基础之上形成的，内中还有许多很有价值的照片、手稿影印件等珍贵图片，基本做到了图文并茂，语言生动，既体现了历史的鲜活，又立体化地刻画了人物，较好地实现了真实性、专业性、可读性的有机统一。通过这套传记丛书，学者能够获得更加丰富扎实的文献依据，公众能够更加系统深入地了解老一辈科学家的成就、贡献、经历和品格，青少年可以更真实地了解科学家、了解科技活动，进而充分激发对科学家职业的浓厚兴趣。

借此机会，向所有接受采集的老科学家及其亲属朋友，向参与采集工程的工作人员和单位，表示衷心感谢。真诚希望这套丛书能够得到学术界的认可和读者的喜爱，希望采集工程能够得到更广泛的关注和支持。我期待并相信，随着时间的流逝，采集工程的成果将以更加丰富多样的形式呈现给社会公众，采集工程的意义也将越来越彰显于天下。

是为序。

总序二

中国科学院院长　白春礼

　　由国家科教领导小组直接启动，中国科学技术协会和中国科学院等12个部门和单位共同组织实施的老科学家学术成长资料采集工程，是国务院交办的一项重要任务，也是中国科技界的一件大事。值此采集工程传记丛书出版之际，我向采集工程的顺利实施表示热烈祝贺，向参与采集工程的老科学家和工作人员表示衷心感谢！

　　按照国务院批准实施的《老科学家学术成长资料采集工程实施方案》，开展这一工作的主要目的就是要通过录音录像、实物采集等多种方式，把反映老科学家学术成长历史的重要资料保存下来，丰富新中国科技发展的历史资料，推动形成新中国的学术传统，激发科技工作者的创新热情和创造活力，在全社会营造爱科学、学科学、用科学的良好氛围。通过实施采集工程，系统搜集、整理反映这些老科学家学术成长历程的关键事件、重要节点、学术传承关系等的各类文献、实物和音视频资料，并结合不同时期的社会发展和国际相关学科领域的发展背景加以梳理和研究，不仅有利于深入了解新中国科学发展的进程特别是老科学家所在学科的发展脉络，而且有利于发现老科学家成长成才中的关键人物、关键事件、关键因素，探索和把握高层次人才培养规律和创新人才成长规律，更有利于理清我国科技界学术传承脉络，深入了解我国科学传统的形成过程，在全社会范围内宣传弘扬老科学家的科学思想、卓越贡献和高尚品质，推动社会主义科学文化和创新文化建设。从这个意义上说，采集工程不仅是一项文化工程，更是一项严肃认真的学术建设工作。

中国科学院是科技事业的国家队，也是凝聚和团结广大院士的大家庭。早在1955年，中国科学院选举产生了第一批学部委员，1993年国务院决定中国科学院学部委员改称中国科学院院士。半个多世纪以来，从学部委员到院士，经历了一个艰难的制度化进程，在我国科学事业发展史上书写了浓墨重彩的一笔。在目前已接受采集的老科学家中，有很大一部分即是上个世纪80、90年代当选的中国科学院学部委员、院士，其中既有学科领域的奠基人和开拓者，也有作出过重大科学成就的著名科学家，更有毕生在专门学科领域默默耕耘的一流学者。作为声誉卓著的学术带头人，他们以发展科技、服务国家、造福人民为己任，求真务实、开拓创新，为我国经济建设、社会发展、科技进步和国家安全作出了重要贡献；作为杰出的科学教育家，他们着力培养、大力提携青年人才，在弘扬科学精神、倡树科学理念方面书写了可歌可泣的光辉篇章。他们的学术成就和成长经历既是新中国科技发展的一个缩影，也是国家和社会的宝贵财富。通过采集工程为老科学家树碑立传，不仅对老科学家们的成就和贡献是一份肯定和安慰，也使我们多年的夙愿得偿！

鲁迅说过，"跨过那站着的前人"。过去的辉煌历史是老一辈科学家铸就的，新的历史篇章需要我们来谱写。衷心希望广大科技工作者能够通过"采集工程"的这套老科学家传记丛书和院士丛书等类似著作，深入具体地了解和学习老一辈科学家学术成长历程中的感人事迹和优秀品质；继承和弘扬老一辈科学家求真务实、勇于创新的科学精神，不畏艰险、勇攀高峰的探索精神，团结协作、淡泊名利的团队精神，报效祖国、服务社会的奉献精神，在推动科技发展和创新型国家建设的广阔道路上取得更辉煌的成绩。

总序三

中国工程院院长　周　济

由中国科协联合相关部门共同组织实施的老科学家学术成长资料采集工程，是一项经国务院批准开展的弘扬老一辈科技专家崇高精神、加强科学道德建设的重要工作，也是我国科技界的共同责任。中国工程院作为采集工程领导小组的成员单位，能够直接参与此项工作，深感责任重大、意义非凡。

在新的历史时期，科学技术作为第一生产力，已经日益成为经济社会发展的主要驱动力。科技工作者作为先进生产力的开拓者和先进文化的传播者，在推动科学技术进步和科技事业发展方面发挥着关键的决定的作用。

新中国成立以来，特别是改革开放30多年来，我们国家的工程科技取得了伟大的历史性成就，为祖国的现代化事业作出了巨大的历史性贡献。两弹一星、三峡工程、高速铁路、载人航天、杂交水稻、载人深潜、超级计算机……一项项重大工程为社会主义事业的蓬勃发展和祖国富强书写了浓墨重彩的篇章。

这些伟大的重大工程成就，凝聚和倾注了以钱学森、朱光亚、周光召、侯祥麟、袁隆平等为代表的一代又一代科技专家们的心血和智慧。他们克服重重困难，攻克无数技术难关，潜心开展科技研究，致力推动创新发展，为实现我国工程科技水平大幅提升和国家综合实力显著增强作出了杰出贡献。他们热爱祖国，忠于人民，自觉把个人事业融入到国家建设大局之中，为实现国家富强而不断奋斗；他们求真务实，勇于创新，用科技为中华民族的伟大复兴铸就了辉煌；他们治学严谨，鞠躬尽瘁，具有崇高的科学精神和科学道德，是我们后代学习的楷模。科学家们的一生是一本珍贵的教科书，他们坚定的理想信念和淡泊名利的崇高品格是中华民族自强不息精神的宝贵财富，永远值得后人铭记和敬仰。

通过实施采集工程，把反映老科学家学术成长经历的重要文字资料、实物资料和音像资料保存下来，把他们卓越的技术成就和可贵的精神品质记录下来，并编辑出版他们的学术传记，对于进一步宣传他们为我国科技发展和民族进步作出的不朽功勋，引导青年科技工作者学习继承他们的可贵精神和优秀品质，不断攀登世界科技高峰，推动在全社会弘扬科学精神，营造爱科学、讲科学、学科学、用科学的良好氛围，无疑有着十分重要的意义。

中国工程院是我国工程科技界的最高荣誉性、咨询性学术机构，集中了一大批成就卓著、德高望重的老科技专家。以各种形式把他们的学术成长经历留存下来，为后人提供启迪，为社会提供借鉴，为共和国的科技发展留下一份珍贵资料。这是我们的愿望和责任，也是科技界和全社会的共同期待。

周济

杨叔子院士

杨叔子（左一）与采集小组负责人合影

采集小组成员整理资料现场

采集小组成员与杨叔子院士、徐辉碧教授合影

目 录

老科学家学术成长资料采集工程简介

总序一 ·· 韩启德

总序二 ·· 白春礼

总序三 ·· 周　济

导　言 ·· 1

| 第一章 | 江西湖口育英才 ································ 7

　　诗礼之家 ·· 8
　　战火童年 ·· 26
　　曲折求学 ·· 30
　　人生转折 ·· 44

| 第二章 | 学工只为工业化 ································ 49

　　考入武大机械系 ·· 50

院系调整到华工 ································· 56
　　实习苦练基本功 ································· 64
　　成长成才在武汉 ································· 67

| 第三章 | 意气风发踏新程 ································· **71**

　　留校即赴哈工大进修 ······························· 72
　　担任金属切削机床教研室主任 ························· 77
　　开展数控机床研究工作 ····························· 78
　　比翼双飞 ······································ 80
　　上海机床厂锻炼 ································· 91

| 第四章 | 艰难岁月科研路 ································· **95**

　　参加学术研讨会 ································· 96
　　调到机械原理教研室 ······························· 97
　　下放咸宁马桥镇 ································· 98
　　回归教学与科研 ································· 101
　　助力二汽合作办学 ································ 104

| 第五章 | 科学春天换新颜 ································· **112**

　　开始指导研究生 ································· 113
　　最年轻的正教授 ································· 116
　　赴美深造随名师 ································· 126

| 第六章 | 学成归国结硕果 ································· **132**

　　组建工程测试教研室 ······························· 133
　　开发国内第一个微型机信号处理系统 ····················· 134
　　时间序列分析的工程应用与理论深化 ····················· 141

第七章 迎难而上创辉煌 ... **150**

精密机械加工的实践探索 ... **151**
攻克机床切削颤振难题 ... **155**
发展钢丝绳定量检测与无损检测技术 ... **166**

第八章 学科交叉新探索 ... **175**

人工智能在设备诊断领域的应用 ... **176**
我国机械智能制造领域的拓荒者 ... **185**

第九章 校长之路尚教育 ... **202**

荣膺华工首个学部委员 ... **203**
从教研室主任到校长的跨越 ... **207**
教育家的探索之路 ... **209**

第十章 科学院士人文情 ... **234**

躬行文化素质教育的实践 ... **235**
凝粹文化素质教育的精髓 ... **245**
诲人不倦春满园 ... **253**
满腹情怀诗词溢 ... **270**

结　语 ... **282**

附录一　杨叔子年表 ... **287**

附录二　杨叔子主要论著目录 ... **327**

参考文献 ... **345**

后　记 ... **354**

图片目录

图 1-1　杨叔子的父亲杨赓笙 ⋯⋯⋯⋯⋯⋯⋯⋯⋯⋯⋯⋯⋯⋯⋯⋯⋯ 9
图 1-2　2013 年 6 月 7 日，杨叔子与徐辉碧、李晓平参加纪念"湖口起义"
　　　　100 周年座谈会 ⋯⋯⋯⋯⋯⋯⋯⋯⋯⋯⋯⋯⋯⋯⋯⋯⋯⋯⋯ 10
图 1-3　1914 年，孙中山送给杨赓笙的亲笔题字 ⋯⋯⋯⋯⋯⋯⋯⋯⋯⋯ 11
图 1-4　1961 年春节，杨叔子在北京与母亲李昆玉、哥哥杨仲子一家团聚 ⋯ 17
图 1-5　1997 年 7 月，杨叔子与哥哥杨仲子合影 ⋯⋯⋯⋯⋯⋯⋯⋯⋯ 19
图 1-6　杨赓笙故居 ⋯⋯⋯⋯⋯⋯⋯⋯⋯⋯⋯⋯⋯⋯⋯⋯⋯⋯⋯⋯ 19
图 1-7　新修缮的杨赓笙故居 ⋯⋯⋯⋯⋯⋯⋯⋯⋯⋯⋯⋯⋯⋯⋯⋯⋯ 20
图 1-8　杨叔子院士事迹展馆 ⋯⋯⋯⋯⋯⋯⋯⋯⋯⋯⋯⋯⋯⋯⋯⋯⋯ 20
图 1-9　杨叔子与姐姐杨静娴、妹妹杨静婉在武汉合影 ⋯⋯⋯⋯⋯⋯⋯ 21
图 1-10　石钟山近貌 ⋯⋯⋯⋯⋯⋯⋯⋯⋯⋯⋯⋯⋯⋯⋯⋯⋯⋯⋯⋯ 24
图 1-11　2010 年，杨叔子全家在湖口石钟山前留念 ⋯⋯⋯⋯⋯⋯⋯⋯ 25
图 1-12　1936 年杨叔子 3 岁时在湖口的照片 ⋯⋯⋯⋯⋯⋯⋯⋯⋯⋯⋯ 26
图 1-13　2008 年 12 月，杨叔子回黎川一小与师生员工合影 ⋯⋯⋯⋯⋯ 33
图 1-14　1997 年 6 月，杨叔子在同文中学 130 周年校庆之际
　　　　与老友欢聚的照片 ⋯⋯⋯⋯⋯⋯⋯⋯⋯⋯⋯⋯⋯⋯⋯⋯⋯ 38
图 1-15　2001 年《百年树人之窗友情谊》南昌一联中同学录 ⋯⋯⋯⋯⋯ 40
图 1-16　1995 年，杨叔子在南昌一中校友报告会上 ⋯⋯⋯⋯⋯⋯⋯⋯ 41
图 1-17　1951 年 8 月，杨叔子在南昌一中高中时的毕业照 ⋯⋯⋯⋯⋯⋯ 43
图 1-18　1952 年，南昌一中初三（七）班毕业照 ⋯⋯⋯⋯⋯⋯⋯⋯⋯ 43
图 2-1　1964 年 6 月，杨叔子前往上海机床厂参加劳动锻炼途中偶遇
　　　　著名机械制图专家赵学田时的合影 ⋯⋯⋯⋯⋯⋯⋯⋯⋯⋯⋯ 55
图 2-2　1953 年，即将从武汉大学调整至华中工学院前夕，杨叔子与同学

    王谦和在珞珈山合影 ·· 57
图 2-3 2018 年 5 月，杨叔子与徐辉碧、李晓平在喻家山下合影 ············ 59
图 2-4 1954 年春，杨叔子在华中工学院桂林分部学习的照片 ··············· 60
图 2-5 杨叔子读本科期间居住的华中工学院东四舍 ································ 62
图 2-6 1954 年，杨叔子与同学参加武汉防汛工作时的照片 ··················· 63
图 2-7 1954 年，杨叔子大三时与同学在喻家山下的合影 ······················· 64
图 2-8 1955 年，杨叔子与同学在北京实习期间的合影 ··························· 66
图 2-9 1956 年，杨叔子大学毕业时的照片 ·· 67
图 2-10 2012 年 10 月 15 日，校庆 60 周年华中工学院老领导合影 ········ 70
图 3-1 1957 年，杨叔子与钱祥生一起在哈尔滨欢送刘鹤麟夫妇 ··········· 73
图 3-2 1960 年 1 月 23 日杨叔子与徐辉碧的结婚照 ······························· 83
图 3-3 2018 年 3 月，杨叔子与徐辉碧在华中科技大学散步 ··················· 87
图 3-4 2005 年 11 月，徐辉碧在第五届全国配位化学会议暨第八届全国
    生物无机化学会议上与黄仲贤教授、王夔院士和倪嘉缵院士
    合影 ··· 88
图 3-5 杨叔子、徐辉碧与张罗平等人合影 ··· 89
图 3-6 杨叔子与夫人徐辉碧、女儿杨村春、女婿李晓平和孙女杨易的
    合影 ··· 90
图 3-7 1964 年 6 月 6 日，杨叔子到上海机床厂参加劳动锻炼前与学生
    合影留念 ··· 92
图 4-1 1972 年 11 月，杨叔子在沈阳参加国内卧式镗床技术水平分析
    会议时与专家组成员合影 ·· 103
图 4-2 1975 年，杨叔子在二汽指导工人进行技术攻关 ·························· 106
图 4-3 1977 年 5 月 27 日，杨叔子在华中工学院与二汽和华中工学院 75
    届合办机制班的学生合影 ·· 110
图 5-1 1981 年 10 月，杨叔子的论文《机床主轴部件静刚度研究》
    获得武汉市科学技术学会一九八〇年度优秀论文奖 ············· 119
图 5-2 1981 年 4 月，华中工学院授予杨叔子"教学质量优秀奖二等奖" ···· 125
图 5-3 1982 年，杨叔子在威斯康星大学麦迪逊分校与吴贤铭教授等合影 ···· 128
图 5-4 1982 年，杨叔子与威斯康星大学麦迪逊分校的朋友们合影 ········ 129
图 6-1 1992 年，杨叔子和工程测试教研室师生合影 ······························ 134

图 6-2　20 世纪 80 年代，杨叔子与肖行贯大夫合影 …………………… 139
图 6-3　1987 年 5 月 1 日，"APPLE-Ⅱ微型机在线信号（动态数据）处理系统"项目获湖北省计算机优秀应用成果奖 ………………… 140
图 6-4　1988 年 7 月，"时间序列及其工程应用"项目获国家教育委员会科学技术进步奖二等奖 ………………………………………… 144
图 6-5　《时间序列分析的工程应用（上、下册）》……………………… 148
图 6-6　1985 年华中工学院表彰会 ……………………………………… 149
图 7-1　1979 年 8 月，杨叔子在陕西省博物馆与测试同行合影 ………… 152
图 7-2　1991 年 3 月，"微机补偿磨削四级丝杠的研究"项目获陕西机械工业科学技术进步奖一等奖 ………………………………… 153
图 7-3　2004 年 3 月，杨叔子被中国航空工业第一集团公司科技发展部聘为超精密加工技术国防科技重点实验室第二届学术委员会主任 …… 155
图 7-4　1988 年 7 月，"金属切削机床颤振的非线性理论"项目获国家教育委员会科学技术进步奖二等奖 …………………………… 158
图 7-5　1990 年 10 月，"Mx-4 曲轴连杆颈车床振动、噪声源分析与对策"鉴定会专家合影 …………………………………………………… 161
图 7-6　1992 年 3 月，"Mx-4 曲轴连杆颈车床振动、噪声源分析与对策"项目获湖北省科学技术进步奖二等奖 …………………………… 163
图 7-7　1991 年，吴雅博士参加论文答辩后与答辩委员会专家合影 …… 165
图 7-8　21 世纪初改良后的钢丝绳漏磁检测传感器 …………………… 168
图 7-9　1991 年，杨叔子进行钢丝绳断丝定量检测科研实验 …………… 169
图 7-10　1991 年，杨叔子和学生在进行科研工作 ……………………… 170
图 7-11　1992 年 10 月，杨叔子因在"钢丝绳断丝在线定量检测方法与仪器"项目中贡献突出，获"四等国家发明奖第一发明人"证书 … 170
图 7-12　2016 年 9 月，杨叔子与康宜华等在华中科技大学数字制造装备与技术国家重点实验室合影 ………………………………… 172
图 7-13　2017 年 3 月出版的《钢丝绳电磁无损检测》封面 …………… 173
图 8-1　1994 年 4 月，"机电设备状态监测与故障诊断专家系统"项目获国家教育委员会科学技术进步奖二等奖 …………………… 180
图 8-2　1992 年，杨叔子与史铁林在原兰州铁道学院讨论工作 ……… 181

图 8-3　1989 年 10 月，杨叔子出席专家系统工程应用国际学术会议……… 182
图 8-4　1995 年 10 月 2 日，杨叔子在北京拜访涂序彦及其夫人汪蔚宵时
　　　　合影………………………………………………………………… 184
图 8-5　杨叔子关于设备诊断的代表性著作………………………………… 185
图 8-6　1992 年 11 月，杨叔子访问新加坡南洋理工大学并与其签订
　　　　合作协议……………………………………………………………… 191
图 8-7　1994 年，杨叔子与学生在实验室…………………………………… 191
图 8-8　国内第一台立式加工中心，华中科技大学机械科学与工程学院的
　　　　"镇馆之宝"………………………………………………………… 192
图 8-9　华中数控中的"华中 8 型"系统…………………………………… 193
图 8-10　华中科技大学数字制造装备与技术国家重点实验室的机器人刨模
　　　　装备…………………………………………………………………… 194
图 8-11　1995 年 4 月 3 日，杨叔子给在东北师范大学学习日语的
　　　　李军旗写的问候信…………………………………………………… 195
图 8-12　2011 年，杨叔子与李军旗、肖海涛、余东升等在深圳合影……… 198
图 8-13　1993 年，在全球华人智能控制与智能自动化大会上杨叔子与
　　　　涂序彦等人合影……………………………………………………… 199
图 9-1　1992 年 1 月 10 日，杨叔子在学校庆祝会上讲话………………… 205
图 9-2　1992 年 1 月 7 日，杨叔子与孙女杨易在院士庆祝专栏前合影…… 206
图 9-3　2004 年，杨叔子在华中科技大学附属小学与小学生们合影……… 211
图 9-4　2011 年，杨叔子与罗俊游樱园时留念……………………………… 213
图 9-5　2007 年，杨叔子参加清华大学本科教学工作水平评估…………… 219
图 9-6　2007 年 5 月 24 日，《深圳大学本科教学工作水平评估快报》
　　　　发表了"教育部评估组组长杨叔子院士在本科教学工作水平
　　　　评估汇报会上的讲话"……………………………………………… 220
图 9-7　1999 年 1 月，杨叔子、熊有伦、崔崐、张勇传致教育部关于
　　　　华中理工大学与武汉大学并校问题的意见信底稿………………… 226
图 9-8　2000 年 1 月，熊有伦、潘垣、杨叔子、张勇传致陈至立部长
　　　　关于华中理工大学并校事宜的信…………………………………… 231
图 10-1　1995 年，杨叔子在华中理工大学为学生做人文讲座…………… 236

图 10-2　2004 年 10 月 12 日,《广州日报》刊登了对杨叔子的专访"想当工科博士　先要熟背《老子》"……………………………… 241

图 10-3　杨叔子邀请涂又光为研究生讲国学经典 …………………… 242

图 10-4　1998 年 5 月,杨叔子在四川联合大学参加"高等学校加强大学生文化素质教育试点院校第三次工作会议"时的合影 …… 244

图 10-5　2003 年,杨叔子就增加大学生文化素质教育基地相关事宜写给教育部部长周济的信 …………………………………… 244

图 10-6　2006 年,杨叔子在《面向工程,打好基础,全面发展》的手稿中再次提到高等教育的"五重五轻"现象 ……………… 246

图 10-7　2009 年 2 月 13 日,《人民日报》第 11 版刊登了杨叔子撰写的文章《取消文理分科,要改革高考制度》……………… 252

图 10-8　2012 年 4 月,杨叔子在办公室与学生、同事合影 …………… 256

图 10-9　2012 年 7 月,杨叔子在北京与张海霞等人合影 …………… 256

图 10-10　2012 年 10 月 15 日,华中科技大学暨机械科学与工程学院 60 周年院庆合影 ………………………………………… 263

图 10-11　2011 年 12 月,杨叔子参加深圳大学"杨叔子院士奖学金"颁奖仪式 …………………………………………………… 264

图 10-12　2012 年,杨叔子、甘筱青等人参加九江学院院庆后合影留念…… 265

图 10-13　2003 年 9 月,杨叔子 70 岁寿辰时与部分学生的合影 …… 267

图 10-14　2008 年 9 月,杨叔子 75 岁寿辰时与部分学生和朋友的合影 …… 267

图 10-15　2003 年,杨叔子 70 岁寿辰时大家庭合影 ………………… 269

图 10-16　1996 年,杨叔子与徐辉碧在武夷山休假时留念 …………… 273

图 10-17　2014 年 6 月,为纪念《让中华诗词大步走进大学校园》发表十五周年,书法家刘乐堂、马怀忠撰写书法以示恭贺 ……… 276

图 10-18　2002 年 9 月 7 日,杨叔子参加华中科技大学第二期中华诗词创作班开学典礼 ………………………………………… 277

导 言

　　杨叔子是知名机械工程专家、华中科技大学首位中国科学院院士、中国机械智能制造的首倡者，也是我国高校文化素质教育的重要推动者。

　　1933年9月5日，杨叔子出生于江西省九江市湖口县一户书香之家。杨叔子的父亲杨赓笙是著名的民主革命先驱，且能文善诗。在对子女的教育方面，杨赓笙极为重视子女爱国情怀的养成。杨叔子接受正规教育之前，因时值战乱，他的启蒙教育是在逃难途中跟随父亲完成的。杨赓笙一方面通过中华古诗文教育，使杨叔子的诗词情怀与爱国主义深刻交织；另一方面通过言传身教，为杨叔子树立了"清廉爱国，师表崇德"的现实榜样。1943年，杨叔子进入黎川县日峰镇第一区中心小学（今黎川县第一小学）读高小一年级（相当于现在的小学五年级）。之后，随着逃难地点的转移，杨叔子的求学之所也一再变更。虽然求学之路充满曲折与艰辛，但杨叔子从不怨天尤人，反而更加珍惜来之不易的学习机会。这段战火中曲折求学的艰难经历不仅塑造了杨叔子珍惜时间、勤奋刻苦的坚毅品格，还为其日后攀登科技高峰打下了深厚的知识基础。

　　1952年，杨叔子积极响应国家工业化的号召，报考武汉大学机械系，并以优异的成绩被录取。在这里，他有幸得到了著名工程图学专家赵学田等人的指导与赏识。1953年，根据中央统一部署，武汉大学机械系并入新建的华中工学院（今华中科技大学），杨叔子随即转入华中工学院机械工程系就读。作为新校第一批学员，他还参与了华中工学院的建校过程。在华中工学院求学期间，杨叔子不仅在学识上得到了陈日曜等机械工程领域知名学者的启迪，还在思想上受到了朱九思等人的熏陶与影响。同时，他志存高远，勤奋刻苦，受到了系里的高度认可。1956年年初，杨叔子作为优秀毕业生被系里选中，提前毕业留校任教，随即被派往哈尔滨工业大学进修，接受专家的指导。1957年年初，杨叔子回到华中工学院机械工程系，被安排在金属切削机床教研室从事金属切削机床方面的教学与研究工作，这标志着杨叔子高校任教与科研生涯的开端。

1960年1月23日，杨叔子与高中同学徐辉碧结为夫妻，徐辉碧不久后也从北京化工研究院调入华中工学院工程物理系工作。杨叔子与徐辉碧虽然学术研究领域不同，各有专攻，但对待工作与生活，二人的观念则高度契合。他们都愿意把更多的时间与精力投入学习、科研与工作中，生活上则尽可能少占用时间，也从不看重外在的名利。为了节省时间，杨叔子毕业留校后一直吃学校食堂，徐辉碧调到华中工学院后便与杨叔子一起吃食堂，将节省下来的时间全部用于科研与工作。这种情况一直持续到1986年他们的女儿成家。这一"全家人吃30年食堂"的事迹后来被广为传颂。

1969年10月26日，中共中央发出《关于高等院校下放问题的通知》，华中工学院积极响应，安排教师下放。时任机械原理教研室党支部书记的杨叔子被下放到湖北省咸宁县马桥镇，开展"斗、批、改"运动。由于杨叔子的家庭背景较为复杂，而且他的侄子杨安中尚在台湾，杨叔子毫无例外地被列为"审查对象"，在咸宁县高寨大队接受隔离审查。杨叔子清者自清，不惧构陷，最终审查人员在没有查到任何确切"证据"的情况下只好恢复了杨叔子的人身自由。1971年12月31日，杨叔子的"下放期"结束，回到阔别已久的华中工学院。1973年起，为支援湖北省第二汽车制造厂（以下简称二汽，现称东风汽车集团有限公司）的教学工作，杨叔子在学校的安排下前后3次前往二汽授课，并在这里成功开展厂校"合办班"的教学工作，培养出了一批优秀学员。在科研方面，杨叔子也多次助力二汽攻克难关。

1978年，杨叔子的研究方向由金属切削机床转向机械工程与相关新兴学科的交叉研究，着重于机械工程中的信息技术与智能技术。这一年，杨叔子晋升为华中工学院副教授，并于当年秋季招收了第一批硕士研究生。一方面，他结合自己对学科前沿的敏锐把握，为研究生开设了"机械工程控制""变分法"等基础课程；另一方面，他积极开展机床主轴部件静刚度研究，取得了一系列突破性成果。1980年，杨叔子在副教授评审仅2年之后便被破格晋升为教授，成为当时湖北省年轻的正教授之一。

1981年12月，杨叔子被公派前往美国威斯康星大学麦迪逊分校（University of Wisconsin-Madison）机械系作高级访问学者，为期一年。在合作导师吴贤铭的支持下，杨叔子主要从事时间序列分析及其在机械工程中的应用研究，并完成了一本题为《动态数据的系统处理》的讲义初稿。后来，他将此讲义的内容反复完善修订，形成了享誉学界的著作《时间序列分析的工程应用》。

1982年年底，杨叔子访学结束回到华中工学院。学校为了充分发挥学科带头人的专家引领作用，在人员与设备上予以大力支持，帮助杨叔子成立了工程测试教研室。杨叔子结合自身对学科发展的预判，充分发挥团队优势，带领工程测试教研室推进了时间序列分析的工程应用，实现了无颤振切削，攻克了钢丝绳断丝定量检测国际难题，进入了我国智能制造研究的新领域，为我国机械工程的发展作出了历史性的突出贡献。

20世纪中后期，计算机技术与微电子技术的迅速发展，使得动态数据的获取、处理与分析成为改造传统机械工业的关键。但是，国内用来进行动态数据处理的设备长期依赖进口，且高额的进口费用使得国内大多数企业无力负担。为了改变这种状况，从1984年2月起，杨叔子以APPLE-Ⅱ（苹果2号）计算机为基础，运用时间序列分析等先进算法对此设备进行改造，最终成功研制出国内首个自主研发的微型机信号处理系统——APPLE-Ⅱ微型机在线信号（动态数据）处理系统。该成果于当年8月顺利通过鉴定，之后被广泛应用于医疗等各领域，创造了巨大的社会价值。

直到20世纪80年代中期，钢丝绳断丝的定量检测一直被公认为是一项国际难题。1986年，杨叔子紧紧抓住这一与生产安全紧密相关的重大问题，带领研究团队综合运用电磁理论、信号处理原理、计算机技术等多学科知识，最终于1987年研制出钢丝绳断丝定量检测系统，使钢丝绳断丝检测技术从定性到定量方面取得突破性进展，达到了国际先进水平。在此基础上，杨叔子不断深化研究，研制出更为便携与更为精准的钢丝绳断丝定量检测仪器与装置。1992年10月，杨叔子领衔完成的"钢丝绳断丝在线定量检测方法与仪器"项目被国家科学技术委员会授予"国家发明奖四等奖"，杨叔子本人获得"第一发明人"证书与奖章。

改革开放以来，杨叔子敏锐地察觉到学科交叉是时代发展的必然趋势，这一预感在他于美国访问期间得到了进一步确证。为此，他不仅将作为数理统计分支的时间序列分析引入机械工程，还将与计算机科学密切相关的新兴学科人工智能应用于机械制造，开发了面向机械设备诊断问题的专家系统，并成功组织了专家系统工程应用国际学术会议。随着研究的深入，杨叔子意识到之前在此方面取得的成果仅是人工智能在机械制造领域中的应用，要想提升制造过程中决策的自动化水平，必须走向"智能制造"。于是，在1989年召开的"机械制造走向2000年——回顾、展望与对策"大会上，杨叔子宣读了一篇以"智能制造"为主题的论文，在国内首次探讨了制造系统的集成化与智能化问题，即智能制造系统的问题。在其提议下，1993年，一项名为"智能制造技术基础"的国家自然科学基金重点项目获准设立，并于次年正式实施。该项目由华中理工大学（今华中科技大学）、南京航空航天大学、西安交通大学和清华大学四所高校联合承担，杨叔子为项目总负责人。至1999年通过验收，该项目在智能制造基础理论、智能化单元技术与智能机器等多个方面均取得了丰硕成果。

1991年11月，杨叔子当选为中国科学院学部委员（现称中国科学院院士），实现了当时华中理工大学在学部委员人数方面零的突破。1992年1月4日，中央人民广播电台正式公布了学部委员名单。当时，杨叔子还在陕西汉江机床厂（今陕西汉江机床有限公司）进行课题攻关。不久，杨叔子接到了学校的电话，要求他立即返校参加庆祝会，杨叔子只好暂时放下手头的科研任务，赶回学校。华中理工大学举校同庆，不仅召开了庆祝会，还设置了庆祝专栏。向来"尊重他人、团结集体"的杨叔子这次同样将荣誉归结于团队的共同努力。

1993年1月11日,杨叔子被任命为华中理工大学校长。在4年的任期里,杨叔子以竺可桢为榜样,关怀教师,心系学生,加强软硬件设施建设,推行文化素质教育,加速了华中理工大学从单一的工科类高校向综合研究型高校的转型,并带领华中理工大学跻身首批"211工程"高校行列。从校长之位隐退之后,杨叔子继续投身科学研究与教育事业,为我国机械工程与教育领域培养出一大批杰出人才。

2016年6月,在中国科协、湖北省科协的指导与杨叔子院士及其夫人徐辉碧女士的大力配合下,杨叔子院士学术成长资料采集工程正式启动。根据院士的学科背景以及采集工程的性质与要求,在项目负责人许锋华教授的统筹下,机械工程、科学技术史、历史学、档案学、新闻学、教育学等不同领域的专家学者齐聚一堂,共同支持项目的推进。为完整追溯与还原杨叔子院士的学术成长轨迹,自项目启动以来,采集小组遍访九江、北京、深圳、武汉等地,对院士的出生地、成长地与科研扎根地进行实地考察,并对杨叔子院士本人、亲属、不同阶段的同学、好友、同事以及大学老师等与杨叔子院士学术成长经历密切相关的人物进行深度访谈达39次。其中,针对杨叔子院士本人的访谈共6次,每一次均涉及不同主题,总体上涵盖了他的家庭背景、求学经历、科研成长、专业成就、重大影响事件及人物等。在与杨叔子院士的深切交往中,他炽热的爱国情怀、严谨的治学态度、深厚的人文底蕴、前瞻的教育思想以及真诚的待人方式,使采集小组成员的人生境界与学术品位均于无声处得到无形的提升。通过数次访谈,采集小组不仅了解了他人眼中的杨叔子院士形象,还从他的家人、学生及好友处获得了大量不可多得的一手资料。例如,杨叔子院士的侄外孙女孙肖南女士不仅讲述了杨叔子院士整个大家族的概况,还提供了关于杨叔子院士父亲的诸多宝贵资料,使小组成员对杨叔子院士的家庭背景有了更进一步的认识。杨叔子院士的学生李军旗深情讲述了杨叔子对其整个人生发展道路的深刻影响,并向采集小组展示了其赴日本留学前后,杨叔子院士所寄的问候与鼓励信件。杨叔子院士多年的挚友、"中国人工智能第一人"涂序彦教授讲述了杨叔子院士与他在日常生活中的相互关心与科学研究上的热切探讨，并提供了他与杨叔子院士的珍贵合影。同时，采集小组还从华中科技大学机械科学与工程学院的史铁林书记与陈惜曦秘书处获得了大量信件类与手稿类实物资料，又从华中科技大学档案馆扫描了大量关于杨叔子院士的科研档案。

通过近三年的持续跟进，采集小组获得了关于杨叔子院士的证书、信件、手稿、著作、论文、报道、视频、照片等12类实物与电子资料，基本覆盖了杨叔子院士主要的学术成长经历。基于所获资料，采集小组严格按照采集工程要求，进行了口述访谈资料的整理、总资料清单与实物资料清单的编目以及大事年表与资料长编的编制工作。这些资料为后期撰写杨叔子院士传记提供了翔实的佐证与支撑。在撰写传记的过程中，采集小组又多次向杨叔子院士本人及相关人士进行了细节的补充与考证。

在采集小组成员反复讨论和征求杨叔子院士本人同意的基础上，杨叔子院士传记的题名最终确定为《科学人文总相宜：杨叔子传》，一方面表明杨叔子院士在科学与人文领域均有卓越建树，且在科学领域取得的诸多成就在很大程度上得益于其深厚的人文素养；另一方面凸显杨叔子院士认为科学与人文同出一源、相融则利的核心主张。本传记共分为十章，第一、第二章重点追溯杨叔子的家庭背景及求学经历。第三至第八章为本传记的核心部分，完整勾勒了杨叔子从起步到成长再到攀登科技高峰的学术成长之路，展现了杨叔子在机械工程领域的重大成就，以及他为我国科技事业的繁荣、国民经济的发展所作出的重要贡献。第九、第十章重点描绘杨叔子的人文情怀以及他对推动我国文化素质教育的重要贡献。

杨叔子院士既是一位成就卓著的战略科学家，又是一位闻名遐迩的教育家。本传记以朴实的笔触，力求准确、完整、清晰地描绘杨叔子院士的学术成长经历，以全面展现他为我国机械工程的发展与高层次人才培养作出的孜孜不倦的努力，以期为年轻一代树立一个现实的光辉典范。

第一章
江西湖口育英才

儿时旧事岂能忘？！砥砺钟山意味长：
佛像慈严勤课业，矶头峻峭论文章；
同窗寒暑情无限，对局乒乓乐未央。
出处何由初志改，桑泥梓土总芬芳。①

——杨叔子

1933年9月5日，杨叔子出生于江西省九江市湖口县。湖口县位于江西省北部，地处长江中下游南岸，因属于长江与鄱阳湖唯一交汇口而得名，闻名遐迩的石钟山是当地独特的自然景观。杨叔子的家就在石钟山下，对他而言，石钟山是童年的符号，是故乡的象征。1938年，随着日军逼近湖口，杨叔子一家开始逃难。战火纷飞的年代，杨叔子的成长之路历经坎坷，幸运的是，无论生活多么艰难，杨叔子的父母始终重视对子女的教育，同时他也遇到了诸多良师益友。在其一波多折的求学经历中，无论是学习还是做人，杨叔子都能严格要求自己，并不断完善和超越自我。在

---

① 杨叔子：七律·返乡感赋。见：杨叔子，《杨叔子槛外诗选》。北京：高等教育出版社，2017年，第264页。

南昌解放的那一刻，杨叔子的思想意识发生了深刻的转折，从此他坚定人生信念，下定决心跟着共产党，立志为祖国作贡献！

诗 礼 之 家

杨叔子成长在湖口县当地一户有着"书香门第，诗礼之家"之称的大家庭。杨家代代秀才不断，当地流传甚广的"一线串珠，秀才杨家"就是对这个出过十五代秀才的杨家的高度赞扬。杨叔子的父亲杨赓笙年轻时加入中国同盟会，追随孙中山参加革命。母亲李昆玉是李烈钧[①]将军的义妹。"孟仲叔季"是父母给孩子取名时常用到的字，用以表示兄弟的顺序，"叔子"，顾名思义，意指杨赓笙的第三个儿子。即使在战火纷飞的年代，杨叔子的父母始终没有忽视对子女的教育。对杨叔子而言，父亲杨赓笙既是严父，又是启蒙之师。在父亲的指导下，杨叔子从五岁起便熟读古诗，直到1942年他被送入私塾学习经典。这段跟随父亲学诗的经历使其积淀了深厚的传统文化功底。同时，杨赓笙毕生投身民主革命事业，教导子女谨记"清廉爱国，师表崇德"的家风庭训，也成为杨叔子家国情怀最初、最深的烙印。

民主革命先驱父亲

杨叔子的父亲杨赓笙，号咽冰。1869年，杨赓笙出生于江西省湖口县三里乡上杨村。杨赓笙早年摒弃功名，追随孙中山投身民主革命，可以说他的一生是追随孙中山的一生。2002年，李松凌发表了一篇名为《孙中山

[①] 李烈钧（1882-1946），原名烈训，字协和，别号侠黄，江西武宁人。1902年入江西武备学堂学习，1904年被选送日本学习陆军。1907年在日本加入中国同盟会。1908年在日本士官学校毕业回国。民国初年被江西省议会推选为江西都督。1927年，蒋介石在南京成立国民政府，任国民政府委员兼常务委员。"七七"事变后李烈钧移居昆明，后迁重庆，一直患病休养。1946年2月20日在重庆病故。参见李烈钧：《李烈钧将军自传》。北京：中华书局，2007年。

的执着追随者杨赓笙》[1] 的报道，高度赞扬了杨赓笙在民主革命中的巨大贡献。在《名人大辞典》和《民国大辞典》中，杨赓笙被誉为"辛亥风云人物"。杨赓笙后人将其生平大事概括为11项：投身革命，湖口首义，东京组党，南洋办报筹款，北伐说赖，主持赣政，痛斥汪逆，入赞冯幕，办学桑梓，奔走和平，家风庭训[2]。

杨赓笙18岁时考中秀才，又入白鹿洞书院就读，后被选送到京师国子监深造[3]。因目睹清廷腐败，他决意放弃功名，投身民主革命。后经民主革命党人徐秀钧介绍，杨赓笙进入江西大学堂学习新学。

图1-1 杨叔子的父亲杨赓笙
（孙肖南提供）

在学校里，杨赓笙加入了同盟会，成为江西省最早的同盟会成员之一。参与革命期间，杨赓笙与李烈钧相交莫逆，志同道合，共同致力于民主革命事业，成为孙中山的得力助手。后来，杨赓笙担任孙中山的秘书长，李烈钧担任孙中山的总参谋长，时称江西的"一文一武"。[4]

1913年7月，杨赓笙奉孙中山之命，协助李烈钧讨伐袁世凯。为此，杨赓笙在家乡湖口变卖家产，筹集军费，并毅然拒绝袁世凯的重金拉拢，全力支持革命。7月12日，李烈钧以江西都督名义，在湖口宣布江西独立。7月13日，江西省议会公推李烈钧为江西讨袁军总司令，即日在湖口成立讨袁总司令部，任命杨赓笙为总司令部秘书长，负责撰写《江西讨袁军总司令檄文》，具体内容如下：

---

[1] 李松凌：孙中山的执着追随者杨赓笙。《炎黄春秋》，2002年第5期，第30-33页。

[2] 杨叔子：《只凭天地鉴孤忠——杨赓笙诗作及生平大事集》序。见：杨叔子，《杨叔子散文序跋函类文选（下）》。武汉：华中科技大学出版社，2012年，第317-322页。

[3] 喻金生，刘步云：《废除科举制以来的湖口教育概况》。湖口：湖口文史资料选辑第1辑，1985年，第135-136页。

[4] 杨仲子：讨袁义战垂青史，缅怀先人爱国情——写在《铁血共和》上映之后并答观众。《中国电视》，1992年第9期，第47-49页。

民国肇造以来，凡吾国民，莫不欲达真正共和目的。袁世凯乘时窃柄，帝制自为。灭绝人道，而暗杀元勋；弁髦约法，而擅借巨款。金钱有灵，即舆论公道可收买；禄位无限，任腹心爪牙之把持。近腹盛暑兴师，蹂躏赣省，以兵威劫天下，视吾民若寇仇，实属有负国民之委托。我国民宜亟起自卫，与天下共击之！①

这篇檄文不过百字有余，却铿锵有力，气势磅礴，影响极大，揭开了湖口起义的序幕②。《江西讨袁军总司令檄文》一出，大家赞不绝口。湖口起义参加者之一、人大常委会原副委员长许德珩曾说："这篇出自杨赓笙手笔的《江西讨袁军总司令檄文》，写得慷慨激昂，大义凛然，使人深受感动。"③

湖口起义后来虽以失败告终，但杨赓笙与李烈钧讨袁决心仍在。杨赓笙曾在湖口面对波涛起誓："沉石于江，意志如钢，不反袁贼，永不还

图1-2 2013年6月7日，杨叔子（第一排左六）与徐辉碧（第一排左五）、李晓平（第二排左四）参加纪念"湖口起义"100周年座谈会（陈惜曦提供）

---

① 李烈钧：《李烈钧自述》。北京：人民日报出版社，2011年，第30页。
② 杨叔子：近代中国民族复兴的一次伟大壮举——纪念湖口起义（"二次革命"）一百周年。《九江学院学报（社会科学版）》，2013年第2期，第52-53页。
③ 杨仲子：讨袁义战垂青史，缅怀先人爱国情——写在《铁血共和》上映之后并答观众。《中国电视》，1992年第9期，第47-49页。

乡。"李烈钧还书写了"力挽狂澜"置于案头，以兹砥砺。此后不久，杨赓笙与李烈钧被迫流亡日本。到达日本后，二人向孙中山汇报了湖口起义的经过，孙中山慰勉再三。随后，杨赓笙留在东京协助孙中山，改组国民党，担任秘书，李烈钧则远去欧洲考察[①]。孙中山吸取"二次革命"失败的惨痛教训，提出要修改党魁（现为党章），而杨赓笙认为"魁"字不合适，建议改称"党纲"。孙中山接受了杨赓笙的建议，称杨赓笙是其"一字之师"。1914年7月8日，孙中山在东京精养轩召开中华革命党成立大会。时值革命低潮，不少原国民党人对是否加入中华革命党持观望态度，徘徊不定。杨赓笙革命意志坚决，便带头按了手印，以表革命到底的决心。孙中山非常感动，对其称赞不已，亲笔题写"疾风知劲草，板荡识忠臣"一联，送予杨赓笙[②]。后来，孙中山还专门题写"天下为公"四字送给杨赓笙。

　　1914年10月，杨赓笙奉孙中山之命，到南洋一带开展革命工作。杨赓笙此去南洋，主要有两项任务：一是建立起中华革命党南洋支部，以发展和壮大海外革命势力；二是创办报刊，向华人华侨宣传民主革命思想，并揭露袁世凯卖国独裁的罪行，同时募集革命经费。后来，杨赓笙在南洋爱国华侨领袖邓泽如的全力支持下，成功建立了中华革命党南洋支部，并顺利创办了《光华日报》和《苏门答腊报》，宣传革命思想，他本人既是支部书记，又是两报的主笔。杨赓笙除了为两报撰写社论外，还以"柳茹雪"为笔名，在两报发表了以揭露袁世凯罪行为核心的长篇连载小说《双心史》，同时筹募革命经费[③]。1915年12月，

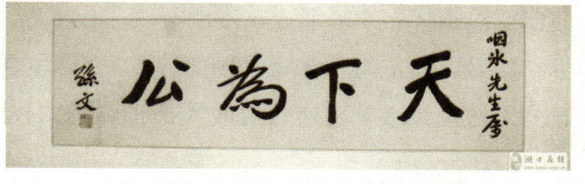

图1-3　1914年，孙中山送给杨赓笙的亲笔题字
（孙肖南提供）

[①] 杨仲子：讨袁义战垂青史，缅怀先人爱国情——写在《铁血共和》上映之后并答观众。《中国电视》，1992年第9期，第47-49页。

[②] 杨叔子：近代中国民族复兴的一次伟大壮举——纪念湖口起义（"二次革命"）一百周年。《九江学院学报（社会科学版）》，2013年第2期，第52-53页。

[③] 杨仲子：父亲杨赓笙在南洋为云南护国军筹饷的一段史料。《北京政协》，1996年第2期，第47-48页。

蔡锷在云南发起护国起义。杨赓笙经过不懈努力，终于为云南护国军募得巨款①。随后，他从南洋亲携募款，经过缅甸前往云南。杨赓笙即将抵达昆明时，唐继尧、蔡锷与李烈钧三人率部属迎至远郊，并在五华山光复楼设宴，为其洗尘。席间，蔡锷称赞杨赓笙："上次湖口起义讨袁，咽冰先生在台前，这次护国讨袁，咽冰先生居幕后，不管是台前还是幕后，咽冰先生的功劳都是很大的。"唐继尧随后说："这次南洋筹款，极劳鼎力，咽冰先生之功，不仅吾人永记，亦将长留史册！"②杨赓笙答谢，诚恳地说："此皆中山先生之功，皆奉中山先生之命，故易。否则赓笙何能为力？"③

1914—1926年，杨赓笙有十几年没有回到家乡湖口，先是流亡海外，随后一直在两广地区任职，先后担任参事、知议员等职。1926年，国民革命军开始北伐。李烈钧任赣军总司令，杨赓笙任赣军总司令部秘书长兼参谋长。当时依附于北洋政府的江西陆军第四师师长赖世璜拥兵自重，驻兵于江西会昌筠门岭，扼北伐军入赣之咽喉。因此，赖世璜的去向对于革命形势至关重要。由于赖世璜曾参与湖口起义，与杨赓笙有旧交，国民革命军总部遂派杨赓笙前去策反赖世璜。不久，经过杨赓笙的一番劝解，赖世璜最终同意率军反正，参加北伐。1926年11月，北伐军顺利收复江西④。

1927年，李烈钧出任江西省主席，杨赓笙任民政厅长⑤。后来，省政府改组，朱培德继李烈钧任江西省主席，杨赓笙留任。不久，朱培德升任北伐军总指挥，率师北上，遂由杨赓笙代主席⑥。1927—1929年，杨赓笙主持赣政，决心革除官场行贿积弊，遂开办吏治训练所，公开招考县长。此外，还设训政养成所、警政人员训练所，分别招考各县警察局局长和区

---

① 杨仲子，孙肖南主编：《只凭天地鉴孤忠：杨赓笙诗作及生平大事集》。北京：中国文史出版社，2011年，第116页。

② 李松凌：孙中山的执着追随者杨赓笙。《炎黄春秋》，2002年第5期，第30-33页。

③ 杨仲子：父亲杨赓笙在南洋为云南护国军筹饷的一段史料。《北京政协》，1996年第2期，第47-48页。

④ 同②。

⑤ 当时，江西省民政厅长集民政局组织部、人事部以及部分财政部、建设部的职权于一体，有权委派江西省83县的县长。

⑥ 同②。

长。杨赓笙为了杜绝裙带关系，特设"焚书处"，凡是请托求官的信，均付之一炬[1]。杨赓笙廉洁自律，严禁家人接受任何形式的馈赠。当时，有个姓王的富人趁杨赓笙不在家，送来了四筐南丰蜜橘，表面是橘子，里面却藏着金条。杨赓笙回家后，得知此事，立即令人如数退回，并写了八个字给王某："君为王密，我守四知。"[2] 此事很快传开，人们纷纷称杨赓笙为"四知厅长"，赞扬他清正廉洁。李烈钧得知后，特意为其宅"攸芋堂"[3] 题写新联："山中有宅开三径，天下何人守四知。"杨赓笙主持赣政三年期间，尽职尽责。他亲自签发颁布的文件命令多达1474篇，江西风气也为之一新[4]。可以说，杨赓笙为江西的发展倾注了大量心血。

1929年，江西省政府改组，杨赓笙隐退。此后，杨赓笙担任国民党中央军事委员会参议。当时，军事委员会副委员长冯玉祥礼贤下士，聘杨赓笙担任其秘书长。杨赓笙参赞戎幕之余，还受邀为冯玉祥讲经解史。因此，冯玉祥曾作诗一首，赠予杨赓笙：

> 吾爱杨夫子，英名天下闻。
> 文章惊海内，讨橄树先声。
> 铁骨人皆仰，高风世所钦。
> 今日余何幸，立雪在程门。

杨赓笙不仅是民主革命的追随者，也是一位才华横溢的爱国诗人。柳

---

[1] 李松凌：孙中山的执着追随者杨赓笙．《炎黄春秋》，2002年第5期，第30-33页。

[2] 杨赓笙所回复的这八个字是引用了历史上有名的"四知太守"这一典故。汉朝杨震任太守时，他的属下有个叫王密的人，深夜给他送来大量金银，杨震为官清廉坚决不收。王密说："请收下吧，没有什么关系，现在是深更半夜，没有谁知道。"杨震回答说："你知道，我知道，天知道，地知道，怎么能说谁都不知道呢？"王密只好惭愧地把金银带回。从此人们称杨震为"四知太守"。

[3] 此处新宅为李烈钧筹资代修。杨赓笙为了支持李烈钧湖口起义，将在湖口的祖业变卖充作军饷。湖口起义失败后，杨赓笙在湖口的住宅被北洋军阀焚毁，后李烈钧出资为杨赓笙修建一处新宅，定名"攸芋堂"（取《诗经》"君子攸芋"之意）。攸芋堂建成后，李烈钧每年都要来此小住，并多次为其题联，其中比较出名的有"杨柳不随春色老，劲松唯有岁寒知"。后来，攸芋堂在抗日战争时期又被烧毁。

[4] 孙肖南访谈，2016年8月23日，武汉。资料存于采集工程数据库。

亚子和杨赓笙是南社①最早的社员，二人交往密切。柳亚子对杨赓笙的诗给出"半是香山半放翁"的高度评价。杨赓笙心怀天下，常常在诗中表达爱国情怀。他的这种爱国情怀是与现实、与人民联系在一起的。1930年重阳节，杨赓笙已过花甲之年，面对蒋介石政府对日妥协退让，对内反共独裁、排除异己的倒行逆施之举，面对国土即将沦亡的危难，他在诗中写道："报国之心见矍铄，哭陵②无面诉孤忠。"1933年，杨赓笙在广州经过中山大学时，不禁忆起孙中山阐发"三民主义"时的豪情壮志，遂写下一首七律，以示缅怀："行经中大辄徘徊，曾听三民演讲来。惆怅无人行注意，知公泉路哭声爱。"1935年，湖口发生洪水，杨赓笙一连写下六首诗，以抒发他对民情的关切。杨叔子现在还能记起几句，如"如此陆沉真浩劫，横流何地可为家""痴心默向苍苍问，可有慈航渡万家"③。

杨赓笙的爱国情怀更体现在具体行动中。1937年7月，湖口再次发生洪灾，全县几近淹没，杨赓笙广施仁义，从并不富裕的家中拿出仅有的口粮分给受难的乡亲，帮助乡亲们渡过难关④。1938年，杨赓笙回到家乡从事抗日救亡活动。李烈钧得知后，马上写信说："杨咽冰非武人也，无守土责。"随着日军侵入九江，杨赓笙只好携全家开始逃难。到达江西黎川期间，杨赓笙便接办由南昌迁到黎川的江西中学。那时，时局动荡，人民生活艰难，杨赓笙在治校期间，采取了一系列措施发展教育。在招生方面，杨赓笙广收来自沦陷区的学生，对青年学生爱护有加，拿出自己的俸禄作为奖（助）学金，为学生提供经济援助。成绩优异的学生都可以获得奖学金。而家境清贫无力支付学杂费的学生可以申请助学金，学校为其减

---

① 南社酝酿于1907年的神交社，1909年在苏州正式成立，历经南社、新南社到1935年的南社纪念会，存在了28个年头。作为一个社团，南社打出了鲜明的旗帜，强调文学艺术服务于革命，服务于社会民众，具有强大的战斗性和群众性。"五四"运动兴起以后，南社逐步分裂，柳亚子等人组织了新南社，另一批成员组成了南社湘集，双方对待新文化的态度大相径庭。随着中国共产党领导的革命高潮的到来，南社的分化更加剧烈，并最终解体。参见李海珉：南社兴衰纪略。《社会科学战线》，2008年第3期，第162—176页。

② 陵指南京中山陵。

③ 杨叔子：《只凭天地鉴孤忠——杨赓笙诗作及生平大事集》序。见：杨叔子，《杨叔子散文序函类文选（下）》。武汉：华中科技大学出版社，2012年，第317—322页。

④ 潘柏金访谈，2016年7月12日，湖口。资料存于采集工程数据库。

免学杂费。为了更好地管理学校，他成立学校董事会，并聘请好友冯玉祥为董事长，董事会成员多为一时硕彦。抗日战争时期，物资匮乏，价格昂贵，教师收入难以维持家庭生计。难能可贵的是，杨赓笙十分重视改善教师的生活状况。他从当地借得义田数百亩，开办"学稼农场"，以场养校，解决教师的温饱问题。杨赓笙极为重视教育教学工作，坚持亲自授课，发挥师表模范作用。由于杨赓笙饱读诗书，精通古代文学典籍，为此他亲自开设了包括《左传》在内的中国经典课程。另外，杨赓笙每天必到教师休息室向教师们一一问好。每逢节假日他会走遍所有教师家庭，进行慰问。同时，他也严格要求学生尊师重道。为了对学生进行爱国主义教育，他每周日召开一次"弟子请益会"，主要宣讲抗日救亡思想。他每次必亲临主讲，通过讲述历朝民族英雄抗敌救国的事迹来激发青年的爱国心。无论时局多么艰难，杨赓笙都有一个基本原则，那就是从不动用公款，甚至连本身应得的一份薪金亦不领取。一时间，杨赓笙关爱师生、治校有方的事迹广为流传。据杨赓笙后人孙肖南讲述，杨赓笙非常清廉、刚正不阿，他的全部积蓄除了国民党军事参议的那份俸禄，供这一家二十九口人日常开销以外，没有更多的钱，其他人送的礼一律不收。但是他桃李满天下，他的弟子都很尊敬他。1948年杨赓笙生日时，虽然已下野多年，但由于他名望很高，蒋介石便委托当时的江西省主席王陵基给杨赓笙送来一块生日匾，上面有蒋介石亲笔题写的"望孚乡国"四个字。在整个抗日战争期间，如果蒋介石国民政府行径不妥，杨赓笙总是在报纸上写诗予以公开斥责，而大家都不敢作声，只能听他的批评。杨赓笙坚决表示："我是中山先生的属下，是国民党元老，我爱我的国家，我无法容忍你们这种腐败的行径。"[①]

1945年10月，杨赓笙一家回到湖口。1949年，杨赓笙响应中国共产党的和平号召，组织江西和平促进委员会，并被推为主任委员。杨赓笙与江西耆宿欧阳武、彭程万、伍毓瑞、龚师曾、王明鉴和柳藩国等人为和平事业奔走呼号，主张江西不设防，走北平和平解放的道路，当时被人们称为"江西七老"。这一举动触怒了蒋介石。蒋介石下密令，将以杨赓笙为

---

① 孙肖南访谈，2016年8月23日，武汉。资料存于采集工程数据库。

首的"江西七老",以及杨赓笙正在读大学进修班的次子杨仲子软禁起来,准备挟持他们去台湾。杨赓笙父子等人誓死不从,绝食抗议。紧急关头,中国共产党赣州地下党设法营救,杨赓笙父子等人才得以脱险[①]。

赣州解放后,江西省人民政府主席邵式平派人将杨赓笙接回南昌,并将杨赓笙的次子杨仲子送入南昌大学读书。杨赓笙受到人民政府的热情接待和妥善照顾,并担任江西省第一届人民政治协商会议特邀代表和江西文史馆馆员。杨赓笙暮年特别关注台湾回归祖国的统一大业,特别是对远在台湾的长孙杨安中思念不已,希望去台亲属故旧能返回大陆参加社会主义建设。

1955年杨赓笙在重病弥留之际,断断续续对杨仲子吟了两句诗:"亲人骨肉归来日,家祭无忘告乃翁。"是年,杨赓笙在南昌病逝,享年86岁。

犹记母亲寻常事

杨叔子的母亲李昆玉祖籍广东,是杨赓笙的三夫人。杨赓笙生前有三位夫人。大夫人洪如宾,是当地秀才的女儿,知书达理,持家有道,全力支持杨赓笙的革命工作,是杨叔子的大妈妈。二夫人张小凤,是杨赓笙的救命恩人。当时北洋军阀全力捉拿杨赓笙,张小凤帮助杨赓笙成功逃脱。后来,杨赓笙心怀感恩,便把她娶为二夫人,此后,张小凤改名为"张晓峰"[②]。二夫人无儿无女,但杨叔子兄妹非常尊敬她,叫她二妈妈。三夫人就是杨叔子的母亲——李烈钧的义妹李昆玉。由于杨赓笙长期在外,需要人照顾,李烈钧就将自己的义妹李昆玉许配给他作为三夫人,三位夫人以姐妹相称,相处融洽[③]。

杨叔子的母亲是位贤妻良母,对杨叔子的关怀无微不至。杨叔子在湖口上中学时,有时放学回到家,饭菜所剩无几,母亲总会给杨叔子一个咸

[①] 国导:前事不忘,后事之师——电视连续剧《铁血共和》文史顾问杨仲子访谈.《当代电视》,1997年第2期,第26-27页.

[②] 杨仲子:讨袁义战垂青史,缅怀先人爱国情——写在《铁血共和》上映之后并答观众.《中国电视》,1992年第9期,第47-49页.

[③] 孙肖南访谈,2016年8月23日,武汉.资料存于采集工程数据库.

鸭蛋下饭。一个风雪交加的冬夜，由于鞋破了，杨叔子回到家脚都冻红了。母亲看着很是心疼，就倒上热水给他泡脚，然后端来一碗有咸鸭蛋的饭。此情此景，杨叔子深受感动，便对母亲讲他什么都不怕，一定好好读书[①]。

除了关心杨叔子的温饱，杨叔子的母亲也会尽其所能，支持杨叔子的兴趣爱好。杨叔子酷爱读书。上初一那年，杨叔子过生日，母亲给了杨叔子一些钱，他高兴地用这些钱买了书。那时，打乒乓球是同学们最主要的课余活动，母亲知道杨叔子喜欢打乒乓球，于是请人用樟木为杨叔子做了一个乒乓球拍。球拍虽重，但杨叔子感到十分满足，只要上学就会随身携带。

南昌解放后，杨叔子的母亲一直留在南昌，照顾杨赓笙。1955 年，杨赓笙去世后，杨叔子的哥哥杨仲子将母亲接到北京照顾。回忆起当时去火车站见母亲的情景，杨叔子曾一度哽咽：

当时，我在武汉读大学。我记得那一天，我到车站接妈妈，那时，武汉长江大桥还没修好，火车很堵。妈妈到武昌站下车后，就要到汉口站坐车去北京，我对这一幕印象很深刻。为什么我印象很深？妈妈那时候才 50 岁，就已经一头白发了，我刚上大学的时候，妈妈的头发是黑的，只不过才短短几年，妈妈的变化就这么大了，头发就全部变成白的了。尽管现在我年纪大了，有些事情我记不清楚，但这个我记得很清楚！[②]

图 1-4　1961 年春节，杨叔子（第二排左四）在北京与母亲李昆玉（第一排左二）、哥哥杨仲子（第二排左三）一家团聚（史铁林提供）

[①] 杨叔子：鸭蛋黄。《长江日报》，2000 年 7 月 5 日。
[②] 杨叔子、徐辉碧访谈——杨叔子的求学经历与学术成长，2016 年 9 月 12 日，武汉。资料存于采集工程数据库。

第一章　江西湖口育英才

1968年2月3日，李昆玉病逝于杨叔子的妹妹杨静婉处[1]。

兄弟姐妹

杨叔子的大哥杨锄非是家中长子，乃大妈妈洪如宾所生，是江西省第一批公派留学日本的学生，曾远赴日本留学十年。留学期间，杨锄非分别在庆应大学与早稻田大学各取得一个博士学位。回国后，杨锄非不幸于1929年因病英年早逝。杨锄非有一儿一女，儿子杨安中是杨赓笙的长孙，一直追随蒋经国，后病故在台湾；女儿杨似男早期参加中国共产党地下党。中华人民共和国成立后，杨似男与孙盛海结婚，两人于1953年调至华中工学院[2]工作。杨似男到华中工学院工作时，适逢杨叔子在华中工学院读书，叔侄二人因此见了面。1929年，杨锄非去世的时候，杨似男刚刚五岁，因此，她从小便跟爷爷杨赓笙生活在一起，与杨叔子同吃一锅饭长大[3]。由于杨叔子是杨赓笙最小的儿子，按照辈分，杨似男应称呼杨叔子为小叔叔，但杨叔子的年龄比杨似男小，所以，杨似男便用江西湖口话称呼他"细毛叔"。

1929年，杨锄非去世后，李烈钧便将杨赓笙全家接到了上海。在上海待了一段时间，全家又回到了江西。杨叔子的母亲那时候怀了杨仲子，在杨仲子出生的当天，杨赓笙跟大夫人洪如宾讲他昨晚梦到了已经去世的大儿子。大妈妈洪如宾认为杨仲子是他的儿子投胎，就亲自抚养杨仲子。于是，杨仲子称大妈妈为"妈妈"，称自己的妈妈为"娘亲"[4]。

杨仲子天资聪颖，记忆力特别强。他小时候跟随杨赓笙学诗时，念两三遍就能背会，可谓过目不忘，也因此深得父亲杨赓笙的重视与疼爱。同时，天分极高的杨仲子也深得李烈钧夫妇的喜爱。他小时候曾不幸得了白喉，生命垂危，幸得李烈钧的夫人华世琦设法将他及时送进医院，才得以

---

[1] 杨叔子：五律·哭妹（词韵）。见：杨叔子，《杨叔子槛外诗选》。北京：高等教育出版社，2017年，第338页。

[2] 华中科技大学自建校之日起，一直到1988年1月，称为"华中工学院"。

[3] 孙肖南访谈，2016年8月23日，武汉。资料存于采集工程数据库。

[4] 同③。

获救，因此，家中又给他取了个名字叫"华赐"。正是这个原因，杨仲子拜李烈钧为义父，拜李烈钧的夫人华世琦为义母①。

1949年，杨仲子被保送进入南昌大学外国语言文学系专业就读。1950年2月，杨仲子加入新民主主义青年团，并先后担任南昌大学学生会主席、南昌大学校务委员会委员。1953年7月，杨仲子毕业后被分配到中国国际广播电台从事对外广播宣传工作，先后担任中国国际广播电台高级翻译、全国政协委员、北京市政协委员、民革中央祖国和平统一促进委员会委员等职。杨仲子一

图1-5 1997年7月，杨叔子（左）与哥哥杨仲子（右）合影（史铁林提供）

图1-6 杨赓笙故居（徐辉碧提供）

生秉承"清廉爱国，师表崇德"的家风庭训，为加强海峡两岸交流、推动祖国统一大业做了许多有益的工作，得到了全国政协副主席、民革中央名誉主席屈武的表扬和接见，也受到了台湾国民党元老张群和陈立夫等人的高度赞赏②。

20世纪80年代，杨仲子将石钟山下的杨家宅院捐赠给当地政府，建立二次革命纪念馆。后来，为填补以杨赓笙为代表的湖口籍历史文化名人一直以来"有史无馆"的历史空白，湖口县人民政府等相关单位于2018年

---

① 杨叔子：《往事钩沉》。武汉：华中科技大学出版社，2018年，第21页。
② 国导：前事不忘，后事之师——电视连续剧《铁血共和》文史顾问杨仲子访谈。《当代电视》，1997年第2期，第26-27页。

第一章 江西湖口育英才

启动了对杨赓笙故居的保护修缮工作。考虑到杨叔子在科学与人文领域取得的卓越成就，以及他饮水思源、回馈家乡的深厚情谊，湖口县决定在杨赓笙故居中另建一栋平房用于对杨叔子事迹的陈列与展览。2019年4月29日，杨赓笙故居暨杨叔子院士事迹展馆建成开放。按照有关单位的设想，它将成为当地党员干部接受爱国主义教育、加强党性锤炼的重要场所，人民群众传承好家训、建设好家风的重要阵地，广大青少年学习历史文化、陶冶道德情操的重要课堂[①]。

由于杨仲子极为熟悉父辈的历史，他积极参与了中国民主革命时期资料的收集、整理与出版工作。经他撰写、编辑与出版的书籍和文章已达近百万字，这些书籍和文章为人们了解这一时期的历史提供了重要的资料，其中《李烈钧杨赓笙诗选》《杨赓笙传奇》《李烈钧将军》等书在海内外广受欢迎。1991年，为纪念辛亥革命80周年，他协助中央电视台将父亲杨

图1-7 新修缮的杨赓笙故居（2019年4月。李学华、张玉拍摄）

图1-8 杨叔子院士事迹展馆（2019年4月。李学华、张玉拍摄）

---

① 参见杨赓笙故居暨杨叔子院士事迹展正式开放．人民网，2019-04-30。

赓笙和义父李烈钧的革命生涯拍成八集电视连续剧《铁血共和》，并担任顾问。自该年 10 月 10 日起，中央电视台曾连续一周在每晚的黄金时间向全国播映这部以李烈钧和杨赓笙举兵讨伐袁世凯为主要内容的电视连续剧。该剧播出后，国内外观众反应热烈，获得观众普遍好评，北京多家报纸发表评论，赞誉该剧是一部生动形象的历史教材，是"气壮山河的历史回音"。1992 年，《铁血共和》获得中共中央宣传部颁发的"五个一工程"优秀电视剧奖。1996 年，在孙中山诞辰 130 周年之际，中央电视台又一次播放了此前已播过多次的《铁血共和》[1]。同时，杨仲子也不忘回馈母校，他毕业后还经常给母校同文中学校友总会捐款。2012 年 1 月 27 日，杨仲子病逝于北京[2]。

在杨叔子的记忆中，长他 6 岁的姐姐杨静娴对他关爱有加，是他的"保护伞"。杨叔子在家里既不是年龄最小的，也不是最聪明的，却恰好是个调皮好动的孩子。由于父亲杨赓笙对子女的要求极其严格，调皮的杨叔子小时候经常遭到父亲的责打。但杨叔子的姐姐对他十分关心，杨叔子挨打后，姐姐总会去安慰他。正因如此，杨叔子对姐姐一直充满感激。他常常说："我的姐姐是最疼我的，她是我的保护伞。我姐姐跟我讲话也最多，所以我很感谢我姐姐。"[3] 四五岁的杨叔子正是非常调皮的时候，妹妹杨静婉才刚满

图 1-9　杨叔子（左一）与姐姐杨静娴（左二）、妹妹杨静婉（左三）在武汉合影（史铁林提供）

---

[1] 国导：前事不忘，后事之师——电视连续剧《铁血共和》文史顾问杨仲子访谈.《当代电视》，1997 年第 2 期，第 26-27 页。
[2] 杨叔子：五律·哭哥哥（词韵）. 见：杨叔子，《杨叔子槛外诗选》. 北京：高等教育出版社，2017 年，第 353 页。
[3] 杨叔子、徐辉碧访谈——杨叔子的求学经历与学术成长，2016 年 9 月 12 日，武汉. 资料存于采集工程数据库。

一岁，尚在襁褓之中，母亲忙着照顾妹妹，无暇顾及年幼的杨叔子。这种情况下，杨叔子的姐姐时常充当母亲的小助手，帮母亲分担家务，照顾弟弟和妹妹。可以说，在杨叔子生活与学习的过程中，离不开姐姐一直以来的帮助和照顾。中华人民共和国成立前夕，杨叔子的姐姐成了家。而妹妹在中华人民共和国成立后进入中学读书，后来远嫁甘肃①。兄妹几人的童年生活充满温馨，杨叔子也曾多次说，兄妹几人相处的日常情景宛如昨日，历历在目。

2001年11月11日，杨叔子的妹妹杨静婉病逝。2011年10月29日，杨叔子的姐姐杨静娴病故②。

清廉爱国，师表崇德

杨叔子来自诗礼之家，自幼谨记父亲的教导，牢记"清廉爱国，师表崇德"的家风庭训。父亲教导的家风庭训已成为杨叔子人生的真切写照。在辛亥革命100周年时，杨叔子曾写道：

> 父亲爱国、爱民、爱故乡，当然也爱家庭。我家是个大家庭，他在外写信回家，就要方方面面都照顾到，所以，他有一首七绝颇为典型："著语休从一面观，寄回须得众心欢。寻常简牍都容易，只有家书下笔难。"也正因为他爱家庭，他对孩子们的要求与教育是严格的，其中首要的是修身做人，是爱自己的国家、民族。他对学生的要求是"教忠、教孝、教修身"，对自己的孩子们更是如此。希求家风庭训"清廉爱国，师表崇德"能传承下去。③

杨叔子时刻不忘父亲的教诲，受父亲的影响，他自小便形成了深深的

---

① 杨叔子：《往事钩沉》。武汉：华中科技大学出版社，2018年，第25页。
② 杨叔子：五律·哭姐姐（词韵）。见：杨叔子，《杨叔子槛外诗选》。北京：高等教育出版社，2017年，第350页。
③ 杨叔子：《只凭天地鉴孤忠——杨赓笙诗作及生平大事集》序。见：杨叔子，《杨叔子散文序函类文选（下）》。武汉：华中科技大学出版社，2012年，第317-322页。

爱国情怀。1981年年底，杨叔子被派到美国作高级访问学者。当时，他的工资每月仅有75元人民币，约合50美元，也就是年工资只有600美元。而当时美国一位教授的年薪最低也有3万到5万美元，多的则达10万甚至20万美元以上。那时，要留在美国是比较容易的事情。当杨叔子访问期满要回国时，有人不解地问他："这么低的工资，那么差的研究条件，为什么要回国？"因为杨叔子始终认为，科学无国界，但科学家有祖国，无论身在哪儿，都不能忘记祖国。他认为自己既然学到知识了，理应回国作贡献。杨叔子也同样认识到现在的情形不同了，20世纪五六十年代，年轻人的追求是到基层去、到边疆去、到祖国最需要的地方去；现在有些年轻人的追求是到公司去、到海外去、到钞票最多的地方去[1]。虽然情形发生了变化，但杨叔子始终认为身为炎黄子孙，要情系华夏，要有民族爱国之情。

1993—1997年，杨叔子担任华中理工大学校长。在担任校长期间，杨叔子的工资已是全校最高，每个月1000多元人民币。杨叔子先后于1990年和1992年赴新加坡交流，他发现在新加坡比较有名的教授工资是每月1.5万新加坡元，而那时1新加坡元折合人民币是6元多，1.5万新加坡元折合成人民币将近10万元[2]。杨叔子看到如此悬殊的对比，内心更加坚定要留在祖国，坚持办好大学。对杨叔子而言：

> 我能不能够不当校长而去新加坡当教授呢？这绝不能！我如果去了，华中理工大学这3000多亩土地、80多万平方米建筑面积、近2万学生，交给谁管呢？当然我不当校长，必定还会有其他人当校长，但其他人又跑到新加坡去了呢？推而广之，中国12亿人口，960万平方公里的领土，300多万平方公里的领海，五千多年的悠久历史，这样一个古国的领导人都崇洋媚外，都跑到外国去了，能把这个国家交

---

[1] 杨叔子：献身理想 立足勤奋 把握机遇 勇于创新．《郑州轻工业学院学报（社会科学版）》，2000年第2期，第4-10页。

[2] 杨叔子：踏平坎坷 立志成才．《南京理工大学学报（社会科学版）》，2003年第5期，第5-12页。

给外国人管吗？华中理工大学能交给外国人管吗？不行！这绝对不行！中国要中国人管！华中理工大学要中国人管！尽管我们现在同富国有很大差距，但我们在精神上很充实。因为我们在进行一项伟大的工程，我们在瞄准世界一流水平扎扎实实地学习、工作、奋进、创新，我们充满信心，我们相信在21世纪中叶，华中理工大学一定要同世界一流大学争个高下，中国一定会同美国平起平坐，这是必然的、毫无疑问的！困难有什么了不起？前进，改革，创新，肯定伴随着困难[①]！

无论是毅然拒绝留在美国的机会，坚持回国，还是在学术研究中兢兢业业，奉献青春与智慧，都表明杨叔子始终谨记代代相传的家风庭训，铭记父亲的教导。杨叔子最喜欢的格言是"横眉冷对千夫指，俯首甘为孺子牛"，可以说这句话既是他的心声也是他生活的真实写照。杨叔子发自肺腑地讲过这样一段话："我是共产党员，我应该做革命的'傻瓜'。从本质上讲，革命的'傻瓜'一点也不傻。'智者不以小利移目'。我们知识分子中，有大批像我这样年龄的共产党员，我们愿意为人民的利益'鞠躬尽瘁，死而后已'……那些自以为聪明、投机取巧、发了横财的人，那些自以为得计、违法乱纪、大饱私囊的人，在我们革命人民的眼中，不过是一堆粪土而已。"[②]

图1-10　石钟山近貌（2019年4月。李学华、张玉拍摄）

[①] 杨叔子：献身理想 立足勤奋 把握机遇 勇于创新。《郑州轻工业学院学报（社会科学版）》，2000年第2期，第4-10页。

[②] 邓伟平：芳林新叶催陈叶——杨叔子印象。《教师博览》，1995年第7期，第33-34页。

饮水思源，情系湖口

杨叔子曾多次说过，自己的人生有三个难忘的地方，第一个地方就是湖口。湖口不仅是杨叔子的出生地，也是他人生的奠基之所。杨叔子始终坚信饮水思源，数典不忘祖，他一直坚称："没有出生的地方，就没有杨叔子。"[1]

1990年前后，杨叔子在参加国内一场大型学术会议时结识了一位外籍华人，在与其交谈过程中，得知他在取得硕士学位之前一直是在国内，硕士毕业后才出国工作，并留在国外，取得外国国籍。于是杨叔子就顺便问他："您是什么地方的人呢？"按照传统的习惯，显然是问出生地的。结果这位外籍华人讲了一个外国的地名。杨叔子一时还没转过来，心想中国哪有这么个地方。但再一想，原来这位华人说的是一个外国的地方。杨叔子心中很不是滋味：问的是出生地，而你却回答外国。从此，杨叔子下定决心，绝不崇洋媚外、数典忘祖，湖口是自己情系一生的故乡。于是，杨叔子常向别人说："孙悟空大闹天宫，当了齐天大圣，可是他一直称他是花果山水帘洞人氏，而没有说他是外国人，是西天人氏。"

1950年杨叔子离开湖口，直到1985年11月他在九江市开会时遇到当时湖口县的县长曹志平，受其邀约，杨叔子在离开湖口近36年后决定回故乡看一看。离家别土数年，回来时怎能不去石钟山？因此，杨叔子登上了熟悉的石

图1-11 2010年，杨叔子（第一排左二）全家在湖口石钟山前留念（徐辉碧提供）

---

[1] 刘嘉骥：杨叔子院士：踏平坎坷，成人成才．《成才之路》，2013年第3期，第9页。

钟山。这时，曹县长一行人惊讶地发现：杨叔子对石钟山熟极了，山上的路和景点，杨叔子无一不知。杨叔子说他的家就在石钟山脚下，山上的路走了无数遍，怎么会不熟。1997 年 6 月 9 日，杨叔子特意从合肥乘车过江，又回访了故乡。杨叔子发现此时的湖口有了很大的发展，原先还是乡下的三里街已经成为县城的中心地带，石钟山的景又添新貌，杨叔子不禁为家乡的快速发展感到欣慰①。此后，杨叔子也多次回故乡看望，时刻关注家乡的建设和发展，并用实际行动来回报家乡。

战 火 童 年

杨叔子 4 岁的时候，还不怎么记事。因此，4 岁之前的事情，他也只记得两件有惊无险的事情。1937 年，抗日战争全面爆发。次年，日军逼近湖口，于是父亲带领全家躲避战乱，也正是在这时，杨叔子在父亲的指导下进入古典诗词的世界，他的童年生活开始与诗为伴！

有惊无险孩提时

杨叔子孩提时代印象最为深刻的事情是两次死里逃生的经历。

第一次是杨叔子还不到两岁的时候，染上了严重的肺炎，看病的医生说："严重肺炎，无法救了。准备后事吧！"后来，在母亲的精心照顾下，杨叔子才慢慢好转。

第二次是杨叔子 3 岁多的时候，他跟随

图 1-12　1936 年杨叔子 3 岁时在湖口的照片（史铁林提供）

---

① 杨叔子：心系鄱湖水，魂绕石钟山。见：杨叔子，《杨叔子散文序函类文选（上）》。武汉：华中科技大学出版社，2012 年，第 165-170 页。

母亲来到石钟山下的一户人家。这是一栋小洋房,两间住房,一间厨房,还有个小花园,花园中有个小凉亭和养鱼的小池塘。当时,调皮的杨叔子趁大人不注意,就自己一个人偷偷来到池边去抓鱼。结果,一不小心落入水中。幸亏解救及时。但是换衣服时又有个小插曲,当时只有小女孩的衣服,小杨叔子拼命挣扎,又哭又闹,就是不穿,后来好不容易换上了就躲在房间里不出去。①

四处奔波

1938年,为了躲避日军侵略,杨家老小开始了逃难生活,当时还不怎么记事的杨叔子是被大人扛在身上逃难的②。逃难前,父亲杨赓笙把全家二十余人聚在一起,慷慨激昂地说:"我们是中国人,是炎黄子孙。我们决不当亡国奴,决不做日本鬼子的顺民!万一日本鬼子追上我们,我们就全家自杀,投水自尽!大家一定要记住,千万不能活着落在日本鬼子的手里。"③ 杨叔子真切地感受到父亲的爱国情怀,这一幕也从此深深地烙在他的脑海里。杨叔子后来也多次说:"父亲在我幼小的心灵上播下了爱国的种子。这种子,浸润着中华魂,生长着爱与恨,我永远不会忘记。"④

逃难途中,杨叔子和家人缺吃少穿,跋山涉水。为了躲避日军的袭击,一家人经常连夜赶路,不眠不休。除了日军的轰炸,疾病、水灾、瘟疫亦不少见。据杨叔子回忆,逃难途径的小站不计其数,大站则主要有4个。所谓"大站",即停留时间较长的地方。

逃难的第一个大站是位于九江市的武宁县。据杨叔子和他的侄外孙女孙肖南所说,之所以将武宁作为逃难的第一站,主要有两方面的考虑:一是杨家的老家是从武宁迁到湖口,并且湖口方言很大一部分和武宁相同;

---

① 杨叔子,曹素华:院士杨叔子的童年故事.《独生子女》,2004年第7期,第16-17页。
② 孙肖南访谈,2016年8月23日,武汉。资料存于采集工程数据库。
③ 杨叔子、徐辉碧访谈——杨叔子的求学经历与学术成长,2016年9月12日,武汉。存地同上。
④ 胡文鹏,奚茜,杨叔子:中国科学院院士、著名机械工程专家杨叔子——心共苍山一片丹.《经济日报》,2009年12月6日。

二是因为武宁是李烈钧的故乡,而杨叔子的父亲杨赓笙同李烈钧交情匪浅,且杨叔子的母亲又是李烈钧的义妹[①]。到了武宁,由于没有足够的房子,全家不能住在一起,杨叔子的母亲就带着几个孩子住在一家黄烟店里。一天,这家黄烟店失火了,浓烟滚滚。紧接着,杨家的几个孩子身上长满了脓疱疮。然而,屋漏偏逢连夜雨,孩子衣服上又长满了虱子。除了天天用药水洗澡,身上涂满药膏之类的外敷药,还得吃内服药,一天几次。虽是如此,杨叔子仍在武宁县接受了短暂的启蒙教育,进了幼稚园,尽管印象中这一时期也只是排队去操场做游戏,但相较于其他同龄人而言,杨叔子却是幸运的。

在武宁县度过了短暂的平和时光后,由于时局因素,杨叔子随家人逃到了位于抚州市的南城县,这是逃难的第二个大站。逃难时,杨家大大小小几十口人,小的抱在手上,年纪大、走不动路的就坐轿子,年仅5岁的杨叔子则被架在副官的脖子上[②]。在南城,杨叔子目睹了日机轰炸的惨烈场景。当时,杨叔子一家借住的房子附近住着一对新婚不久的年轻夫妻。炸弹刚好投中了这对新婚夫妻的房子,夫妻二人双双离世。幼小的杨叔子看到惨不忍睹的这一幕,真正感受到了战争的残酷。

形势危急,杨叔子一家便连夜赶到了位于九江市修水县的石街村,这是逃难旅程中的第三个大站。由于那时在涨水,石街的李家大屋台阶砌得很高,所以杨家选择租住在李家大屋,并在这里迎来了1939年的春节[③]。杨叔子在这里度过了相对平稳的逃难生活,并得到父亲的亲自教授。在石街,杨赓笙现场教学,说道:"杜甫在《月夜忆舍弟》中讲:'有弟皆分散,无家问死生。'这是他逃难中之作。今天我们呢?也正是'有家皆分散'!没有国,哪有家?"在杨赓笙的教导下,杨叔子学习了《唐诗三百首》《诗经》《论语》《大学》《中庸》《幼学琼林》《古文观止》的部分文章及其他一些古籍。据杨叔子回忆,"跟随父亲学习之初是念唐诗。开始念唐诗也完

---

① 杨叔子、徐辉碧、孙肖南访谈——回忆战火童年,2019年1月24日,武汉。资料存于采集工程数据库。

② 同①。

③ 同①。

全是偶然机会，念完《唐诗三百首》以后，我就开始念《诗经》。当时我觉得《诗经》很难念，原因有两个：一是当时我不够专心，二是《诗经》和民歌一样，第一段和第二段重复的内容很多。当时因为念不好《诗经》还老是挨打。"[1] 此外，由于没有其他科目的老师，稍微年长的杨似男主动承担起了给杨家小孩上算术课的任务[2]。

对于小孩子来说，新鲜事可以一扫战争的阴霾。杨叔子在石街遇到了人生中第一次天文奇观——日食。刚刚还是明媚的白昼，转眼天就黑了。在家家户户"天狗吃太阳，快救太阳"的呼喊声中，小孩子们虽然不明就里，但也来凑热闹，乱跑乱叫。年幼的杨叔子心中不禁暗忖，"天狗在哪里？怎么吃太阳？"虽处在战乱的年代，但小孩子贪玩的天性一点儿也不受影响。杨叔子的家人当时住在一个有大天井的屋子里，他的一大乐趣是骑竹马。杨叔子和小朋友们跨一条长竹竿，手执一长竹鞭，唱着"马儿乖"的儿歌，围绕天井来回奔跑，来个骑马比赛；抑或学演"京戏"，比如《萧何月下追韩信》[3]。当杨叔子和小朋友们骑竹马，又唱又跳的时候，大人们这时就过来对他讲："不要玩得太多啦！古人讲，'记得少年骑竹马，转眼又是白头翁'。现在只晓得玩儿，长大了会后悔的！"杨叔子当时听了只当成耳旁风，认为大人们说的是假话，还在心里嘀咕："什么白头翁？我还不到10岁呢！"不过，大人的话总会有点作用，杨叔子以后在玩耍的时候，也会想到父亲教他的古诗，比如岳飞的"莫等闲，白了少年头，空悲切"，颜真卿的"黑发不知勤学早，白首方悔读书迟"，特别是《长歌行》的那句"少壮不努力，老大徒伤悲"。[4] 杨叔子后来回忆起童年骑竹马的情景，也说这些诗句像钟声一样，敲醒了他懵懂的童年。

逃难的第四个大站是黎川。在黎川的江家大屋，杨家开始了一段相对安定的生活，这也是逃难途中停留最久的地方。父亲杨赓笙开始了相对稳

---

[1] 杨叔子、徐辉碧、孙肖南访谈——回忆战火童年，2019年1月24日，武汉。资料存于采集工程数据库。

[2] 同①。

[3] 杨叔子：记得少年骑竹马．《长江日报》，2000年9月13日。

[4] 杨叔子，曹素华：院士杨叔子的童年故事．《独生子女》，2004年第7期，第16-17页。

第一章 江西湖口育英才

定的工作，担任江西中学的校长。杨叔子也已经在黎川县日峰镇第一区中心小学上学。当时杨叔子已经快10岁了，正是调皮爱玩的年纪，他一上小学就和同龄的孩子玩在了一起。课业之余，杨叔子最喜爱的游戏就是斗蟋蟀。杨叔子和小伙伴们捉到蟋蟀后，会仔细观察蟋蟀的特征，还找到装蟋蟀的竹筒，按照别人教的方法，将蟋蟀养好、调教好，乐此不疲。当时小小的杨叔子已经表现出了强大的自制力，心中始终铭记：不能违背校规，不敢耽搁功课，只能作为"副业"来玩儿。

曲折求学

在那个战火纷飞的特殊年代，坚持求学是异常艰难的。但是，杨叔子的父母始终重视孩子的学习，尤其是杨叔子的父亲。杨叔子也十分刻苦好学，迎难而上，当遇到难题时，他总能找到解决办法，进步飞快。

启蒙学诗习经典

杨叔子五六岁的时候，已经开始慢慢记事了。在父亲的教导下，杨叔子和哥哥杨仲子一起读诗，第一本书是《唐诗三百首》，第一首诗是《静夜思》："床前明月光，疑是地上霜。举头望明月，低头思故乡。"杨叔子回忆起父亲的谆谆教诲，一直记得那时的场景。杨赓笙对杨叔子说："孩子，为什么教你念这首诗？看到月亮就要想到故乡，想到湖口，想到石钟山，想到故乡的同胞正在遭受日本鬼子的蹂躏，我们不能忘记，千万不能忘记。"[①] 战乱年代，条件艰苦，父亲杨赓笙教杨叔子学诗的同时，也不忘教育孩子爱国。受父亲爱国主义教育的影响，杨叔子也下定决心，一定要努力学好本领以报效祖国。天资聪颖的杨仲子最多三遍便可背熟一首诗，然

---

① 杨叔子：理想崇高，成人成才。见：杨叔子，《杨叔子文化素质教育文集》。武汉：华中科技大学出版社，2009年，第204-209页。

而年幼的杨叔子需要重复读十多遍，才能背会。为此，杨叔子常受父亲的责骂。但也正是由于父亲的严格要求，杨叔子也熟记了很多诗词，这段学习国学经典的经历为他奠定了重要的人文基础。

杨叔子跟着父亲学习了四年之后，杨赓笙托人将其送入私塾，跟随涂寿山老师学习国学经典。杨叔子在私塾学的第一本书是《孟子》，他现在还依稀记得彼时的学习场景，仍能背出学习内容。

杨叔子在启蒙阶段主要是阅读我国古代诗词经典，在父亲和涂老师的教导下，他逐渐明白做人、做事和爱国的道理。但是，这一时期的杨叔子对于科技知识还毫无概念，甚至不会看钟表。据杨叔子回忆："动荡的岁月中，父亲一直教我念古书。快到9岁了，我还没有一点科学知识。那时候，家中有个座钟，上面是罗马数字，我什么也看不懂，弄不清时、分、秒。只知道，太阳出山，是早上；太阳当顶，是正午；太阳落山，是黄昏。"[1] 杨叔子的姐姐当时也常常对父亲讲："弟弟科学知识太差了，连时钟都不会看，这样下去可不行！他应该去小学上学，不上小学是不行的！"父母都认为需要送杨叔子去小学，但是无奈局势不稳，家里经常奔波逃难，只能等到形势稳定之后再作打算[2]。

黎川高小攻除法

涂寿山老师在第一区中心小学任兼职教师，在杨叔子跟随他接受了一年多私塾教育之后，涂老师意识到时代的变化，认为必须学习现代的科技文化，遂建议杨叔子去上小学，接受系统的教育。这一提议得到了杨叔子父母的强烈支持。1943年9月，杨叔子被父亲送到黎川县日峰镇第一区中心小学，直接读高小一年级[3]，相当于现在的小学五年级。黎川县日峰镇第一区中心小学于1919年创办，是黎川县历史最悠久的一所公立小学，革

---

[1] 杨叔子：9岁才上小学.《长江日报》，2000年9月20日。
[2] 同[1]。
[3] 当时的小学分初级小学和高级小学，初级小学简称"初小"，学制四年，相当于现在的小学一年级至四年级；高级小学简称"高小"，学制两年，相当于现在的五六年级。同时拥有"初小"和"高小"的小学称为完全小学。

命烈士邓梅村曾在该校任教。2010年，学校更名为黎川县第一小学，简称黎川一小。

在小学，由于视力不好，杨叔子一直坐在第一排中间，直到上大学，他才知道是近视的缘故。杨叔子至今记得小学的第一节语文课，题目是《咱们都是中国人》：你是中国人，他是中国人，我是中国人，咱们大家都是中国人。当时，战火纷飞，抗日歌声、救亡情绪充满校园，弥漫课堂。学校的爱国主义教育时时刻刻都在进行着。

在学习上，杨叔子遇到了"拦路虎"——数学，当时叫"算术"。杨叔子能学好加法、减法和乘法，但却被除法难住了，他始终不明白为什么29除以7，商是4。大约过了一个月，一天晚上，杨叔子突然从梦中醒来，喊道："我弄懂了，我想通了！"哥哥惊醒，问杨叔子明白了什么。杨叔子说他弄懂了除法就是"试试看"！杨叔子跟哥哥讲述自己的"重大发现"：

29除以7，商1，不够，因为1×7=7，7小于29；商2，不够，因为2×7=14，14小于29；同样的道理，商3，也是不够的；商4，还是不够的。但是，商5，就不行了，因为7×5=35，35大于29了。所以，只能商4，剩1。这就是"试试看"。[1]

对于年仅10岁的杨叔子而言，能够从逆运算的角度通过尝试、反推、反证来加深理解，做到对算术知识的灵活运用，是不容易的。这种"试试看"就是"倒推"，就是"求逆"。求逆思维看似简单，但背后所蕴含的科学思维却是不简单的。正因为杨叔子掌握了求逆算法规律，所以后来他的数学成绩提高得很快。"求逆"是他打牢数学基础的关键。他后来常常提到，科研最重要的一步就是试验，就是"试试看"。

1944年7月，杨叔子从黎川一小毕业。

---

[1] 杨叔子、徐辉碧访谈——杨叔子的求学经历与学术成长，2016年9月12日，武汉。资料存于采集工程数据库。

图1-13　2008年12月，杨叔子（第一排左七）回黎川一小与师生员工合影
（史铁林提供）

升入江西中学

1944年9月，杨叔子升入了江西中学读初一。

抗日战争爆发后，原先位于南昌的江西中学为了躲避战乱，也迁到了黎川。当时，学校只能借用当地邓氏宗祠与有关房屋作为校舍。经学校与黎川有关人士商量，一致邀请杨叔子的父亲杨赓笙担任校长。杨叔子的父亲把杨叔子的姐姐、哥哥以及杨叔子送进了江西中学。学校以"教忠、教孝、教修身"为校训。学校有首歌，歌的前几句是："江西中学，避寇南城。迁校黎川，十月良辰。"当时的校歌还没有正式固定下来。后来杨赓笙亲自为江西中学写了一首校歌："莘莘学子，济济学童，三民五权，是研是宗。左图右史，目习心通，千秋著眼，万卷罗雄。西山时雨，南浦春风，豫章木铎，宏我江中。"

杨叔子每天跟随父亲一起到学校。上课之前，他就在父亲的办公室念《古文观止》。杨叔子的父亲尤其重视学生的品德，为此特制教鞭一条，正反两面都题有诗句。正面诗句是："我执教鞭三教重，教忠教孝教修身"；

第一章　江西湖口育英才

反面诗句是："绝非一挞求齐语，却是三笞训鲁公"①。对有严重违纪的学生，杨赓笙就用此鞭训诫。杨叔子自幼沉浸于诗词典籍的世界，自然对教鞭上的典故了然于心，也更能体会到父亲的良苦用心。杨叔子每逢在父亲的办公室看到此鞭，就以此提醒自己要好好学习，多读书。

唐诗、宋词、元曲、明清小说是我国古代文学的代表，酷爱阅读的杨叔子在黎川一小的时候就喜欢上了阅读古典小说。进入初中后，随着语文阅读能力的提高，他便开始阅读章回小说。杨叔子回忆，当时在江西中学上学时，小人书（连环画）篇幅很短，很快就看完了。于是，他就开始看《聊斋志异》《子不语》等短篇故事，转而开始看《西游记》《水浒传》等长篇小说。离开黎川时，他看的最后一本小说是《水浒传》，全卷四本（大达版）②，虽然全卷四本书的结尾只写到108位好汉聚会梁山寨的忠义堂这一场景，但杨叔子仍读得津津有味。抗日战争胜利后，江西中学迁回南昌。

回到湖口上中学

随着战争胜利的号角吹响，杨叔子一家结束了在外逃难的生活。1945年10月，杨叔子一家乘船回到家乡湖口。1946年上半年到1947年上半年，杨叔子进入当时已搬迁到石钟山上的湖口彭泽联合初级中学③读初中二年级。

初二上学期，杨叔子所在班级的教室设在大殿，初二下学期移至船厅，船厅正面对着长江与鄱阳湖交界，湖水清，江水浊。江湖之水交界

---

① "绝非一挞求齐语"是讲有个鲁国人要他的孩子学齐国话，急于求成，用竹板鞭挞孩子，想要孩子立即学会齐国话。"却是三笞训鲁公"是讲周公辅佐成王，他是成王的亲叔叔。成王是周朝最高统治者，年龄虽幼小，但在万人之上，周公绝不能打他。因此，就用鞭挞自己的儿子鲁国之君的方式来启示成王，一共笞打了三次。

② "大达版"图书是指20世纪30年代大达图书供应社排印出版的加标点的通俗小说。大达图书供应社是广益书局的一家子公司。1934年广益书局以大达图书供应社名义大量排印出版加标点的通俗小说。参见左建：广益书局与"大达版"图书.《兰台世界》，2012年第11期。

③ 当时湖口只有一所初级中学，最初称为"湖口彭泽联合初级中学"，很快就改为"湖口县立初级中学"，校舍设在石钟山上的庙宇中，部分佛堂成为教室，僧房成了宿舍。现为湖口中学，实行"一校两部"管理模式，学校也整体进行了搬迁。

处，远看清浊分明，近看一块清一块浊，直至下游远处，方成为一色。更重要的是，船厅就是"二次革命"的指挥所。船厅前面有个亭子，亭旁有一块突悬于江面上空的大石头，叫"矶头"。矶头之上可坐十余人。同学们常坐在矶头，面对滔滔江水畅所欲言，各言壮志。现今，船厅、矶头都已是石钟山的著名景点。

湖口历来是军事要塞，交通便利，经济、文化很发达，吸引了周边不少学子前来求学。在湖口读书期间，有一次在化学课上老师提问杨叔子，他回答得不好，老师就批评杨叔子没有学化学的天赋，不能学好化学。杨叔子听到老师这样说，就与老师赌气，从此不学化学。由于湖口中学的学习条件不好，物理、化学实验课上学生没机会亲自动手做实验，只能在课堂上看老师做实验。这一负气行为直接导致了杨叔子初中阶段化学成绩很差。有位都昌的同学跟他讲："读书不易，你不能这么做。"杨叔子事后也感到自责与后悔。其实，他仍在努力学化学。但由于化学不像数学、物理逻辑性那么强，要背的知识点很多，杨叔子对此兴趣较低。中考时，杨叔子的化学甚至没有及格。

1948年春，杨叔子从湖口彭泽联合初级中学毕业。离开故土之后，杨叔子一直关注母校的发展，2011年11月，他为湖口中学捐资设立了"杨叔子卫华助学基金"，以奖掖母校的后辈学子[1]。

破格招入同文中学

由于湖口县没有高中，1948年秋，杨叔子考入九江同文中学。同文中学是清同治六年（1867年）由美国美以美会传教士在九江创办的教会学校，前身是供男孩读书的埠阆小学。后来，在埠阆小学旁边，一名女传教士创办了女子半日小学，是儒励女中的前身[2]。1951年，两个学校合并，

---

[1] 湖口中学校史第一次重修编纂委员会：杨叔子。见：湖口中学校史第一次重修编纂委员会，《江西省湖口中学校史》。杭州：浙江力创印业有限公司，2012年，第302页。

[2] 当时同文中学有两个学校，男孩读的是埠阆小学，女孩读的是半日小学。半日小学是半天读书，半天必须回家做家务，或者到外面打工赚钱贴补家用。后来两个学校都在同文中学校区，中间隔一道铁丝网，男女生不能交往。

称同文中学。"同文"取自《礼记·中庸》："今天下，车同轨，书同文，行同伦。"同文中学创立于第二次鸦片战争期间，历经中国百余年苦难风雨，根植于中华大地，与民族同患难，与国家共呼吸[1]。同文中学历史底蕴深厚。校园里的香樟100年以上的有17棵，其中有一棵是1508年栽的，已有500多岁了。学校的特色建筑同文书院则是国家级文物。同文中学现任校长胡德喜讲述了一段关于同文书院的趣事：

> 1912年10月29日，杨叔子的父亲杨赓笙当时担任孙中山的秘书，他与孙中山来到九江。到了同文中学。孙中山讲到，他自己的诞辰是1866年，这个学校是1867年建立的，历史很长，只比他小一岁。于是，孙中山欣然题写"同文书院"四个大字。[2]

如此看来，杨叔子与同文中学还真有着不解之缘。杨叔子在同文中学读书时，学校的办学理念是"成才与成人并举，做人与做事兼重"，校训是"读好书，做好人"，同文中学的学风浓、考风好。在考试中，即使监考老师临时有任务，离开考场，也没有人作弊[3]。杨叔子当时能够考入同文中学，实属不易。因为他的入学成绩中语文、数学、英语都非常好，几乎满分；但是化学考的很糟，没有及格。当时，同文中学认为一定能培养好这个学生，因此决定录取杨叔子。学校不拘一格育人才，破格录取学生这件事即便放到现在来看，无论于学生自身还是于学校本身都要顶着很大的压力。也正因此，杨叔子后来每每提及母校同文中学，无不表达对同文中学的感恩之情。杨叔子深知到同文中学读书的机会来之不易，因此，进校后非常勤奋努力。高一上学期，杨叔子的学习成绩已排到了全班第二，当时班上约有六十名学生[4]。

杨叔子之所以能取得好成绩，不仅因为他自身努力刻苦，更与老师们

---

[1] 杨叔子：读好书，做好人。《光明日报》，2009年5月13日。
[2] 胡德喜访谈，2016年7月11日，武汉。资料存于采集工程数据库。
[3] 同①。
[4] 当时的成绩是按平时作业成绩、测验成绩、小考成绩和期末大考成绩统筹计算。

的指导密不可分。当时同文中学的授课教师虽少,但都德艺双馨。大多是留美学成归国的英才,一腔热忱,报效祖国。学校规定包括校长在内的领导都必须亲自授课。值得一提的是,杨叔子的语文老师汪际虞是一位年近50岁的老教师,出身书香门第,饱读诗书,课堂教学中常引经据典,课讲得很吸引人。因此,他的课堂总是充满欢声笑语。杨叔子对汪老师所教的两篇课文印象很深:

第一篇课文是白居易的《燕诗示刘叟》。开头那句"梁上有双燕,翩翩雄与雌"无论是写法还是意境都让杨叔子至今难忘。这首诗是讲一对燕子,艰苦衔泥筑巢,辛勤觅食哺儿,雏燕长大,四散高飞,这对燕子十分悲痛,终夜啁啾。诗中最后讲道:"燕燕尔勿悲,尔当返自思。思尔为雏日,高飞背母时。当时父母念,今日尔应知。"汪老师在讲这首诗时,一再告诉学生,要饮水思源,孝敬父母,并引用《论语》的那句"孝悌也者,其为人之本与!"来加深同学们的认识[1]。

第二篇课文是清朝彭端淑的《为学一首示子侄》。这篇古文对杨叔子的影响很大。汪老师在讲这篇文章时,以文中的思想教诲学生要辛勤为国学习。杨叔子至今还能背出文章内容:"是故聪与敏,可恃而不可恃也;自恃其聪与敏而不学者,自败者也。"学这篇课文时,杨叔子暗下决心,要努力学习。这首诗让他深刻体会到学习之道在于知理后要去学、去行动,而不是停在言语中,那样只能是纸上谈兵[2]。

杨叔子的语文一直很好。在同文中学读书时,他写的作文多次受到汪老师的表扬,汪老师也时常将杨叔子的作文念给同学们听,这让杨叔子很受鼓舞。在语文老师的鼓励下,杨叔子也逐渐提高了自己的弱势学科——化学。同文中学非常注重实践对教学的重要作用,为此投入大量资金从美国购买了学生上物理、化学等科目所需要的实验器材,并建立了实验室。杨叔子也得以自己亲自做物理、化学实验,数理化学习非常好[3]。在

---

[1] 杨叔子:《杨叔子散文序函类文选(上)》。武汉:华中科技大学出版社,2012年,第140页。

[2] 同[1]。

[3] 陈义明、夏雅阁访谈,2016年7月11日,湖口。资料存于采集工程数据库。

此期间，杨叔子也逐渐意识到自己初中之所以化学学不好，除了教学条件太差，学生只能在课堂上看老师做实验，课下没有机会实践这一客观原因外，更与自己不能正确对待老师的批评有关。杨叔子当时也认识到要认真对待老师的教导，努力学习。

杨叔子的数学老师黄问孟是金陵女子大学毕业的，当时才二十多岁。她上课穿着旗袍，十分俭朴，不苟言笑。教室内稍微有点不安静，她就不进教室或不开讲。黄老师讲课条理清晰，重点突出。尽管她每次上课都会带着点名册，但她从不点名。黄老师的这种教学特点和上课风格给杨叔子留下了深刻印象。

2007年，为了纪念同文中学建校140周年而出版的《群星璀璨》一书列举了近270位各个领域的杰出校友，其中最为人熟知的是革命烈士方志敏。方志敏曾于1921年秋到同文中学读书，1922年夏天离开学校去上海。方志敏在同文中学组织了"共产主义活动小组"，写出了气壮山河的《呕血》这一悲歌。杨叔子在同文中学读书时，对校友方志敏的事迹如数家

图1-14　1997年6月，杨叔子（第二排右六）在同文中学130周年校庆之际与老友欢聚的照片（陈惜曦提供）

珍。尽管因种种原因，杨叔子在同文中学还没读完高一下学期就转学去了其他学校读书，但在他心中同文中学永远与他同在，至今还牢记对他影响深远的同文中学校训"读好书，做好人"①。同时，杨叔子作为同文中学的杰出校友之一，对同文中学的广大学子也起到了模范带头作用。

考入南昌一中

1949年年初，解放战争已如烈火燎原之势卷至长江。为了确保安全，杨叔子一家于四月上旬从湖口迁到了南昌，在同文中学读高一下学期的杨叔子考入南昌私立豫章中学②，继续高一的学习。当时，九江的同文中学与儒励女中、南昌私立豫章中学与葆灵女中，都是美国教会办的兄弟学校，同属一个系统，成绩相互承认，资格同等对待。

中华人民共和国成立后，教会学校纷纷被取缔或改办。由于杨叔子在南昌解放的那一刻亲眼目睹了共产党解放军的伟大之处，思想认识产生了根本性转折，他不愿意继续在美国教会中学读书，坚决要求去共产党办的中学。于是，1949年9月，杨叔子考入当时由共产党管理的江西省立南昌第一联合中学，这是一所初、高中一贯制的中学，现名为南昌市第一中学，简称南昌一中③。南昌一中成立至今，已先后培养了21位中外院士。

---

① 杨叔子先后两次在《光明日报》上发表过以母校校训"读好书，做好人"为题的文章，分别是2009年5月13日《光明日报》"母校礼赞"专栏的文章《读好书 做好人》和2012年4月24日《光明日报》第13版的"书林·世界读书日特刊"的题为《"读好书"与"做好人"》的文章。

② 南昌私立豫章中学创办于清光绪三十三年（1907年），首任校长是美国人长孙·威廉。1951年12月6日，江西省人民政府接管私立豫章中学，改为公立学校，更名为南昌市第三中学。1953年，更名为南昌市第一初级中学。1957年8月13日，更名为南昌市第七中学。1968年12月，搬至九江马回岭与共产主义劳动大学、九江地区农业干部学校合并，称九江共产主义劳动大学。1971年学校更名为九江地区教育学院，1972年回到原地址重建南昌七中。1991年12月1日，经南昌市人民政府批准，学校更名为南昌市豫章中学。

③ 南昌一中始建于清光绪二十七年（1901年），由省会书院改组而成的江西大学堂，1949年8月，江西省政府明令将南昌市四所省立公办中学（省立南昌一中、省立南昌二中、省立南昌女中、省立南昌女职）合并组成省立南昌联中。1950年9月，中正大学附属中学并入，更名为省立南昌一中。1953年9月，学校划归南昌市领导，更名为南昌市第一中学。

邵式平、袁玉冰、黄道、刘和珍等老一辈革命家和吴有训、杨叔子、阳含熙、徐采栋、徐性初、朱伯芳等老一辈科学家为南昌一中留下了"革命、爱国、科学、自强"的"一中精神"①。

姓名	籍贯	姓名	籍贯	姓名	籍贯	姓名	籍贯	姓名	籍贯	姓名	籍贯
杨叔子	湖口	张保叔	江苏	程会宝	新建	查子初	安徽	钟辉汉	南昌	汤先亮	南丰
戴金铎	沈阳	胡学文	南昌	黄祥汉	南昌	闻伯敏	高安	熊柏寿	南昌	熊茂生	南昌
黄永江	崇仁	李志亮	余干	黄国强	安义	许文清	南昌	罗德权	南昌	熊美荣	南昌
李震声	南昌	邹常仁	临川	崔钦汶	南丰	魏永玲	湖北	雷嘉猷	南昌	傅命奎	高安
徐正春	浙江	涂俊卿	靖安	赵日琴	奉新	马本堃	江苏	王凤岐	江苏	陈梓玉	都昌
胡循矩	临川	王书智	星子	危知秋	南城	王寿民	南昌	胡长庆	南丰	刘立枬	南昌
余运火	广丰	韩树功	铅山	杨毓龙							

南昌一联中　1951届年高三(3)班　39人　罗元诰

图 1-15　2001 年《百年树人之窗友情谊》南昌一联中同学录（杨叔子提供）

进入南昌一中后，杨叔子在高二（3）班就读，班主任是罗元诰老师。当时南昌一中高中二年级共有七个班，在一排平房教室上课。在南昌一中上学期间，杨叔子也和广大学生一样，主动要求参加军事干部学校，积极参加学校举行的政治活动。但他也知道要努力学习，因为祖国的建设需要有用人才。他记得当时南下的女干部魏民语重心长地对他讲："小鬼！参干，保卫祖国，是革命；难道学好业务，建设祖国就不是革命吗？"受此启发，杨叔子抓紧努力，认真完成学业。

那时，尊师爱生的传统美德在全校蔚然成风，同学们精神饱满，互帮互助。积极追求进步的杨叔子不仅学习成绩优异，还乐于助人。班上有几位同学的数学成绩不理想，杨叔子每天放学后会主动给他们辅导，同学们的数学成绩也逐渐得到提高。杨叔子和同学们不仅在学习上互帮互助，在生活上亦是如此。班上有位同学需要输血，杨叔子与几位同学抢着去献血。

杨叔子在南昌一中读书期间，有两位老师给他留下了很深的印象：一位是杨叔子的地理老师张明德，是位女老师，课讲得非常好，极富

---

① 潭飞：弘扬一中精神，再创名校辉煌——南昌一中构建科学发展平台努力践行科学发展观.《南昌日报》，2009 年 12 月 1 日。

感染力。在讲东北的地理时，她即兴唱了《流亡三部曲》："我的家在东北松花江上，那里有森林煤矿……还有那衰老的爹娘……"张老师这首歌唱得极为感人，燃起了学生们的爱国之情。杨叔子后来回忆，由于张老师的课讲得非常吸引人，以至于他当时特别向往祖国的大好河山，甚至打算上大学报考水利专业。

另一位是学校总务主任吴子彦老师。当时的学生寝室是木制双人床，臭虫极多，扰得学生无法入眠。吴老师就实地检查一番，然后"对症下药"，找到了对付臭虫的办法。吴老师自己垫钱买砖石、水泥、铁皮等材料，与工人一起垒灶，烧滚烫的开水，去煮一张张床。在吴老师的努力下，臭虫终于被彻底消灭了。吴老师丝毫不觉得辛苦，他对学生的唯一期望就是学生们能好好学习，将来报效祖国[1]。杨叔子理解吴老师的心意，高中毕业后仍和吴老师保持着联系。

在南昌一中读书期间，杨叔子品学兼优，是一名优秀的共青团员。正是由于他认真对待团支部的工作，尊师爱生，各方面都出类拔萃，不久被评为青年学员[2]，成为同学们的榜样。杨叔子之所以能在南昌一中表现得如此优秀，不仅与教师的指导有关，更与他积极向上，严格要求自己有关。当时，涂序彦也在南昌一中就读，他比杨叔子小两岁，和杨叔子同年级但不同班。涂序彦的姐姐涂序梅和杨叔子同龄且是同班同学，二人都是青年学员，涂序彦和杨叔子也因此熟悉起来。在南昌一中时，涂序彦对杨叔子的印象是"又红又专"，德才兼备，涂序彦一直视杨叔子为自己学习的榜

图 1-16　1995 年，杨叔子（第一排右五）在南昌一中校友报告会上（徐辉碧提供）

---

[1] 杨叔子：火热的校园。见：杨叔子，《杨叔子散文序函类文选（上）》。武汉：华中科技大学出版社，2012 年，第 125-128 页。

[2] 在当时，青年学员不仅是优秀学生、三好学生、共青团员，还是党的宣传员。

样。从南昌一中毕业后，杨叔子和涂序彦一直保持着联系①。

中华人民共和国成立后，南昌有两所重点中学：南昌第一联合中学和南昌第二联合中学②，其中南昌第二联合中学简称"南昌二中"。杨叔子在南昌一中读书期间结识了与他同一年级的王义遒③。王义遒当时就读于南昌二中，他后来回忆说，尽管自己与杨叔子不在同一所高中，但杨叔子作为一名才子学生，在南昌二中也是广为人知的。1950年暑假，正值朝鲜战争爆发，抗美援朝运动开始之际，南昌各个学校的团支部集中在一起办了团员干部训练班，王义遒与杨叔子同处一个支部，有过一个多月的接触。高中毕业之后，因种种原因，二人没有联系，再次取得联系已是1995年，王义遒到华中理工大学参加文化素质教育大会。此后，二人交流越来越多④。

留校担任班主任

1951年7月，杨叔子以优异的成绩从南昌一中毕业。那时，他原本打算考大学。后来，他接到学校让他留校工作的通知。一心决定报效国家的杨叔子毫不犹豫地回答："服从组织安排！"随后，杨叔子立即到学校报道，担任学校的教导干事，主要管理机密资料和学校公章。这个工作固然重要，但工作量不大，闲暇较多，由此他还兼任了南昌一中初中毕业班的

---

① 涂序彦访谈，2016年7月21日，北京。资料存于采集工程数据库。

② 南昌二中创建于清光绪二十七年（1901年），初名乐群英文学堂；1903年，改名为南昌熊氏私立心远英文学塾；1907年，改名为心远中学堂；1912年，易名为南昌熊氏私立心远中学校；1949年9月10日，心远中学、剑声中学、青年中心合并，成立江西省立南昌第二联合中学，以原心远中学为校址。1953年10月，学校划归南昌市管辖，更名为南昌市第二中学，简称南昌二中。

③ 王义遒，1932年生，浙江宁波人。1954年毕业于北京大学物理系，1961年毕业于苏联列宁格勒大学，获副博士学位。王义遒教授是我国波谱学和量子频标领域知名专家，早期在波谱学研究中发现了晶体和溶液中核磁共振化学位移的一些规律。1965年主持研制成功我国第一台原子钟——抽运铯气泡原子频标。王义遒教授既是自然科学家，又是我国著名的高等教育管理专家、教育家，曾任北京大学教务长和常务副校长。他秉承北京大学严谨治学之学风，在教学改革、培养科技人才、科研组织和高等教育管理中业绩突出。参见佚名：原北京大学副校长王义遒教授。《高等理科教育》，2012年第3期。

④ 王义遒访谈，2016年7月22日，北京。资料存于采集工程数据库。

班主任。没过多久，南昌一中的总务主任吴子彦又安排杨叔子兼管学校的小厨房。自此，杨叔子可谓"一人三职"。如此算来，杨叔子每个月可以领到三份工资。杨叔子拿到工资后，将工资一分为三，一份自己用，一份供妹妹读书，一份给母亲。有时杨叔子还给南昌一些小报投稿，被录用的话，还有些稿费。在杨叔子看来，稿费虽然不多，但自己已经感到很满足。难能可贵的是，杨叔子在工作之余，常常与考入哈尔滨工业大学、大连工学院（今大连理工大学）、上海交通大学等名校的好朋友联系，一是为了延续友谊，二是为了督促自己继续学习。

图1-17　1951年8月，杨叔子在南昌一中高中时的毕业照
（史铁林提供）

在兼任初三（七）班班主任时，杨叔子对班级同学特别关心。有位姓程的同学，上课时要去小便，结果全班哄堂大笑，杨叔子也感到十分尴尬。事后杨叔子便找这位程同学了解情况，弄清真实情况后，杨叔子告诉全班同学："程同学家庭困难，餐餐喝稀饭，小便就多，我们不应该笑话

图1-18　1952年，南昌一中初三（七）班毕业照（第三排左六：杨叔子，第一排左三：王承禧。陈惜曦提供）

他。"此后，再也没有同学取笑他了。没过多久，程同学上课也不去小便了。后来，同学们一打听才知道原来是杨叔子帮他办了助学金。同学们都很感动，非常尊敬杨叔子。此后，他们互帮互助，努力学习。毕业时，杨叔子组织初三（七）班的同学拍毕业照，并在毕业照上题词："我们的前程像海洋一样的宽广"，这张毕业照同学们一直珍藏至今。最后中考时，大家的成绩都比较理想，多数同学升入高中，继而考进大学。例如，初三（七）班的王承禧高中毕业后被华中工学院船舶专业录取，后来以优异的成绩毕业，并留校任教。由于王承禧德才兼备，很快就被评为教授，成为华中工学院的骨干。直到现在，她还时常向杨叔子提起南昌一中同学们对杨叔子的感激与尊敬之情。

人 生 转 折

南昌是杨叔子永远不会忘记的第二个地方。杨叔子也多次深情地说："1949 年 5 月 23 日是我一生中最难忘的时刻，因为我在南昌迎来了解放，从此时此地起，我的人生道路发生了根本的转折。"[①]

南昌迎来解放

杨叔子永远无法忘记南昌，是因为在这里他深刻地认识了中国共产党，迈出了革命道路的第一步。在我国三年困难时期，杨叔子自学德文，读过一本德文小说《第一步》(Der Erst Schritt)。这本小说写的是普通群众在经历过某件事后，先后走上了革命道路的故事。杨叔子读这本书的时候，恍然大悟：自己不也是通过南昌解放认识了共产党，才决定一心跟着共产党走，投身社会主义革命与建设事业的吗？他至今还记得南昌解放的

---

① 杨叔子：难忘的时刻难忘的地方。见：杨叔子，《杨叔子教育雏论选（下）》。武汉：华中科技大学出版社，2010 年，第 3-11 页。

细节：

在解放军进城的前夜，国民党守军桂系军队夏威兵团准备洗劫南昌，后来商会筹款十几万大洋送给了这个兵团，才使南昌免于洗劫。杨叔子记得由于当时通货膨胀太严重，为了稳定统治，1948年国民党政府将旧钞法币换成新钞金圆券，并下令凡民间持有金银财宝的，一律要换成金圆券，否则，一经查出，就是与"共匪"勾结，要判罪坐牢，乃至要枪毙。当时国民党的兵，特别是伤兵，到饭馆商店，吃了拿了不给钱，问他们要钱，他们便把胸脯一拍，讲："老子为你们'剿匪'，受了伤，还给什么钱？"后来杨叔子读了《毛泽东选集》第四卷的一篇文章《丢掉幻想，准备斗争》，这篇文章把国民党政府对共产党的污蔑写了下来，杨叔子才明白究竟谁是土匪。中华人民共和国成立前，杨叔子同进步力量没有接触，不了解共产党，只听到国民党的污蔑，要解放了，他心中忧虑，乃至害怕[1]。

1949年5月22日凌晨，退守南昌城内的国民党白崇禧部夏威兵团第四十六军主力不战自溃，趁天色朦胧弃城西逃，并炸毁中正桥，以阻挡人民解放军过江追击。下午，国民党军后卫部队以猛烈炮火向人民解放军驻地轰击，以掩护主力溃逃。人民解放军第三十七师奋勇直追，全歼国民党军后卫部队，完全占领南昌城[2]。

翌日，细雨纷飞，南昌解放。16岁的杨叔子走在南昌街头，看到受了伤的解放军站在茶馆屋檐下却不进入，但老百姓却纷纷拿着食物前来慰问解放军；看到毫无官味、俭朴实在的南下干部与群众打成一片，俨然军民一家亲的景象。当他看到这些完全不同于蛮横的国民党官兵的南下干部，思想产生了一百八十度的大转弯，在心中暗暗下定决心：跟着解放军，跟着共产党。杨叔子亲身见证了共产党进步力量的伟大，从此志向更加坚定。于是，杨叔子坚决不读外国人办的教会中学，要去共产党办的学校学习。那时杨叔子还在教会中学——豫章中学念高一下学期，他一到学校就

---

[1] 杨叔子：难忘的时刻难忘的地方。见：杨叔子，《杨叔子教育雏论选（下）》。武汉：华中科技大学出版社，2010年，第3-11页。

[2] 中共南昌市委党史工作办公室：《南昌人民革命史》。北京：新华出版社，1999年，第198-199页。

要求转学。可是，当时刚解放，怎么可能转学呢？由于杨叔子的成绩是年级第一，那年秋天，凭着优异的成绩，他考入了南昌一中读高二。在南昌一中期间，杨叔子也像要求进步的广大青年学生一样，积极进取。他在学习知识的同时，热心帮助同学，团结同学。

影响最深的两本书

在南昌一中学习期间，有两本书对杨叔子的人生道路与思想认识产生了很深的影响。第一本是苏联奥斯特洛夫斯基写的《钢铁是怎样炼成的》，第二本是艾思奇写的《大众哲学》。杨叔子后来曾这样说过：

> 《钢铁是怎样炼成的》给了我巨大的、长期的精神鼓励，教我学会直面人生；《大众哲学》给了我深刻的、初步的思想启迪，让我认识世界。这两本书，使当时解放初期还只有十六七岁的我下决心跟着共产党，对献身共产主义崇高的事业树立了坚定的理想。[1]

进入南昌一中后，有位同学给杨叔子讲了共产党先进的革命思想，杨叔子非常感兴趣，特别是当这位同学介绍了《大众哲学》，讲到"量变到质变"规律时，以杭州雷峰塔为什么倒塌为例：雷峰塔没有倒塌时，你抽一块砖走，他抽一块砖走，被抽走的砖越来越多，当抽到某一块砖时，产生了质变，整个雷峰塔就倒塌了，塔就不复存在了[2]。杨叔子听到这一讲解时，就开始思考共产党之所以能发展壮大，领导我国革命取得胜利，建立新中国也是符合"量变与质变"的道理，他从此也发自内心感受到共产党很有学问。在读《钢铁是怎样炼成的》时，他深深地被保尔的英雄行为与崇高理想所感染，体会到要不畏困难，不负韶华：

---

[1] 杨叔子："读好书"与"做好人"．《光明日报》，2012年4月24日。
[2] 杨叔子：难忘的时刻难忘的地方．见：杨叔子，《杨叔子教育雏论选（下）》．武汉：华中科技大学出版社，2010年，第3-11页。

人最宝贵的东西是生命。生命对于我们只有一次。人的一生应当这样度过：当回忆往事的时候，他不会因为虚度年华而悔恨，也不会因为碌碌无为而羞愧；在临死的时候，他能够说："我的整个生命和全部精力，都已经献给了世界上最壮丽的事业——为人类的解放而斗争。"①

努力争先，入团成功

　　在南昌一中读书时，杨叔子和许多要求进步的同学一样，高唱着："年轻人，火热的心，跟随着毛泽东前进！"杨叔子刻苦学习，积极参与各种社会活动，投入革命与建设洪流。在当时，"革命"一词有着特殊的含义：其一是参军。因抗美援朝之需，解放军要迅速壮大与发展，要求有大批高中生、大学生这些知识分子参军，以迅速提高军队文化水平，其中包括1950—1951年冬春起，学生参加军事干部学校（简称参干）。其二是参加由于国民党政权垮台而迅速扩大的新解放区的地方政权建设。杨叔子刚入南昌一中读书时，所在的年级共有七个班，而毕业时，竟然不到五个班。因为大批同学们都参加"革命"去了。杨叔子对此感触很深：要革命，就要入团。杨叔子在这期间也曾多次请求，但均未得到批准。

　　杨叔子看到同班同学程会保成功入团，更坚定了入团的决心，也从各方面更加严格地要求自己。当时团员还有为期一年的候补期，候补期间，视其表现决定是否转正或是取消资格。杨叔子的入团介绍人是南下干部栾月惠。后来杨叔子凭借出色的表现，通过考查后如期转正。1950年1月26日，杨叔子成功入团。杨叔子成为共青团员后，认真对待共青团的工作。到1950年暑假，他参加了由南昌市各个学校的团支部联合举办的团员干部训练班，并积极建言献策，履行责任。由于杨叔子关心集体，爱护学校，热心公益活动，事事带头，不久就被评为南昌模范团员，而当时南昌一中仅有四名学生获得这一称号。

---

① ［苏］尼古拉·奥斯特洛夫斯基：《钢铁是怎样炼成的》。梅益，译。北京：人民文学出版社，2004年，第232页。

坚定人生信念，从不动摇

1951年，杨叔子从南昌一中毕业，在学校的安排下留校工作。当时南昌一中的直属领导吴子彦老师和魏民老师常常鼓励杨叔子："你家庭出身不好，社会关系复杂，入党很难，但前进道路由自己选择，要下决心，长期做一个党外的布尔什维克。"对此，杨叔子坚定表示："我一生做党外的布尔什维克也愿意。有多少无名烈士，他们什么也没有，但他们的业绩永远融在我们祖国伟大的成就中。"据杨叔子回忆，无论是高中毕业后留校工作，还是从调干生考入大学，抑或是大学毕业后留校工作，一路走来，他始终都没有动摇过这一信念：

  党要我留校任教，我就留校任教；要我干什么，我就干什么。我跟定了共产党。这条道路在1949年5月23日那天在南昌就确定了。顺利时如此，受到严重挫折时也如此。即使"文化大革命"十年浩劫，我受到严重打击甚至蒙受"莫须有"的罪名时，我从没动摇过[①]！

---

  ① 杨叔子：难忘的时刻难忘的地方。见：杨叔子，《杨叔子教育雏论选（下）》。武汉：华中科技大学出版社，2010年，第3-11页。

第二章
学工只为工业化

惜别滕王阁,喜登黄鹤楼。
珞珈山势壮,好伴白云游。①

——杨叔子

在中华人民共和国成立之初,社会经济处于全面崩溃的境地,国家的中心任务是迅速恢复遭到严重破坏的国民经济。中华人民共和国成立之后,经济开始逐渐恢复。到 1952 年,工农业生产虽然已恢复到中华人民共和国成立前的最好水平,但整体生产水平仍然偏低,现代工业在工农业生产总值中所占的比重仅 26.7%,主要工业产品的产量比苏联、美国低得多。例如,我国的钢铁产量只有 134 万吨,而苏联有 2300 万吨,美国为 7000 万吨。此外,我国在许多重工业部门都有空白,工业结构残缺不全②。针对工业基础薄弱的现状,1951 年年底至 1952 年年初,高校开始扩大招生,为工业化建设培养大批科学技术人才。在此背景下,杨叔子以"调干

---

① 杨叔子:五绝·如武汉大学。见:杨叔子,《杨叔子槛外诗选》。北京:高等教育出版社,2017 年,第 239 页。
② 参见何学慧:《新中国历程探微》。北京:中国社会科学出版社,2013 年,第 59 页。

生"[1]的身份，凭借报国热情和优异成绩成功被武汉大学工学院机械制造专业录取。到1953年，为全面学习苏联的教育模式，国家对高等院校进行了大规模的院系调整，武汉大学也在调整学校之列。于是，杨叔子所在的武汉大学机械制造专业被划归到新建的华中工学院。自那时起，杨叔子一边积极投入新校的筹建工作中，一边刻苦努力学习，开始了与华中工学院的风雨同舟之路。

考入武大机械系

1952年，国家确立了统一招生的高考制度。为了在招生计划上尽可能地为国家工业化建设服务，教育部规定了这一年各学科招生人数：国家计划总招生50000人，其中工科29500人，占总数的59%；医科4500人，占9%；财经4300，占8.6%；师范3500人，占7%[2]。从各个学科的招生占比来看，工科招生人数最多，这与国家发展工业的需求一致。杨叔子高考成绩优异，同时他渴望为国家建设服务，于是毫不犹豫地报考武汉大学的机械制造专业，在风景秀丽的武汉大学度过了一年充实而独特的大学学习时光。

满腔热忱报工科

当时，为响应国家"培养大批工业化建设人才"的号召，南昌一中决定抽调杨叔子、漆桂芬、查南屏三人去上大学。1952年暑假，由于肺炎发作，杨叔子一直在吃药调养，整个人被笼罩在一片"阴云"之中。然而，

---

[1] 面对中华人民共和国成立之初我国工业基础薄弱和高中应届毕业生人数较少的双重困境，中央决定从在职人员中抽调符合上大学条件的干部进入高校深造，为工业化建设提供人才支撑，这种考入大学的学生后来被称为"调干生"。

[2] 高军峰，姚润田：《新中国高考史》。福州：福建人民出版社，2009年，第24-26页。

一则"上大学去"的消息打破了当时沉闷的氛围。对于当时的情景,杨叔子至今历历在目:

> 校办的孙紫云和魏民老师急匆匆地找到我,一开口便问:"你知道我们为什么找你吗?"当时的我丈二和尚摸不着头脑,说:"不知道!""猜猜看!""要我到大医院看病?""不对!再猜!"无奈,我只能呆呆地看着她们。孙老师和魏老师开心地笑了笑,说:"小鬼!上大学去!""什么?上大学去?""小鬼,是上大学去!为了国家大规模经济建设,为了搞工业化,国家决定从在职人员中,抽调一批干部去上大学,去学工,这叫'调干生',你就是其中之一。"[①]

听到此消息的杨叔子自然是喜出望外:"真是没想到,我也可以去上大学了。"经孙紫云、魏民两位老师的介绍,杨叔子第二天就到了省教育厅,找到负责人栾月惠办理好了报到等相关手续。由于在南昌一中身兼数职,有许多工作需要交接,杨叔子又及时地将有关资料进行了整理,并将手头工作进行了移交。由于时间紧迫,杨叔子立即进入紧张的备考状态中,认真复习考试的科目。

为了响应当时的招考政策,南昌一中不久便开办了"调干生"补习班,主要补习高中最基本的数理化知识。因为杨叔子已经读了八年中学,打下了十分坚实的基础,所以解决数理化方面的难题对他而言甚为得心应手。再加上杨叔子喜欢帮助他人,因此,他在班上主动当起了"辅导"老师。当然,善于反思的他还从中总结出了不少"讲课"经验,要想让别人真正听懂自己讲解的知识,必须做到三点:一是自己要真正懂,从本质上懂,这是必需条件;二是自己能深入浅出地表达,这是完备条件;三是自己内心肯去做,一切从对方的实际情况出发,这是保证条件,三者缺一不可。

杨叔子在"调干生"补习班上的数理化成绩很优异。平时小考时,

[①] 杨叔子:《往事钩沉》。武汉:华中科技大学出版社,2018年,第32页。

他一般都得满分。升学考数理化成绩不是 100 分，就是 98 分或者 99 分，偶尔扣分主要是因为笔误。而且杨叔子对数学有着浓厚的兴趣，在许多问题上都有自己独到的见解。所以，班上有位叫李健（当时南昌市邮电局的负责人之一）的同学多次动员他去学数学。杨叔子一再拒绝，并坚定地表示："组织调我来，明确告诉我为了国家工业化而学工，我坚决服从组织的决定。"①

学工只是明确了初步的方向，但是具体学习什么专业呢？受当时广为传唱的歌曲《咱们工人有力量》的影响，杨叔子将机械制造专业作为自己的志愿，期待着为国家建设作贡献。他现在还记得当时高考学工的情景：

> 当时歌曲唱着："发动了机器轰隆隆响，举起了铁锤响叮当，造成了犁锄好生产哟，造成了枪炮送前方"，"火车在飞奔，车轮在欢唱"。宣传画上的工农兵，工人拿着铁镐，农民拿着镰刀，士兵拿着步枪，他们拿着的东西都是机器造出来的呀！我铁了心，学工，而且要学机械制造。②

1952 年，杨叔子参加了中华人民共和国成立后首次举行的统一高考，这一年的考试时间、入学时间与往年相比都有所推迟。高考报名在七月，考试在八月，发榜在九月底，入学在十月中旬以后。而且实行分区招生原则，全国主要分为东北区、华北区、华东区、西北区、中南区和西南区六大区③。杨叔子所在的南昌一中属于中南地区，他只能报考中南地区的高校。投考志愿分系科志愿和学校志愿两种。填报志愿的方法是先系科后院校，系科类志愿可填报三个，每个系科类志愿可填报院校志愿五个。当时的《填写报名单须知》指出："选择志愿系科及志愿学校时，首先应考虑国

---

① 杨叔子、徐辉碧访谈——杨叔子的求学经历与学术成长，2016 年 9 月 12 日，武汉。资料存于采集工程数据库。

② 杨叔子：《往事钩沉》。武汉：华中科技大学出版社，2018 年，第 34 页。

③ 教育部：关于全国高等学校一九五二年暑期招收新生的规定。人民日报，1952 年 6 月 13 日。

家建设的需要，当然招生委员会会适当地照顾学生的志愿。"①

杨叔子十分坚定地报考了武汉大学工学院的机械制造专业，并且作为第一志愿被录取了。由于杨叔子在初中和高中时古诗词背得很熟，作文也屡次被老师当成范文在全班展示，所以在当时的老师和同学看来，这样一名有着深厚文学基础的学生应该去学文学类的专业。但是，杨叔子说他从来没有想过学文科，自己内心的志向很明确，就是学工为国家工业化建设服务。所以，不管是同学建议的数学专业，还是老师推荐的文学专业，都不在杨叔子的考虑之列。

1952年10月，杨叔子顺利进入武汉大学工学院机械制造专业学习。武汉大学久负盛名，当时在中南地区的高校中名列第一。学校不仅办学规模大，教学质量高，而且名人云集，对杨叔子的后续发展产生了很大的影响。杨叔子至今还对以讲话犀利幽默著称的徐懋庸②书记的新生报告记忆犹新：

> 我第一次听党委书记徐懋庸的新生报告，就为他的才华所折服。我早知他同鲁迅先生的争辩毫不示弱，这次一听，果真用词犀利。他讲，听说这届新生入学，可以全面学习苏联，上一届入学的学生就认为自己倒了大霉，因为如是本届入学，就能全面学习苏联，按专业学习，不必照旧的模式。他说，我告诉他们，为什么要晚一届入学呢？不如去跳东湖，20年后又是一条好汉，这不更好吗？台下哄然大笑。③

---

① 刘海峰：1952-2012：高考建制的花甲记忆.《高等教育研究》，2012年第6期，第78-84页.

② 徐懋庸（1911-1977），原名徐茂荣，浙江上虞人。1926年参加大革命。1938年加入中国共产党。中华人民共和国成立后，任武汉大学党委书记、副校长。1953年10月被撤职并调离武汉大学。1957年被错划成"右派"，后改正。参见谢红星：《武汉大学历史人物选录》。武汉：崇文书局，2012年.

③ 杨叔子:《往事钩沉》。武汉：华中科技大学出版社，2018年，第35页.

名师引领夯基础

杨叔子在武汉大学学习时，有三位老师对他的专业课学习提供了启发性的指引。第一位是教高等数学的陆秀丽老师。陆秀丽于1941年毕业于武汉大学数学系，先后在四川大学、武汉大学等高校任教[①]。她讲课很有个人特色，经常用生活中平凡而有趣的事例帮助学生渐入学习佳境。在讲授函数这一节课时，她用寄信这一常见而又有代表性的小事打比方，"一封平信八分钱，超过一定重量就要加钱，加的钱可不是连续的"[②]。当时，币制改革刚刚开始，这样的讲解不仅能够帮助学生将抽象的函数知识理解得更加清楚，记忆更加深刻，还有利于学生将书本知识与实际生活相结合。当然，如此别开生面的函数学习课也永远印在了杨叔子心中。

第二位老师是教理论力学的董老师[③]。当时，理论力学这一课程用的是伏龙科夫编的物理教材。由于内容晦涩难懂，很多学生叫它"头痛力学"，但杨叔子由于物理基础好，且善于思考，学习起来就相对轻松。董老师曾不解地问他："别人学理论力学那么难，为什么你却这么容易？"杨叔子说："这门科目没有什么难的，因为理论力学分三部分：静力学讲力的平衡，运动学讲位移、速度与加速度，动力学则难一些，但不管原理、法则和定律怎么变，实际上就是一条，即 $F=ma$（力 = 质量 × 加速度），其他的规则都是从 $F=ma$ 演变出来的。"董老师听到杨叔子如此解释，就知道他已经掌握了物理学的精髓，连连称赞杨叔子："对！你抓住关键了！动力学本质上就是讲 $F=ma$，情况不同，表达的形式就不同。"[④]

第三位老师是讲授机械制图、工厂实习等课程的赵学田老师。赵学田是我国著名的工程图学专家和科普专家，中国工程图学会主要创始人，他曾编写过多种机械制图普及读物，包括《机械工人速成看图》《机械工人

[①] 刘我风：七十年前的武大——从珞珈山到乐山．武汉大学新闻网，2008-07-24．
[②] 杨叔子：《往事钩沉》．武汉：华中科技大学出版社，2018年，第37页．
[③] 由于年代久远，加上杨叔子院士自中风后记忆力受损，他只记得这位老师姓董，具体姓名和相关信息无法考证．
[④] 同②．

速成画图》《机械图图解》等，还于1978年与华罗庚、茅以升、钱学森等17位著名科学家一起获得"对我国科普事业作出卓越贡献的科普作家"的称号。据杨叔子回忆："我逻辑思维比形象思维还强。当时，大学课程采用五分制，大学期间我几乎所有课程的成绩都是五分，但是由于我的形象思维能力不行，只有机械制图这门课我怎么也不会，最终只得了四分。"① 面对如此情形，赵学田在鼓励杨叔子的同时，也给予他更多专业性的指导，推荐他阅读机械制图的相关书籍，这为杨叔子今后的学习打下了坚实的基础。

图2-1　1964年6月，杨叔子（左二）前往上海机床厂参加劳动锻炼途中偶遇著名机械制图专家赵学田时的合影（左三）（史铁林提供）

武汉大学的求学经历是杨叔子机械专业学习生涯的起点。对他而言，从进入武汉大学读书的那刻起，自己已成为一名珞珈学子，武汉大学是自己的母校。至今，杨叔子还经常在武汉大学周年校庆之日，写诗作词来祝福母校。

赏如画珞珈

杨叔子进入大学做的第一件事就是配眼镜。杨叔子是先天性近视，但家中无人知晓，他从小看到的世界就是模模糊糊的。杨叔子在读中小学时，一直坐在第一排，而且尽可能坐在中间，这样才能看清黑板上写的字。由于杨叔子看不清，他的记忆力与想象力就在无形中得到了强化，他能记住自己看到的与听到的，并想象与之有关的。这里的想象力主要与逻辑推理有关。正因为如此，杨叔子的逻辑推理能力较强。

然而，近视总会带来诸多不便。于是，杨叔子开学之初就去配了眼

---

① 杨叔子、徐辉碧访谈——杨叔子的求学经历与学术成长，2016年9月12日，武汉。资料存于采集工程数据库。

镜，一配就是 400 度。戴上眼镜后的杨叔子不禁感叹世界是如此清晰、美妙，竟有些"悔恨"近二十年的光阴就在模糊世界中度过了。他多次倚在学校图书馆外面的栏杆上，静静地欣赏武汉大学的景色，并时时告诫自己：一定要珍惜来之不易的上大学的机会，不要虚度大学时光，要好好学习。

新生入学需要全面体检，杨叔子所在的班上有两名同学被查出患有肺结核，杨叔子是其中之一，另一名则是王玉海。两人随即住进校医院，免费接受治疗。王玉海病情比较严重，一进入医院就吐血了，随后停学多年。而杨叔子心态乐观，不断安慰自己"既来之，则安之"。在接受治疗期间，他一有空就坐在室外，欣赏珞珈山如画的风光。大约过了两三个星期，经复查发现杨叔子的肺结核早好了，原来只是左上肺尖有老的钙化点而已，无须任何治疗与休息。因此，杨叔子重新回到了久别的教室。但他在高兴的同时不敢有丝毫的怠慢，因为等待他的是一场高等数学考试。他充分利用同学的复习资料和课堂笔记认真备考，最后只做错了一道题，获得 85 分的高分，受到陆秀丽老师的表扬和同学们的祝贺。在接下来的日子里，杨叔子为了跟上学习进度，一方面在课上认真听讲，仔细做笔记；另一方面在课下融入个人理解整理笔记，长期的坚持使他在各门功课的考试中都取得了优异成绩。

院系调整到华工

中华人民共和国成立之初，我国急需一大批专门人才，但由于缺乏社会主义建设经验，又面临复杂的国际形势，学习苏联就成了一个必然选择。1950 年，在苏联专家的帮助下，作为学习样板的中国人民大学和哈尔滨工业大学先后建立，其他大学也陆续聘请一大批苏联学者、专家，有组织地翻译苏联的教学计划、教学大纲、教材和各种文献资料[①]。及至 1952

[①] 刘海峰，史静寰：《高等教育史》。北京：高等教育出版社，2010 年，第 191 页。

年，国家在高等教育领域全面学习苏联，一是取消私立大学，全部改为公立，所有的教会大学一律撤销；二是对全国高等学校的院系进行全面调整，包括院系合并、院校增设、专业调整等，由中央统一调配师资、校舍和设备。① 在此背景下，在中南地区建立新型工科高校的计划就逐渐被提上议程。于是，同年11月，中南军政委员会② 文化教育委员会召开高等教育计划会议，确定在武汉建立"华中三院"——华中工学院、中南动力学院以及中南水利学院（今武汉大学水利水电学院）。决定成立"三院联合建校规划委员会"，由时任武汉大学校务委员会副主任兼理工学院院长查谦③ 出任委员会主任，张培刚④ 任办公室副主任。为了便于"华中三院"在教学与科研上的合作，此次会议确定"华中三院"校址应在同一区域⑤。会议结束后，摆在查谦、张培刚等人面前的首要问题是学校的选址问题。查谦与张培刚察看了武昌大东门以东的几处地方，如何家垅、洪山南面、珞珈山与桂子山之间的喻家山、关山地

图2-2 1953年，即将从武汉大学调整至华中工学院前夕，杨叔子（右）与同学王谦和（左）在珞珈山合影
（史铁林提供）

---

① 刘海峰：《高考改革的理论与历史》。武汉：华中师范大学出版社，2016年，第197页。
② 1953年1月更名为"中南行政委员会"。
③ 查谦（1896-1975），安徽泾县人。1920年毕业于金陵大学文学系，后赴美留学。1923年获理学博士学位，同年回国任教。1932年8月到武汉大学任教。武汉解放后，任武汉大学校务委员会副主任（副校长），主持学校日常工作。1953年1月，主持华中工学院的筹建工作。1955年，由国务院正式任命为华中工学院首任院长。参见徐正榜，陈协强：《名人名师武汉大学演讲录》。武汉：武汉大学出版社，2003年。
④ 张培刚（1913-2011），湖北红安人，著名经济学家、发展经济学奠基人。1934年本科毕业于武汉大学经济系，1945年获美国哈佛大学经济学博士学位，1946年秋回国担任武汉大学经济系教授兼系主任。1952年，被调任筹建华中工学院建校工作。参见张卓元，周叔莲，吕政等：《中国百名经济学家理论贡献精要（第1卷）》。北京：中国时代经济出版社，2010年。
⑤ 武汉地方志办公室：《张培刚传》。武汉：华中科技大学出版社，2010年，第163-164页。

第二章 学工只为工业化

区，最后确定在喻家山建校①。1953年5月，接中央教育部通知，中南动力学院并入华中工学院②。与中南动力学院合并后，华中工学院已初步形成了较为系统的工科专业结构。

参与华中工学院建校

1952年新建的华中工学院是一所多科性工业大学，旨在满足我国社会主义经济建设对科学技术人才的巨大需求。1953年1月17日，中央人民政务院批准成立华中工学院筹备委员会，查谦任筹委会主任委员，刘乾才③、朱九思④任副主任委员，张培刚等19人为委员⑤。根据当时中央关于全国高等学校院系调整的指示，华中工学院集中了原武汉大学、湖南大学、南昌大学和广西大学四校的机械系全部和电机系的电力部分，华南工学院（今华南理工大学）机械系的动力部分和电机系的电力部分，以及这些院校的部分基础课教师和设备，作为建校的基础⑥。

根据中南地区高等学校院系调整方案，武汉大学也开始了全面的院系调整工作。自1953年8月起，武汉大学的机械系、电机系、土木系及外文系英文组的教师80余人、学生700余人，分别调往新组建的华中

---

① 文挽强："关山，将会变成一块宝地"——记查谦教授为华工选址。见：刘献君，《在共和国的旗帜下——新闻媒体上的华中科技大学（1952-2003）》。武汉：华中科技大学出版社，2003年，第3-5页。

② 中共湖北省高校工作委员会，湖北省教育厅：《湖北高校志（下）》。武汉：湖北人民出版社，2013年，第1394页。

③ 刘乾才（1904-1994），江西宜丰人。1924年考入上海交通大学电机工程系。1932年毕业于美国普渡大学，并回国到湖南大学任职四年。1949-1953年在南昌大学任职，之后到华中工学院工作。1954年任华中工学院副院长。参见中共湖北省高校工作委员会，湖北省教育厅：《湖北高校志（下）》。武汉：湖北人民出版社，2013年，第1255页。

④ 朱九思（1916-2015），江苏扬州人。著名教育家。1953-1984年任原华中工学院副院长、院长、院长兼党委书记等职，为华中科技大学的建设与发展作出了重大贡献，其教育哲学思想和办学实践对我国高等教育改革与发展产生了重要影响。参见宋景华：《高等教育哲学概论》。石家庄：河北教育出版社，2009年。

⑤ 武汉地方志办公室：《张培刚传》。武汉：华中科技大学出版社，2010年，第163-164页。

⑥ 朱九思：三个"面向"是进一步办好学校的总方向——朱九思院长在建校30周年庆祝会上的讲话。《华中理工大学学报（社会科学版）》，1993年第3期，第15-18页。

工学院、华南工学院、中南土木建筑学院、中山大学等院校工作和学习①。到1953年9月底，武汉大学的院系调整与师资调配工作基本完成②。因此，原就读于武汉大学工学院机械系的杨叔子从那时起便成了华中工学院的学生。

经过此次院系调整，华中工学院的工科专业设置得到了进一步完善，设有机械制造、内燃机与汽车、电力、动力4个系，包括机械制造工艺及设备、锻造工艺及设备、电机与电器、发电厂电力网及电力系统、热能动力装置、水利动力装置、汽车设计与制造、内燃机设计与制造8个本科专业和金工、铸工、汽车维护、发电厂电力网及电力系统4个专科专业，本科学制4年，专科学制2年③。

图2-3 2018年5月，杨叔子（右二）与徐辉碧（右三）、李晓平（右一）在喻家山下合影（徐辉碧提供）

1953年暑假，武汉大学抽调了4名学生参与华中工学院的建校工作，主要负责打沙、取土、化验，杨叔子就是其中之一。于是，杨叔子与另一名同样来自武汉大学的同学一起负责在实验室化验土壤，以确定某块地方的土质是否利于建楼。后来，这4名学生中只有杨叔子一人留在华中工学院至今。杨叔子至今犹记得昔日的喻家山虽然是一座荒山，但是有泉水、野兔以及杂草般的小树。当时他也未曾料到，今后他的成长之路将与这所学校的发展相互交织、互为见证。

---

① 谢红星：《武汉大学校史新编（1893-2013）》。武汉：武汉大学出版社，2013年，第122页。

② 黄奕林：武昌地区高等院校院系调整。见：中国人民政治协商会议武汉市武昌区委员会，《武昌文史 第9辑》。1993年，第102-108页。

③ 《华中工学院》。北京：知识出版社，1984年，第1-2页。

南下桂林求学

为了尽快为国家培养急需的建设人才，华中工学院在 1953 年暑假即开始招收新生。但由于新校舍尚未建成，学校决定将新招的学生与从各校调整来的学生暂时分散在武昌本部（借武汉大学校舍）、长沙分部（借原湖南大学校舍）、南昌分部（借原南昌大学校舍）与桂林分部（借原广西大学校舍）四地上课。杨叔子所在的机械制造专业就暂借原广西大学校址办学。

杨叔子和机械制造班的同学服从学校的安排，于暑假期间告别珞珈山，一起乘火车由京广线南下，经株洲换了列车，折向西南，奔往桂林。经过几天的舟车劳顿，杨叔子和同学顺利到达桂林分部，开始了在桂林的学习生活。学校坐落在桂林的将军桥，风景十分幽美，但师资和教学设施远比不上武汉大学。而且校舍极为简陋，教室是平房，矮小、采光差，加上树木多，即便是晴天也要开着电灯上课。因此，在桂林分部学习了两个学期之后，杨叔子的近视度数从 400 度升到了 800 多度。虽然条件艰苦，但是全体师生无一人怨天尤人，而是齐心协力，克服困难。后来，杨叔子所在的机械制造班先后走出两名院士，除杨叔子之外，还有 2003 年当选为中国工程院院士的叶声华[1]。2007 年 10 月，杨叔子在参加天津大学本科教学工作水平评估时，见到了老同学叶声华，二人相聚，交谈甚欢[2]。

图 2-4 1954 年春，杨叔子在华中工学院桂林分部学习的照片（史铁林提供）

---

[1] 叶声华，生于 1934 年 6 月 11 日。中国工程院院士。天津大学测试计量技术及仪器国家重点学科学术带头人，领导建立了"精密测试技术及仪器"国家重点实验室，1995-2004 年担任主任。他是国家重点实验室的首任主任，同时也是国家重点学科的学术带头人。1998 年被评为天津市特等劳动模范。2000 年被评为全国先进工作者。2003 年当选为中国工程院院士。参见：创建重点学科锻造科研团队——访中国工程院院士叶声华，《中国科技奖励》，2004 年第 11 期。

[2] 杨叔子：《往事钩沉》。武汉：华中科技大学出版社，2018 年，第 292-317 页。

客观地讲，原广西大学总体水平不高，工科水平也稍显薄弱，但毕竟是广西的最高学府，学校还是拥有一些高水平的教师，教杨叔子材料力学课的朱海教授就是其中之一。当时，材料力学用的是苏联著名学者别辽耶夫所著的教材。在杨叔子的印象中，朱老师举重若轻，思路清晰，概念明确，重点突出，一节课能讲好多页。杨叔子认为，听朱老师讲课就是一种享受[1]。

桂林分部的行政负责人陈日曜[2]教授及其主讲的金属切削原理与刀具课也给杨叔子留下了深刻的印象。这门课程在中华人民共和国成立前没有，教材是从苏联引进的，教师也是边学边教。而且由于它是专业基础课，内容多是综述性的，理论性很强，比较抽象，所以想要讲好绝非易事。在杨叔子的印象中，陈老师讲课生动形象，学生们非常爱听，从不感到枯燥。除了上课有趣外，陈老师还在课下耐心辅导学生，并及时给予学生具有针对性、启发性的建议，这让杨叔子受益匪浅。

然而，有些教师确实是水平有限，每次讲课都让学生一头雾水。有一门叫机械原理的课，是苏联学者从科学高度对构成机器、机械的各种结构所做的理论上的分析与综合。当时教这门课的老师自己也不是很清楚这些知识，每次上课学生们都听得一脸茫然。但是，这位老师十分负责，每次作业都批改得极为细致，有的还要写批语。所以，学生们都很尊重他。杨叔子也深深地感受到老师的尽心尽责，越发努力学习。

投身武汉防汛抗洪

1954 年 5 月底，杨叔子所在的机械制造班结束了在桂林分部 8 个多月的学习生活。6 月初，他们前往株洲实习。实习一结束，杨叔子和同学们

---

[1] 杨叔子：《往事钩沉》。武汉：华中科技大学出版社，2018 年，第 43 页。
[2] 陈日曜，1920 年 1 月出生，广东兴宁人。1941 年毕业于国立武汉大学机械工程系，1949 年获美国密歇根大学研究生院科学硕士学位。1949 年春回国后，任广西大学机械工程系教授兼代理系主任。1953 年被任命为华中工学院筹备委员，担任华中工学院桂林分部副主任委员。1954 年起历任华中工学院教授、机械系副主任、系主任和名誉系主任。在中国高校机械制造专业建设上，陈日耀教授作出了重要贡献。参见：陈日耀教授。《华中理工大学学报》，1993 年第 8 期。

立即返回武汉,满心欢喜地奔向喻家山。但是,火车一到岳阳,大水浩浩汤汤、横无际涯,铁路中断,公路瘫痪,大伙好不容易换乘上轮船,眼前的景象却是"一片汪洋都不见"。杨叔子和同学们还不时看到上游冲下来的茅草、模板、屋顶、家具、死鸡、死猪……顿时,杨叔子意识到这是一场特大洪水[①]。

确实,这一年武汉爆发了百年一遇的特大洪水。1954年6月25日,武汉降雨量达120毫米,长江武汉关水位突破26.30米警戒线。6月27日,武汉关水位达26.47米。市人民政府发布紧急命令:全市人民与所有机关、部队、团体、企业、学校立即动员起来,积极参加防汛、抢险、排渍救灾工作[②]。为响应政府号召,华中工学院全面开展抗洪工作。杨叔子等人回到学校的当天下午就被集合起来,当时学校的副院长朱九思做了简明的防汛动员报告:"你们实习辛苦了,第一次来到校本部,学校只准备了一件礼品来欢迎你们,那就是防汛,这里是工具,有簸箕、扁担、铲子、锄头……"[③] 杨叔子和同学们立即赶回东四舍寝室做好准备,乘车直奔防汛第一线——武泰闸[④]险段,任务是紧急加高、加固堤防。

杨叔子等人不辞辛劳,卸车、挑土、推板车、装袋、运土运石来加高堤,夯实堤。抢险中还有一项重要的任务,就是细查有无

图2-5 杨叔子读本科期间居住的华中工学院东四舍(2018年4月19日,徐辉碧提供)

---

① 杨叔子:见面礼——"防汛"。见:杨叔子,《杨叔子散文序函类文选(上)》。武汉:华中科技大学出版社,2012年,第72—73页。

② 武汉地方志编纂委员会:《武汉市志·大事记》。武汉:武汉大学出版社,1990年,第194页。

③ 同①。

④ 武泰闸位于流经武汉市城区南端的巡司河上,清光绪二十五年至三十二年(1899—1906)由湖广总督张之洞主持修建,1954年特大洪水后,闸身残损严重,1955年,武汉市政府对其进行了彻底改造。

"管涌"①，这是一种最严重的险情，能将堤基下砂层掏空，导致堤身下降而崩塌。武汉的夏季异常闷热，杨叔子和同学们从早干到晚，毫无怨言。凭借这种毅力，杨叔子等人还参与了傅家坡②、何家垅的防汛工作。当时，傅家坡与何家垅是一片乱岗，杨叔子和同学们参与到开山、挖土、铲土、挑土、装车的过程中，不久，土岗终于被削平了。

图2-6　1954年，杨叔子（第四排左三）与同学参加武汉防汛工作时的照片（史铁林提供）

杨叔子与同学们的手上长出了茧，肩膀磨出了血，腿脚都很酸疼，但他们咬牙坚持，始终拼搏在抗洪一线。在防汛工地上，大家精神饱满，热情高涨，白天顶着烈日，夜晚斗着蚊虫，即使是昼夜不停地忙碌着，也没有人喊累③。

不过，虽然在防汛前线没有人喊累，但是一回到宿舍，大家一上床就倒头呼呼大睡。尽管如此，杨叔子等人依然随时待命出发，有时甚至一天两次去紧急抢险。据杨叔子回忆，当时，大家虽然睡得很沉，但是只要一听到"听吧！战斗的号角发出警报，穿好军装，拿起武器。共青团员们集合起来，踏上征途，万众一心，保卫国家……"，大家便会立即起身，随时准备奔赴防汛第一线。这是防汛紧急集合信号，即苏联的《共

---

① 管涌是指在汛期高水位情况下，水流从河岸沿着堤基土壤空隙流向下游（即渗流），因其受到周壁的限制，有点类似管道的水流，特别是渗水流经强透水层，经地下流入堤内后，仍有很大压力，如冲破了黏性土覆盖层，将下面的粉砂、细砂带出来，发生冒水涌砂现象，即称管涌，也叫翻砂鼓水。

② 街道名称，位于湖北省武汉市武昌区武珞路。

③ 杨叔子：见面礼——"防汛"。见：杨叔子，《杨叔子散文序函类文选（上）》。武汉：华中科技大学出版社，2012年，第73页。

图 2-7　1954 年，杨叔子（第一排右一）大三时与同学在喻家山下的合影（史铁林提供）

青团员之歌》，歌词写得慷慨激昂，听来十分振奋人心。

从 1954 年 7 月到 9 月中上旬，经过两个多月的奋战，肆虐的洪水终于退去，学生们也步入了新学期。进入大三后，杨叔子和同学们终于能够在校本部刚建好的新校舍学习。当时学校的办学条件还不是很理想，由于没有投影仪，授课时遇到复杂的图表就只能用挂图的方式进行讲解。挂图由教师或教学助理手绘而成。虽然教学条件不是很好，但杨叔子十分珍惜这来之不易的学习机会。大三时杨叔子一如既往地认真学习，这为他之后的毕业设计打下了良好的专业基础。

实习苦练基本功

20 世纪 50 年代，我国的高等教育办学模式全面效法苏联，工科学生在本科期间有 4 次实习：一次认识实习，两次生产实习，还有一次毕业实习。第一次实习是在大一暑假期间；后三次实习分别是在大二、大三和大四的寒假期间。由于 1953 年院系调整，杨叔子所在的武汉大学机械系并入新建的华中工学院，他的实习时间相应地进行了后移，只经历了 3 次实习：大二暑假在桂林、株洲机车车辆厂进行认识实习，大三暑假在北京第一机床厂进行第一次生产实习，大四寒假在沈阳第一机床厂进行第二次生产实习。

认识实习在株洲

1953年10月到1954年6月，杨叔子结束了在桂林分部为期8个月的学习经历，前往株洲机车车辆厂进行认识实习。所谓认识实习，是指通过实习，不仅要使学生对工厂环境有一个全面直观的印象，更要对生产过程的全部环节有所了解与掌握，从而将抽象的课本知识转化为"活的"知识。当时，高等院校学生的实习得到了国家、工厂和高校的联合支持与全力保障。实习由教育部与有关工业部门联合负责，强调既要保证实习质量，又要保证人身安全。不仅院校要派出指导教师，厂方也要配备相应的指导人员，并由厂方有关部门负责管理。实习学生的福利待遇应与厂方职工的待遇大体相当，此外，国家还要给予实习生一定的经费补贴。

杨叔子实习的株洲机车车辆厂实行多种生产方式，其中，机车是单件生产，车轮之类的产品是成批生产，螺钉螺帽之类的零部件则是实行大批量生产。初次进入工厂的杨叔子与其他同学一样，对一切都倍感新奇。他们在指导教师的带领下，从原材料到成品，从机车到螺钉螺帽，都进行了参观与接触，这为杨叔子提供了一个将书本上的知识与生活中的机械联系起来的机会，也为他以后的理论学习与生产实习奠定了坚实基础。

生产实习到京沈

1955年暑假，杨叔子所在的班级被安排到北京第一机床厂进行第一次生产实习。当时从武昌到北京，杨叔子等人乘坐的还是原始的蒸汽机车，速度很慢，而且站站都停。火车开了3天，师生一行人才到达目的地北京。下火车时，同学们的鼻子都被蒸汽熏黑了。

北京第一机床厂是当时北京市机械工业中最大的工厂，主要产品是中型铣床，也能够生产重型机床。从1952年起，该机床厂由生产零星产品转向生产专业产品，由生产一般机械转向制造精密机床，主要是生产铣床①。当时，机床厂的厂房在安定门大街方家胡同内，杨叔子一行实习学生的宿舍就在附近的一所中学内。

杨叔子在北京的实习生活紧张而又充实，他不仅学到了知识，还见到了定居在北京的哥哥杨仲子。但暑期的实习时光很快就结束了，杨叔子也要回到学校为大四的学习做准备。

1956年1月，大四上学期结束，杨叔子所在的班级被分配到沈阳第一机床厂开展第二次生产实习。当时，教育部和有关部门规定，此次实习学生们只需要认真实习即可，其余的事情交由指导老师等有关

图2-8 1955年，杨叔子（第二排右二）与同学在北京实习期间的合影（史铁林提供）

人员全权负责。此次担任杨叔子等人实习指导的老师是刚刚毕业留校的李德焕。李德焕是华中工学院首届本科毕业生，领导能力卓越，且极具责任心，上学期间他一直担任学生干部，看问题全面深刻，讲话条理清晰。因此，学校特意安排李德焕负责杨叔子等人的实习指导。为保证实习的顺利进行，李德焕将一切事项安排得井井有条。

这次生产实习明显比之前的实习更加深入。凡是有关的车间、有关的工段，杨叔子和同学们都必须一个一个去认真地看、认真地学。实习期间，杨叔子等人集中住在沈阳铁西区，而铁西区是工厂高度集中区，从冶炼到制造都有，烟囱条条高耸，直指高空，终日浓烟笼罩，下的雪也

---

① 北京第一机床厂调查组：《北京第一机床厂调查》。北京：中国社会科学出版社，1980年，第9-10页。

都是灰色的。杨叔子和其他同学看到这种景象十分兴奋，因为苏联电影中有关工厂的镜头也是如此，大家都为这工业化的"壮丽景色"而欢欣鼓舞。

短暂的寒假过后，杨叔子的生产实习也随之结束。与此同时，他也要开始为毕业做准备了。那时的他还在思索毕业设计与毕业去向的问题，从未料到等待他的将是提前毕业留校的通知。

成长成才在武汉

对于杨叔子而言，除了湖口、南昌以外，武汉是第三个永远不会忘却的地方，因为他在这里成长、成熟、成人，并在这里取得了卓越的成就。从1952年10月考入武汉大学、1953年暑期转入华中工学院学习开始，杨叔子即深深地扎根在了武汉，至今，杨叔子已在武汉生活了六十余年。所以，杨叔子常说：

> 我的确是江西人、湖口人，但也是湖北人、武汉人；原料来自江西，成品出于武汉，出于湖北，made in Wuhan, made in Hubei。这是实情，我永远不会忘记。多的不讲，我在武汉，1952年10月，我进入了大学，1956年2月6日加入了共产党，1956年4月留校任教，1980年10月破格晋升为教授，1991年增选为中国科学院院士，1993年任命为原华中理工大学校长，1997年和2002年分别被选为中共十五大、十六大代表，并在

图2-9　1956年，杨叔子大学毕业时的照片（史铁林提供）

1998年获全国五一劳动奖章。这都是我成长的关键标志，也都是难忘的时刻①。

大学终圆入党梦

"坚决跟着共产党走"的杨叔子自从在南昌一中成为团员后，就一直渴望成为一名党员。1955年，杨叔子向组织提交了入党申请书，但由于家庭出身、社会关系等问题未能如愿入党。

1956年，国务院总理周恩来发出"向现代科学技术大进军"的号召，首要任务是加紧培养又红又专的高级专门人才。对于高校而言，就要在广大师生中发展党员。华中工学院党支部负责人找到杨叔子谈心，并询问了他对党支部的建议与看法。杨叔子明确表示自己很想入党，但由于家庭、出身等因素而心存忧虑。之后党支部负责人的解释让杨叔子如释重负，更加坚定了想要加入中国共产党的决心。杨叔子回忆当时入党的细节：

> 负责人对我说："出身不由己，道路可选择。党的政策一贯是有成分论，但不唯成分论，重在政治表现。现在国家号召向科学大进军，党组织需要更多优秀的高级专门人才，你要为此而努力。"我明白他的用意，也说出了自己的想法："我现在很想申请入党，这是我多年心愿的一次集中表达，合格不合格，请组织审查！"②

随后，杨叔子找了雷国璞和易德明作为入党介绍人。2月上旬，党支部召开了支部大会，讨论通过了杨叔子的入党申请，并上报上级党组织审批。不久，党支部书记通知杨叔子已被批准加入中国共产党，从2月6日的支部大会那天算起，候补期（后改称预备期）一年。杨叔子激动地写下

---

① 杨叔子：难忘的时刻难忘的地方. 见：杨叔子，《杨叔子雏论选（下）》. 武汉：华中科技大学出版社，2010年，第3—11页.

② 杨叔子：《往事钩沉》. 武汉：华中科技大学出版社，2018年，第57页.

《七律·喜讯批准入党》，将1956年2月6日入党成功作为人生道路上的重要一步：

红阳万里碧空明，最好佳音最激情。
一片丹心腾热血，满怀壮志请长缨。
终生热爱毛主席，大海长明航塔灯。
自此螺钉装配罢，无朝无夜奋奔腾。①

杨叔子多次表示："1950年1月我入了团，1956年2月我入了党，无论是百花争艳的春天、天高气爽的秋天，还是暑气逼人的盛夏、天寒地冻的严冬，无论身处顺境还是逆境，我问心无愧，从未对自己坚定的信念有所动摇。"②

风雨同在华工人

多年来，杨叔子与华中工学院风雨同舟。一方面，他见证了学校的建校与发展。另一方面，学校亦见证着他的学术成长之路。每每想到这里，杨叔子的自豪与喜悦之情不胜言表。毕竟，当初武汉大学抽调的4名参与华中工学院建校的学生中，最终只有杨叔子一人留在了喻家山，与华中工学院一起成长。大学毕业之际，杨叔子作为直接参与华中工学院建校的成员之一，再次在学校急需用人之时选择留校任教。这对杨叔子而言是极其宝贵的经历。

华中工学院在建校时仅是一座荒山，现在的华中科技大学国际学术交流中心与院士楼所在地当时也只有一座简陋的祠堂和几家农户的茅屋。彼时荒山荒原之地，今日已布满参天大树，成为享誉中外的"森林大学"，吸引着众多国内外学子慕名求学。在杨叔子看来，作为一所在中华

---

① 杨叔子：七律·喜讯批准入党（词韵）。见：杨叔子，《杨叔子槛外诗选》。北京：高等教育出版社，2017年，第241页。

② 杨叔子："读好书"与"做好人"。《光明日报》，2012年4月24日。

人民共和国成立之后建立的高等学校，华中科技大学之所以能够在60多年的时间里迅速发展成为国内外知名的高水平大学，离不开学校所有师生的努力。

图2-10　2012年10月15日，校庆60周年华中工学院老领导合影（左起：朱玉泉、姚宗干、钟伟芳、杨叔子、李德焕、霍慧娴、曾德光、梅世炎。史铁林提供）

第三章
意气风发踏新程

巨轮急转火花披,汗透衣衫志不疲。
要学青松历风雨,永迎红日举红旗。①
——杨叔子

大学毕业以后,杨叔子留校工作,在华中工学院机械系金属切削机床教研室担任助教。经学校安排,刚刚参加工作不久的杨叔子被派往哈尔滨工业大学机械系进修,在孙靖民② 老师指导下,完成有关立式车床的毕业设计。从哈尔滨返回武汉之后,杨叔子作为学校代表之一,在株洲制造航空发动机厂研制液压仿型数控车床,随后又于1959年到北京参加"大跃进"成果展,展出数控车床,为华中工学院赢得了颇多赞誉。1960年,时年28岁的杨叔子与其高中同学徐辉碧正式结为夫妻。在此之后,杨叔子赴无锡参加国家机械工业部召开的机械行业专题会议,并到北京、天津、沈阳、洛阳等地联系多家工厂,落实学生实习事宜。在沈阳指导

---

① 杨叔子:《往事钩沉》。武汉:华中科技大学出版社,2018年,第101页。
② 孙靖民,男,汉族,1920年1月出生于江苏,1953年毕业于哈尔滨工业大学,并留校任教,现从事机械设计及制造专业研究。参见国家人事部专家司:《中华人民共和国享受政府特殊津贴专家、学者、技术人员名录(1992年卷第二分册)》。北京:中国广播电视出版社,1996年。

毕业实习期间还兼顾了沈阳第二、第三机床厂的工作。1964年,杨叔子作为学校骨干教师,被选派到上海机床厂锻炼,在该厂劳动一年,开展磨床磨削的试验研究。在毕业后的这段时间,刚刚参加工作的杨叔子尽职尽责,积极参与科研实践活动,为其以后攀登学术高峰奠定了坚实的基础。

留校即赴哈工大进修

1956年年初,杨叔子所在的机械系机床教研室为了壮大发展,充实教师队伍,决定从1956届毕业生中择优选取两位留校任教。当时杨叔子各方面都表现突出,成为两位留校任教的其中一位。所以杨叔子在还差一个学期毕业之际,被告知提前半年毕业。学校安排他留校后在华中工学院机械系金属切削机床教研室担任助教工作。而让他提前半年毕业是为了派他去哈尔滨工业大学接受培训。这项安排出乎杨叔子的意料,毕业前他原来希望能被分到工厂或研究机关工作。按照杨叔子自己的说法,他当时的口才不太适合做教师,一是说话语速太快,二是欠缺较好的表达才能,故而能被安排留校任教确实出乎他本人的意料。得知此消息后,他惊喜万分又觉得肩负重任,当即赋诗一首,以表达他当时的内心感受:

> 唤醒犹疑梦,相言信是真。
> 程新需执教,任急作征人。
> 前进忠随党,辛劳总为民。
> 狂风旋恶浪,向日不眉颦。[①]

---

① 杨叔子:《往事钩沉》。武汉:华中科技大学出版社,2018年,第59页。

奔赴哈工大

因要指导1957年首届机床刀具专业学生的毕业设计，当时的师资力量不够，所以华中工学院机械系决定在1956年毕业的学生中提前选两人留校任教，杨叔子就是其中一个。为了给指导毕业生的毕业设计做准备，1956年4月，"提前"毕业的杨叔子与同年级的钱祥生[①]被选拔到哈尔滨工业大学进修。当时的具体安排是，杨叔子被分配到哈尔滨工业大学机械系学习"金属切削机床设计"专业，钱祥生被分配到"金属切削机床液压传动"专业学习。当时，负责奔赴哈尔滨工业大学进修的带队老师是华中工学院机械系的教师李德焕。

为什么去哈尔滨工业大学进修呢？这是因为在20世纪五六十年代，中国的工业和科学技术基础都十分薄弱，要在短时期内恢复和发展国家工业，仅靠本国科学家和工程师等专业人才很难展开大规模的建设和技术引进。为此，中共中央于1953年提出了第一个五年计划（即"一五"计划）。在"一五"计划时期，经济建设最重要的计划就是苏联帮助设计和建设的"156项工程"[②]，这些工程几乎涉及了国民经济的所有重要

图3-1　1957年，杨叔子（第二排右一）与钱祥生（第一排左一）一起在哈尔滨欢送刘鹤麟夫妇（史铁林提供）

[①] 钱祥生，1933年出生于浙江湖州。1955年在华中工学院毕业后即被派赴哈尔滨工业大学进修，后留校任教。1966年获在职研究生学历。历任机械科学与工程学院专业教研室主任、高校流体传动与控制专业教学指导委员会委员、全国流体传动与控制专业学会管理委员会委员等职，现系石家庄铁道学院机械工程系兼职教授、武汉科学技术委员会技术经济咨询专家。完成的国家"七五"攻关项目《轮式装载机CAD》获国家重大科技成果荣誉；主持承担《三峡大型液压启闭计算机应用技术研究》等。参见《中华创业功臣大辞典》编委会：《中华创业功臣大典》。北京：中国统计出版社，2001年。

[②] 苏联援建的156个项目是中华人民共和国"一五"计划（1953—1957年）期间苏联对新中国工业领域的156个援助项目。这一系列的项目曾帮助了中国的工业经济发展，奠定了新中国的工业基础。

领域。此前，中苏两国在莫斯科秘密签订了《中苏关于苏联专家在中国工作的条件之协定》。以此协定为基础，苏联应中方的要求，按照具体的合作协定和意向，逐年选派了不同领域、不同层次的顾问和专家到中国进行技术指导，这大大改善了中国人才资源短缺的局面，使大规模的工业建设得以迅速展开。苏联部长会议于1954年通过了《关于援助中华人民共和国建设工业企业、向中国派苏联专家和关于另外接受中国工人来苏联企业学习的决议》，要求苏联工业部门必须完成中国企业的设计工作，在企业建设、安装、调试和投入生产中提供设备、电缆制品和技术援助。该决议规定，苏联方面每年额外接收2000名中国技工到苏联工厂进行生产实习，并且苏联方面的培训机构必须提高我国工人和专家的技术水平[①]。

当时全国符合援助条件的工科院校只有两所，其一是哈尔滨工业大学，其二是清华大学。所以，当时这两所大学配备了全套的苏联专家。杨叔子能够去哈尔滨工业大学进修，并且在专业学习过程中接受有关专家的指导，这无疑说明了华中工学院对他的培养与重视。

将学校的诸多事宜委托给同窗好友张君明之后，杨叔子便带着行李乘火车赶赴哈尔滨。火车一到站就是南岗区，这里是哈尔滨美丽的景区。但是心系学习的杨叔子顾不上游玩，直接奔赴哈尔滨工业大学机械系报到。哈尔滨工业大学机械系有好几个教研室，包括机械制造工艺教研室、金属切削机床教研室、金属切削原理与刀具教研室。当时哈尔滨工业大学还有苏联专家，但是杨叔子所在机械系的几个教研室的苏联专家已经回国了。

努力学习多种外语

在哈尔滨工业大学进修期间，杨叔子夙兴夜寐，无一日之懈。他每天投入大量的时间精力学习外语，一是为了适应当时的苏式教育，二是想通过学习外语来了解国际上最前沿的研究。杨叔子当时的外语学习能力非常强，而且他的外语绝大多数都是自学的。在上大学以前，杨叔子几乎没有

---

① 张久春：20世纪50年代工业建设"156项工程"研究.《工程研究——跨学科视野中的工程》，2009年第3期，第213-222页。

接受过英语方面的系统教育,虽然笔试能得高分,但口语却不甚理想。直到大学一、二年级,他才开始系统学习英语。此时的他已经充分意识到学好英语的重要性。因此,他争分夺秒,抓紧一切机会补习英语。然而,到了大学三年级,为了全面学习苏联,学校统一规定学习俄语。这时,没有丝毫俄语基础的杨叔子,为了能够更好地掌握苏联的先进技术,又开始了自主学习俄语的艰苦历程。当时在哈尔滨工业大学,那些专家、教授基本上都来自苏联,授课也用俄语。如果不懂俄语,听课就有困难。哈尔滨工业大学的学生们俄文水平很高,因此刚到哈尔滨工业大学时,他深感自己俄文功底太差,别人可以一目十行,而他一个小时仅能看七八行。因此他决心补习俄文,上课念俄文,下课念俄文,走路、吃饭、睡觉甚至上卫生间都在念俄文。因为太投入,他还闹过一个小笑话。有一次他去邮局寄信,一边走一边念俄文。到邮局后,他把"信"投进了邮筒。回到宿舍,同寝室的人问他干什么去了,他这才发现信还在口袋里,至于向邮筒里投进了什么,已无从知晓。说起这段往事,杨叔子笑着说:"当时就专心到这种程度!"经过3个月的刻苦攻坚,堡垒终于攻克,杨叔子的俄文也得到了很大的提升。以至于到后来,苏联专家翻译不了的词汇,他都能脱口而出。后来,杨叔子总结说,人生要成功,要成人成才,最重要的在于勤奋学习,在于专心学习,不专心就不可能勤学,就不可能真正深入思考。另外,除了英语和俄语,他后来还自学了德语和日语。因此,他能看懂很多外文学术期刊上的最新研究成果。

在哈尔滨工业大学学习一段时间之后,杨叔子与其带队老师李德焕等人来到齐齐哈尔第一机床厂实习。齐齐哈尔第一机床厂属于我国当时18个骨干机床厂之一,主要负责生产小型立式车床。那时,该厂生产的车床编号统一被叫作"1531",这是苏联机床的型号,连标志也与苏联所生产的机床一样。

在齐齐哈尔实习的时候,杨叔子与李德焕两个人分别负责机床一厂和机床二厂,而且他们两个人住在一个房间。每天早上五点钟杨叔子就准时起床学习。李德焕对此回忆说:

当时齐齐哈尔很冷，冬天零下二十多度，他们碰到一群从武汉来哈尔滨的工人，冬天脚都冻得不能走路了。但是，寒冷并没有泯灭杨叔子学习的热情与毅力。在与杨叔子搭电车去工厂的路上，杨叔子还在背单词。杨叔子从不浪费一分钟的时间，特别是零零碎碎的时间，他都抓得很紧，这是从小家教培养起来的非常严格的自学能力。因为中国的私塾教育要求很严格，他的父亲在他小时候就对他要求很严格，由此养成了很好的学习与生活习惯。[①]

杨叔子回忆自己在哈尔滨工业大学学习的经历时说："从1956年4月到1957年2月，虽然我在哈尔滨工业大学仅学习了10个月，然而这段学习经历对我而言，意义非凡。"[②] 杨叔子在哈尔滨工业大学进修期间的指导老师是金属切削机床教研室的孙靖民。有一次，杨叔子特意就毕业设计选题去请教孙靖民老师，孙老师建议杨叔子选择与机床设计相关的题目，至于研究的具体问题要杨叔子自己去探索。临近毕业时，杨叔子十分困惑，他并不习惯自己找题目。当时，孙靖民老师给杨叔子指定了实习工厂——齐齐哈尔第一机床厂。杨叔子正是在机床厂的实习和实践中逐渐确定了自己想要研究的问题。在与孙老师多次交流后，杨叔子的毕业论文方向定为立式车床，但是关键的创新之处远非限于立式车床，而是包含了金属切削机床采用齿轮传动从而调整主轴转速在内的一些基本理论问题。经过紧张有序的学习与钻研，杨叔子按期完成了关于机床传动系统设计方面的毕业论文，并且论文质量颇高。哈尔滨工业大学与齐齐哈尔第一机床厂都给予了他很高的评价。后来，杨叔子毕业论文的有关结论不仅在《华中工学院学报》的专辑上发表，还在全国有关机械制造的学术会议上做了宣读。

虽然与孙靖民老师的相识只有短短10个月，但是杨叔子却始终铭记孙老师。他非常赞赏孙靖民老师指导学生的方式，杨叔子认为孙老师不是

---

① 李德焕访谈，2016年8月23日，武汉。资料存于采集工程数据库。

② 杨叔子、徐辉碧访谈——杨叔子的学术研究、校长经历及夫人徐辉碧的支持与帮助，2016年9月14日，武汉。资料存于采集工程数据库。

"抱"着学生走，而是注重锻炼学生独立学习与钻研的能力。数十年来，每年春节，他都不忘给孙老师寄去新年贺卡，表达问候与祝福。因为在杨叔子看来，尊重老师就是尊重历史，就是尊重自己。他用实际行动诠释了尊师重教的传统美德。

担任金属切削机床教研室主任

1957年2月底，杨叔子结束了在哈尔滨工业大学的进修之旅，回到华中工学院，被安排在机械工程系金属切削机床教研室担任助教。在华中工学院的安排下，杨叔子住进教三舍307室，与张君明同住在一起。两张单人铺、两个书桌就是当时的全部家具。虽然住宿条件简陋，但是杨叔子安之若素，一门心思全放在教学与科研上。

在金属切削机床教研室，杨叔子主要从事金属切削机床教学。金属切削机床是用切削的方法将金属毛坯加工成机器零件的一种机器，人们习惯上将其称为机床。当时，金属切削机床行业资产规模在我国机床各子行业中居第一位，远高于其他各类子行业。由此可以看出，在中华人民共和国成立初期，杨叔子所从事的金属切削机床教学对于培养我国机床生产方面的人才，以及促进我国工业化建设进程具有深远的意义。

在教学过程中，杨叔子与很多学生的年龄相差不大，并且对其中的某些学生十分熟悉，所以刚开始他很不习惯这些学生称呼自己老师。后来，随着教学经验的积累和教学能力的提升，杨叔子也就慢慢习惯了。

据杨叔子的同事杨荣柏[①]回忆，当初对杨叔子有两个印象：第一是说话快；第二是思维敏捷，问题分析得很清楚。当时杨荣柏是讲师，杨叔子

---

① 杨荣柏，华中工学院教授。江西瑞金人，1927年4月出生，1950年毕业于广西大学，从事机械制造专业的教学和科研工作。代表性论著有《金属切削机床——原理与设计》《机械化设计》等。参见《中国普通高等学校教授人名录》编写组：《中国普通高等学校教授人名录》。北京：高等教育出版社，1988年。

是助教。杨荣柏负责上课，杨叔子负责辅导与答疑。作为助教，杨叔子定期到学生的宿舍帮助学生解决学习上的疑惑。1957年下半年，杨荣柏负责给学生讲授自动机床，杨叔子就负责给学生辅导。后来，随着他们交往的逐渐深入，二人就建立了友好关系[1]。在与杨叔子合作教学的过程中，杨荣柏对杨叔子予以了高度评价，认为他不但是一位十分认真负责、尽职尽责的教师，而且阅读面广泛、思考问题有深度。

杨叔子留校的第二年，即1958年，"大跃进"运动开始在全国范围内兴起，全国工业化建设热火朝天，"8年超英，15年超美"是全国人民的共同宏愿。在"大跃进"运动过程中，原来的金属切削机床教研室主任被划成了"右派"，因而无法再继续当主任了。为了填补教研室主任一职的空白，杨绪光被任命为教研室主任。杨绪光曾经在哈尔滨工业大学进修过三年，学术科研水平也很高。1958年，杨绪光赴武汉市机电局锻炼。在此期间，教研室主任一职空缺。后来经过民主选举，杨叔子被推选为金属切削机床教研室主任，杨荣柏任副主任。值得一提的是，杨叔子、杨荣柏与杨绪光在当时被称为华中工学院机械工程系的"三杨"。

开展数控机床研究工作

数控是数字控制（Numerical Control，NC）的简称，是20世纪中期发展起来的一种用数字化信息进行自动控制的方法。装备了数控技术的机床称为数控机床，简称为NC机床。数控机床是机电一体化的典型产品，是集机床、计算机、电机及其拖动、自动控制、检测等技术为一体的自动化设备。数控机床的基本组成包括控制介质、数控装置、伺服系统、反馈装置及机床本体[2]。常见的数控机床包括数控铣床、数控钻床和数控车床。

---

[1] 杨荣柏访谈，2016年8月11日，武汉。资料存于采集工程数据库。

[2] 霍仕武，徐广晨，刘江楠等：《金工实习教程》。武汉：华中科技大学出版社，2015年，第197页。

美国麻省理工学院于1952年成功研制了世界上第一台数控铣床，随后用于制造航空零件的数控铣床在1955年正式问世。德国、日本、英国、苏联等其他工业国家也相继开发、研制和应用数控机床，并且取得了一系列成果。

合力研制数控机床

我国数控机床的研制起步较晚。1958年，清华大学成功研制出国内第一台数控机床，但是在性能上仍与世界上其他工业国家有较大差距。为了响应国家增强技术实力和工业制造能力的号召，华中工学院立足自身办学特色，要求机械系抓紧研究数控机床。为了有效开展数控机床研究工作，华中工学院学校领导与有关院系负责人多次研讨，最终决定由机械系机械制造专业与电气系工业企业自动化专业联合承担数控机床的研究任务。其中，机械制造专业教师杨叔子、胡庆超与工业企业自动化专业教师林奕鸿、涂健负责牵头。此外，还邀请了机床教研室的钱祥生参与研制工作。

为了更好地完成研究任务，1958年下半年，杨叔子与机械系的同事带了几个毕业班的学生来到株洲一家航空发动机厂，帮助该工厂开发数控机床，用于航空发动机的孔加工。当时杨叔子察觉到自己所从事的数控机床研究是一个刚出现的新领域，他坚信只要脚踏实地，鼓足干劲，坚持不懈，通力合作，华中工学院就能研究出性能更加优越的数控机床，只有这样我国数控技术与数控机床的发展才不会落后于西方国家。

清华大学研制的国内第一台数控机床使用的是电子管材料，而在杨叔子研制工作开始不久以后就出现了晶体管。因此，杨叔子所在团队就发动学校有关人员交替设法购买晶体管，决心在国庆十周年前研制出来，作为祖国的献礼。在学校与两个院系领导的关心下，研制工作进展很快，陆续取得了一系列的重要研究成果。在国庆前夕，数控机床终于研制成功了。当时，华中工学院机械一系和机械厂投产两台C625型机床。其中一台研究液压的叫作液压仿型机床，另一台研究数控的叫作数控机床。后来他们的科研成果经过层层评选，被选送至北京参加全国"大跃进"成果展览。由此，华中工学院终于迈出了研制数控机床的第一步。

数控机床成果展

1959年国庆，恰逢建国十周年大庆，刚好又处于"大跃进"高峰期，全国捷报频传，"卫星"连放，人心振奋。中共中央决定要在国庆之际举办一个大规模的"大跃进"成果展览会，从各部委、各省市选拔"卫星"成果参加展览。华中工学院评选上了一大批"卫星"成果，由杨叔子、钱祥生、胡庆超等人研制的液压仿型数控机床毫无争议地入选了。

科技成果展览会在北京展出，为此，学校决定派杨叔子等一批有关人员一起负责数控车床展出。这个决定是临时作出的，杨叔子毅然决然地服从学校安排，立即与有关人员一起赶往北京。在北京的展出过程中，华中工学院的数控机床成果展示引起了多方关注，并且受到了社会各界的高度赞扬。

比翼双飞

杨叔子之所以能够在机械制造研究上取得巨大的成就，与其相濡以沫的妻子徐辉碧的鼓励与支持是分不开的。徐辉碧无论是在生活上、工作上，还是在情感上都给予了杨叔子极大的鼓励与支持。杨叔子与徐辉碧自中学时候就已相识，后来因为种种原因而分隔两地，但是他们之间并没有因为空间距离的存在而失去联系。相反，他们时常通过书信进行交流，随着时间的积累，彼此之间的感情得到巩固与发展。1960年，杨叔子与徐辉碧终于走进婚姻的殿堂，开启了他们相守相伴的一生。结婚之后，他们不仅在生活上相互支持，在科研与工作上也相互鼓励。

结缘南昌一中

徐辉碧 1933 年 1 月 13 日出生于江西省奉新县，她在南昌一中读书的时候与杨叔子是同学，但是不在同一个班级。当时徐辉碧在高二（五）班，杨叔子在高二（三）班。而徐辉碧作为新时期的进步青年代表，不仅学习好，还积极参加各种活动，并且担任高二年级的团支部书记。高二上学期，杨叔子同班同学程会保入团成功，学校举行了入团宣誓仪式。杨叔子也参加了此次仪式。宣誓仪式穿插了一些节目表演。其中，徐辉碧参演的《朱大嫂送鸡蛋》给杨叔子留下了深刻的印象。后来杨叔子的诗词文章中多次出现"舞剧巾英"这四个字，就源于二人初识时那种朦胧而又美好的情愫。

在南昌一中求学时，杨叔子表现优异，考试成绩经常在全年级名列前茅，并且品德高尚，乐于助人。当时同年级有几个同学的数学学习很困难，杨叔子得知后每天放学后主动给这几位同学辅导。后来这几位同学的数学学习成绩也都慢慢赶上来了。徐辉碧听闻此事后，心想杨叔子为人确实不错，也十分追求进步。当时徐辉碧是团支部书记，她知晓杨叔子虽然被认为家庭成分"不太好"，但还是坚持申请加入团组织，其精神可贵。经过慎重考虑，徐辉碧认为虽然杨叔子各方面表现都很优秀，但是还不能马上批准杨叔子的入团申请，还需要考验他一段时间。杨叔子并没有因为第一次加入团组织失败而泄气，而是继续努力。历经几个月的考察，徐辉碧认为杨叔子在思想上完全能够经得起考验。因此，杨叔子成功加入新民主主义青年团。正是通过这件事情，徐辉碧对杨叔子的印象越来越好。

转眼到了 1950 年的冬天，"抗美援朝"成为这一时期国家面临的重大任务，党和国家也号召青年学生积极参军参干。当时，徐辉碧正在读高三，并且是班级的团支部书记，于是她带头报名参军并且顺利通过了审核，杨叔子也报了名。但是，由于杨叔子身体不好，并且高度近视，因而没有获得相关部门的批准。自此之后，他们也就分隔两地了。

1951 年，徐辉碧参军后被分配到北京坦克学校学习，短期学习结业后被安排在装甲兵政治部工作。1953年年初，军委命令高中二年级以上文化程度的女同志转业去考大学。参加高考后，徐辉碧被北京大学化学系录取。在北京大学学习期间，她选择了无机化学专业。做毕业论文时师从学部委员张青莲教授，她的论文《落滴法分析重水的研究》是在前届同学的基础上进行的，相关文章发表在1957年的《科学记录》上，这对刚进入科学殿堂的她来说是个很大的鼓舞。

久别重逢

徐辉碧在大学一年级的时候收到了杨叔子的来信，当时徐辉碧十分惊讶，因为他们已经很久没有联系了。在信中，杨叔子问候了徐辉碧的一些基本情况。自此以后，他们两人经常通信。由于有原来在南昌一中时候的感情基础，并且双方对彼此的印象一直比较好，在通信的时候感情也慢慢得到加深。1954年夏，武汉暴发特大洪水，杨叔子积极参与学校组织的抗洪斗争，徐辉碧知晓后连忙写信给杨叔子，表达对他的关心。

有一次，杨叔子写信给徐辉碧，告诉她自己想争取加入中国共产党，但是因为家庭的社会关系问题，组织上也觉得要对他进行严格考验，并且考验时间相当长。徐辉碧就回信鼓励他说："不要紧的，你要经受住这个考验，你虽然不是党员，可是你可以按共产党员的标准来要求自己，继续努力学习，关心同学，认真做好班上的工作。"[①] 在后来的书信往来中，关于杨叔子入党的问题他们也交流了很多。终于，杨叔子通过了组织的考验，于1956年成功加入中国共产党。入党后，杨叔子第一时间把这个好消息告诉了徐辉碧。

还有一次，徐辉碧在部队转业时得到了几百块钱的转业费，这在当时并不是小数目。徐辉碧将她的转业费给了家里一些，余下的就买了两块手表，其中一块送给了杨叔子，另一块则自己保留。如此一来，他们两人也就慢慢确定了恋爱关系。

---

① 杨叔子、徐辉碧访谈——杨叔子的学术研究、校长经历及夫人徐辉碧的支持与帮助，2016年9月14日，武汉。资料存于采集工程数据库。

徐辉碧大学毕业以后，杨叔子一直与她保持书信联系。杨叔子知道徐辉碧被分配在化工部化工研究院，从事国防科研研究，这在当时是一项保密的科研工作，杨叔子深知，他不能在这方面与徐辉碧交谈过多。1959年，在北京数控车床成果展期间，包括杨叔子在内的华中工学院的赴展人员住在北京华侨大厦。意外的是，徐辉碧当时也在这里。一见面，杨叔子惊讶地问她："你怎么知道我来了？"徐辉碧笑了笑说："我知道你一定会来！"华中工学院的带队教师洪德铭知道有位女同志来找杨叔子后，就笑着和杨叔子说："小杨，今天晚上你放假，陪徐辉碧去！"

杨叔子见到徐辉碧喜出望外，连忙向其所在党支部负责人李德焕汇报。李德焕对于杨叔子与徐辉碧的恋爱关系早已一清二楚，并且一直关心这个老同学的终身大事。

喜结连理

随着时间的慢慢推移，杨叔子与徐辉碧的感情变得越来越深厚，自然而然就有了结婚的打算。于是，杨叔子与徐辉碧商量将他们的婚期选择在农历腊月二十五，并且提前在北京化工研究院借了一小间临时职工住房，以作为新婚之用。1960年1月23日，这一天是他们结婚的日子。然而，一向兢兢业业的杨叔子在结婚当日的白天还忙着指导在北京实习的毕业生，直到晚上才回到借用的临时住房中。那天晚上北京全城停电，没有客人前来祝贺。在由北京化工研究院的同事布置的小房间里，只有同事们送来了纪念册、书、毛巾之类的礼物以表达祝贺之意。后来几天，一些亲朋好友也前来向他们表达衷心的祝福。除此之外，他们还到王府井的一家照相馆拍了一张庄重而简朴的结婚照，

图3-2 1960年1月23日杨叔子与徐辉碧的结婚照（史铁林提供）

作为永恒的纪念。

结婚当天，一向喜欢借诗抒情的杨叔子在这个重要的日子里自然免不了要赋诗一首，表达他与徐辉碧对于爱情的忠贞以及对彼此的承诺：

>惊鸿一舞十年思，圆缺阴晴无间时。
>此夕鹣鹣终比翼，同心同结永同枝。①

分隔两地终团圆

结婚后，徐辉碧仍然在北京化工研究院工作，杨叔子则在华中工学院机械系工作。因此，他们只能分隔两地。北京化工研究院希望杨叔子能够调来北京工作，但由于华中工学院从学校领导到机械系的教师都十分器重杨叔子，这种可能性微乎其微。院长朱九思更是明确表示不可能让杨叔子离开华中工学院。为了表达挽留杨叔子的诚意与决心，朱九思还专门派了人事科的科长吴光宇到北京与徐辉碧的单位领导协商，要求将徐辉碧调到华中工学院。朱九思还开玩笑地和吴光宇说："如果你不能把徐辉碧调到华中工学院来的话，你也就不要回武汉了。"对此，杨叔子回忆说：

>我记得十分清楚，1960年冬天，我校人事部一位科长突然叫我去人事部，一去他就立即问我："你想不想徐辉碧调来华中工学院工作？"我就告诉他当然十分想！他回复我说："那么，你就要赶快打个报告给学校，请组织照顾，务必将徐辉碧调来！并且要讲得急切些！讲你身体不好，无法调离华中工学院！理由要讲足，言辞要急切。要快！"我喜出望外，我做梦也没想到要把辉碧调来一起工作。我回到系里，就把这件事情告诉了李德焕。他当时已是机械系的负责人之一，并且也十分清楚这件事对我的重要性。于是，他就告诉我，

---

① 杨叔子：《往事钩沉》。武汉：华中科技大学出版社，2018年5月，第71页。

报告应该如何写。写完我就将报告交上去了，并且很快得到了校领导的批准。①

华中工学院领导一直希望徐辉碧来华中工学院工作还有另外一个原因。在"大跃进"运动中，华中工学院成立了一个工程物理系，负责研究原子能，这就涉及同位素问题，这正是徐辉碧所相关的研究领域。因此，院长朱九思特别希望徐辉碧能够调来华中工学院工程物理系工作。

为此，吴光宇多次去北京化工研究院与徐辉碧的领导协商此事。起初，徐辉碧的领导也坚决不同意，因为徐辉碧在科研上表现不错，领导不愿意放她离开。后来，吴光宇的坚持与诚心终于把徐辉碧的领导感动了，他同意"放人"，让徐辉碧调回华中工学院。杨叔子听闻此事后喜出望外，终于可以与妻子长久团聚了。

1962年3月18日，杨叔子到武昌火车站南站去迎接从北京赶来的徐辉碧。那天，杨叔子激动地写下了一首诗：

七绝·喜迎辉碧由京调我院工作
归车激笛报欢欣，正是江南大好春。
比翼长空朝共产，梅操竹节永坚贞。②

同心协力为华工

徐辉碧调来华中工学院以后，她被分配到当时的工程物理系工作。徐辉碧所在的教研室为703教研室，专业也叫703专业，当时专业的负责人是王海龙。来到华中工学院以后，徐辉碧将主要精力投入于教学与科研中。当时工程物理系的703专业只招了一届学生，这届学生中有一位非常

---

① 杨叔子、徐辉碧访谈——杨叔子的学术研究、校长经历及夫人徐辉碧的支持与帮助，2016年9月14日，武汉。资料存于采集工程数据库。
② 杨叔子：《往事钩沉》。武汉：华中科技大学出版社，2018年，第87-88页。

优秀的同学，名叫李定凡，他是徐辉碧的学生，后来也为我国核工业的发展作出了卓越贡献。李定凡对徐辉碧满怀感激，每逢来武汉，他都会探望对他有授业之恩的徐老师。

夫妻团聚后，有了徐辉碧的照顾和支持，杨叔子在工作上更加积极努力。他一年到头几乎都在工作，工作起来甚至达到了废寝忘食的程度，在大多数人眼中，杨叔子简直就是一个"工作狂"。为了节约时间，杨叔子从1956年大学毕业参加工作，到结婚，再到有女儿，一直在学校吃食堂，家人也跟着他吃了几十年的食堂，直到女儿1986年结婚后才有了改变。由此可以看出，杨叔子与徐辉碧都是十分珍惜时间的人，学习、科研、教学的强烈紧迫感驱使他们惜时如金。他们时刻铭记莎士比亚的名言："放弃时间的人，时间也会放弃他。"

据徐辉碧介绍，杨叔子始终把事业摆在第一位，他的时间几乎都用在学习与工作上。比如说，杨叔子所在的机械系要开会，为此要去通知各个教师。当时的杨叔子不会骑自行车，也没有电话，他就通过走路的方式，挨家挨户地通知。徐辉碧回忆说：

杨叔子十分愿意将时间花在工作与学习上，但是花在自己的生活上他是不愿意的。这么多年以来，他从来没有去商店买过一件东西，比如说鞋袜。但是，你不自己去怎么知道这个鞋跟你的脚合不合适呢？为此，我就测量他以前穿的鞋的长度和宽度是多少，量好了以后就拿到商店去购买，买来了以后他不计较，你买什么他就穿什么，从来不计较袜子是什么颜色。给他买的衣服也是这样。总之，他觉得逛商店就是最大的浪费时间。

我们两个人基本能够合得来，在很多问题上的想法是共同的，我们拥有共同的理想。具体地说，我们两个都愿意把时间集中在学习和工作上。但是，我们对物质生活的要求很低。所以我们之间基本没有矛盾。时间浪费不起，在我和他的观念中，与其把时间花费在生活上，不如用于科研。杨叔子甚至连打扫卫生这点时间他都舍不得。我劝他说，每个星期天要抽一个小时做清洁，不能老看书，为此，我就把他的书塞到抽屉里。然后让他擦窗户、擦桌子、擦书架，他就勉为其难做一点。他对生活的要求比我还要低很多。①

除了在科研与工作中相互鼓励，徐辉碧也十分关心杨叔子的日常生活。1962年年末，杨叔子接到学校一个临时且紧急的任务，就是要去各地的工厂（北京第一机床厂、北京第二机床厂、天津机床厂、沈阳第一机床厂、沈阳第二机床厂、沈阳第三机床厂、洛阳拖拉机厂、洛阳轴承厂）落实学生的实习事宜，特别是落实师生实习期间的食宿事项。当时正值严冬之际，杨叔子由于走得仓促，没有带够衣服。徐辉碧十分着急，于是她就委托在天津的熟人在天津机床厂寻找杨叔子，幸运的是，她的友人最终找到了杨叔子，并且给杨叔子送了充足的衣服。对此，杨叔子深为感动。

图 3-3　2018 年 3 月，杨叔子与徐辉碧在华中科技大学散步（徐辉碧提供）

科研途中两相扶

1978 年，全国科学大会召开，科学界迎来了发展的春天。经历"文化大革命"之后的徐辉碧和杨叔子又重新回到科研上来，杨叔子在前期金属切削机床的研究基础上，进一步深入机床主轴部件静刚度等与生产密切相关的研究。而徐辉碧也更加明确了自己的研究方向，她决定选择生物无机化学这个边缘学科作为研究领域。1979 年，她作为访问学者赴美国深造，在加州大学圣迭戈分校（University of California, San Diego, UCSD）化学

---

① 杨叔子、徐辉碧访谈——杨叔子的学术研究、校长经历及夫人徐辉碧的支持与帮助，2016 年 9 月 14 日，武汉。资料存于采集工程数据库。

系 G.N.Schrauzer 教授的实验室从事研究工作。Schrauzer 教授是国际生物无机化学会的主席,徐辉碧接受 Schrauzer 教授的安排,主要从事"在氧化－还原条件下从维生素 B_{12} 直接合成烷基钴胺素"课题的研究,探究有生物活性化合物的合成方法。

在美国,徐辉碧工作十分勤奋,周末、节假日几乎全在实验室、图书馆度过。她希望能找到一个有理论意义和应用价值的研究方向。经过她的深入思考以及与杨叔子多次沟通交流,在回国前,她把自己想从事硒的生物无机化学研究的想法告诉了 Schrauzer 教授,Schrauzer 教授对此给予了充分的理解与支持。于是,徐辉碧就转向做硒的生物无机化学研究,并把这个研究方向带回中国继续研究。

1981 年 11 月,徐辉碧从美国访问归来。华中工学院特意为她组建了一个科研组,提供了两间实验室,订阅了 10 余种有关的外文期刊,还提供了充足的科研启动经费,用以支持她的研究。她的研究主要集中在两方面:一是阐明硒的生物功能的分子基础,二是研究补硒所需的硒化合物。1982 年,徐辉碧和科研组成员廖宝凉、周井炎等人商定先研究硒酵母。经过一年半的努力,他们通过微生物发酵成功研制出了硒酵母,这是中国首次成功研制出硒酵母。后来,湖北医学院田鸿生教授用他们研制出的硒酵母进行了防癌实验,结果表明,硒酵母抑制肺癌发生的成功率达 60% 左右。由于防癌的临床研究难度大,他们就用硒酵母与黑龙江大骨节病研究所合作,进行了防治大骨节病临床试验并获得成功。

徐辉碧科研组还研究了硒的毒性与活性氧自由基的关系。硒的毒性是由于硒在较高浓度下会催化产生活性氧自由基。为此,她提出了硒的剂量效应关系的自由基

图 3-4 2005 年 11 月,徐辉碧(左二)在第五届全国配位化学会议暨第八届全国生物无机化学会议上与黄仲贤教授(左一)、王夔院士(左三)和倪嘉缵院士(左四)合影(徐辉碧提供)

机理，并从化学模型和动物模型中进一步予以证实。此外，徐辉碧科研组也研究了硒作为活性氧自由基的清除剂，阐明硒的营养作用。徐辉碧认为她的研究工作取得的进展与我国生物无机化学界的学术带头人王夔院士、倪嘉缵院士等专家的关心和帮助是分不开的。徐辉碧对工作严格要求，一丝不苟。同时，她也要求学生要做一个诚实、高尚的人，要有好学风，不能弄虚作假。学生的每一篇论文她都严格把关，不允许有一句夸大其词的结论，或稍有偏颇的推论。她和学生们和谐相处，充满了浓浓的人情味。他们讨论问题有时严肃认真、针锋相对，但有时也轻松活泼，气氛非常融洽。徐辉碧把心血都放在了教学和科研上。1997年夏天，课题组培养了一批实验大白鼠，由于天气太热不利于大白鼠生长，她毅然拆下自家的空调，给课题组使用。

为了壮大学术团队，她甘为人梯，帮助一批批有真才实学的青年教师迅速成长起来。徐辉碧这种忘我的工作精神令青年教师敬佩不已，同时也鼓励了许多学生。徐辉碧培养了大批优秀研究生，其中不乏杰出代表，例如黄开勋、杨祥良都是华中科技大学的教授，分别在硒蛋白研究、纳米生

图 3-5 杨叔子、徐辉碧与张罗平等人合影（前排左起：张罗平、徐辉碧、杨叔子、段献忠副校长；后排左起：张罗平的弟弟、黄开勋、杨祥良、黄泥、陈泽宪、彭红、龚晴。徐辉碧提供）

物医用材料及药物研究方面取得了很好的成绩；张罗平是美国加州大学伯克利分校（University of California, Berkeley）的教授，是药理研究方面的知名专家；刘琼是深圳大学的教授，她在阿尔兹海默病与硒关系的研究方面有较大的进展；陈春英是国家纳米科学中心的研究员，因在纳米毒理学研究方面的贡献而获得全国优秀青年女科学家的荣誉称号，并于2021年当选为美国医学与生物工程学院院士。面对学生所取得的成就，徐辉碧说："我为他们的成长仅是打了一点基础而已。看到他们为国家作的贡献，心里很高兴。真有'待到山花烂漫时，她在丛中笑'之感。"

徐辉碧所取得的这些成就也离不开杨叔子的支持。虽然徐辉碧与杨叔子研究的是两个不同领域，但是他们时常在科研精神和科研方法等方面"相互切磋"。这在很大程度上促进了两人的共同成长和进步。另外，杨叔子后来能够出国访问，也得益于徐辉碧的鼎力推荐。可以说，杨叔子后来所取得的巨大科研成就，既得益于徐辉碧在生活上无微不至的关怀，也得益于徐辉碧在工作上的鼎力支持。这诚如杨叔子自己所言："我与徐辉碧不仅在学术上相互促进，并且在生活中的多个方面具有很多默契。同时，我们之间的不同爱好也开阔了彼此的视野。比如我喜欢中国古典诗词，她则不大了解；她懂得欣赏音乐，我却听得比较少。在我看来，这反倒是一件好事，能够'互补互通'。"[①]

杨叔子与徐辉碧因为一直忙于科研与教学工作，无暇顾及生儿育女之事。为此，杨叔子与徐辉碧反复商量，一致同意把徐辉碧弟弟的女儿抱回家中，认作女儿，并为其改名"杨村春"。

图3-6 杨叔子（第一排左一）与夫人徐辉碧（第一排左二）、女儿杨村春（第二排左三）、女婿李晓平（第二排左一）和孙女杨易（第二排左二）的合影（史铁林提供）

---

① 杨叔子、徐辉碧访谈——杨叔子的学术研究、校长经历及夫人徐辉碧的支持与帮助，2016年9月14日，武汉。资料存于采集工程数据库。

对于生活和事业，杨叔子与徐辉碧追求一致。"遗表不随诸葛死，离骚长伴屈原清。"采访中，杨叔子用南宋诗人王奕的这句名言，道出了自己与徐辉碧相伴一生的共同心声。

上海机床厂锻炼

1964年，教育部按照中央防修反修有关指示，要求干部下放劳动锻炼，其主要目的是"为了建立起一支有阶级觉悟和业务才能的、经得起风险和密切联系群众的为共产主义事业奋斗的工人阶级知识分子队伍"[1]。为此，教育部根据实际情况，决定选派部分优秀年轻教师到工厂参加劳动锻炼一年。

作为青年骨干选派到上海机床厂

当时，华中工学院院长朱九思找到已在学界崭露头角的杨叔子，对他说："光有理论基础不行，必须加强实习实践。"于是，杨叔子就被安排到上海机床厂劳动锻炼一年。得知此消息的杨叔子欣喜而激动地写下了一首七绝：

七绝·春归
遍地东风遍地茵，嫣红姹紫舞香尘。
万条杨柳系春住，不怕寒流肆入频。[2]

与此同时，其他院校也选派了一些年轻骨干教师到工厂参加劳动锻炼。其中，分配到上海机床厂学习的还有西安交通大学屈梁生、天津大学

---

[1] 李捷：《毛泽东对新中国的历史贡献》。北京：社会科学文献出版社，2015年，第126页。
[2] 杨叔子：《往事钩沉》。武汉：华中科技大学出版社，2018年5月，第97页。

彭商贤、华南工学院苏树珊、安徽机械学院（今合肥工业大学）黄翀夫妇等人。

上海机床厂是我国机床行业"十八罗汉"[①]之一，与当时的昆明机床厂同时被誉为全国机床行业的"明珠"。在这里，曾有4位院士（杨叔子、雷天觉、周勤之、徐志磊）留下过他们的足迹。1958年，上海机床厂被划归为上海市管理，由上海市机械工业局领导。1962年，上海机床厂又重新回归第一机械工业部。1958—1965年，上海机床厂的产品已经从仿制阶段进入自行设计阶段。经过长期的积累与磨炼，上海机床厂机床制造水平已经相当成熟，并且车间里的工人文化程度也有了很大提升，大多数人都具备了大学文化水平。当时，上海机床厂提出了一句响亮的口号："只要你量的出来，我就做的出来。"就是说，测量有多高的精度，他们就能做出多高的精度。

可以说，杨叔子能够被派去上海机床厂锻炼是一项十分光荣的任务，这对他科研能力与素养的提升起到了巨大的促进作用，同时也侧面反映出华中工学院领导对杨叔子的器重。诚如李德焕所言："让杨叔子和工人技术员在一起干一年，这当然是最好的培养了。从这个意义上可以看出，学校

图3-7 1964年6月6日，杨叔子（第一排左三）到上海机床厂参加劳动锻炼前与学生合影留念（史铁林提供）

---

① "十八罗汉"指1952年年底我国在苏联的援助下改造和新建的18个机床厂：齐齐哈尔第一机床厂、齐齐哈尔第二机床厂、沈阳第一机床厂、沈阳第二机床厂（中捷友谊厂）、沈阳第三机床厂、大连机床厂、北京第一机床厂、北京第二机床厂、天津第一机床厂、济南第一机床厂、济南第二机床厂、重庆机床厂、南京机床厂、无锡机床厂、武汉重型机床厂、长沙机床厂、上海机床厂、昆明机床厂。

很重视培育他，凡是关键的时候就选他。"[1] 在去上海机床厂之前，杨叔子从来没有深入接触过磨削加工、磨床，也就没有深入涉及过机床产品相关的研究，因此，在去上海机床厂之前，杨叔子也抓紧时间认真学习了相关知识。离别前，杨叔子的学生们对其依依不舍，还特地邀请杨叔子合影留念，为杨叔子饯行。

参加上海机床厂磨床试验研究工作

到上海机床厂后，杨叔子被分到设计科王时正师傅手下，王师傅安排杨叔子参加磨床试验研究工作。试验研究的对象是刚刚从日本进口的一台平面磨床。这台平面磨床采用了很多新技术，并且自动化程度也很高，但是上海机床厂的员工并不知道如何操作它，为此，杨叔子的任务就是研究这台平面磨床的具体操作方法。

上海机床厂在技术干部选拔上，既重视吸收高校培育的优秀人才，又注重培养从生产一线涌现出的杰出工人。当时上海机床厂工人的专业素养非常高，对待前沿科技问题，他们既能在战略上蔑视困难，又能在战术上重视困难。王时正师傅放手培养杨叔子就是一个典型的例子，与杨叔子一起工作的赵民孚被破格提拔也是其中一例。赵民孚是地地道道的工人出身，经过自身的不断提升而逐步成长为上海机床厂的优秀技术骨干。杨叔子在上海锻炼的一年，就是与他一起合作研究从日本进口的平面磨床。在这一年中，他们同心协力，不分昼夜地对这台机器进行反复试验，最终他们成功掌握了这台机器的运作原理与操作流程，继而向上海机床厂交了一份满意的答卷。

杨叔子认为，到上海机床厂是来学习与锻炼的，所以决不能在无关事情上给对方增加麻烦。在上海的这段时间，上海机床厂的确在生活和科研上为杨叔子提供了很多便利。为了回报上海机床厂对自己的照顾，杨叔子一直坚持为上海机床厂的有关单位和工作人员做更多的事。诚如杨叔子在

---

[1] 李德焕访谈，2016年8月23日，武汉。资料存于采集工程数据库。

访谈中提到的那样："上海机床厂给了我很多帮助，我从内心深处认为必须要为它多做些事情，这样我才能睡得香，吃得安。"① 由此可以看出，杨叔子是一个懂得感恩、懂得回报的人。正是因为如此，王时正师傅及上海机床厂的有关人员都与杨叔子相处得十分融洽。1965年5月底，上海机床厂的同志还特地邀请杨叔子等人到上海城隍庙的豫园欢聚。从那时一直至今，杨叔子就把在上海机床厂劳动实践的一年作为一生旅程的重要一站，深深地印在心里。

1966年6月上旬，锻炼期满的杨叔子乘轮船自沪返汉。为了纪念此次在上海机床厂劳动锻炼的经历，杨叔子在途中赋诗两首：

七绝·船离吴淞口感赋

惊涛万顷出吴淞，劈浪迎风气势雄。
别了申江归去也，新程已始不言中。②

七绝·感忆上海机床厂劳动锻炼

巨轮急转火花披，汗透衣衫志不疲。
要学青松历风雨，永迎红日举红旗。③

---

① 杨叔子、徐辉碧访谈——杨叔子的学术研究、校长经历及夫人徐辉碧的支持与帮助，2016年9月14日，武汉。资料存于采集工程数据库。
② 杨叔子：《往事钩沉》。武汉：华中科技大学出版社，2018年，第100页。
③ 杨叔子：《往事钩沉》。武汉：华中科技大学出版社，2018年，第101页。

第四章
艰难岁月科研路

> 愧恨深知少，驱驰始向前。
> 甘为铺路石，筑上碧峰巅。[①]
>
> ——杨叔子

在上海机床厂劳动锻炼期满之后，杨叔子由上海返回武汉，先后参加了在中南机床研究所举办的高校校际学术研讨会和在西安交通大学举办的学术研讨会。然而，1966年开始的"文化大革命"对教育、科学、文化的破坏尤其严重，影响也极为深远。很多知识分子受到迫害，学校停课，文化园地荒芜，许多科研机构被撤销，在很长一段时期内造成了"文化断层""科技断层"与"人才断层"[②]。杨叔子的教学与科研工作也被迫中断，他在此期间遭遇了诸多苦难。1969年，杨叔子被下放到湖北省咸宁市高寨大队劳动锻炼，接受"斗、批、改"，甚至被隔离审查，直至1971年方从咸宁市学校农场返回华中工学院。邓小平复出以后，全国经济社会形势发生好转，杨叔子被学校派去沈阳参加会议，之后又被派往二汽参与教学指导工作。可以说，在这段时间内，杨叔子经历了很多苦难，但这些

[①] 杨叔子：《往事钩沉》。武汉：华中科技大学出版社，2018年，第108页。
[②] 中国共产党简史 第七章 十年"文化大革命"的内乱。中国网，2011-04-12。

苦难并没有摧毁杨叔子的学术志向，相反，他在苦难中更加坚定了自己的学术使命。

参加学术研讨会

上海机床厂的劳动锻炼使杨叔子信心倍增。之后，他将全部的时间与精力投入教学与科研中，积极参与了多次学术研讨会议，并在会议上做了发言。其中，让杨叔子印象最为深刻的莫过于首次参加学术会议的情形。

朱九思自任华中工学院院长以来，就明确提出"科研要走在教学前面"的办学思想。在他的努力下，1964年，华中工学院机械系会同机械部及其直属的北京机床研究所在华中工学院筹建了"中南机床研究所"，路亚衡[①]任副所长。1965年下半年，以华中工学院的名义，由中南机床研究所主办了一次高校校际学术研讨会。这次会议也得到了武汉市政府的大力支持，会议地点选在武汉市洪山宾馆。

这是杨叔子首次参加学术会议，紧张与兴奋之情可想而知。为此，他作了充分的准备。杨叔子以在上海机床厂锻炼期间与赵民孚、曹葆生、曹婉倩等人合作研究的成果为报告内容，报告的主题是关于对磨床刚度（动刚度、静刚度、热刚度及其稳定性）的研究。本次会议发言给予了杨叔子莫大的信心，同时也坚定了他投身科学研究的决心。另外，杨叔子在这次

[①] 路亚衡于1941年毕业于武汉大学机械系，并于1944年至1946年远赴美国留学。1956年加入中国共产党，为了更好地服务于党和国家的建设，路亚衡于1957年至1960年又到苏联莫斯科包曼工业大学进修，从事精密工艺理论的研究。后来他建立的"蜗轮副接触精度图谱"被新修订的国家标准所采用。他曾任甘肃机器厂总工程师，其主持研究的曲面精密加工的动态逼近理论于1986年获国家教育委员会科技进步奖二等奖。路亚衡曾在《齿轮》《工具技术》《华中工学院学报》等权威期刊上公开发表《空间曲面的动态逼近》《复杂刀具设计中的专家系统》等代表性论文，其主编的《机械制造工艺学》于1985年在华中工学院出版社出版，并成为机械制造领域的经典著作。参见中共湖北省高校工作委员会：《湖北高校志（下卷）》。武汉：湖北人民出版社，2013年。

会议上也更为广泛地了解了国内同行在机床领域的研究情况,他的科研视野由此得到进一步开拓。

1965年10月,教育部在西安交通大学组织召开了一次学术研讨会议,杨叔子与李德焕代表华中工学院参加了此次会议。会议由时任教育部部长的杨秀峰主持,此次会议主要采取座谈会形式。西安交通大学校长彭康首先在会议上致欢迎辞,随后杨秀峰作了主题报告。他代表教育部发言,系统地阐述了当前高等教育应该如何系统有效地贯彻落实党的教育方针,并详细分析了目前应采取的具体措施。紧接着,李德焕也代表华中工学院作了发言。会议气氛十分活跃,形式也较为丰富,既有讨论,也有协商,讨论的焦点在于如何解决"真题真做"与"打好基础"之间的矛盾。通过此次会议,杨叔子对当时我国高等教育发展中所面临的一些重大问题有了进一步的认识与思考。也正是从那时起,他开始关注我国的教育实情,尤其是高等教育中的突出问题,并积极思考问题的根源与解决的良方。

调到机械原理教研室

1965年年底到1966年年初,华中工学院为了加强专业基础课的教学,决定从专业课教研室的金属切削与刀具教研室抽调饶国定(留苏副博士)到机械原理教研室(专业基础课教研室)担任主任,从金属切削机床教研室抽调杨叔子到机械原理教研室担任支部书记。两人都坚决服从组织调遣,立即参与到机械原理教研室的科研与教学工作中。

杨叔子被调到机械原理教研室时,全国正处于学习毛主席著作以及焦裕禄、王杰、欧阳海、麦贤得等人民模范的高潮,杨叔子也深受这些人物与著作的影响,不禁有感而发,写下了诸多诗词。例如,1966年4月杨叔子学习《毛主席语录》时,他以诗言志,写下了两首七绝:

七绝·再自题《毛主席语录》

人间若个最堪斟？灿烂春阳永暖心。

漫道雄关等闲越，改天换地莫逡巡。

七绝·又自题《毛主席语录》

俗庸似沐脱凡身，服务人民境界新！

教诲朝朝勤践诵，中华崛起净妖尘。①

同时，杨叔子不仅在精神上备受先进人物事迹与思想的鼓舞，更是将这种"服务人民"的精神转化为实际行动。调到机械原理教研室伊始，杨叔子便与教研室主任饶国定合作，挨家挨户地走访教研室教师，了解他们的情况，并不遗余力地为他们解决困难，创造发展条件。当时，机械原理教研室有一位年龄最长的老师叫陈敏卿。他在工作上非常积极，但是在家庭方面略有困难。因陈敏卿的爱人在校外工作，每天很晚才能回家，家中又有两三个小孩，家务较为繁重。杨叔子为了解决其后顾之忧，主动帮他分担家务，经常去他家帮忙打扫卫生，连他家的小孩也同杨叔子熟络起来。后来杨叔子调离机械原理教研室，陈敏卿一家仍与杨叔子保持着联系。在杨叔子等人的努力下，机械原理教研室获得了蓬勃发展，教研室全员获得了思想与业务的双丰收。

下放咸宁马桥镇

1966 年，正当国民经济的调整基本完成，国家开始执行第三个五年计划之时，意识形态领域的批判运动逐渐发展成矛头指向党的领导层的政治运动。一场长达十年的"文化大革命"爆发了。

---

① 杨叔子：《往事钩沉》。武汉：华中科技大学出版社，2018 年，第 109-110 页。

在此期间，杨叔子所在单位的教学与科研工作也遭遇到了重大的冲击，杨叔子本人也在这次运动中经历了诸多苦难，但是这些苦难并没有将其击倒，反而磨砺了他的意志。在"文化大革命"期间，杨叔子虽然深受苦难，但他还是想方设法利用一切机会从事科学研究，这也为他在改革开放后攀登科研高峰奠定了坚实基础。

1969年10月26日，中共中央发出《关于高等院校下放问题的通知》，指出"国务院各部门所属的高等院校，凡设在外地或迁往外地的，交由当地省、市、自治区领导；与厂矿结合办校的，交由厂矿领导。教育部所属的高等院校，全部交给所在省、市、自治区领导。"此后，中央所属的高等院校，包括北京大学、清华大学在内，全部下放地方管理[1]。华中工学院也积极响应，安排教师下放。

1969年12月4日，除极少数老弱病残者外，华中工学院全院师生员工，在军工宣队的领导和组织下，到咸宁县马桥镇开展"斗、批、改"运动。年底，经中共湖北省委批准，华中工学院成立整党建党领导小组，负责领导全院的整党建党工作。当时华中工学院按部队建制组成了10个大队[2]。杨叔子所在的机械系大队为"一大队"，被下放到高寨，指挥部（即"工人、解放军毛泽东思想宣传队"指挥部，当时为华中工学院最高领导机关）被安置在马桥，指挥长是武汉空军司令部师级干部刘崑山[3]。

那时候，杨叔子并不排斥，甚至十分渴望到农村去劳动锻炼，去接受"斗、批、改"。一大队决定让杨叔子与有关同志到咸宁县打前站，系所在地点为咸宁县高寨大队，离指挥部所在的马桥镇不算太远，走路不到一个小时。

在此期间，由于杨叔子家庭背景复杂，且他那曾担任过国民党警察局局长的侄子杨安中在台湾，杨叔子在1969年被列为"审查对象"，而这一切他毫不知情。从1969年12月初至次年5月10日，杨叔子在咸宁县高寨

---

[1] 1969年10月26日 中共中央发出《关于高等院校下放问题的通知》。国务院新闻办公室门户网站，2011-10-26。

[2] 李智，胡艳华：《华中科技大学纪事》。武汉：华中科技大学出版社，2012年9月，第220页。

[3] 杨叔子：《往事钩沉》。武汉：华中科技大学出版社，2018年，第119-120页。

大队接受隔离审查，审查其是否为"潜伏特务"。杨叔子原以为审查自己在"文化大革命"中干了什么错事，要接受斗私批修，彻底改造世界观。一到高寨，革命小组就宣布要他交代问题，但是杨叔子在来咸宁前已做了不少交代，甚至他将写过的一张张大字报的内容也写下来了。但是，革命小组根本不满意他所写的内容，继而明确他的问题要害是"潜伏特务"，也就是让他承认自己是"潜伏特务"。在召开运动群众的批斗会上，甚至有人拍着胸前的口袋讲："你还不老实，马桥已揭发你了，材料就在我口袋中。"[①] 随着事态的严重化，杨叔子才逐步了解到事情的本质。

杨叔子向来刚正不阿，没有发生的事情坚决不会交代。1970年5月，刘崑山指挥长到各大队检查"斗、批、改"进展情况。到了高寨，他了解到一大队除了杨叔子，几乎全部得到了正确"处理"。刘崑山便询问查证的经过与结论。结果，负责审查的人答复说，杨叔子的问题是分析出来的，与杨叔子有关的所有地方，无论是武汉、北京，还是湖口，都无一遗漏地审查过，结果没有查到确切的"证据"。闻此，刘崑山当即要求"放人"，杨叔子因此恢复人身自由。但是，关于杨叔子被怀疑为"潜伏特务"的疑点直到"四人帮"垮台以后才得以彻底消除。

虽然杨叔子在被怀疑为"潜伏特务"期间承受了诸多苦难，也经受了不少委屈，但是，这并没有削弱他爱党爱国的热情与信心。他时刻牢记自己的共产党员身份，襟怀坦荡，从不悲观，在遭受苦难的过程中出于心中所感而成诗一首：

七律·突蒙"潜伏特务"之嫌而遭隔离感书
"莫须有"罪突然加，白璧无端辱大瑕。
盟誓坚贞无垢隐，献身奋搏可清查。
心忠不必玩虚伪，骨硬何容计怨嗟。
岂信乌云能蔽日，晴空万里噪昏鸦。[②]

---

① 杨叔子：《往事钩沉》。武汉：华中科技大学出版社，2018年，第123页。
② 同①。

1970年，一大队由高寨迁至华中工学院的向阳湖农场，标志着下乡"斗、批、改"告一段落。徐辉碧作为骨干，回到学校继续从事科研与教学工作。由于对杨叔子的"审查"工作仍在继续，但又查无实据，组织上便把他分配到农场的一大队食堂任管理员。当时食堂工作人员一共有五个，除了杨叔子，还有会计周庆丽，出纳邓秀儒，采购李标荣和傅明辉。他们五人有个君子约定：每个人在工作期间都绝不多吃多占。事实上，他们也确实做到了。另外，因杨叔子从事的是食堂管理工作，所以当时大家都称他为"杨掌柜"。

1971年12月31日，杨叔子为期两年零一个月的"下放期"彻底宣告结束，回到了阔别已久的华中工学院。12月31日上午回到学校后，杨叔子立即去幼儿园接女儿杨村春。看见杨村春从幼儿园中走出来，杨叔子立刻激动地喊道："村春！村春！"杨村春转过身，发现是分别已久的父亲，便立刻惊喜地扑到杨叔子怀中。在回家的路上，他不禁回想起两年前与妻子和女儿分别的情形。如今，他终于回来和他们团聚了！

回归教学与科研

下放劳动结束后，杨叔子回归了日常的教学与科研工作，之前经历的苦难使他更加珍惜教学与科研的机会与时间。

参与编写教材

"文化大革命"期间，华中工学院机械原理教研室已同有关教研室一起并入机械设计基础教研室，因此，杨叔子在1971年年底返校后又回到了机械制造专业教研室。当时，华中工学院机械系要重新招生办班，急需新的教材。然而，当时市面上出版的教材都不太合适，并且质量也不高，在此情况下，学校要求相关教师紧密结合自己的教学经验重新编写教材。

机制专业教研室选定的教材是《金属切削机床》，这也是机制专业教研室第一次系统编写这本教材。起初，参与编写工作的是杨荣柏和另外一位老师。但由于其中一位老师后来被调走，1972年下半年，杨叔子便加入编写教材的工作中来[①]。

《金属切削机床》初稿直到1973年上半年才得以完成。之后，杨叔子与杨荣柏以及教研室另外一位教师把教材初稿带到北京、济南、南京、上海等地征求专家意见，主要是到这些地区的工厂和学校（包括清华大学、山东工学院等）交换意见。基于这些意见，杨叔子与杨荣柏等人回来之后反复修改，直至教材修改成熟。据杨荣柏回忆，杨叔子在编写与修改教材的过程中十分认真。大多数人编教材一般只看国内发行的同类教材，而杨叔子不仅仔细研读了所有同类教材，还特意参阅了外国的相关书籍，故而他所编写的章节要比其他章节深奥很多[②]。后来，杨叔子到美国做访问学者，把这套《金属切削机床》一并带去，受到了当地师生的高度评价与认可[③]。

赴沈阳参加会议

杨叔子在工作上的积极上进受到了学校师生的一致认可。1972年11月，华中工学院决定授命杨叔子赴沈阳参加中捷人民友谊厂（原沈阳第二机床厂）举办的卧式镗床技术水平分析会议。卧式镗床是镗床中应用最广泛的一种，它的主要功能是加工孔。除扩大工件上已铸出或已加工的孔外，卧式镗床还能铣削平面、钻削、加工端面和凸缘的外圆以及切螺纹等。

"一五"期间，我国机床工业得到了初步发展，建立了车床、铣床、镗床、钻床、磨床、齿轮加工机床、仪表机床、重型机床等专业机床研究所，这对我国机床技术的发展起到了有力的推动作用。然而，这一时期

---

① 杨荣柏访谈，2016年8月11日，武汉。资料存于采集工程数据库。
② 同①。
③ 孙肖南访谈，2016年8月23日，武汉。资料存于采集工程数据库。

我国机床主要采用苏联的图纸或仿制品。"二五"期间,我国机床工业进入提高完善阶段。这一时期的重点是发展重型机床、精密机床、锻压机床等。经过"二五"期间的艰苦奋斗,我国机床产业设备基本齐全,并且具备了提供大型、精密、高效机床和专用机床的能力,由此为我国汽车、内燃机、轴承、电机等行业提供了大量装备。到1962年年底,我国机床仿制品比例从"一五"期间的78.5%下降到了33.2%。然而,国民经济发展和国防建设对高精度精密机床的需求越来越大,但国内当时还不具备生产高精度精密机床的能力,欧美国家又对我国进行技术封锁,苏联也中止了对我国机床的供货,在此境遇下,我国机床行业发展举步维艰[1]。在这样的时代背景下,召开卧式镗床技术水平分析会议意义重大。

当时,参加卧式镗床技术水平分析会议的人员大多来自工厂与研究所,来自高校的只有杨叔子一个。除了中捷人民友谊机床厂的部分专家以外,还有来自南京、北京等地的工程师,他们共同组成了一个专家组。专家组成员认真讨论了当前我国卧式镗床技术的发展现状,同时也勾画了未来我国卧式镗床技术的发展趋势。从整体上来讲,这次会议是非常成功

图4-1　1972年11月,杨叔子(第二排左二)在沈阳参加国内卧式镗床技术水平分析会议时与专家组成员合影(史铁林提供)

---

[1]　杨新年,陈宏愚:《当代中国科技史》。北京:知识产权出版社,2014年,第158页。

第四章　艰难岁月科研路

的。杨叔子也在此次会议上做了发言,并且获得了与会人员的一致好评。后来,这个专家组还去了上海、北京、南京、合肥、芜湖、武汉等地的制造厂,对这些工厂进行实地工作指导。

助力二汽合作办学

二汽最早于1952年年底提出建设。经历了"两下三上"的漫长波折后,二汽于1969年9月正式开始在湖北省十堰市进行建设。当时,根据毛泽东主席的指示,二汽是同国防密切相关的工厂,主要负责完成国防生产任务,亦即生产军用卡车和军用货车。

二汽非常重视教育,建厂伊始就紧抓职工业余教育。不仅有专人,而且有专门机构,办职工大学,抓职工教育。1972年12月,二汽根据毛主席关于从工人中间培养大学生的"七二一"指示,创立二汽工人业余大学[①],学员全部都是从二汽抽调过来的工人,教师则是厂里的工程技术人员和一些有经验的老师傅,加上临时外聘的大学教师。显然,这样很难保证教员的水平,进而也就无法保证教学的质量。为此,当时二汽工人业余大学的负责人黄正平、季峻等深感忧虑。无奈之下,1973年7月10日,黄正平、季峻到华中工学院求援,经与朱九思院长商谈,达成为学院派遣教改小分队的协议[②]。不久之后,杨叔子与章崇义等人便受命前往十堰,支援教学。没想到这一去,杨叔子便与二汽结下了不解之缘。1973年到1975年,杨叔子先后三次前往二汽授课。在科研方面,杨叔子也多次助力二汽攻克难关。

---

① 二汽工人业余大学于1974年1月更名为"二汽工人大学",于1983年6月更名为"湖北汽车工业学院"(简称"汽院"),沿用至今。见:湖北汽车工业学院学校大事记。湖北汽车工业学院档案馆网站,2014-06-26。

② 湖北汽车工业学院1973年大事记。湖北汽车工业学院档案馆网站,2014-06-26。

一赴二汽

1973年年底,杨叔子受命前往盘踞在大山深处的二汽工人业余大学支援教学,与他同行的还有华中工学院机制教研室的章崇义老师。

杨叔子与章崇义被安排住在位于张湾区六堰的二汽招待所,授课点也设在六堰。杨叔子与章崇义紧密结合各自的学科优势,在教学上各有分工:杨叔子教授"金属切削机床"课程,章崇义教授"机械制造工艺"课程。一开始,学员每天从二汽在各地的分厂赶到六堰听课,有的学员比杨叔子和章崇义还要年长。杨叔子和章崇义见学员求学精神可嘉,但来回奔波实在辛苦,因此建议学校分六堰与花果两个教学点授课。这样一来,学员的负担减轻了,但老师的工作量却增加了。为兼顾两地的教学任务,杨叔子和章崇义每周三个上午在六堰上课,三个上午在花果上课,还有两个下午要在车间进行约两个小时的现场教学[①]。每周合计28个课时。杨叔子认为,最累的是每周一、周二两个下午在二汽62厂的现场教学。因为上午已经讲了很久的课,下午还要在隆隆的机床旁边扯开嗓子再讲两节,每次嗓子都嘶哑了。幸而招待所的服务员甚为热情,主动为疲惫不堪的杨叔子和章崇义送来胖大海润喉,加上二汽学校领导的关心与照顾,杨叔子等人深为感动,更加坚定了克服困难,坚持讲课的决心。

本次支援教学大约持续了近一年的时间,1974年11月27日,杨叔子和章崇义完成了在二汽工人大学的教学任务,乘长途汽车经郧县返回武汉。

再赴二汽

1975年上半年,杨叔子第二次来到二汽,支援二汽的教学工作。其间恰逢二汽全厂集中力量攻克汽车技术与生产难点。为此,二汽工人大学决定要学员也参加攻关,在实践中学习。杨叔子同学员一起下工厂,决定攻

[①] 杨叔子:难忘的岁月。见:十堰市政协文史资料委员会,《十堰文史第6辑(教育专辑)》,第429页。

图4-2 1975年，杨叔子（左三）在二汽指导工人进行技术攻关（史铁林提供）

关课题，开展具体工作。那时，二汽61厂有一台双端面平面磨床，低速开车，转台转不动，长期瘫痪。一次，杨叔子与学员现场琢磨分析：如为低速，当功率一定时，扭矩就大，应该能转动。如今转不动，说明低速并没有接通，仍是高速，扭矩小，转台就转不动。因此，问题一定出在操纵手柄上，没有改变转动路线。拆开一看，果真如此，这一磨床瘫痪问题立马得到解决，二汽喜出望外，对此予以专门报道。

然而，攻关总是艰辛多于欣喜，有时甚至也要付出健康的代价。一次，杨叔子在二汽49厂协助攻关。在攻关过程中，杨叔子的左手食指指尖不慎被机床轧掉了肉，学员立即将他送往医务室。在清洗伤口时，医护人员给他擦拭了些许碘酒，没想到杨叔子对此过敏，突然昏倒了，面色惨白，四肢动弹不得。周围的攻关人员极为震惊，立刻将杨叔子放在担架上，准备将其抬走抢救。好在十几分钟后，杨叔子醒了过来，并缓缓坐立起来，告诉大家："我没事！我没事！继续攻关！"大家破涕为笑，松了一口气。不过杨叔子也因此"被强迫"休息了几天！

在攻关结束后，一切恢复正常，二汽工人大学照常上课。为纪念这次"休克事件"，杨叔子有感而发，写下一首七律：

七律·二汽职工大学学院暂停课 共同参加全厂技术攻关书怀

暂把车间作课堂，攻关昼夜只平常。

师生勠力纡筹策，技智交辉拓战场。

休克突临诚小恙，难题终解属真强。

大山沟里栖龙凤，绿染东风即故乡。①

---

① 杨叔子：《往事钩沉》。武汉：华中科技大学出版社，2018年，第138页。

三赴二汽

1975年秋季，杨叔子第三次来到二汽。这一次，他并不是来二汽工人大学支援教学，而是进行一种"厂校合办班"的新尝试。

1975年，华中工学院实行"开门办学"，与二汽开设"厂校合办班"。当时，华中工学院与二汽合办了三个班：机械制造工艺及设备专业班、工业铸造班以及工业自动化班，共有学员200余人，按当时流行的体制编为三个连队，每个连队下辖三个排，排下面设班组。机械制造工艺及设备专业班办在二汽的22厂，班号为"75113"。所谓"75113"班，是指1975级机械一系机制专业三班。其中"75"表示1975年入学，第一个"1"表示机械一系，第二个"1"表示机制专业，"3"表示这个专业的第3个班。"75113"班全班共有80余名学员，其中36人为华中工学院从全国各地招收的工农兵学员，另有40多人是二汽工人大学的学员。遵照"工人阶级领导一切"的原则，班上的党支部书记由二汽分厂老工人出身的设计科科长杜师傅担任，同是共产党员但出身知识分子的杨叔子任副书记兼班主任。

二汽总厂和设备制造分厂领导对"合办班"寄予厚望。为此，二汽设备制造分厂举行了隆重的开学典礼，许多职工闻讯纷纷赶来围观，将分厂的临时礼堂挤得水泄不通。紧接着，"合办班"正式的学习生活就开始了。

在第一次正式的师生见面会上，作为发言人之一的杨叔子一席别开生面的讲话，在学员中激起强烈反响。杨叔子说，"毛主席将阶级斗争、生产斗争和科学实验并列为三大革命运动，周总理也将'科学技术现代化'作为'四化'的重要内容。科学技术这么重要，它到底有多大的力量呢？大物理学家阿基米德曾经说过：'只要给我一个支点，我就能撬起整个地球！'他所依据的是物理学中最简单的杠杆定理。人类历史的发展就是从自然王国向必然王国发展的历史，也就是不断探索自然和社会的奥秘，掌握它们的发展规律，并能动地适应、利用它们的历史，这实际上也是人类

第四章 艰难岁月科研路

的科学文化发展史。我们中华民族曾经产生了影响整个世界文明发展进程的'四大发明',这是我们对于人类科学文化的伟大贡献!作为中华民族的一份子,我们应当为此而自豪,但不应当以此为满足,不能躺在祖先的功劳簿上睡大觉。国家花那么大的决心和力量让我们来上大学,是要我们来干什么的?就是要让我们来学本事,掌握科学文化知识,以便将来更好地为人民服务,更好地为国家建设作贡献的……"最后,杨叔子将马克思的名言赠送给大家:"在科学的道路上没有平坦的大道,只有不畏艰险沿着崎岖山路攀登的人,才有希望到达光辉的顶点。"[①] 学员们在杨叔子慷慨激昂的开篇致辞中感受到了一股强大的力量,这股力量亦化为他们日后艰苦的求学岁月中不竭的精神动力。

"合办班"实行半军事化的作息制度,宿舍是八人一间的上下铺,每天清晨吹号出操,白天准时上课,晚上统一熄灯就寝,不能请假和随便外出。身为教师的杨叔子也不例外,和这帮年轻人同吃同住同劳动。

然而,"合办班"的学员普遍学历较低,基础良莠不齐,好的很好,差的甚至连3的平方是多少都不知道,认为1/2加1/2等于2/4。面对眼前这群基础知识较差,但是学习热情高涨的青年学子,杨叔子常常食不甘味、夜不安寝,恨不得在一夜之间将自己毕生所学全部传授给他们。于是,杨叔子与各位老师商议,规定学生每周星期六下午上完课才能回家,星期天晚上也要上课。杨叔子自告奋勇,全权承担起这两个时间段的教学任务。随着时间的推移,杨叔子逐渐成为"合办班"的灵魂人物。

当时所有招生复课的大专院校都强调"在实践中学习","厂校合办班"作为教育革命的实验班,实施的是以典型产品带教学的教学模式。尽管杨叔子对书本知识的重要性有着精辟的见解,但是大势难违,开学不久后,所有的学员无一例外地下了车间,一对一跟随工人师傅学习车、钳、铣、刨等基本技能,与刚进厂的工人学徒无异。杨叔子也跟学员们一样,成天往车间里跑。尽管形势如此,但是杨叔子仍尽可能地引导学员在操作过程

---

① 余德庄:《生命的接力如此美丽》。重庆:重庆出版社,2011年,第137页。

中勤于思考，不应只满足于掌握操作机器的基本技能，还要弄懂机器的原理、结构，如果机器出了问题，要知道发生问题的部位、原因以及解决方法。

杨叔子在教学的过程中不断总结经验，根据学员的学习情况，总结出颇具特色的"三三制"教学法，即三分之一的课时复习以前课堂上学习过的内容，三分之一的课时总结下车间实践中接触过的内容，三分之一的课时讲授全新的内容。如此一来，能够有效兼顾不同学员的学习需求。后来，杨叔子就将教材发放到学员手中，让学员自己先琢磨，然后再在课堂上和实习中进行讲解与辅导，这样不但激发了学员的学习热情，同时也提高了学员的自学能力。

在学员眼中，杨叔子是个通才。在"合办班"初期师资缺乏时，他一个人充当了物理、化学、数学、机械等多个学科的教师，加上杨叔子口才极好，他一站上讲台，常常引经据典的几句话就能把大家的情绪调动起来，学员们都将听他课的过程视为一种享受，常常是宣布下课了，学员们还意犹未尽，不愿离开。当时，华中工学院许多教师因为这样或那样的问题没有得到启用或重用，杨叔子就凭借个人关系，从华中工学院请来了刘云程、孙健、尹肃秋等知名讲师为学员授课，将"理论力学""机械制图""英语"等课程一一开设起来。为了让教师们安心授课，杨叔子向所有教师作出承诺，一切后果由他负责。在"不让一个阶级的兄弟掉队"的思想的指引下，华中工学院的各位老师竭尽全力从各方面来帮助与鼓励"合办班"的学员。渐渐地，即使是最开始基础十分薄弱的学生也慢慢赶了上来。

杨叔子在学员面前既是学习的良师，也是温厚的兄长，对学员发自内心地关心。在一个寒气逼人的清晨，班上一些同学因为前一天熬了夜，没能起来吃早饭。待学员起床后，发现杨叔子一个人正蹲在房间忙活什么，走近时才发现杨叔子在炉子上烤馒头。原来杨叔子担心学员起床晚，打不着饭，就买来一大堆馒头挨个烤热为没有吃早饭的学员们准备着。一次，班上一个叫雷远学的学员要送同学去武汉治病，杨叔子不仅为他们联系好医院，还叮嘱雷远学路上需要注意的事项。同时，杨叔子还在雷远学上车前特意给他送来一本英语课本,因为杨叔子知道这位学员英语口语较差,希望他在乘车或在医院守候时抽空读一读。这样的"小事"不胜枚举,但正是这样的点滴行动,感动着所有的学员,在那个以"斗争"为纲的年代,杨叔子将"合办班"变成了一个温暖的大家庭。

"合办班"的学员学成毕业后,他们的毕业证书由华中工学院和二汽双方共同盖印颁发,效力等同于华中工学院本校颁发的毕业证。1975 年 10 月到 1978 年上半年,"合办班"在三年内的总学时合计达 1800—1900 个学时。而且,其中有一年办学,一学期在工厂,一学期在华中工学院。因此,对于华中工学院的学员来说,他们有整整一年的时间在二汽的工厂边学习、边劳动。由于奉行"开门办学"的正确思路,而且在杨叔子的努力下,学员们的实践锻炼与理论学习两不误,"合办班"成效卓著,培养出了很多优秀学员,有的毕业后留校了,有的还考取了研究生,有的回到原单位成了骨干,还有少数毕业生进入中央有关业务部门成为业务骨干或领导。

图 4-3　1977 年 5 月 27 日,杨叔子(第二排左八)在华中工学院与二汽和华中工学院 75 届合办机制班的学生合影(史铁林提供)

无论是对"合办班"学员的培育,还是对华中工学院的建设,杨叔子都是竭尽全力。诚如杨叔子所言:"我一生的体会就是,学好业务、做好工作、报效祖国才是最大的德行,最高的政治素养。"[1] 正是这种高度的使命感和责任感,促使杨叔子在漫长而艰辛的科研与教学之路上一丝不苟,精益求精,以苦为乐,数十年如一日。

---

[1] 杨叔子:《杨叔子槛外诗文选》。武汉:华中科技大学出版社,2009年,第78页。

第五章
科学春天换新颜

> 科学春天好，欣欣万物苏。
> 繁花生硕果，大笔绘宏图。
> 道路宽而远，情思美且舒。
> 回眸伤浩劫，策马莫踟蹰。①
>
> ——杨叔子

"文化大革命"结束后，国内吹起了改革开放的春风，而这股强劲的春风也吹到了科学领域。1978年3月18日至3月31日，中共中央在北京召开全国科学大会，时任中共中央副主席的邓小平同志提出"科学技术是生产力"的重大论断，再次重申大力发展科学技术的重要战略意义。在此次大会的闭幕式上，中国科学院院长郭沫若发表了题为《科学的春天》的演讲，庄严宣告"我们民族历史上最灿烂的科学的春天到来了……这是革命的春天，这是人民的春天，这是科学的春天！让我们张开双臂，热烈地拥抱这个春天吧！"② 郭沫若此次的讲话，不仅是向全国人民发出的向科

---

① 杨叔子：《往事钩沉》。武汉：华中科技大学出版社，2018年，第145页。
② 郭沫若：科学的春天——在全国科学大会闭幕式上的讲话。《人民日报》，1978年4月1日。

学技术进军的动员令，还激发了一代莘莘学子勇攀科学高峰的热情，在科学史上具有重要的里程碑意义。杨叔子当时还是华中工学院机械系的讲师，他在听完郭沫若的讲话后深受鼓舞，感慨万千，满怀憧憬。

在黑暗的旧岁月里，科学没有地位，科学家没有出路。随着革命春天的到来，科学的春天也到来了。踌躇满志的杨叔子认为青年一代应该勇于肩负历史责任，不辱时代使命，誓言要在科学的道路上大展宏图，为科学文化的繁荣和社会主义的建设作出自己的贡献。

开始指导研究生

1977年10月12日，国务院批转了教育部《关于1977年高等学校招生工作的意见》，这也标志着中断了长达数十年的研究生招生制度开始逐渐恢复。社会主义现代化强国的建设迫切需要培养和造就大批又红又专的建设人才。为了响应中央的号召，国内部分高校，特别是那些师资力量强、科学研究基础好的重点高校首先开始恢复研究生的招生工作。当时的招生政策很灵活，并非只有具备本科文化程度的考生才能报考研究生，那些有专业特长和研究才能的工农兵、在职职工不受学历限制，只要具有同等学力也可报考，并且报考年龄放宽到40岁[①]。此次研究生招考没有学历要求，因此也开创了中国同等学力考研制度。1978年伊始，1977级的研究生还没有入学。于是教育部于1月10日颁布《关于高等学校1978年研究生招生工作安排意见》，决定将1977年、1978年两届研究生合并，统一招生为1978级研究生进行培养。至此，每年一届的研究生招生制度得以正式确立。

1978年9月，杨叔子开始招收第一批硕士研究生。当时研究生的招生工作重点是填补国家科学事业的空白和赶超世界先进技术水平，所以与

[①] 国务院转批的《关于1977年高等学校招生工作的意见》。《中国档案报》，2014年10月16日。

最新科学技术相关的基础学科、边缘学科以及与工业、农业、国防有密切关系的学科都是招生的重点专业。杨叔子所在的机械系师资力量雄厚，科研实力突出，被确定为研究生招生的重点培养单位。因此，当时华中工学院机械系的研究生招生工作十分严格。考生首先需要参加五门课的笔试，每门考试的时间为3个小时，笔试结束后择优进入复试。获得复试资格的考生需到华中工学院参加面试，每位考生的面试时间长达2—3个小时，面试官是由机械系的4—5位老师组成的导师组，杨叔子是导师组的主持人[1]。1978年全国报考研究生的人数达到63500人，但是最终被录取的仅有10708人[2]。在华中工学院机械系1978级的研究生招生工作中，汪大总[3]和韦庆如从众多考生中脱颖而出，成为杨叔子指导的首批硕士研究生。

汪大总虽是杨叔子在华中工学院招收的首届研究生，但是由于当时机械系研究生的招生计划较少，杨叔子就将汪大总割爱给其他教师指导。即便如此，无论是做人还是在做学问方面，杨叔子都对汪大总产生了深远的影响。在汪大总眼里，杨叔子是他最钦佩的人，不仅是他学习的楷模，还是一代宗师。在访谈中，汪大总回忆了师从杨叔子的经历：

> 我在华中工学院读硕士的时候，最开始是跟随杨老师。一段时间后，我被分给了其他导师。虽然跟杨老师相处的时间并不长，但是他对我的影响却是一生的，所以我们现在一直都保持着联系。2013年杨老师80大寿，作为学生，我们还一起回母校给杨老师祝寿。其中就包

---

[1] 汪大总访谈，2016年7月25日，北京。资料存于采集工程数据库。
[2] 林文俏：1978：我是"文化大革命"后首届研究生。《南方都市报》，2015年12月9日。
[3] 汪大总系杨叔子于1978年招收的首批硕士研究生。1954年出生于江西，美国籍。1981年毕业于华中理工大学，后被选派为中国第一批留学生，赴美国学习。1981年到1985年就读于美国康奈尔大学，先后进行了有限元、系统动力学及控制、非线性动力学的研究，1983年获得硕士学位，1985年获得博士学位。曾在美国通用公司担任整车集成、工程设计、分析及计算模拟总监等重要职务。2006年年初回国，任上海汽车集团股份有限公司副总裁。此外，汪大总还担任很多社会职务，组建了美国中西部最大的华人社团——底特律中国人协会，并担任首届主席及终身名誉理事。还曾担任过美国工程师协会委员会主席、美中汽车交流协会主席。参见北京市经济和信息化委员会：《北京工业年鉴》。北京：北京燕山出版社，2009年。

括李培根，就是你们熟知的"根叔"，他以前跟我是同班同学，后来也做过华中科技大学的校长。他把对杨老师的评价总结为两个字——"引领"，我觉得十分精准到位。杨老师具有超强的前瞻性，所以在各个方面都能起到引领的作用。同样，我对杨老师的感受也是两个字——"严谨"，无论是治学还是为人，杨老师都十分严谨。在求学的时候，无论问他什么问题，他都可以深入浅出地作出回答，而且从不似是而非，让人听后心服口服。①

"文化大革命"期间，"读书无用论"和"极端实用论"一度盛行，学工科的就只学数学，不用学物理。而学生物或化学的，也不学基础知识，只学习一些所谓有用的农业技术知识。此外，在"文化大革命"期间，教育事业的发展受到严重冲击，学校招生工作基本上处于停顿状态，教学秩序混乱，很多学生无法接受正规系统的教育，进而导致当时培养的学生知识结构不完整，知识面窄化。后来，有的学生抓住了1978年恢复研究生招生的时代契机，纷纷报考各大高校的研究生继续深造。当时的招生政策允许同等学力的考生报考，所以学生来源较为复杂，学生的年龄差距也较大。汪大总是华中工学院机械系杨叔子班上最年轻的研究生，年仅24岁，当时与他同班的还有比他年长8岁的周济，班上也有比周济大上10岁的同学。面对这些年龄差距较大，基础参差不齐的学生，杨叔子在平时的教育教学中，有意识地弥补学生因历史原因而造成的以往学习上的不足，在教授专业课的基础上，还给学生开设了很多新的课程。据汪大总回忆：

　　开设新课的时候有部分学生不是很理解杨老师为什么要让他们学习"那些没有用的东西"，面对这样的质疑，杨老师每次都斩钉截铁地回应"怎么没有用呢？什么都有用"！杨老师的这个回复我至今都记忆犹新，而且让我一辈子都受益无穷。我在美国待了三十年，无论

---

① 汪大总访谈，2016年7月25日，北京。资料存于采集工程数据库。

是在美国的高校还是在美国的企业，我始终都记得这句话，对我的帮助真的很大。①

除了指导硕士研究生，杨叔子也帮忙联合培养博士研究生。当时的博士研究生招生程序更为严格，培养单位必须通过国务院学位委员会专业学科组的审批，才能招收博士研究生。当年具备培养博士研究生资格的导师很少，华中工学院机械系仅有路亚衡教授和陈日曜教授有招收博士研究生的资格。因为招生名额少，都是优中选优。所以华中工学院机械系1978年招收的博士研究生都特别优秀，其中王治藩的表现尤为突出。他从1975年华中工学院组建的厂校合作班毕业，业务能力强，综合素质高。王治藩十分擅长建模、辨识、滤波与动态数据的处理。当时，王治藩博士是以路亚衡教授的名义招进来的，后来交由杨叔子来培养。在杨叔子的悉心指导下，王治藩也开始从事与时间序列分析相关的研究，并提出了一种从观测数据谱中分解出系统真实输出谱的方法②。所以，当年杨叔子除了指导自己招收的硕士研究生外，同时也开始培养博士。

最年轻的正教授

1978年正值改革开放初期，当时毛主席作出重要指示，为了建成社会主义，工人阶级必须有自己的技术干部队伍，必须要有自己的教授、教员、科学家、新闻记者、文学家、艺术家和马克思主义理论家的队伍。这是一个宏大的队伍，人少了是不行的。为了壮大人才队伍，1978年3月7日，国务院批转教育部《关于高等学校恢复和提升职务问题的请示报告》（国发〔1978〕32号），决定在国务院没有作出新的规定以前，仍执行1960

---

① 汪大总访谈，2016年7月25日，北京。资料存于采集工程数据库。
② 王治藩，杨叔子：ARMA谱分析中若干问题的研究。《应用力学学报》，1985年第1期，第33—47页。

年国务院颁发的《关于高等学校教师职务名称及确定与提升办法的暂行规定》，恢复原有教授、副教授、讲师、助教的职称评定。

晋升副教授

为了响应中央的号召，华中工学院开始恢复职称的评定工作，以此为社会主义的建设输送更多高级知识分子。时任华中工学院党委书记朱九思提出，在评选副教授的时候要中青年化，兼顾一些年轻有为的教师。

此时的杨叔子已从事教育教学工作二十余年，教学效果显著，科研成果丰硕。此外，他还编写了多部教材。他曾联合华中工学院机床教研组的同事于1973年10月和1974年2月相继出版《金属切削机床（上册）》和《金属切削机床（下册）》。这两本关于金属切削机床的教材不仅是华中工学院机械系本科生的教材，还是其他高校机制专业指定的参考书。所以，当时有很多人都力推杨叔子为副教授。后来学校经过一系列的走访调查以及听课评课，发现杨叔子不仅理论功底深厚，而且讲课的水平也很高超，在教学和科研方面的成就突出。于是，学校将杨叔子拟定为副教授的候选人并上报给上级部门。1978年6月，杨叔子正式晋升为华中工学院副教授。

开展机床主轴部件静刚度研究

机床主轴是机床的主要执行部件，它直接带动工件或刀具（砂轮）参与工件表面的加工，其工作性能的好坏直接影响加工质量与机床的生产效率[1]。机床主轴部件的性能主要表现在四个方面：旋转精度、静刚度[2]、抗震性和热稳定性。正确评定主轴部件的静刚度，合理决定主轴部件的结构与有关参数，可以极大提升机床主轴部件的性能，进而减少实践生产过

---

[1] 杨叔子：机床主轴部件静刚度的分析与计算.《华中工学院学报》，1978年第1期，第41-201页。

[2] 静刚度是指部件结构在特定的动态激扰下抵抗变形的能力。

程中的消耗和成本，提高生产效率。

在被评为副教授后，杨叔子带领华中工学院机械系 75113 班学员彭茂竞、吴雅、吴凤鸣、黄荔、赵星、周泽耀等人进行机床主轴部件静刚度的相关研究，并取得一系列成果。

20 世纪 70 年代末期，人们已知机床两支承主轴 [①] 轴端受切削力后会产生位移，在大多数类型的支承中会产生支反力矩 [②]，支反力矩则可有效反抗切削力所引起的主轴轴端位移，进而起到加强主轴部件刚度的效果。但是大多数有关机床两支承主轴部件刚度的研究并没有仔细深入讨论有关支反力矩及其与主轴部件刚度间的关系问题。杨叔子则从物理学的本质出发，正确而定量地对外载引起的支反力矩如何影响机床两支承主轴轴端产生的位移进行系统分析 [③]。具体而言，对于两支承主轴部件，杨叔子采用相对值研究有关参数的关系，并据此将最佳支承距的求法线图化，以便在两支承间选择安装传动件的位置，从而为选择机床两支承主轴部件有关参数提供合理建议，进而在一定程度上提升了加工质量和机床生产的效率。

在机床设计中，有时由于结构上限制的需要，主轴部件采用三支承 [④] 结构。深谙力学的杨叔子决定引用《结构力学》中"影响系数"这一概念，来研究三支承结构主轴部件的静刚度问题 [⑤]。当力和力偶矩 [⑥] 作用在三支承主轴部件不同的任意处时，杨叔子计算出轴端处的影响系数，从而确定合理的参数选择，大幅度提高了机床三支承主轴部件的静刚度。通过三支承结构与两支承结构的比较，杨叔子还发现，如果是在原两支承的结

---

① 在数控机床中，主轴是最关键的部件，对机床精度起着至关重要的作用。主轴的结构与其需实现的功能有关，机床主轴的定位形式一般有两支承结构和三支承结构。

② 轴承对轴产生的力的作用称为支反力。两个作用在同一根轴上且不共线的支反力所产生的力矩称为支反力矩。

③ 杨叔子：机床两支承主轴部件静刚度的分析与计算.《机床》，1979 年第 3 期，第 1-11 页。

④ 三支承结构由两个主支承和一个辅助支承构成。

⑤ 杨叔子：三支承主轴部件静刚度的分析与讨论.《机床》，1979 年第 9 期，第 11-20 页。

⑥ 力偶矩是"力偶的力矩"的简称，亦称"力偶的转矩"。力偶是两个相等的平行力，它们的合力矩等于平行力中的一个力与平行力之间距离（称力偶臂）的乘积，称作"力偶矩"，力偶矩与转动轴的位置无关。

构基础上增加第三支承，只要第三支承不是增加在节点上，就一定能减小轴端影响系数，提高主轴部件刚度。

主轴是机床的一个关键部位，为了增加其刚度，生产经验告诉人们，可通过提高主轴部件刚度，减小轴端位移来实现，但是从来没有人从力学本质上对此问题作出解释。而理论功底扎实的杨叔子利用材料力学和结构力学中的位移互等原理对此问题作出了明确的答复。他以位移互等原理为理论基础，结合实际教学工作，撰写以《主轴部件静刚度的分析与计算》为题的学术论文，并在全国第二届机械加工年会上汇报相关研究成果，此文还于 1980 年刊登在国际机床杂志上。

此后，杨叔子继续深入相关研究，运用力学中的“影响系数”法来研究主轴部件的径向静刚度，其撰写的论文《机床主轴部件静刚度研究》于 1981 年 10 月荣获武汉市科学技术学会一九八〇年度优秀论文一等奖。

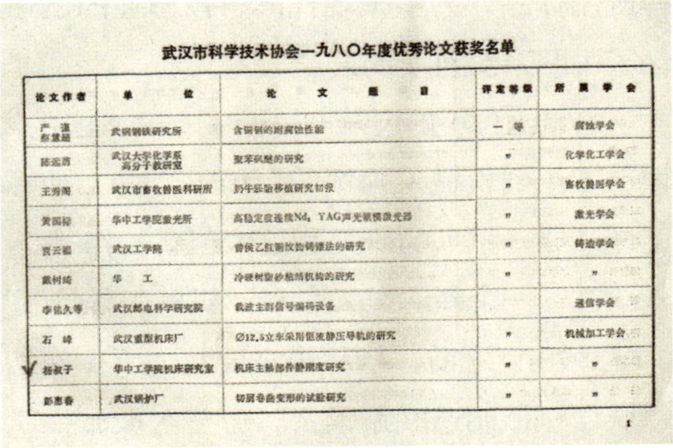
武汉市科学技术协会一九八〇年度优秀论文获奖名单

论文作者	单位	论文题目	评定等级	所属学会
严滋 蔡慧超	武钢钢铁研究所	含铜钢的耐腐蚀性能	一等	腐蚀学会
陈运清	武汉大学化学系 高分子教研室	聚苯砜醚的研究	〃	化学化工学会
王秀阁	武汉市畜牧兽医科研所	奶牛胚胎移植研究初报	〃	畜牧兽医学会
黄国标	华中工学院激光所	高稳定度连续Nd：YAG声光锁模激光器	〃	激光学会
贾云福	武汉工学院	曾侯乙红铜纹饰铸镶法的研究	〃	铸造学会
戴树琦	华工	冷硬树脂砂粘结机构的研究	〃	〃
李佑久等	武汉邮电科学研究院	载波主群信号编码设备		通信学会
石峰	武汉重型机床厂	Ø12.5立车采用恒流静压导轨的研究	〃	机械加工学会
杨叔子	华中工学院机床研究室	机床主轴部件静刚度研究	〃	〃
郭惠春	武汉锅炉厂	切屑卷曲变形的试验研究	〃	〃

1

图 5-1　1981 年 10 月，杨叔子的论文《机床主轴部件静刚度研究》获得武汉市科学技术学会一九八〇年度优秀论文奖（资料来源：华中科技大学档案馆）

开设机械工程控制课

1948 年美国著名的应用数学家诺伯特·维纳出版了他的著作《控制论——关于在动物和机械中控制和通讯的科学》，这也标志着完整的现代“控制论”思想宣告诞生①。控制论是一门以数学为纽带，把研究自动调节、通信工程、计算机和计算技术以及生物科学中的神经生理学和病理学等学科共同关心的共性问题联系起来而形成的新兴学科。它不仅是一门研

① 刘正兴：维纳与控制论的发展——纪念控制论出版 40 周年。《玉溪师专学报（自然科学版）》，1988 年第 2 期，第 44-51 页。

究机器、生命社会中控制和通信的一般规律的科学,还是一门极具哲学意蕴的科学方法论①。在控制论被提出后的20多年来,控制论在世界范围内推动了许多学科的发展,衍生出许多学科分支并孵化出一批新的科学,它对20世纪后半叶的科学与社会产生了巨大影响②。

1954年钱学森在美国出版《工程控制论》一书,创立了"工程控制论"这门新的技术学科,成为把控制论引入到工程技术领域的第一人③。1955年钱学森归国之后,积极推动工程控制论在中国的传播和发展。在他的推动下,工程控制论在国内逐步建立了完善的人才培养、理论研究和工程应用体系,为中国现代高科技事业的迅速发展提供了科学支持,大力推动了中国系统科学的发展。

20世纪50年代末期,西安交通大学的阳含和④在国内率先把"控制论"应用到机械工程领域。1959年起,他开始带领教研室的师生结合教学工作开展一系列的研究和技术创新工作⑤。经过阳含和及其研究团队的深入研究,一个新的交叉学科"机械工程控制"应运而生。

1978年之前,杨叔子主要致力于金属切削机床的相关研究。因为研究领域与机械制造联系紧密,曾多次被派往二汽开展教学工作。改革开放以后,信息技术的兴起和发展给传统行业带来了巨大的机遇和挑战,传统行业的提升和发展出现瓶颈,因此学科交叉就变得尤为重要,用信息技术和智能技术来改造并提升传统行业已成为必然。在此背景下,朱九思书记要

---

① 杨叔子:为培养研究生努力开出新课。《高等教育研究》,1981年第4期,第37-39页。

② 万百五:21世纪控制论的发展态势:纪念控制论创立70周年(1948-2018)(评论)。《控制理论与应用》,2018年第1期,第1-12页。

③ 姜玉平:钱学森创建的"工程控制论"在中国的传播和发展。《西安交通大学学报(社会科学版)》,2005年第4期,第61-67页。

④ 阳含和(1920-1988),广西桂林人,1938年考入武汉大学物理系,后立志学工,报效祖国。一年后,转入国立中央大学工学院机械工程系学习。阳含于1945-1948年赴美国德州圣安东尼军械学校和科罗拉多丹佛航空军械学校进修,留学期间还在美空军基地实习,担任技术翻译。回国后,任上海华东空军司令部工程器材处检验科科长。1954年9月起,曾在苏南工专、西安动力学院任教。1957年起一直在西安交通大学从事机械工程系教学和科研工作,曾任兵器工业部自动化研究所顾问,全国机械控制工程教学研究会会长。参见陕西省高等教育局:《陕西地区高等学校高级知识分子人名录》。西安:西北大学出版社,1989年。

⑤ 张小亚,阳含和:机械控制工程课程的奠基者。西安交大新闻网,2016-03-22。

求全校教师去了解本学科最前沿的研究。由于杨叔子的数理基础特别好，所以他充分发挥了自己的数学优势，努力钻研了许多在数学基础上发展起来的与机械相关的新理论。此外，杨叔子精通多门外语，并具有很强的学术敏感性和前瞻性，在仔细研读大量外文文献后，杨叔子开始了学科交叉的新探索。由于较早地预见到了交叉学科的发展趋势与优势，杨叔子后来将信息技术和人工智能应用于机械工程领域也就成了水到渠成之事。

1979年年初，学校要求开设与现代工程控制相关的课程，原计划由机械系的师汉民[①]和熊有伦[②]两位教授负责，但是不久后他们都远赴英国访问。学院考虑到杨叔子此前就有相关的研究基础，所以后来这门课的教学任务就交由杨叔子来负责。

为了上好这门课，杨叔子在1979年的寒假广泛参考了国内外的相关教材，比如当时最为流行的日本学者绪方胜彦的著作《现代控制工程》。这本教材的主要教学内容是复变函数、积分变换和矩阵等，而杨叔子对这些内容都十分熟悉，所以杨叔子仅花了10天时间就将这本教材通读了一遍。1980年，杨叔子正式为研究生开设现代控制工程课。为了追求教学上的精益求精，杨叔子当时一边教课，一边听大系统专业研究生的现代控制理论和大系统理论的课。这些理论课程的学习不仅促使他对专业知识更加深入地掌握，还更好地改善着他的教学。为了克服"理工分家""专业过专"带来的弊病，杨叔子还开设了"变分法"课程。变分法是数学的一门分支，是一个研究泛函极值的数学领域。所谓泛函极值，简单来讲，就是函数的函数，而函数只是泛函的一个特例。杨叔子一直坚持认为，扎实的数学基础是工科生学好基础技术的必要前提，所以杨叔子很重视对研究生数学功底的训练。此外，杨叔子深刻体会到专业教师多教一些基础课对教

[①] 师汉民（1937- ），河北徐水人，华中科技大学机械科学与工程学院教授，博士研究生导师。1965年华中工学院研究生毕业，曾任华中理工大学机械系主任、机械工程研究所所长、校学位评定委员会委员，机械学院学位评定委员会主席，国家科委管理学院院长（兼）。参见机械制造专家师汉民.《中国机械工程》，1997年第2期，第116页。

[②] 熊有伦（1939- ），机械工程专家，湖北枣阳人，华中科技大学教授。1962年毕业于西安交通大学机械工程系，1966年西安交通大学制造自动化专业研究生毕业。1995年当选为中国科学院院士。参见中国科学院学部联合办公室：《中国科学院院士画册》。上海：上海教育出版社，2001年。

学水平的提高大有裨益。

杨叔子认为机制专业要想培养出高质量的人才，必须引导学生把最新的科学技术成就与已有的生产生活经验相结合，所以必须要对专业进行改造，而专业教学是一个很好的抓手。当时，杨叔子的同事师汉民在英国伯明翰大学（University of Birmingham）访问，在与他的深入交流中，杨叔子得知控制理论对于研究机床动力学与金属切削过程动力学都非常有帮助。学术敏感性极高的杨叔子立即与教学小组进行多次研讨，发现在金属切削过程中引入变分原理可导出切削过程动力学方程，从而建立一个准确的数学模型。杨叔子发现，将控制论引入机械制造领域，既符合认识规律，又符合专业实际，还能解决很多现实问题。此后，杨叔子更加聚焦专业教学，开始将"控制工程课"改造为"机械工程控制课"。

对于这门课的教学，杨叔子有自己独到的认识和经验：

第一，必须尊重原有的学科体系和学生的认知规律。先教授专业领域里最经典的内容，再逐渐渗透专业发展的前沿内容；先讲专业里简单的线性关系，再讲非线性关系；先归纳确定性条件下的结论，再总结随机条件下的结论。对于不同的学生，杨叔子通常进行分层教学。硕士研究生以讲授经典学科为主，比如统计动力学，而将难度较大涉及前沿部分的内容作为选修课；对于博士研究生，则要系统地开设最前沿的重点内容，比如大系统理论等。

第二，引入控制论不仅仅是为一个元件、一个设备、一个过程找到理论基础，还是为了建立一种动态的、系统的观点，明确系统中信息的获取、传递和交换的过程与方式，形成一种系统的学科观，以期启迪学生的思想，发展学生的智力。

第三，因为这是一门新开设的课程，所以对教师的知识结构和专业技能提出了更高的要求。教师要从知识结构的单一化走向综合化，从一个领域跨到另一个领域，专业知识与基础知识两手抓，理论分析与实验研究相结合。当然，这也是促进教师专业发展的一个契机。与此同时，教师在教学过程中要特别注意教学方法论的使用。教学方法决定着教学质量的高低以及教学效果的成败。教学质量高，教学效果好，并不意味着学生听着津津有味,而是指学生听后咀嚼,其理甚清,其旨甚明,其味无穷,其义深远[①]。

第四,因为课程的设置还不够成熟,很多教学内容是尝试性的,所以杨叔子非常鼓励研究生独立思考,大胆质疑授课老师的教学内容,从而促进教学相长。

这是杨叔子第一次教授这门课,从接到任务到正式登上讲台不足一年的时间。在准备这门课的过程中,杨叔子参考了国内外的相关教材和学术论文,如西安交通大学、清华大学编写的教材初稿,英国、美国、日本、苏联等国家出版的相关教材,他都虚心学习,取其所长、为其所用。此外,杨叔子所在的教学团队不畏困难、齐心合力,为杨叔子提供了很多帮助。当时师汉民和熊有伦虽即将远赴国外深造,仍抓紧时间撰写与统计动力学有关内容的讲稿,为杨叔子后期讲授这部分内容提供了很好的参考材料。当时杨叔子还要承担行政事务,所以很难兼顾教学工作的所有方面,教学小组中的杨克冲和刘经燕同志协助他承担了部分作业的批改工作。正是在所有人的共同努力下,杨叔子及其教学团队一起战胜了在开设新课过程中遇到的所有困难。

晋升正教授

1979年朱九思远赴美国、加拿大和日本三国,考察了世界上的诸多名校,带回了很多先进的教育理念和教学管理经验。也正是在这一年,朱九思开始大力引进优秀人才,并破格提拔了一批年轻教师,其中就包括"又红又专"的杨叔子。当时的杨叔子已经在国内高校机械领域有一定影响,在群众中有威望,在学术上有成就,并具有极强的学术敏感性和前瞻性。杨叔子不仅在机床主轴部件的静刚度的相关研究中取得了一系列突破性成果,而且他联合机床教研室的同事出版的《金属切削机床(上册)》和《金属切削机床(下册)》在学界影响深远,被多所高校指定为本科生

---

① 杨叔子:方法落实想法。《人民日报》,2015年1月28日。

教材。其开设的"机械工程控制课"极大地丰富了研究生的课程体系,有利于研究生人才培养质量的提升。学校在广泛征求多方意见后,杨叔子在仅担任副教授2年之际,于1980年被破格晋升为教授。年仅47岁的杨叔子成为当时湖北省两位年轻的正教授之一[1]。当时,有教授头衔的大都是中华人民共和国成立前留学归国的那一批教师,就连教过杨叔子的一些老师,如杨荣伯、杨绪光等,都还只是副教授。所以,在被破格晋升为教授后,杨叔子内心百感交集,激动不已,立即给远在美国访学的夫人徐辉碧打电话报喜。接到杨叔子电话的徐辉碧内心十分欣喜,在祝贺杨叔子当选教授的同时,也对杨叔子提出了更高的要求,希望杨叔子继续拼搏,再攀高峰。与妻子通完跨洋电话后,杨叔子写下了一首五律:

五律·闻破格晋升为教授感赋
惊传加重任,顿觉压双肩。
一己锥量地,群贤力撼天。
反思多愧矣,环顾始欣然。
誓践平生愿,同攀上绝巅。[2]

评为教授的杨叔子顿感肩负重任,更加专注于工作,力求在科学研究和教学工作中再攀高峰。在学术方面,他继续深化了金属切削机床和动态数据的系统处理等相关领域的研究。在教学过程中,杨叔子不断总结前期的教学经验,为提升研究生的培养质量,他率先为学生开设出一系列机械工程领域内较为前沿的课程,大幅度提升了教学质量。杨叔子在教学上取得重大突破的重要原因之一在于他十分重视将理论研究与实践探索相融合。一直以来,杨叔子都坚信没有足够的理论知识与技术手段,只凭生产经验办事,在解决现实问题时就会受到限制,许多问题就无法解决[3]。同

---

[1] 杨叔子:我与瑜园一道成长.《湖北教育报》,1999年5月26日.
[2] 杨叔子:《往事钩沉》.武汉:华中科技大学出版社,2018年,第149页.
[3] 杨叔子:专业课教师教些基础课,好处甚多.《高等教育研究》,1981年第2期,第21—24页.

样，只有理论知识，不懂生产实践，所学的知识就无法灵活自如地应用到生产生活中。所以，杨叔子在教学过程中非常强调理论与实践的结合。他的“机械工程控制”课就是通过将系统论、控制论等理论引入机械工程领域，解决机械领域的实践问题。他的机床课既有理论深度，又能解决机床在运行中的故障，并能提高机床的生产效率。因此，杨叔子的教学工作一直受到学生们的高度赞扬。杨叔子对教学工作的辛勤付出以及在教学领域里的改革推动了华中工学院机械系的专业发展，其在教学工作中的显著成绩也得到了学校的肯定。1981 年 4 月，学校授予杨叔子“华中工学院教学质量优秀奖二等奖”。

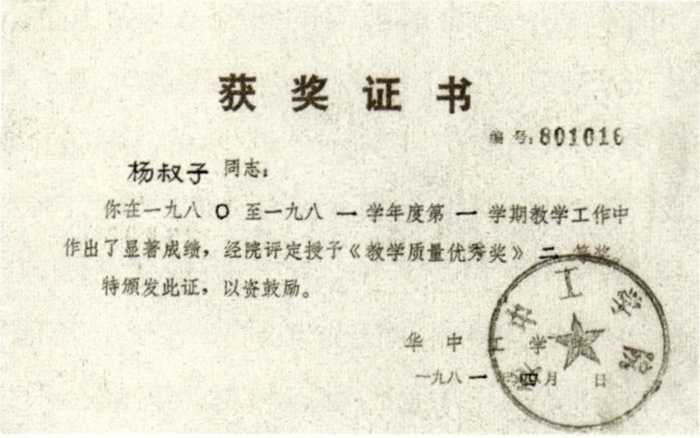
获奖证书

编号:801016

杨叔子 同志:

你在一九八 O 至一九八 一 学年度第 一 学期教学工作中作出了显著成绩，经院评定授予《教学质量优秀奖》 二 等奖，特颁发此证，以资鼓励。

华中工学院

一九八一年四月 日

图 5-2　1981 年 4 月，华中工学院授予杨叔子“教学质量优秀奖二等奖”（资料来源：华中科技大学档案馆）

获奖后的杨叔子对“机械工程控制”课程的教学讲义进行整理，对讲义中的知识体系、内容和论述方法作出了调整和修改。然后与教学小组中的胡庆超、杨克冲、刘经燕、王治藩等同志多次集体讨论，最终分工执笔，完成了《机械工程控制基础》（第一版）一书的撰写工作，该著作于 1984 年 3 月在华中工学院出版社出版。这本教材不仅引入了控制论的基本理论，还与机械制造紧密结合，既有理论深度，又具有很强的实践导向。此书的第一版系统地论述了机械工程控制的基本概念、系统的数学模型、时间响应分析、频率特性分析、系统的稳定性、系统的性能分析与校正、非线性系统、线性离散系统、系统辨识及控制系统的计算机辅助分析等 ①。在厘清机械工程控制基本概念的前提下，更多地结合机械工程实际，应用控制理论来解决机械工程的实际问题。此书第一版发行后，被全国四十余所高等院校不同专业采用，反响极好，供不应求。于是，杨叔子

① 杨叔子，杨克冲等:《机械工程控制基础》（第一版）。武汉：华中工学院出版社，1984 年，第 4 页。

与时俱进，结合最前沿的研究成果和机械工程的实际，对《机械工程控制基础》（第一版）的内容进行改进，将不合时宜的内容进行及时删除，并增添了相关的仿真实例。该书一版再版，第二版、第三版、第四版、第五版、第六版与第七版分别于 1987 年、1993 年、2001 年、2004 年、2011 年与 2018 年问世。其中，前三版曾荣获国家级优秀教学成果二等奖和全国高等学校机电类专业优秀教材一等奖，第四版被列入国家面向 21 世纪课程教材和国家"九五"重点教材。当前，很多高等院校的机械专业仍在使用这本教材，此教材已成为机械领域里最权威、最经典、影响最深远的教材之一。

赴美深造随名师

1978 年 6 月 23 日，邓小平在听取清华大学的工作汇报时明确指出：我赞成留学生的数量要增大，我们要成千成万地派，不只是派十个八个；要想千方百计地加快步伐，路子就要越走越宽，这是五年内快见成效，提高中国水平的重要方法之一[①]。邓小平的指示吹响了青年学生走向世界的号角，拉开了中国历史上第三次留学潮的序幕。20 世纪 80 年代初期，大批公派生、自费生进入国际名牌大学深造，不少学成归国的年轻学者成为各部门的骨干力量[②]。华中工学院抓住此次留学潮的时代背景，加强国际交流与合作，鼓励教师走向世界，与国际接轨。

出国前的准备

1981 年，表现优秀的杨叔子被公派到美国威斯康星大学麦迪逊分校（University of Wisconsin-Madison）做高级访问学者。该校创建于 1848 年，

---

① 杨建：近代三次留学潮：邓小平对留学生的讲话.《天津日报》，2009 年 5 月 19 日。
② 姜振寰：《科学技术史》. 济南：山东教育出版社，2010 年，第 277 页。

是一所世界顶尖的著名公立研究型大学。其机械工程系在世界享有盛誉，浓厚的学术氛围，一流的科研实力，多元的文化生活和优美的自然环境，吸引着世界各地的一流学子到此深造。

为了让杨叔子一心为赴美留学做准备，这一年，学校、院系和杨叔子所在的团队把杨叔子的一切工作都免了。当时为了提高留学人员的口语水平，华中工学院还特地聘请了外籍教师开设口语班，此举在全国高校中尚属先例。据杨叔子回忆，当年学校聘请的外教给每个即将出国留学的人员都取了一个英文名，杨叔子的英文名是 Mark[①]。

杨叔子在准备口语的同时，夫人徐辉碧则在帮他联系国外的合作导师。杨叔子和徐辉碧的中学同学、南京大学的游效曾[②]教授是无机化学方面的专家，曾在威斯康星大学麦迪逊分校化学系做过访问学者。所以，徐辉碧在美国留学期间一直和游效曾保持联系。后来，徐辉碧通过游效曾联系到了威斯康星大学麦迪逊分校机械系的吴贤铭教授。吴贤铭是一位在机械制造领域享有盛名的美籍华人专家，曾在威斯康星大学麦迪逊分校招收了很多中国研究生和中国籍的访问学者。吴贤铭于1956年获得美国宾夕法尼亚大学（University of Pennsylvania）企业管理学硕士（MBA），后转入威斯康星大学麦迪逊分校机械工程系，并在1962年获得博士学位后留校任教。在游效曾的引荐下，杨叔子与吴贤铭取得了联系。通过一段时间的交流，吴贤铭了解到杨叔子在机械领域所取得的系列成果，并看到了杨叔子身上的巨大潜力，便欣然邀请杨叔子来美国做高级访问学者。当时国家给留学人员每月发放400美元的补贴，吴贤铭每月额外出资100美元给杨叔子作为生活费[③]。

---

① 杨叔子：《往事钩沉》。武汉：华中科技大学出版社，2018年，第152页。

② 游效曾出生于1934年，1951—1955年在武汉大学化学系学习。1955年考入南京大学攻读研究生，师从李方训教授，从事电解质溶液理论研究。1980—1982年在美国威斯康星麦迪逊分校和伊利诺伊大学化学系任高级访问学者。1983年归国后，以全部精力投入我国配位化学的基础研究和研究生的培养工作中。1986年出任南京大学化学系博士研究生导师，1991年当选为中国科学院院士。参见袁江洋，樊小龙等：《当代中国化学家学术谱系》。上海：上海交通大学出版社，2016年。

③ 杨叔子、徐辉碧访谈，2016年9月14日，武汉。资料存于采集工程数据库。

师从吴贤铭

图5-3 1982年，杨叔子（第一排右一）在威斯康星大学麦迪逊分校与吴贤铭教授（第一排右二）等合影（史铁林提供）

在联系好合作导师，学好口语之后，杨叔子于1981年12月22日坐上了从北京飞往美国的飞机。在飞机上，杨叔子百感交集："腾空越异乡行，志在攻坚岂在金？！唯有学成归国愿，人间最重梓桑情。"[①] 这正是杨叔子离开故土、远赴重洋时内心的真实写照。

抵达美国后，来接机的是华中工学院机械系的宾鸿赞[②]，他也在威斯康星大学麦迪逊分校做访问学者，比杨叔子早到麦迪逊几个月。当时从国内陆陆续续来了不少访问学者，都在吴贤铭门下深造。因为都是中国人，又跟随同一位教授访学，所以大家相处得十分融洽，经常聚在一起交流生活中遇到的问题并分享学术上的新发现，朋友间的这种情谊也给在异国他乡求学的杨叔子带来了巨大慰藉。

不久，美国的圣诞节和中国的元旦接踵而至，为了消除杨叔子对陌生环境的不适应，吴贤铭主动邀请杨叔子和其他几位来自中国的访问学者到家中欢度佳节，一起包饺子、炸春卷。在吴贤铭的关照下，杨叔子开始慢慢适应了在美国的访问生活。

---

① 杨叔子：《杨叔子槛外诗文选》。武汉：华中科技大学出版社，2009年，第4页。
② 宾鸿赞系杨叔子在华中工学院机械系的同事。出生于1940年6月，湖南衡山县人。1966年毕业于华中工学院，1981-1983年赴美国威斯康星大学麦迪逊分校做高级访问学者。华中理工大学机械系教授、博士生导师。主要从事机械制造、CAD/CAM一体化方面的教学科研工作，首创了分度涡轮高效研磨工艺与装备，提出了分析轮齿成形的直线办法，建立了数控加工中轮廓误差的综合分析理论。曾任湖北省生产工程学会理事长。参见钟德涛，邱扬品：《中国当代知名学者辞典（第二辑）》。武汉：武汉测绘科技大学出版社，1997年。

除了对杨叔子生活上的照顾，吴贤铭也很注重与杨叔子在学术上的沟通。他虽是杨叔子的合作导师，但是极为尊重杨叔子的个人意愿。吴贤铭曾试图要杨叔子负责一台机械设备的设计与制造工作，后来发现这可能不是杨叔子的长处所在。在与杨叔子数次深入交流之后，吴贤铭发现杨叔子的理论功底十分深厚，更适合从事教学与科研工作。为了更好地扬其所长、避其所短，吴贤铭将杨叔子访问工作的主要内容调整为协助其在学校里的教学和科研工作。于是，杨叔子一边承担科研工作，一边承担访问学者研究生的教学工作。

开展时间序列分析研究

时间序列是指被观测到的依时间次序排列的数据序列。从经济到工程技术，从天文到地理和气象，几乎各个领域都会用到时间序列。对时间序列进行统计分析，简称时间序列分析，这是统计学中的一个重要分支[①]。1981—1982年，杨叔子在吴贤铭的指导下，展开了时间序列分析及其在工程中的应用研究。在美国，杨叔子了解到，时间序列分析的目的在于分析已有的有序观测数据和相互关系，了解其发展趋向并进行预测。而所谓的"预测"，实则"外推"，即根据已观测到的有序的历史数据（时间序列的过去值与现在值），外推出未来的第 l 步（或称向前 l 步）的值 X_{t+l}。美国威斯康星大学麦迪逊分校机械系曾成功利用此方法对外圆磨床工件主轴的回转误差（即轴心飘移）进行预测与控制。在工件主轴每分钟60转时，误差下降50%以上。这件事

图5-4 1982年，杨叔子（右二）与威斯康星大学麦迪逊分校的朋友们合影（史铁林提供）

---

① 安鸿志：《时间序列分析》。上海：华东师范大学出版社，1992年，第1页。

令杨叔子深切感受到时序分析方法的应用价值,同时也激起了他的斗志,迫切想要在此方面有更深的造诣。

在吴贤铭的支持和指导下,杨叔子在访问期间为吴贤铭门下的研究生和访问学者讲授"数理统计及其工程应用"这门课程。为了上好这门课,杨叔子花费了大量心血去查找资料,翻阅文献,阅读了很多相关专著和教材。他当时所参阅的一本重要参考书为林少宫[①]先生关于数理统计及其应用的专著。后来,杨叔子不负吴贤铭所望,其主讲的课程反响都很好。吴贤铭看到了杨叔子在教学方面的巨大潜力,便十分放心地让杨叔子承担其他几门课程的教学任务,并且都是用英文来授课。这个教学任务对杨叔子而言既是很好的锻炼机会也是一个巨大的挑战,也再次激发了杨叔子不断突破自我、提升自我的决心。据杨叔子回忆,正是这些授课经历为他后期时间序列分析的研究奠定了扎实基础。

此外,还有一件事彻底激起了杨叔子写作《时间序列分析的工程应用》的雄心壮志。访问期间,吴贤铭还指导了一位叫S.M.潘迪特(Sudhakar M. Pandit)的博士研究生。在潘迪特博士毕业论文顺利答辩后,吴贤铭曾悉心指导其修订毕业论文,最终潘迪特将毕业论文改成了《时间序列分析》(Time Series Analysis)一书,并得以出版。杨叔子得知此事后,十分触动,也萌生了和吴贤铭一起合作撰写学术专著的想法,并且他十分自信将来写的书肯定比潘迪特博士出版的那本还要好。看到杨叔子身上的巨大潜力和勇气,吴贤铭答应了杨叔子的请求。于是,1981年12月至1982年12月整整一年的时间,杨叔子都在威斯康星大学麦迪逊分校从事与时间序列分析相关的研究。在访问结束前,杨叔子奋笔疾书,顺利地完成了底稿,吴贤铭审阅后十分满意。

---

① 林少宫(1922—2009),广东信宜人。1944年毕业于重庆中央大学,1952年毕业于美国伊利诺伊大学,经济学博士,曾任美国俄亥俄州顿大学统计学和经济学讲师。我国计量经济学奠基者之一,担任中国现代统计研究会名誉理事长和中国数量经济学会顾问。代表作有《简明经济统计与计量经济》《微观计量经济学要义》。参见徐宪江:《中国经济学家地图》。北京:中国经济出版社,2005年。

学问朝朝做

杨叔子访问的学校坐落在麦迪逊市，是威斯康星州的首府，有着"四湖之城"的美誉，因为这座城市连接了亚哈拉河（Yahara）的四个湖泊，而且市中心就在蒙多塔湖（Mendota）与蒙诺那湖（Monona）中间形成的陆桥上。处处都是美景，走在城市里，就仿佛人在画中游。四季各异，秋景尤美。

1982年秋天的一个傍晚，杨叔子外出散步，举目四顾，枫叶似火，漫湖碧透，鸥鸟掠水，空气宜人。面对此情此景，杨叔子自感肩负重任，吴贤铭夫妇又待他情深义重，怎能不抓紧时间好好学呢？"问苍茫大地，谁主沉浮？"毛泽东同志于1925年重游橘子洲时发出了这样的激情壮志和远大抱负，不也是正值"万山红遍，层林尽染"的秋天吗？杨叔子当即作诗一首自勉：

> 枫叶经霜醉，层林染晚霞。
> 他乡情纵厚，报国爱无涯。
> 学问朝朝做，文章页页加。
> 唯求心自慰，不欲待人夸。[①]

所以在美国访问的那段日子，杨叔子从未辜负光阴，除了去芝加哥参加过一次国际机床博览会，很少到别的城市旅游，把更多的时间和精力都投入教学和科研工作中，访问的日子过得紧张而又充实[②]。

一年的访问时间很快就结束了，吴贤铭及其夫人还特设家宴欢送杨叔子回国，并赠送了纪念品。但在杨叔子心里，在美国访问的经历就是最好的纪念礼物，时间序列分析的底稿就是最好的纪念品。回国后，杨叔子依据此手稿给研究生开设了"时间序列分析及其工程应用"这门课程。

---

① 杨叔子：《往事钩沉》。武汉：华中科技大学出版社，2018年，第154页。
② 同①。

第六章
学成归国结硕果

支持敢赖多方虑,直拓前沿率众攻。[①]

——杨叔子

在美国的一年,杨叔子没有心思去旅游观光,而是潜心学术,把所有的精力都用于扎扎实实的自我提升。一年期满,美国方面以优厚的待遇来挽留杨叔子,希望杨叔子延期返华。留下,意味着轻轻松松就可享有优越的科研环境与可观的年薪;回国,迎接杨叔子的则是落后陈旧的设备与充满艰辛的事业。但杨叔子丝毫不为所动。有一些年轻人问他:"那么多钱你不待,为什么要回国啊?"杨叔子不解地反问:"我为什么不回国呢?在我们这一辈人心中,出国就是为了回国,出国学本领,回国搞建设,理所当然,这难道还有疑问吗?"[②] 怀着这样坚定的信念,访问期一结束,杨叔子即刻踏上归程。他要回到他挚爱的故土,将国外先进的理论与技术带回国内,推动我国科研事业的繁荣与兴盛。

---

① 杨叔子:《往事钩沉》。武汉:华中科技大学出版社,2018年,第157页。
② 孙肖南访谈,2016年8月23日,武汉。资料存于采集工程数据库。

组建工程测试教研室

回校伊始，杨叔子便受到了学校领导的高度重视。1983 年 1 月 4 日，朱九思按例会见了杨叔子。朱九思自任华中工学院院长以来十分重视教师的培养。对于教师出国访问深造，他向来是不遗余力地鼓励与支持。每一位回国人员他都要亲自会见，了解情况。为了让学成归国的杨叔子充分发挥带头作用，朱九思亲自打电话和时任机械系总支部书记的李德焕商量，将与杨叔子有关的事宜一一落实。1983 年 10 月中旬，系里经过充分征求领导与教师的意见，决定调用自动化教研室的测试仪器与人员，组建工程测试教研室，交由杨叔子负责。

学校、系里与兄弟教研室的大力支持，使工程测试教研室在成立之初就卓尔不群。在设备上，教研室获得了系里刚从丹麦进口的全套先进测试仪器。当时，教育部拨款 50 万经费，系里就用这笔经费购置了一套丹麦测试仪器，用以测试振动、噪声。为了支持初创的工程测试教研室，系里决定把这套仪器全部交给杨叔子[①]。此外，自动化教研室的段正澄主任专门为工程测试教研室购置了一台问世不久的进口台式计算机——APPLE-Ⅱ（苹果 2 号）。在科研团队的架构上，杨叔子不仅将他在二汽合办班教学期间就极为赏识的吴雅、王治藩等优秀学员收归麾下，还得到了卢文祥、杜润生、刘经燕、赵振平、黄长艺、秦争鸣、陈小欧、丁洪、梅志坚和赵卫等实力干将的大力支持。在这样的设备与人员配备基础上，再加上理论功底深厚、刚刚学成归国的杨叔子坐镇，工程测试教研室更显如虎添翼。

访问期间一直对祖国日思夜念的杨叔子，在回国之初就暗暗下定决心：一定要充分利用自己在国外所学的先进理念与技术，在国内作出一番大事业，以此回报组织的栽培。而想要作出这样一番事业，没有一支强大的科研团队，没有一个装配优良的实验室是绝不可能的。因此，杨叔子满怀感

---

① 李德焕访谈，2016 年 8 月 23 日，武汉。资料存于采集工程数据库。

图 6-1　1992 年，杨叔子（第一排左二）和工程测试教研室师生合影（史铁林提供）

激地接受了学校的安排与兄弟教研室的馈赠，决心带领工程测试教研室向科技最高峰进军。

　　杨叔子素来既勤奋，又谦让。365 天马不停蹄地投身科研。遇到困难，他总是冲在最前面。面对成就，他从不骄傲自满，也绝不轻视他人的功劳。在他的影响下，工程测试教研室形成了"见困难就上，见荣誉就让，见先进就学，见后进就帮"的团结风气。在这种风气的浸润下，工程测试教研室逐渐成为杨叔子及其他成员进行科研活动的有利平台。在总设计师杨叔子的带领下，这支团队先后在时间序列分析方法的工程应用、解决机床切削颤振、钢丝绳断丝定量检测、智能制造等方面取得了不小成绩，为中国科技史乃至世界机械史留下了浓墨重彩的一笔！

开发国内第一个微型机信号处理系统

　　在工业、科研、教育、管理部门有着大量的动态数据需要处理，这些动态数据也可称之为"信号""信息"。20 世纪中后期，计算机技术与微电子技术的迅速发展，给机械工程、机械工业带来了极其深刻的变化。机械产品的结构与功能产生了质的飞跃，制造过程不仅包含物质流与能量流，还包含了信息流。因此，信息的获取、传输、转换、贮存、处理与分析及其利用就成了一切问题的关键与前提。然而，长期以来，我国的数据处理系统基本上依赖进口，这些系统具有在线处理的功能，可用硬件完成分析与计算，但它们不仅价格昂贵，还不能采用现代分析方法（如时间序列分析等）进行数据处理。另外，有些进口的数据处理系统（如日本的7T08S）又只能作为专用的数据处理机使用，不具备通用微型机的功能，因而利用率不高，但成本却不低。因此，如果在廉价的微型机的基础上配置少量的专用硬件，同时大力开发应用软件，研制出一种通用且实惠的在线信号处理系统，无疑具有重大的经济效益和实用价值[1]。

很快，杨叔子锁定了刚刚获赠的APPLE-Ⅱ。APPLE-Ⅱ是斯蒂夫·沃兹尼亚克（Stephen Gary Wozniak）在1977年设计出的8位微型计算机。与众多同类产品相比，APPLE-Ⅱ具有诸多显著优势。例如，APPLE-Ⅱ采用塑料外壳（当时的机箱几乎都是木制或者铁制），大大减轻了电脑的重量。此外，它不仅具有处理色彩及音效的能力，还是第一部内置BASIC语言的电脑，装载8个插槽[2]。杨叔子认为，如果将自己在国外学到的时间序列分析等先进的算法应用于APPLE-Ⅱ这台先进的计算设备，自主研发先进的在线信号处理系统，必将取得惊人的成果。这一想法受到了工程测试教研室全体成员的高度支持，杨叔子旋即将此设想付诸积极的实践探索。事实证明，正是这个战略性决策，使工程测试教研室收获了自成立以来的第一颗硕果。

---

[1] 杨叔子，王治藩，赵星等：信号（动态数据）的微型机在线处理。《华中工学院学报》，1984年第6期，第93-100页。

[2] 方东兴：《黑客微百科：洞察网络时代的未来》。北京：东方出版社，2015年，第96页。

"APPLE-Ⅱ微型机在线信号（动态数据）处理系统"的研制

经过审慎分析，杨叔子认为，要研发这样一个通用的在线信号处理系统，必须将不同信号的采集、分析与处理都考虑在内。信号的采集是分析与处理的先决条件，采集的质量与数量直接影响到之后的分析与处理。为保证数据获取的完整性与精确性，杨叔子带领团队结合不同信号的具体特征，采用了不同的采集方法。例如，对于瞬态信号，杨叔子团队就利用信号本身的特性来进行采集，其余情况下则采用人机控制采集。

采集信号是为了服务于信号的分析与处理。然而，大多数情况下，可以观测与采集到的数据总是有限的，这就需要利用一些方法，根据有限的实测数据估计出整个信号的功率谱。20世纪80年代，在描述与分析随机信号的特性方面，谱估计（spectrum estimation）已经有了长足的发展。自1807年法国人约瑟夫·傅立叶（Joseph Fourier）提出了著名的"傅立叶变换"[①]之后，在信号分析与处理中，功率谱估计获得了迅速发展。到1965年，库利（D. W. Cooley）和图基（J. W. Tukey）提出了"快速傅立叶变换"（Fast Fourier Transform，FFT），极大地提高了傅立叶变换的运算效率[②]。基于FFT方法，BT（Blackman-Tukey）法[③]与周期图法[④]得

[①] 傅立叶变换对是一个信号的时域表达式和频域表达式之间的一一对应关系。在频谱分析中，傅立叶变换的物理意义是将连续信号从时间域（time domain）表达式变换到频率域（frequency domain）表达式，而傅立叶逆变换将连续信号的频域表达式求得时域表达式。参见上海交通大学数学系组编：《数学物理方法》（第二版）。上海：上海交通大学出版社，2016年，第180页。

[②] 桂志国，陈友兴主编：《数字信号处理原理及应用》（第二版）。北京：国防工业出版社，2016年，第139页。

[③] BT法是由布莱克曼（Blackman）与图基提出的功率谱间接估计法。它先由采样数据估计不同延迟的自相关函数，然后用不同方法对自相关值开窗加权，再对加权后的自相关估计值做傅立叶变换，得到功率谱估计。参见徐科军，陈荣保：《自动检测和仪表中的共性技术》。北京：清华大学出版社，2000年，第187页。

[④] 周期图法是功率谱直接估计法，它直接对采样数据（也可经过加权）做傅立叶变换，再取其幅度的平方而得到功率谱。参见徐科军，陈荣保：《自动检测和仪表中的共性技术》。北京：清华大学出版社，2000年，第187页。

以诞生，并在信号分析领域获得广泛应用。然而，作为一种线性谱估计法，FFT 方法存在一个显著弱点：当数据长度较短时，用 FFT 方法进行信号描述与分析的分辨率极低。为了克服这个缺点，1967 年，伯格（J. P. Burg）提出了最大熵谱估计法[1]，标志着谱估计由此进入了一个新的历史阶段——现代谱估计阶段。

经过充分考察与认真分析，杨叔子认为传统方法与现代方法各有所长，如果将其结合起来使用，必能互为补充。例如，现代谱估计方法要求首先建立参数模型，通过模型去获取动态数据的统计特性，而传统方法则直接通过对动态数据的处理来获取数据的统计特性。前者可以避免在求取动态数据的统计特性时直接加窗[2]所带来的能量泄漏与降低分辨率的问题。而这正是后者的固有缺陷。但是，运用模型分析的现代方法在计算速度方面却远不如传统分析法（如周期图法）具有优势[3]。因此，杨叔子依据采集信号的具体特征，综合使用了传统的 FFT 谱估计法与现代的最大熵谱估计法。

在杨叔子博采众长的研究风格与整合式思维的引领下，不到一年，工程测试教研室便结出了成立以来的第一颗硕果——"APPLE-Ⅱ微型机在线信号（动态数据）处理系统"。这是国内自主研发的第一个微型机信号处理系统。该系统以 APPLE-Ⅱ微型机为基础，附以信号采集外围设备以及成套软件，除保持 APPLE-Ⅱ微型机的一般功能外，该系统还具有其他显著功能与特色：第一，能在线对频率范围为 0—10kHz 的随机信号、瞬态信号、稳态信号进行采集、显示、绘图、打印，并能将采集的数据制成磁

---

[1] 最大熵谱估计是根据信号在已知有限延迟点上的自相关函数值保持不变，而按最大熵准则将未知延迟点的自相关函数进行外推后而获其功率谱密度估计的方法。在信息论中，"熵"是反映信息度量的一个量。某随机事件的随机性越大，则熵值也越大，所携带的信息量亦越大。因此，根据熵量最大的准则，由已知自相关函数外推未知自相关函数后获得信号谱估计，可保证已知信息量不变化，而获得估计已知信息量最大的功率谱。这种方法是一种可获得高分辨率的非线性谱估计方法，特别适用于短数据序列的谱估计。参见栾正禧：《中国邮电百科全书 电信卷》。北京：人民邮电出版社，1993 年，第 621 页。

[2] 加窗就是在傅立叶积分中，将原来的被积函数与特定的窗函数做积，其结果可以起到时频局域化的效果。

[3] 杨叔子，吴雅，轩建平等：《时间序列分析的工程应用（上册）》（第二版）。武汉：华中科技大学出版社，2007 年，第 18 页。

盘文件，按需调用。第二，能在线直接采集信号，并用传统的 FFT 方法分析信号的自、互功率谱，自、互相关函数与相干函数，倒谱与频率特征（传递函数）等。第三，配有与多种常见算法相应的国内外新的参数估计方法建模的程序，可直接在线建立信号的自回归模型，进行最大熵谱分析和模型特性分析。第四，配有工况监视和对随机信号进行预测的程序，适用于生产过程监视及预测。第五，系统运行可靠，人机对话控制功能强，成本低廉，使用方便，易于维护[①]。1984 年 8 月 22 日至 23 日，"APPLE-Ⅱ微型机在线信号（动态数据）处理系统"通过湖北省科委与教育厅主持的鉴定，被鉴定专家一致认为处于国内领先地位，具有重大经济效益与实用价值，建议迅速投入生产，推广使用。此后，全国 30 多个单位向他们购置此系统，为国家节约外汇 100 余万美元。

1984 年 9 月 7 日至 14 日，由全国高校机械工程测试技术研究会安排，"APPLE-Ⅱ微型机在线信号处理系统"在河北保定做了演示实验。参加演示实验的还有华北电力学院从英国进口的 1250 信号处理系统、从日本引进的 PS-80 信号处理系统以及清华大学、陕西机械学院以及上海工业大学的 APPLE-Ⅱ微机处理系统等。7 天的演试实验结果表明，从英国引进的 1250 型信号处理系统、从日本引进的 PS-80 信号处理系统，其设计原理与 APPLE-Ⅱ微型机在线信号处理系统极为相似，但其功能在一些重要方面并不如后者。例如，PS-80 信号处理系统虽然能够完成 16 路不同信号的采集、记录与打印，但其中 15 路信号的采集频率范围仅为 1—6000Hz，只有 1 路信号的采集频率可达到 10kHz[②]。与会代表们不禁赞叹："华工在测试技术方面的教学和科研工作又走在前面了！"[③] 由于整个系统成本低廉，使用方便且易于维护，会后要求订货的单位络绎不绝，有些工厂、研究所与院校还表达了强烈的合作意向。

---

① APPLE-Ⅱ微型机在线信号处理系统通过鉴定.《机械工业自动化》，1985 年第 1 期，第 64-65 页.

② 王仲生：PS-80 微处理机多通道数据采集与处理系统及其应用.《微电子学与计算机》，1990 年第 5 期，第 12-14 页.

③ APPLE-Ⅱ微型机在线信号处理系统受到重视.《华中工学院学报》，1984 年第 6 期，第 38 页.

"APPLE-Ⅱ微型机在线信号（动态数据）处理系统"的实际应用

杨叔子明白，"APPLE-Ⅱ微型机在线信号（动态数据）处理系统"在本质上仍属于一种辅助性的运行工具，其价值并不在系统本身，而在于系统对具体领域的应用贡献。所以，杨叔子十分重视这一系统的实际应用。其中，他们与第二军医大学附属长海医院的合作就是这方面的成功案例。

自1985年起，由杨叔子与第二军医大学蔡用之教授牵头，华中工学院机械系开始与第二军医大学附属长海医院胸外科合作研制以微型计算机为基础的脉搏信息处理系统。合作期间，

图6-2 20世纪80年代，杨叔子（左）与肖行贯大夫（右）合影（史铁林提供）

双方根据长海医院肖行贯大夫长期以来对脉搏图的研究成果、大量动物实验结果及其临床经验，充分利用工程测试教研室研发的"APPLE-Ⅱ微型机在线信号（动态数据）处理系统"，经过一年多的合作攻关，共同研制出了我国首个"脉图心血管功能联机监测系统"。

"脉图心血管功能联机监测系统"以微型计算机为基础，采用覆盖技术、模块设计方法与人机对话形式，结果以图和表格的形式输出，具有操作简单与观测直观的优点。应用软件除包括心血管功能分析和监护程序外，还有傅立叶功率谱分析程序、时间序列分析程序和其他医用软件，由此将医学与工程技术相结合，将生物流体力学与医学生理学原理用于脉搏波型分析。大量仪器测试、动物试验与临床实践的检验结果表明，此系统可用于进行心血管功能与血流动力学状态的判断与分类，并提供辅助诊断与治疗决策的依据，还有助于观察病情、手术与用药的动态变化。不久，

图6-3 1987年5月1日，"APPLE-Ⅱ微型机在线信号（动态数据）处理系统"项目获湖北省计算机优秀应用成果奖（采集小组提供）

该系统在体检普查、门诊随访、临床诊断、手术期监护与科研、教学中得到广泛应用。经实践证明，该系统具有及早发现病情与提高抢救成功率的良好效能。同时，经过计算机联机检索，在1966年至1987年文献中，未发现国外有类似的成果。1988年2月7日，该成果在上海通过了解放军总后卫生部组织的鉴定。鉴定代表一致认为，该系统是"我国一项具有特色的独创性成果，其功能达国际水平"[①]。1988年3月17日，《北京晚报》以《我国首创脉图心血管功能联机监测系统》为题对此进行了专题报道。

随着销售与合作的增多，"APPLE-Ⅱ微型机在线信号（动态数据）处理系统"的应用领域日益宽广，其影响力也持续扩大。1987年5月1日，"APPLE-Ⅱ微型机在线信号（动态数据）处理系统"获得了湖北省计算机优秀应用成果奖。

即便如此，杨叔子并未满足于既有成就，而是继续深入，不断寻求超越。后来，杨叔子带领工程测试教研室再接再厉，对该系统做了进一步的改进，延长了分析程序的采样数据长度，提高了运算速度，增加了平均谱的计算功能，具备了更灵活的数据采集方式和更宽广的采样频率范围，且用户能在原系统的基础上进行新功能和新程序的开发，操作更加方便灵活[②]。

---

① 脉图心血管功能联机监测系统在沪通过鉴定.《华中理工大学学报》，1988年增刊，第16页。

② 赵星，王治藩，陈小鸥等：在线信号处理系统改进中的若干问题的讨论.《华中理工大学学报》，1988年第3期，第49-54页。

考虑到"APPLE-Ⅱ微型机在线信号（动态数据）处理系统"涉及多方面的专业知识，不仅用到了传统的分析方法，还涉及许多现代方法，杨叔子认为应该将研究经历中的重要成果记录下来，形成教材，不仅可以用于测试、信息理论与技术改造机械工程这一传统学科，用于本领域研究生的教学也十分合适。于是，在杨叔子的大力支持下，工程测试教研室的卢文祥与杜润生合作，对信号分析基础、信息论基础知识、FFT、数字滤波、维纳滤波、同态滤波与时谱技术、信号的时频分析、模态分析、设备诊断以及声谱分析等方面的内容做了详尽介绍，形成了《机械工程测试·信息·信号分析》一书。杨叔子为此书写了代序，并做了高度评价。后来该书经过多次再版，成为教育部推荐教材。

时间序列分析的工程应用与理论深化

时间序列分析是杨叔子在国外访问重要的收获之一。1982年年底，刚刚返校的杨叔子便按捺不住自己的心情，与系书记李德焕交流了自己的访问感悟。据李德焕回忆，这次美国访问经历对杨叔子的学术成长有很大的影响。

从美国回来以后，他（杨叔子）的科研就搞得很广泛了，因为他跨越了我们传统机械工程的课程、体系，把自动控制工程、信息（技术）、人工智能等方面的一些东西联系起来了……因为改革开放以后，国家各方面的需求比较宽，研究内容的来源就比较广泛。特别是1981年，他到美国之后，那一年对他起的作用是非常大的。毕竟这和在杂志上看国外的研究还是很不一样，有亲身体验。他一回来就和我谈了在美国学习的心得体会。我记得他说在美国和美籍华人吴贤铭教授一起写书，《时间序列分析》①，说国外主张建立数学模型。我听了之后

---

① 准确的说法应为《动态数据的系统处理》。参见杨叔子，吴雅，轩建平等：《时间序列分析的工程应用（上册）》（第二版）。武汉：华中科技大学出版社，2007年，前言。

第六章　学成归国结硕果　　*141*

和他说，思想当然很重要，国外认为思想是谁的，发明权就是谁的，谁作出来的还不是最重要的，谁想出来的才最重要。但中国的现状是，如果只有思想而缺乏经费，很难出成果。你的想法很好，但必须要干实际的东西。①

李德焕的话使杨叔子如醍醐灌顶。在威斯康星州和吴贤铭教授合作期间，杨叔子对于时间序列分析的基本原理有了较深的了解与研究，但只有将这一基础性的理论知识与算法转化为工程实际，才能真正发挥它的价值。

时间序列分析的工程应用

作为数理统计的一个重要分支，时间序列分析是研究随机过程的重要数学工具。在自然界和人类的社会生活、科学研究以及生产实践中，现象的发生具有一定的随机性，而随着时间的推移也会呈现出某种统计规律。在这些情况下，很难用一般确定的方法来描述这种过程，时间序列分析则是探明这一过程的规律并据此解决实际问题的有力工具。20世纪80年代，时间序列分析在国际上已获得了近60年的发展历程，并渗透到自然科学、社会科学、管理科学和工程技术等众多领域，从地震预测到气象预报，从市场预测到流行病学统计，从桥梁故障诊断到机械运行工况监测，等等。其应用范围十分广泛，且仍在持续扩展。国内在时间序列分析的研究与应用方面起步较晚，但也发展迅速。在此方面，杨叔子是一个名副其实的"积极分子"。

早在"APPLE-Ⅱ微型机在线信号（动态数据）处理系统"的研制过程中，杨叔子就已经开始有意识地融入时间序列分析这一先进方法。作为一个最初的尝试，在"APPLE-Ⅱ微型机在线信号（动态数据）处理系统"中，时间序列分析方法仅作为传统方法的补充，是与其他分析方式结合使

---

① 李德焕访谈，2016年8月23日，武汉。资料存于采集工程数据库。

用的，使得时间序列分析这一先进的现代分析方法的价值没有得到充分展现。为使时间序列分析的功效得到更大程度的发挥，杨叔子开始积极尝试将时间序列分析直接用于重要工程问题的解决上。

1985 年前后，杨叔子带领团队与武汉军区总医院三内科、六七二医院以及华中工学院附属医院合作开展肠鸣音临床检测研究。在此过程中，杨叔子采用时间序列分析方法，对 8 例健康成年男性的肠鸣音进行了 26 次取样分析，对 27 例成年住院患者的肠鸣音进行了 67 次取样分析，获得了通常在临床中利用听诊器进行检测时难以获得的结果。杨叔子采用 Marple 算法[①] 与 FFT 方法获得了不同种类的消化道疾病患者（如消化道溃疡患者以及肝硬化腹水患者）各自的功率谱。分析表明，消化道溃疡患者以及肝硬化腹水患者与健康人的肠鸣音信号的自回归谱图存在明显差异。并且，采用时间序列分析方法对一个样本信号进行分析处理仅需几分钟时间。由此证明，时间序列分析不仅是一种快捷、简便、实用的检测方法，而且通过这种方式得到的频率范围、强度幅值以及建模系数等定量指标，还可以为消化道疾病临床医学研究和诊断提供新的辅助依据[②]。

后来，杨叔子又在卫生统计领域中引入时间序列分析方法，并获得成功。他根据武汉市某区防疫站提供的群体人口死亡资料及肿瘤、心脏病等死因死亡资料，应用时间序列分析方法建立了自回归模型[③]、多维自回归

[①] Marple 算法由马普勒（Marple）在 1980 年提出，它采用精确的最小二乘解，没有约束条件。Marple 算法与 Burg 算法一起构成了最大熵谱分析的两种常用算法。二者的差异主要表现在对初相位的依赖性、频率分辨能力及抗干扰能力（或稳定性）等方面。两种算法各有优势。例如，Marple 算法对初相位没有依赖，频率分辨能力明显好于 Burg 算法，但 Marple 算法的抗强干扰能力却不如 Burg 算法。参见周巍，郝守玲，赵树元：最大熵谱分析中 Burg 算法和 Marple 算法比较。《石油物探》，1998 第 2 期，第 118–124 页。

[②] 王平明，杨克冲，徐毓琪等：人体消化道肠鸣音的时间序列分析初探。《华中工学院学报》，1985 年第 5 期，第 103–108 页。

[③] 自回归模型（Autoregressive Model，简称 AR 模型）描述序列在某一时刻和前一时刻序列值之间的线性关系。只有产生时间序列的随机过程是平稳的，用 AR 模型进行预测才有意义。参见王斌会：《计量经济学模型及 R 语言应用》。广州：暨南大学出版，2015 年，第 128 页。

图6-4 1988年7月,"时间序列及其工程应用"项目获国家教育委员会科学技术进步奖二等奖(采集小组提供)

模型和自激励门限自回归模型[1],并用这些模型对人口死亡情况进行群体预报和气象因素分析。研究表明,时间序列分析方法可避开对尚未探清的致病因素的处理而直接采用人口死亡数的统计资料建模,与医学上传统的处理方法相比具有独到之处[2]。

与此同时,杨叔子也极为重视时间序列分析在设备诊断中的应用。他与西安交通大学的屈梁生教授合撰的《机械工程诊断中的时间序列分析方法》于1987年3月被收录于《时间序列分析在机械工程中的应用论文集(第二集)》。该文对用时间序列分析方法对机械设备进行诊断的关键要点进行了详细说明,并对设备诊断的时间序列分析方法应解决的主要问题进行了具体阐述。

杨叔子带领团队将时间序列分析方法成功用于机械工程领域的问题解决,形成了"时间序列及其工程应用"项目的系列硕果。历经3年左右的实践探索与革新,1988年7月,"时间序列及其工程应用"项目荣获国家教育委员会科学技术进步奖二等奖。

随后,在科研之路上从不止步的杨叔子,带领工程测试教研室进一步发展了时间序列分析工程应用的基础理论,突出时间序列分析与其他理论、方法的结合与交叉,注重时间序列分析的具体工程应用,在时序模型与时序谱的快速算法、动态系统辨识与分析、模态参数估计、机械故障诊

---

[1] 自激励门限自回归模型(Self-Excited Threshold Auto-Regressive Model,简称SETAR模型)是时间序列分析中最常用的一个非线性模型,可有效描述非线性系统的自激振动现象。参见吴雅:《机床切削系统的颤振及其控制》。北京:科学出版社,1993年,第72页。

[2] 吴雅,杨叔子,杜跃芬等:人口死亡的时序模型分析及其群体预报。《信号处理》,1988年第1期,第106-114页。

断、预测、语音分析与合成等方面取得了一系列创新性成果。1992 年 5 月，湖北省教委组织专家对杨叔子团队在时间序列分析的工程应用方面取得的一系列成果进行鉴定，最后形成的鉴定结论是："具有重大的理论价值和实际意义，产生了巨大的经济和社会效益，各项成果大都达到了国际先进水平，有的项目处于国际领先地位。"[1]

时间序列分析的理论深化

时间序列分析是杨叔子访问的主要功课。在美国时，杨叔子完成了《动态数据的系统处理》的讲义初稿。回国后，杨叔子与王治藩一起对这一初稿进行了重大修改，并在 1983 年上半年为学校机械系研究生开设了"时间序列分析及其工程应用"课程。由于杨叔子春风化雨般的教学魅力早已在学生中间广为流传，不仅本专业的学生上课热情极高，慕名前来"蹭课"的学生也是络绎不绝，这其中就包括博士期间加入杨叔子门下的吴波。吴波回忆说：

> 我在硕士期间还选过杨老师的一门课——"时间序列分析及其工程应用"。但当时在我的选课目录上面并没有这门课。我听说是他讲，所以专门去选了这门课。我是从头听到尾，但没有参加最后的考试，因为我的学分上面没有要求。那门课给我留下的印象非常深，杨老师的思维方式和他的数学功底真是让人印象非常深刻。[2]

1985 年上半年，杨叔子受天津大学机械系彭泽民[3] 教授的邀请，到天津大学为机械制造专业，特别是彭泽民的研究生（主体是博士研究生）讲

---

[1] 时间序列分析工程应用又获新成果.《华中理工大学学报》，1993 年第 1 期，第 99 页。
[2] 吴波访谈，2016 年 8 月 11 日，武汉。资料存于采集工程数据库。
[3] 彭泽民（1917-2014），湖北沔阳人。1941 年毕业于昆明西南联合大学机械系。时任天津大学机械制造工程系主任、教授，教育部学位评定委员会委员，第一批博士学位研究生导师。参见《中国科学家辞典》编委会：《中国科学家辞典（现代第三分册）》。济南：山东科学技术出版社，1984 年。

课，杨叔子同样将"时间序列分析及其工程应用"作为主要讲授内容。对于这半个月左右的讲学经历，在杨叔子自己看来，可以概括为8个字：效果很好，皆大欢喜[①]。

然而，授课讲学毕竟只能使一个专业或者一所学校的少部分人受益。考虑到时间序列分析有助于解决机械工程领域的诸多问题，杨叔子认为目前做得还远远不够。于是，他联络与他一样师从吴贤铭教授的访问学者，一起在校内外开展了一系列相关学术活动，以扩大时间序列分析在国内的影响力。对此，杨叔子主要从两方面作出了努力：

一方面，杨叔子接受知名刊物的邀请，在各大期刊上刊登系列讲座，讲述时间序列分析的基本原理及其应用途径。1983年10月28日到1984年4月30日，杨叔子接受《机械工程》杂志的邀请，在上面开设动态数据的系统处理系列讲座，每期1讲，分5次讲完，主要介绍对有序的观测数据（或称动态数据，或称时间序列）进行分析与处理的方法与模型[②]。自1989年4月1日起，杨叔子又携吴雅在《机床》杂志上开设"时间序列分析在机床上的应用技术讲座"。该讲座共分12讲，前面4讲关于时间序列分析方法的基本内容，后面各讲紧密结合各个应用专题进行讲解，且这些专题中的实例大多选自国内最新应用成果。同时，为使读者便于理解，每讲后都设有思考题。他们希望通过这个讲座，能使读者对所面临的问题具有一定的分析与处理能力[③]。

另一方面，杨叔子也十分热心相关学术会议的筹办。在他的努力下，自1983年起，每隔两年，有关时间序列分析的全国性会议就会召开一次。1983年12月23—24日，在以杨叔子为首的一批威斯康星大学麦迪逊分校访问学者的大力支持下，"第一届时间序列分析在机械工程中的应用学术讨论会"在华中工学院举行。这是我国首次召开时间序列分析这一数学方法在工程中应用的学术讨论会。这次会议由浙江大学、中国科学技术大学、

---

① 杨叔子：《往事钩沉》. 武汉：华中科技大学出版社，2018年，第166页。
② 杨叔子：动态数据的系统处理.《机械工程》，1983年第5期，第43-45页。
③ 吴雅，杨叔子：时间序列分析及其在机床工业中的应用.《机床》，1989年第6期，第46-48页。

南京工学院（今东南大学）与华中工学院共同发起，并由华中工学院主办，参加此次会议的有清华大学、西安交通大学、二汽与上海机床厂等55个单位，提交、宣读的论文与报告共40篇。其中杨叔子教授与王治藩合撰的《时间序列分析的工程应用》，西安交通大学屈梁生副教授与刘继跃合撰的《时间序列在机械图像识别中的应用》在会上做了宣读，受到了与会代表的普遍欢迎。与会代表还决定成立"全国高校机械工程时序应用研究会"（TSIME），作为以高等学校从事机械工程时间序列分析应用研究和教学人员为主的学术性群众组织，常设机构设在华中工学院[①]。随后，第二、第三、第四届"时间序列分析在机械工程中的应用学术讨论会"，先后于1985年11月、1987年4月、1989年11月在西安、南京、长沙如期举行。"第四届时间序列分析在机械工程中的应用学术讨论会"之后，有关人员还选编与出版了《时间序列分析在机械工程中的应用论文集》第一、第二、第三、第四集，形成了我国时间序列分析研究的盛况。

在经历理论与实践的沉淀之后，专著出版也渐渐被提上日程。每一次学术会议的召开，杨叔子与王治藩都密切关注并认真汲取我国在时间序列分析方面的研究成果，同时，他还广泛参考国际上时间序列分析研究的新进展，对"时间序列分析及其工程应用"这门课的讲稿不断进行修订。

1984年，学校拟出版《时间序列分析及其工程应用》一书，但杨叔子认为讲稿尚不成熟，缺乏中国特色，也没有较多教学实践的支撑，并且自己手头工作太多，无暇对讲稿加以仔细修缮，遂一再推迟交稿时间。在天津大学讲学期间，彭泽民教授也曾极力主张杨叔子在讲稿的基础上出版专著。然而，出于一个学者惯有的严谨态度，杨叔子再次婉言谢绝了。直到1988年年初，杨叔子仍觉讲稿还需要进一步的加工，奈何自己没有足够的时间，华中理工大学出版社又催稿甚急，杨叔子深感此事不宜再拖，但要完成此事，必须找一位对此领域有所钻研的得力助手。最终，他选定了吴雅。

吴雅自二汽合办班期间就给杨叔子留下了极好的印象，在杨叔子眼中，吴雅是一个永不服输、勤奋刻苦、善于思考、悟性很高的可塑之才。

[①] 时间序列分析在机械工程中的应用学术讨论会在我院举行.《华中工学院学报》，1984年第1期，第124页.

后来，几经辗转，吴雅有幸在博士期间重新跟随杨叔子，且作为重要的成员参加了"时间序列分析在机械制造中的应用"这一在国内具有开创性的重大课题的研究工作，并跟随杨叔子参加了数次时间序列分析方面的重大会议。自接受杨叔子的委托以来，吴雅以杨叔子的讲稿为基础，结合她自己对时间序列分析的理解与研究，反复推敲对比，与杨叔子一起确定了专著的体系与内容，然后加班加点、夜以继日地改造与完善书稿。在二人的通力合作下，1989年3月，《时间序列分析的工程应用》的初稿完成了。为了保障书稿的质量，丁洪、康宜华、欧阳普仁、熊有伦等也参与了其中部分章节的撰写。为慎重起见，杨叔子坚持将初稿先作为研究生的专业学习用书在内部发行，同时将初稿寄给国内近100位专家广泛征求意见。同年暑期，杨叔子与吴雅在充分吸收各方建议与意见的基础上，对初稿进行了大幅修订与完善。直到1989年秋末，这本书的成稿才得以完成。后来，杨叔子与吴雅又根据浙江大学机械工程系黄逸云先生与大连理工大学机械系马孝江先生的专业建议，在成稿中增加了两章新的内容，由杨叔子最后定稿。

1991—1992年，《时间序列分析的工程应用》由华中理工大学出版社相继出版。该书分为上、下两册，分为时间序列分析工程应用的基础理论、时间序列分析工程应用的基本技术、时间序列分析工程应用的各个专题以及时间序列分析工程应用的进一步扩展内容4大部分，与工程应用紧密联系。取材主要来自杨叔子与国内其他学者的研究成果。杨叔子与吴雅等从多种学科视角（控制论、信息论、系统论、模式识别、测试技术、计算机技术、

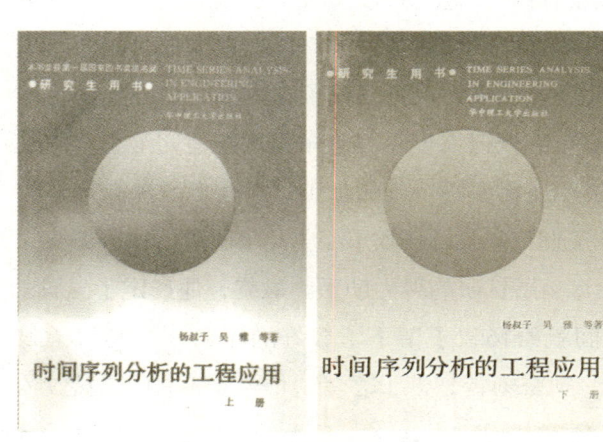

图6-5 《时间序列分析的工程应用（上、下册）》（史铁林提供）

非线性力学等)出发,大胆进行学科交叉。书中不仅对现有的时间序列分析及其应用作了一些解释,而且在理论上也作出了新的推进与发展。例如,书中提出的非线性、非平稳、多维时序模型的快速建模方法、系统辨识与分析、预测等研究成果,填补了国内在时间序列研究领域的空白,大多达到甚至领先国际先进水平。该书先后获第六届"中国图书奖"二等奖与湖北出版佳作奖、荣誉奖,并经过多次再版,成为相关领域的基础性畅销读物。

杨叔子不遗余力地将自身所学,尤其是时间序列分析方法用于推进国内机械工程的革新与发展,不仅写出了价值极高的专业教材,使时间序列分析理论获得深入发展;还以此为基础开发了微型机信号处理系统,使这种滥觞于数理统计的基础算法在机械工程领域完美落地,并对后者产生实际效益。基于他在此方面的不懈坚持与努力,自 1983 年起,杨叔子连续 4 年获得华中工学院年度先进工作(生产)者荣誉证书,并多次得到学校公开表彰。

图 6-6　1985 年华中工学院表彰会(第一排左三:杨叔子,第一排左五:朱九思,第三排右一:徐辉碧。史铁林提供)

第六章　学成归国结硕果

第七章
迎难而上创辉煌

> 何惮攻坚难上难，洋人无奈国人担。
> 无分厂校争筹策，戮力师徒不计班。
> 数据严思征兆识，缘由细析处方探。
> 蓦然妙解连环结，心共苍山一片丹。[①]
>
> ——杨叔子

　　自 20 世纪 80 年代以来，为应对国民经济的需要，解决各行各业的重大技术问题，促使科技快速转化为生产力，中共中央和国务院先后制定并实施了《"六五"国家科技攻关计划》《1986—2000 年全国科学技术发展规划》以及《"七五"国家科技攻关计划》，为我国重要领域科学技术的发展提供了宏观的政策引领。在这样的大背景下，各科研院所相继围绕各阶段的重点领域，开展了广泛的科学研究，形成了"举国齐攻关"的科研盛况。作为一名心系国运、志向高远的科研工作者，杨叔子响应国家战略号召，毅然带领团队投入机械工业基础技术的攻关事业中，先后与汉江机床厂、二汽、煤炭部抚顺煤研所（今煤科集团沈阳研究院有

---

① 杨叔子：七律·赞曲轴连杆颈车床难题攻关胜利（词韵）。见：杨叔子，《杨叔子槛外诗选》。北京：高等教育出版社，2017 年，第 251 页。

限公司）等机构合作，在精密机械加工、机床切削颤振、钢丝绳断丝定量检测技术等国际难题上取得了重大突破，为我国工业化建设作出了巨大贡献。

精密机械加工的实践探索

电子工业、航天工业与核工业的发展，推动着机械制造技术朝着提高加工精度的方向发展。机械制造工业之所以要致力于提高加工精度，主要目的在于提高产品的质量和性能，增强其稳定性与可靠性，促进产品的小型化及零件的互换性，提高装配的生产效率，推进自动化生产[1]。而精密机械、精密仪器的一个关键，在于精密丝杠的制造。

精密丝杠是精密机床的关键零件之一，它能精确地确定工作台的坐标位置或传递精确的直线运动。中华人民共和国成立前，我国还不具备制造精密丝杠的技术条件。1958年以后，国内开始生产高精度的母丝杠、丝杠车床和螺纹磨床。到1981年，我国已能制造由八段接成、长6700毫米的6级精度丝杠（全长上的累积误差为0.02毫米）以及5级精度的整体丝杠及滚珠丝杠[2]。即便如此，这样的精度仍然无法长久适应日益严苛的市场要求。因此，制造高精度的滚珠丝杠成为机械工业部"六五"期间的重点攻关项目之一。

微机补偿磨削四级丝杠的研究

1981年，杨叔子积极响应国家号召，带领团队开始与陕西汉江机床厂合作，共同研制高精度的滚珠丝杠。汉江机床厂是20世纪60年代末国家整体布局在内地生产精密螺纹磨床的主导厂，该厂于1969年由上海机

---

[1] 刘贺云，柳世传：《精密加工技术》。武汉：华中理工大学出版社，1991年，第1页。
[2] 顾崇衔等：《机械制造工艺学》。西安：陕西科学技术出版社，1981年，第118页。

图7-1 1979年8月，杨叔子（左一）在陕西省博物馆与测试同行合影（史铁林提供）

床厂分迁到陕西省汉中市，1970年正式投产，拥有各类进口加工设备和精密测量仪器。自建厂以来，经过20年持续不断的技术改造，汉江机床厂业已发展成为全国精密螺纹磨床和精密滚动元器件的主要生产基地[1]。显然，汉江机床厂在承担此任务方面具有天然的设备与经验优势。

1982年年底回国后，杨叔子立即加入这一联合攻关行动，成为项目的总负责人，负责整个项目的总体方案以及规划与测量分析等关键内容。攻关期间，他带领工程测试教研室的老师与学生多次前往汉江机床厂，每次都要在那里实地考察一周左右的时间，与厂方一起探讨解决问题的方法。有的老师在厂里持续研究与工作两三个月，负责方案与对策的具体实施与情况反馈。

经过汉江机床厂与工程测试教研室团结一致、勇于开拓与不畏艰辛的艰苦奋斗，汉江机床厂实现了理论与实践的双重突破，成功研制出"滚珠丝杠副导程误差微型机测量、分析与处理系统"。该系统有如下特点[2]：首先，系统中以微型计算机数字比相测量技术代替传统的模拟比相器，大大提高了比相精度，且当相位变化超出0度至360度范围时，系统仍能正常测量。其次，系统能按JB标准（机械行业标准）或ISO标准（国际标准化组织制订的标准）要求，快速求出滚珠丝杠副导程误差的回归直线、全

---

[1] 国务院经济技术社会发展研究中心，国家统计局：《中国大中型工业企业 机械工业卷Ⅰ》。北京：中国城市经济社会出版社，1989年，第148页。

[2] 滚珠丝杠副导程误差微型机测量、分析与处理系统通过国家鉴定。《机械工业自动化》，1986年第2期，第5页。

程内的导程误差、丝杠全长上任意长 300 毫米的导程误差、2π 弧度的导程误差和导程误差曲线的带宽。再次，根据丝杠导程误差信号，系统能用传统的 FFT 方法分析信号的频率特性，绘出傅立叶谱图及谱阵图。最后，研制的滚珠丝杠副测量时螺母装夹机构简单可靠，成功地解决了装夹不合理所带来的附加误差问题。1985 年 12 月 2—4 日，"滚珠丝杠副导程误差微型机测量、分析与处理系统"在陕西汉江机床厂通过国家鉴定。

在此基础上，杨叔子与陈卓宁、丁洪等，同厂方技术人员继续展开深入合作，采用误差预报补偿技术，以低精度设备制造高精度滚珠丝杠，成功地在 5 级精度机床上稳定地磨削出 4 级精度丝杠（当时国家标准中最高精度等级）。1988 年 1 月 24 日，"微机补偿磨削四级丝杠的研究"通过专家鉴定，其技术水平被认定为"国际先进"。1991 年 1 月，杨叔子团队在《磨床与磨削》上发表了《微机补偿磨削高精度丝杆的研究》一文，对研究成果作了具体阐述。同年 3 月，"微机补偿磨削四级丝杠的研究"项目获陕西机械工业科学技术进步奖一等奖。随后，杨叔子与李培生、陈卓宁、杨克冲等在继续深化研究的基础上，将《微机补偿磨削高精度丝杆的研究》进一步扩充与完善，形成《高精度丝杠磨床传动链误差微机补偿的研究》一文。此文在 1991 年召开的"中国机床设计与研究会"上进行了宣读，引起了与会者的高度重视与强烈反响，并作为 A 类论文收录于会议论文集。

图 7-2　1991 年 3 月，"微机补偿磨削四级丝杠的研究"项目获陕西机械工业科学技术进步奖一等奖
（资料来源：华中科技大学档案馆）

成功研制3米C级精度滚珠丝杠

滚珠丝杠副是数控机床的关键功能部件之一，其工作精度与数控机床

的工作精度有直接关系[①]。随着机床对滚珠丝杠的精度要求逐渐提高，工程测试教研室与汉江机床厂一致认为不能满足于当前所取得的阶段性成就，理应持续深化研究，研制出精度更高的滚珠丝杠。

一般而言，精密滚珠丝杠为了获得长久保持的精度，要求淬硬后磨削。由于磨削中影响丝杠加工精度的因素繁杂，给磨削高精度滚珠丝杠带来了困难。磨削中误差的来源是多种多样的，其中机床传动链误差、工件热变形和弯曲变形这3种因素对磨削长丝杠影响最大[②]。汉江机床厂根据市场需求和发展需要，与杨叔子所带领的科研团队联合开展了"螺纹智能磨削控制系统的研究"，针对3种主要的误差来源，分别采取了相应的改进措施。

在传动链误差补偿上，杨叔子运用数字比相技术，改进螺旋线误差补偿装置，采用实时预报控制算法等措施，将误差计算与误差补偿相互分开，使改进后的传动链误差降低到原来误差的一半。在克服工件热变形方面，杨叔子开发了一种工件丝杠热伸长误差的智能补偿技术，能够实测磨削过程中由磨削热引起的工件丝杠热伸长量，并应用人工神经网络理论，补偿丝杠热伸长对螺距累积误差的影响。在工件变形量控制上，除在工艺上增加消除内应力的热处理外，杨叔子在滚珠丝杠结构上增加了底径开槽，从而极大地减小了磨削中的径向力，最终使丝杠弯曲变形得到较强控制，工件的螺旋线精度得到显著提高[③]。经多次实验证明，杨叔子采用的智能控制方法不仅提高了磨削丝杠的精度，还增强了它的抗干扰能力和工作稳定性。1992年，双方首次成功磨出了3米C级精度滚珠丝杠。

3米C级精度滚珠丝杠的成功磨削，使我国精密滚珠丝杠的加工技术水平提高了一个精度等级。同时，由于研究过程中使用的方法具有一定的通用性，稍加修改即可用于其他同类产品的加工，该技术对于同类研究也有着重要的借鉴意义。1993年2月，杨叔子携相关研究人员在我国机床界

---

① 徐志良，桂修文，丁洪，朱心飚，曹伟，杨叔子等：3米C级精度滚珠丝杠磨削的研究。《机床》，1993年第3期，第17-21页。
② 同①。
③ 同①。

权威刊物《机床》上发表了《3米C级精度滚珠丝杠磨削的研究》一文，介绍了3米C级精度滚珠丝杠磨削过程中的关键技术，提出了传动链误差预报补偿的改进方案，并以人工神经网络为基础，建立了工件热伸长误差补偿系统。

通过将人工智能、人工神经网络技术与机械加工误差补偿技术相结合，杨叔子团队与汉江机床厂成功研制出螺纹磨削智能控制系统，加工出C级精度的3米长滚珠丝杠。1994年4月，杨叔子团队完成的"螺纹磨削智能控制系统的研究"项目获国家科学技术进步奖二等奖。在单一领域陷入瓶颈期，杨叔子带领团队，将相关学科最新成果积极融入机械制造领域，不仅突破了制造难题，改进了制造技术，同时也推动了相关学科的发展。鉴于其在精密加工领域内的突出成就，2004年3月，中国航空工业第一集团公司科技发展部聘请杨叔子为超精密加工技术国防科技重点实验室第二届学术委员会主任。此后，他继续在超精密加工领域深入研究，并支持学生李军旗等人以精密制造为主要立足点，从研究与应用两个层面推动国内超精密加工技术水平的持续提升。

图7-3 2004年3月，杨叔子被中国航空工业第一集团公司科技发展部聘为超精密加工技术国防科技重点实验室第二届学术委员会主任（资料来源：华中科技大学档案馆）

攻克机床切削颤振难题

在现代生产和日常生活中，有着汽车、机床、起重机、机器人以及缝纫机、洗衣机等各种类型的机器。虽然它们的用途、功能不同，工作条件各异，但无论哪一种机器，其基本组成要素都是机械零件。机器在工作时，其中的每个零件都在为完成机器的整体功能而发挥着各自的作用。因此，任何机器性能的好坏都取决于其主要零件或某些关键零件的综合性能[①]。一般来说，机械零件丧失工作能力或达不到设计要求的性能时称为失效。失效一旦发生，尤其是关键零部件的失效，将会影响整个机器的正常工作。机械零件常见的失效形式主要有断裂、变形过大、振动过大与表面失效4种类型[②]。其中，振动过大是指当零件振动过大，特别是发生共振时，致使振幅超过了许用值而失效。在机床运转的过程中，振动过大，抑或颤振，是最易发生的失效类型。

金属切削过程中的颤振往往是限制生产效率、影响产品质量的主要因素之一。颤振一旦发生，轻则报废工件、损坏刀具，重则导致设备损坏。因此，自20世纪40年代以来，对颤振的研究与控制一直是机械制造领域的热门课题之一。随着计算机数控机床技术的发展，这个问题的严峻程度日益凸显。一方面，计算机往往难以事先选择合理的参数，使切削加工处于稳定的状态；另一方面，在切削过程中，由于切削条件的变化，如刀架的移动、刀具的磨损等，使得切削稳定性在不断地发生变化。当切削过程失稳时，颤振就会发生。因此，在数控机床中，必须具有在线识别切削系统动态稳定性、预报颤振的发生和抑制颤振的功能，这样才能保证切削加工的正常进行。

承担机床颤振研究课题

为了解决金属切削机床颤振控制的难题，自1984年以来，杨叔子团队便相继承担了国家自然科学基金课题"机床颤振的在线测量和预报控制"与"机床颤振的基础理论及其在线监控"、国家教育委员会基金课题"机械加工过程动态稳定性的在线监控"以及二汽攻关课题"Mx-4曲轴连杆颈车床振动、噪声源分析与对策"。

杨叔子认为，对金属切削过程颤振的监控是提高加工质量及生产效

[①] 张春林，焦永和：《机械工程概论》。北京：北京理工大学出版社，2003年，第189页。

[②] 张春林，焦永和：《机械工程概论》。北京：北京理工大学出版社，2003年，第190页。

率、发展机床适应控制（特别是发展柔性生产系统）一个不可回避的重要问题。而能否进行这样主动的监控，关键在于能否在线识别出颤振即将发生的预兆。1985年10月，杨叔子、刘经燕、师汉民等在《华中工学院学报》上发表了《金属切削过程颤振预兆的特性分析》一文，从模式识别理论与切削颤振特性出发，讨论了几种特征信号的选择、模式向量的获得与特征主分量的抽取等问题，并提出了一种新的综合判别函数。研究者们通常采用的信号方差、自回归模型残差方差等作为模式向量的主分量或判别函数的方法，不能同时兼顾主峰频率大小的变化与主峰值（能量）大小的变化。而这种新的综合判别函数则较好地弥补了这一缺陷，能够在线及时判别颤振预兆的出现与否，为监控金属切削过程颤振提供了前提条件。该文于1986年5月获湖北省自然科学优秀学术论文二等奖。

  通过进一步的深入研究，杨叔子发现颤振是非线性系统的失稳，在加工过程中通过改变系统的某一参数，破坏失稳的条件，抑制颤振是完全可能的，因此，解决这一难题的关键是弄清切削动态稳定性与切削参数之间的关系。传统的线性理论虽能成功地预测颤振开始发生的临界条件，却无法解释颤振发生以后的有限振幅不稳定性问题，亦无法合理揭示切削用量与颤振振幅的关系。为此，杨叔子带领团队突破传统的机床动力学线性理论，建立了一个关于切削颤振的非线性理论模型。该模型揭示出刀具振离工件表面与切削力对于切削厚度的非线性依赖关系以及刀具前、后角变化对切削过程动态特性的影响规律[1]。1986年5月27—29日，在湖北省科协主持召开的鉴定会上，来自全国各相关单位的专家代表对杨叔子、师汉民等人完成的"金属切削过程颤振的在线监控"等科研成果进行鉴定。与会者有著名的自动控制专家、北京工业学院张志方教授，著名的标准化专家、机械工业部标准化研究所陈文祥高级工程师等。专家们认为，金属切削过程颤振机理的研究及所建立的非线性理论模型是对传统的机床动力学线性理论的一次重大突破，开拓了这一学科的深度与广度，无论在理论深

---

[1] 吴雅，师汉民，梅志坚等：金属切削机床颤振理论与控制的新进展。《中国科学基金》，1993年第2期，第99-105页。

度还是实用价值上都处于国际领先地位①。

为了给切削过程动态稳定性的在线监控提供坚实的理论基础，同时促成理论向实践的良性转化，杨叔子带领研究团队再接再厉，继续承担并顺利完成了国家自然科学基金资助项目"机床颤振的基础理论及在线监控"和国家教育委员会博士点基金资助项目"机械加工过程动态稳定性的在线监控"。在项目攻关的过程中，杨叔子带领团队发展出了一种机床颤振的在线监控试验系统，该系统具有对机床的动态稳定性进行在线监测、在线调整切削用量抑制颤振以及在线显示切削过程稳定状态三个方面的功能。通过这一系统，杨叔子团队成功地探索出防止或抑制机床颤振的有效方法，在国内首次实现无颤振切削。1987年5月16日，杨叔子与梅志坚、师汉民等在《机床》上发表《一种无颤振机床技术的研究》一文。该文指出，采用模式平面描述切削过程的动态稳定性，并在切削过程中对颤振预兆进行监视，通过调整切削用量（主轴转速和走刀量）来抑制和防止颤振这一方法是有效的。同时，无颤振机床这一技术思想也是可行的，这种技术的进一步完善与发展有可能使得机床颤振在线监控系统成为数控机床的一个功能部分②。相关内容于同年10月召开的"第四届机床设计与研究会议"上做了宣读。1988年，"金属切削机床颤振的非线性理论"项目先后获国家教育委员会科学技术进步奖二等奖与国家自然科学奖四等奖。

"机床颤振的基础理论及在线监控"和"机械加工

图7-4　1988年7月，"金属切削机床颤振的非线性理论"项目获国家教育委员会科学技术进步奖二等奖（资料来源：华中科技大学档案馆）

----

①　金属切削过程颤振的在线监控等四项科研成果通过正式评定．《华中工学院学报》，1987年第2期，第82页。

②　梅志坚，杨叔子，师汉民等：一种无颤振机床技术的研究．《机床》，1987年第9期，第9—20页。

过程动态稳定性的在线监控"两个课题于 1990 年 5 月同时通过专家鉴定并获得高度赞赏。1991 年 7 月,"切削过程动态稳定性在线监控的基础理论和技术"项目又获国家教育委员会科学技术进步奖二等奖。然而,已有的成就并没有让杨叔子停下在科研道路上继续开拓与前进的步伐,他知道,还有很多难题等待着他以及他所在的团队去攻克。因此,金属切削颤振状态监控的相关课题临近尾声之时,杨叔子便带领团队又马不停蹄地投入与二汽的联合攻关行动中。

攻克Mx-4车床颤振难题

1989 年,工程测试教研室的卢文祥教授在二汽调研时了解到 Mx-4 车床存在严重的振动与噪声问题。Mx-4 车床是二汽为解决曲轴连杆颈加工问题于 1985 年特意从美国 WICKES 公司引进的。WICKES 公司[①]是当时国际上生产汽车曲轴加工机床的权威公司,用户遍及全球各大汽车生产厂家,这也是我国第一次从西方公司引进这样的大型关键设备。这台加工能力极大的数控车床成为当时二汽乃至全国汽车行业中绝无仅有的"独生子""洋宝贝"。因此,厂里从领导到员工,无不对此珍爱至极。但不知是不是"水土不服",这台"洋宝贝"投入使用没多久,就在车削加工曲轴连杆颈过程中出现了强烈的振动现象,产生了震耳欲聋的切削噪声,工人们上班时不得不带上耳塞,否则根本无法靠近。不仅如此,Mx-4 车床加工精度也达不到要求。1987—1989 年,在加工过程中发生曲轴突然折断成数截的"断轴"事故达 14 起之多,每次均导致曲轴加工流水线停产和机床的严重损坏。这些事故不仅造成巨大的经济损失,还因加工余量的增大导致后续一系列曲轴磨床的工作精度迅速降低。当时二汽发动机厂流行一句顺口溜:"听到独生子[②] 叫,心中真烦恼;听不到

---

① 系萨吉诺机械系统有限公司(SMS)前身。WICKES 公司 1854 年在美国密歇根州萨吉诺市成立,在车床生产方面一直处于国际领先地位。1983 年集团更名为萨吉诺机械系统有限公司,2007 年成为友嘉集团(FFG)成员之一。

② 二汽人对 Mx-4 的别称。

独生子叫，事故就出了。"①

在二汽的强烈要求下，WICKES 公司先后两次派来专家小组。经过认真考察与分析，专家们确认问题出在机器内部，并提出了一些改进建议与注意事项，但仍然没有从根本上解决问题。无奈之下，WICKES 公司不得不依照合同规定对二汽进行赔偿。然而，曲轴连杆颈加工难题仍未得到妥善解决。

在对相关情况作了详细了解之后，卢文祥即刻向杨叔子汇报了此事。二汽一直是华中工学院机械工程系的重要实习与实践基地。杨叔子也曾是二汽合办班的资深教师，从合办班毕业的二汽学员早已走上厂里各级生产管理或技术工作岗位，成为该厂与华中工学院联系的重要纽带，彼此之间常年不断地联合开展各种科技交流与技术攻关，关系十分紧密。因此，杨叔子素来对二汽有着特殊的情谊。二汽有难，他岂会袖手旁观？

得悉相关情况后，杨叔子一方面心忧二汽，另一方面他也敏锐地意识到，这台"洋宝贝"出现的问题可能涉及机械工程学科中某些亟待解决的重大问题，于是他当即决定派吴雅前往了解情况，协助二汽攻克难关。作为二汽合办班的优秀学员，吴雅对二汽一直怀有很深的感情。听说厂里有难，吴雅十分焦急，受命后她立刻放下手头工作，带着指导的硕士生前往湖北十堰，在与张启林、徐善祥等厂方有关负责人取得联系后，便迅速投入紧张的工作中。

经过二十天的反复现场观察、测试，向操作工人和有关技术人员了解情况，以及认真查阅该车床引进后所有的生产日志和"断轴"记录，吴雅发现，Mx-4 车床的课题是一个综合性的大课题，它不是简单的某个部件的质量问题所致，而是涉及机械、液压、电气和车床的设计、制造、工艺、结构等各个方面，必须在全方位测试的基础上进行综合分析，拿出准确的诊断，方可对症下药，彻底解决问题。这一调查结果进一步印证了杨叔子在一开始的预判。

攻下这一难题的实践意义与理论价值是极为明显的。为了彻底了解

---

① 杨叔子：《往事钩沉》。武汉：华中科技大学出版社，2018 年，第 185 页。

Mx-4的颤振与噪声情况,在近一年的时间里,吴雅带学生去了二汽12次,每次都要在那里待半个月以上,先后进行了10次大规模的现场试验,3次全方位的模拟试验。其间,身兼数职的杨叔子也多次前往二汽,与杜润生、师汉民一起为吴雅出谋划策,共同探寻问题产生的机制。为了不影响生产,绝大部分试验都在休息日进行。为了保证试验可靠,吴雅等人加班加点,甚至通宵达旦,从试验的设计到仪器、测点的布置,既按照她与杨叔子事先商量好的方案来做,又需要根据中途出现的具体状况加以调整。整整一年,吴雅几乎没有跟家人一起度过一个节假日。吴雅的精神感动了二汽的员工,他们尽心竭力地支持吴雅。尤其是二汽的徐善祥工程师,从收集资料、研究方案,到现场测试、数据采集、分析总结,每次他都全程参与。

皇天不负苦心人,在双方的紧密合作下,1990年9月,难关终于攻下了。1990年10月23日,"Mx-4曲轴连杆颈车床振动、噪声源分析与对策"课题在二汽通过专家鉴定。鉴定委员会来自清华大学、天津大学等11个单位,一致通过了《Mx-4曲轴连杆颈车床振动、噪声源分析与对策》研究报告。

图 7-5 1990年10月,"Mx-4曲轴连杆颈车床振动、噪声源分析与对策"鉴定会专家合影(第一排右四:严普强,第一排右三:刘又午。史铁林提供)

鉴定委员会的核心成员包括清华大学的严普强教授(任委员会主任)、天津大学的刘又午教授(任委员会副主任)与二汽科协研究员级高工王达勋。他们对"Mx-4曲轴连杆颈车床振动、噪声源分析与对策"课题研究成果表示高度认可,并在共同签署的《科学技术成果鉴定证书》中明确写道:

鉴定委员会听取了"Mx-4曲轴连杆颈车床振动、噪声源分析与对策"项目的研究报告，审查了提供的有关的全部文件资料，观看了生产现场，检查了测试结果，经讨论后一致认为：

1. 该项目对Mx-4车床加工中断轴这一特有重大故障现象进行了全面研究，提出了一系列正确的对策，根据项目研究成果采取措施后9个月来，已生产曲轴84800根以上，防止了断轴事故及其引起的机床严重受损，噪声也有所下降，延长了机床的使用寿命。

2. 该项目对Mx-4车床发展了"确定颤振薄弱环节，确定切削噪声源，进行异形长轴工件系统有限元动力与静力分析，进行状态识别与按状态维修，进行振动与噪声的综合治理，制定同类型车床动态性能试验规范"等多项实用技术，不仅成功地应用于Mx-4车床，使该车床的加工精度稳定地恢复到投产初期的水平，而且对于其他切削机床也具有重要的工程价值。

3. 该项目采用时间序列方法分析研究了曲轴连杆颈车削过程，提出了切削过程振动的时变特性与稳态颤振下机床切削时变系统的非线性，成功地解释了Mx-4车床加工中的有关现象，这是切削过程动态特性研究的新的重要成就。

4. 该项目在理论上首次提出了"机床切削系统强迫再生振动"的概念及其机理，建立了相应的数学模型，提出了判别特征与控制策略，是切削振动机机理中的重大进展。此外，在项目研究中提出了切削力与切削噪声具有极强的相关性，以及工件系统第一阶固有频率同切削噪声具有密切联系的见解。这些理论和实验研究都是很重要的，具有创新的见解，在继续深化实验研究以后，会在切削振动领域取得新的突破。

鉴定委员会认为该项目已完成了原课题计划书的目标，解决了二汽生产中这一紧迫的重大关键问题，产生了重大的经济效益。项目研究在理论分析和实验研究上都比较周密，学术思想活跃，富于创见，本成果处于国际先进水平。[1]

---

[1] 余德庄：《生命的接力如此美丽》。重庆：重庆出版社，2011年，第189-190页。

基于在二汽发动机厂的研究经历，杨叔子与吴雅等合撰了《机床强迫再生颤振的研究与控制》一文，该文于1991年召开的中国机床设计与研究会议上进行了宣读，并被评为会议优秀论文。此外，在《时变金属切削过程颤振的线性、非线性时序模型》一文中，杨叔子对"时变金属切削过程"这一新概念予以了详细说明，指出时变切削颤振的两个重要特点是工件表面振纹的疏密不匀与颤振全过程的周而复始，并采用对信号分段的AR、SETAR模型描述其时变性，同时对时变切削颤振的AR谱、颤振模态的阻尼率、时变系统的特征根以及稳态颤振的极限环四个方面进行了研究。

1992年3月，"Mx-4曲轴连杆颈车床振动、噪声源分析与对策"项目获湖北省科学技术进步奖二等奖。Mx-4车床颤振难题的成功突破，极大地丰富了杨叔子团队在金属切削机床的颤振与噪声控制方面的研究经验，他们将此成果进一步深化，完成了"金属切削机床的颤振、噪声及其控制"项目。该项目于1992年7月获国家教育委员会科学技术进步奖二等奖。

图7-6 1992年3月，"Mx-4曲轴连杆颈车床振动、噪声源分析与对策"项目获湖北省科学技术进步奖二等奖（资料来源：华中科技大学档案馆）

基于科研实践的教学指导

"Mx-4曲轴连杆颈车床振动、噪声源分析与对策"课题既是一个实践性很强的课题，又是一个理论性很强的课题。一方面，课题来源于二汽的生产实际，必须以解决生产中的实际问题为目的。自实施对策9个月以来，工厂共计加工曲轴84800根以上，其间未发生断轴事故。同时，课题组提出的解决方法使Mx-4车床的加工精度稳定地恢复到投产初期的水平，振动与噪声大幅下降，解决了二汽生产中的这一关键问题。这一成果不仅在二汽传为佳话，还引起了全国汽车行业、机械行业和各有关方面的广泛关注与重视。另外，课题涉及机床动力学、切削动力学、振动理论、噪声控制学、故障诊断理论、测试技术、系统分析、信号处理、计算机技术等多方面的理论与技术。其中特别具有重大意义的是：Mx-4车床的振动类型涉及一种新的切削振动类型，即强迫再生振动；Mx-4车床的变刚度工件系统导致时变切削颤振，涉及时变切削系统的研究；Mx-4宽刀刃、切入式车削方式导致强烈的切削噪声，涉及对切削噪声的深入研究。经国际联机检索与人工检索，对于这些问题的理论研究相关文献极少，基本尚属空白。如果深入下去，继续钻研，取得突破性成就是极有可能的。

因此，在解决二汽曲轴连杆颈车床的振动噪声技术难题后，杨叔子便与师汉民一起，指导吴雅以此为基础完成她的博士论文。师汉民曾在伯明翰大学访问、进修两年。在此期间，他的主要精力也放在研究金属切削与振动及噪声控制上，对此颇有心得。有了师汉民的"助阵"，杨叔子与吴雅都备受鼓舞。在杨叔子和师汉民的指导与帮助下，吴雅成功地经受住了这个国际性挑战。经过近一年锲而不舍的努力，吴雅完成了一篇含金量极高的博士论文《机床切削系统的颤振、噪声及其控制——理论与实践》。该文以Mx-4曲轴连杆颈车床振动、噪声源的研究控制为实际背景，从理论与实践两个方面进行了广泛且深入的研究。在理论方面，研究了机床切削系统强迫再生振动（包括强迫再生共振与强迫再生颤振）的概念、数学模型、判别特征与控制策略；应用时间序列分析的AR模型、SETAR模型研究时变切削系统颤振的动态特性；将相关分析、谱分析、倒谱分析与时间序列分析的二维ARMA模型[①]相结合，研究切削噪声及其发声系统的

[①] ARMA模型（Auto-Regressive and Moving Average Model）是研究时间序列的重要方法，由自回归模型（AR模型）与滑动平均模型（MA模型）为基础"混合"构成。其中，AR模型认为通过时间序列过去时点的线性组合加上白噪声即可预测当前时点，它是随机游走的一个简单扩展。MA模型是历史白噪声的线性组合。

动态特性。在实际方面，提出了对于 Mx-4 车床的颤振薄弱环节识别方法，切削噪声源及其传输的分析方法，振动与噪声的控制对策，在 Mx-4 车床上得到了成功应用，解决了二汽生产中的一个紧迫的重大关键问题；所提出的方法与对策对于金属切削机床振动、噪声的分析与控制具有重要参考价值。论文每章都针对具体的问题进行了详细地分析、阐述和论证，并得出了相应的结论。

杨叔子对吴雅这篇博士论文极为赞赏。这篇论文在答辩时得到华中理工大学历史上从未有过的高分——95.1 分！答辩委员会给予的评语为："该专业学位论文既具有相当的理论高度，又与生产实际紧密联系，解决实际问题，在理论与工程应用两方面都作出了多项超越前人的工作，在现有博士论文中是少见的。"[①] 1991 年 5 月，在一次全国性的高校学术会议上，与会专家将吴雅的博士学位论文与美国某著名大学同期博士学位论文做了一番比较，在场的专家和教授一致认为，吴雅的论文学术水平远超后者。不久，吴雅的论文被选入科学出版社首批"博士丛书"出版计划。1993 年 12 月 1 日，《机床切削系统的颤振、噪声及其控制——理论与实践》由科学出版社正式出版。

自 1984 年以来，为了解决机床切削的颤振问题与噪声难题，杨叔子带领团队通过持续不断地刻苦攻关结出了累累硕果，从理论与实践两方面推动我国在机床颤振的监测与控制方面走向世界前沿。在理论上，他们突破了传统的机床动力学线性理论，提出了切削颤振的一个新的非线性理论模型，深入

图 7-7　1991 年，吴雅博士参加论文答辩后与答辩委员会专家合影（第一排左二：杨叔子，第一排左四：吴雅，史铁林提供）

---

① 杨叔子:《往事钩沉》。武汉：华中科技大学出版社，2018 年，第 204 页。

第七章　迎难而上创辉煌　**165**

揭示了切削参数对切削系统动态稳定性和颤振振幅的影响规律，为在线调整切削参数以抑制颤振提供了理论指导，并制定出相应的控制策略；在实用技术上，他们发展了切削过程动态稳定性在线监视与颤振早期诊断的手段和方法以及在线调整切削参数以控制动态稳定性、抑制颤振的技术，解决了二汽 Mx-4 车床的强烈颤振问题。鉴于其在我国机床领域与金属切削研究方面的卓越贡献，1986—1999 年，杨叔子先后被聘为《机床》杂志编辑委员会委员、中国高校金属切削研究会顾问、中国高校切削与先进制造技术研究会（原中国高校金属切削研究会）第六届理事会顾问。

发展钢丝绳定量检测与无损检测技术

钢丝绳是提升、运输及承载设备中的重要部件，在运输、矿业、建筑、冶金等行业中有着广泛的应用。钢丝绳在使用过程中的损伤程度和承载能力直接关系着设备的使用寿命及人身安全，为了防止意外断绳事故的发生，一直以来相关领域仍主要采取定期"手摸""眼观"等方法来检查钢丝绳的状态，或采用强制性定期更换的方法以保证安全。这些方法使得劳动强度大并带有较大的盲目性，既浪费人力物力，又难以杜绝事故的发生。20 世纪初，国外便开始了钢丝绳状态检测设备的研究工作，国内从 60 年代才开始这项工作的研究，但无论是国内还是国外，都没有开发出令人满意的钢丝绳断丝检测技术。

攻克钢丝绳断丝定量检测国际难题

1986 年，徐辉碧的中学同学涂慎之及其爱人谢德珍送他们的女儿涂欢到华中工学院来上学，顺道拜访了杨叔子与徐辉碧。涂慎之夫妇在中国有色金属工业总公司技术部门就职，聊天中他们谈到了矿井中频发的钢丝绳裂断事故，他们感叹，如果事先能测试出所用钢丝绳的钢丝断裂情况就能减小伤亡和经济损失。当时杨叔子团队正与湖北铁矿合作开展这方面的研究。于是，杨叔子向涂慎之夫妇表达了合作意向。双方一拍即合，他们立即介绍杨叔子与中国有色金属工业总公司南昌分公司的雷处长联系，随后杨叔子与工程测试教研室的卢文祥等人迅速前往江西，与对方签订了有关协议后，双方即刻开启了这一攻坚行动。

当时，钢丝绳断丝的定量检测，即对钢丝绳每一导程中的断丝数与断丝位置的判定是国际上尚未解决的难题。所以，某国际学术权威深有感触地断定："If it is not impossible, it will be very difficult."（"如果不是不可能的，那也是十分困难的。"）而国内只是采用最简单的"笨办法"：3人1组，每人相隔120度，使用钢丝绳时用眼睛盯着看。显然，这种方法的检测精度和效率都是很低的。

为了攻克这一国际性难关，杨叔子与刚刚访问归国的师汉民、硕士生叶兆国和博士生王阳生协力攻关。王阳生、叶兆国两个人都是颇具主见而且发奋向上的有为青年。杨叔子诚恳地对他们说："你们都很能干，都肯想，都肯干，就像两只好斗的叫鸡公，现在你们在一个笼子里，要齐心为共同的难题奋斗，绝对不要搞内耗。"[1] 在杨叔子的鼓励与引导下，二人斗志昂扬，通力合作，往往一干就是一个通宵，假期也很少休息。在大家团结合作、夜以继日的努力下，1987年年底[2]，团队取得了突破性的进展，初步研制出了钢丝绳断丝的定量检测技术。

紧接着，杨叔子又带领团队开始了与煤炭部抚顺煤研所的合作。合作期间双方首次成功地研制出了"钢丝绳断丝定量检测系统"。该系统主要包括"钢丝绳在线检测"和"交互式断丝分析与识别"两个部分，能在线检测找到危险区段，有目标地进行采样，并且能够在线以数字形式显示断丝位置、断丝数以及断丝累积数，指出危险捻距段及捻距断丝数，其准确率为73%，误判一根的概率为26%，误判两根的概率为1%。同时，当断丝

---

[1] 杨叔子：《往事钩沉》。武汉：华中科技大学出版社，2018年，第161页。
[2] 杨叔子在自传《往事钩沉》中提到，他们团队攻下钢丝绳定量检测国际难关的时间是1985年年底（参见杨叔子：《往事钩沉》。武汉：华中科技大学出版社，2018年，第161页），但是，这个时间点早于他与涂慎之夫妇见面的时间。后经与杨叔子院士的夫人徐辉碧女士确认，这一时间应为1987年年底。

数超过安全规程指标时，系统还能自动报警。1987年5月28—29日，"钢丝绳断丝定量检测系统"正式通过评定。参加评定的专家一致认为，断丝定量检测系统综合应用了电磁理论、信号处理原理、计算机技术、模式识别等多学科知识，使钢丝绳断丝检测技术在从定性走向定量方面取得了突破性进展，在断丝定量检测技术方面是国内首创，达到了国际先进水平。

在此基础上，杨叔子率领团队继续深入研究，自行研制了采用多个霍尔元件组合探伤的、具有随动定心探头及多通道信号输出的钢丝绳断丝电磁无损探伤传感器。该传感器结合其相应的励磁装置和多通道低噪声微弱信号放大器，具有输出探伤信号稳定、能够精确识别断丝位置、区别分布较为集中的轴向不同断丝和周向不同断丝等优点，且适用性较强，特别适用于钢丝绳断丝定量检测系统的断丝信号获取。1988年6月，杨叔子团队研制的钢丝绳断丝电磁无损探伤传感器获得了中国专利权。基于钢丝绳断丝电磁无损探伤传感器的研究成果，杨叔子与李劲松、刘克明、卢文祥等人联合发表了《钢丝绳断丝探伤传感器的研制》一文。该文于1991年6月获中国机械工程学会1986—1991年度优秀论文奖。

图7-8　21世纪初改良后的钢丝绳漏磁检测传感器（康宜华提供）

在实际的检测过程中，钢丝绳损伤情况复杂，检测环境恶劣，检测信号中干扰信号严重，给断丝的定量分析和识别带来许多困难。为此，杨叔子与康宜华、李劲松等人从软硬件两方面积极探寻抗干扰措施。硬件抗干扰措施包含检测电子线路抗干扰与检测传感器抗干扰两个部分。在检测电子线路中的抗干扰措施上，他们通过采用相应的技术消除了供电干扰、接地干扰和辐射干扰。在检测传感器中的抗干扰措施上，他们主要采用等距脉冲发生器来减轻钢丝绳运动速度不均产生的干扰，同时通过采取具有随动定心探头结构的传感器来抑制钢丝绳径向随机晃动和绳径变化产生的干扰。在软件抗干扰措施方面，由于软件抗干扰措施主要是根据一定原则来识别有用信号（即断丝信号）和无用信号，并把无用信号滤除，因此，也可称为软件滤波,实现这一措施的关键在于识别原则的确定。为此,杨叔子首先对原信号进行非线性变换,构建了股波信号的滤除准则。其次,在分离各局部异常信号基础上,构建了"野点"[①]信号的剔除准则,开发出滤除检测信号中无用信号的方法。

1988年8—12月,"钢丝绳断丝在线定量检测装置"在江西省漂塘钨矿和小龙钨矿进行了将近4个月的工业试验。试验刚开始时,没有采取软件抗干扰措施,断丝定量误判率[②]达100%—200%,有时高达300%多[③]。试验一个多月后,在应用上述软件抗干扰措施之后,在线定量误判率只有3%,表明装置采取的软件和硬件抗干扰措施十分有效[④],同时说明杨叔子团队在钢丝绳在线定量检测技术上又前进了一步。1989年9月,杨叔子与王阳生、师汉民等人在《中国科学》1989年A辑上发表了《钢丝绳断丝定量检测的原理与实现》,论述了当前钢丝绳定量探伤中所存在的一些主要困难以及他们在此方面所作出的努力与取得的成就。

图7-9 1991年,杨叔子进行钢丝绳断丝定量检测科研实验(史铁林提供)

---

① 检测信号经非线性变换后,保留了原信号中的局部变化异常区,当原信号受到随机干扰而产生异常时,这部分异常信号也被保留下来,无疑会带来断丝定量识别的误判。因此,必须将其剔除。为叙述方便,将不同于断丝信号的这部分异常信号叫作"野点"信号。参见康宜华,李劲松,陈根林等:钢丝绳断丝在线定量检测装置中的抗干扰措施。《强度与环境》,1989年第6期,第1-8页。

② 定量误判率=(装置检测的断丝总根数/钢丝绳上实际断丝总根数-1)×100%,这里主要指多判断丝数。参见康宜华,李劲松,陈根林等:钢丝绳断丝在线定量检测装置中的抗干扰措施。《强度与环境》,1989年第6期,第1-8页。

③ 根据①中的公式,假设实际断丝数为1,而推断值为2或3,误判率即为100%或200%。

④ 康宜华,李劲松,陈根林等:钢丝绳断丝在线定量检测装置中的抗干扰措施。《强度与环境》,1989年第6期,第1-8页。

图7-10 1991年，杨叔子（左三）和学生在进行科研工作（史铁林提供）

杨叔子团队在钢丝绳断丝定量检测方面的成就引起了外界的广泛兴趣与关注，一时间来谈合作的单位络绎不绝。1991年12月，在湖北大冶有色金属公司的合作请求下，杨叔子所在的工程测试教研室又开始研制适合于该公司所属矿井的钢丝绳断丝检测仪。1992年6月底，团队研制的钢丝绳断丝检测仪在大冶有色金属公司赤马山铜矿500米深竖井又一次顺利通过工业现场试验。该仪器能够迅速准确判断出断丝的根数和位置。同时，由于实现了定标的智能化，且使多传感头共用一套信号处理系统，该仪器具有小型、轻便、经济实用等优点。这些优点进一步提升了这一成果的商品化与实用化程度。

经过多年持续的刻苦攻关，从探索出初步的钢丝绳断丝定量检测技术到成功研制钢丝绳断丝定量检测系统，从提出检测过程的抗干扰措施到开发出钢丝绳断丝在线定量检测仪器，杨叔子带领团队前赴后继，在钢丝绳断丝检测的理论与应用上实现了一个又一个重大突破。1992年9月，杨叔子团队研制的"GDIY-I型便携式钢丝绳断丝检测仪"获1991年江西省优秀新产品一等奖。1992年10月，由杨叔子、李劲松、康宜华、王阳生、卢文祥、

图7-11 1992年10月，杨叔子因在"钢丝绳断丝在线定量检测方法与仪器"项目中贡献突出，获"四等国家发明奖第一发明人"证书（资料来源：华中科技大学档案馆）

蔡建龙等联合完成的"钢丝绳断丝在线定量检测方法与仪器"项目获得了国家发明奖四等奖。因杨叔子在此项目中所作的贡献最大，他成为该成果的"第一发明人"。由于国家发明奖的人数规定，最终在获奖证书上只有6位参与者的姓名，但为此作出贡献的成员远不止于此。为此，杨叔子一再表示，自己在科研道路上所取得的一切成就，包括后来当选中国科学院学部委员，都得归功于他所在的集体。

"钢丝绳断丝在线定量检测仪"包括传感器和计算机数字信号处理系统两大主体部分。传感器为随动定心结构，采用励磁回路优化设计，探头采用多元件组合法。与之紧密相连的计算机数字信号处理系统综合使用了断丝信号空域采样、数字信号差分超门限处理以及在线定标方法。只要钢丝绳通过传感器，可以由计算机即刻识别出有无断丝、断丝数、断丝位置等信息。当超过断丝限值时，还可以报警。不久，这一仪器在矿井提升机械、港口起重机械以及登山索道的牵引绳的断丝检测中得到大面积的推广应用。后来，杨叔子带领团队再接再厉，研制出"GDJY-Ⅱ型钢丝绳断丝定量检测仪"，并于1993年10月获湖北省科学技术成果奖。

从断丝检测走向钢丝绳损伤状态的全面无损检测

自20世纪80年代中期以来，突破钢丝绳断丝定量检测难题就成了工程测试教研室一个极为核心的科研任务。到1994年，杨叔子已经带领团队在此方面取得了突破性进展，达到了国际先进水平。基于他们数年来在钢丝绳状态检测上的实验、理论与应用成果，杨叔子与康宜华等撰写了《钢丝绳断丝定量检测原理与技术》一书。该书主要介绍了钢丝绳检测的意义与现有的研究成果、钢丝绳结构及其缺陷特征、钢丝绳的磁化问题、断丝漏磁场的检测原理与方法、断丝探伤传感器的设计、计算机辅助检测系统的构成、检测信号在线定量识别方法以及3种钢丝绳检测仪（MTC-94型钢丝绳探伤仪、GDIY-Ⅰ型钢丝绳断丝定量检测仪、GDJY-Ⅱ型钢丝绳断丝定量检测仪）的构造与工作原理。1995年7月,《钢丝绳断丝定量检测原理与技术》由国防工业出版社出版。

图 7-12 2016 年 9 月，杨叔子（第一排左一）与康宜华（第二排左二）等在华中科技大学数字制造装备与技术国家重点实验室合影（采集小组拍摄）

如今，杨叔子团队关于钢丝绳状态的检测研究仍在继续推进。钢丝绳在使用过程中一向被当作"命根子"看待，而钢丝绳一旦出现损伤将是不可修复的。因此，杨叔子认为，对钢丝绳缺陷检测和诊断的目的不是及时整修，而是及时了解它的损伤状况，并监视其发展速度与趋势，让钢丝绳"带病"安全地工作，直至报废[1]。在使用过程中，钢丝绳会出现多种形式的机械损伤：断丝、磨损、弯曲疲劳、锈蚀、形崩（变形）等。断丝只是钢丝绳发生损伤的极端表现。为使钢丝绳在报废之前最大限度地发挥作用，必须将钢丝绳的各种损伤类型都纳入其状态检测的对象范围。

20 世纪末，在世界各国的努力下，人类社会出现了多种形式的钢丝绳

---

[1] 不同国家钢丝绳报废的标准有所差异。例如，法国制定的报废标准为：三个捻距内计算的断丝总数大于绳中钢丝总数的 10%。我国的报废标准为：一个捻距内的断丝总数超过 10%，绳外层钢丝磨损至最初直径的 2/3 以下。参见杨叔子，康宜华，陈厚桂等：《钢丝绳电磁无损检测》。北京：机械工业出版社，2017 年，第 13—14 页。

检测方法。依据检测时对钢丝绳的破断与否，大致可以将已有的钢丝绳检测方法分为破损检测与无损检测两种类型。由于破损检测只能对钢丝绳的某段样本进行试验，而在役钢丝绳定期检验的样本不可能在其中的任意段截取，因而送检样绳的检验结果存在局限性。在某些情况下，它不能准确反映钢丝绳上最薄弱处或全绳的状况。而无损检测不仅不会破坏钢丝绳本身的状态，还能探测出钢丝绳所有的损伤[①]。尤其在钢丝绳内部缺陷的检测方面，无损检测较破损检测的优势十分明显。因此，在检测方法上，杨叔子着眼于无损检测方面的突破。

图 7-13 2017 年 3 月出版的《钢丝绳电磁无损检测》封面（采集小组拍摄）

秉持不断开拓的精神，杨叔子带领团队继续攀登钢丝绳检测国际高峰，不仅拓展了检测的对象范围，还探索出了许多新的无损检测技术。1996 年 10 月，"中国机械工程学会物料搬运分会第五届学术年会"在武汉召开，杨叔子与康宜华在会上做了题为《钢丝绳无损检测原理与仪器》的报告，对杨叔子团队在钢丝绳缺陷无损检测原理和方法上取得的突破作出介绍。之后，他们继续保持"十年磨一剑"的研究心态，在钢丝绳状态检测方面取得了持续性的突破与进展。2017 年 3 月，机械工业出版社出版了杨叔子与康宜华等在此方面的最新成果——《钢丝绳电磁无损检测》。该书以杨叔子研究团队近 30 年的研究与应用成果为基础，主要论述了钢丝绳电磁检测的原理与方法。杨叔子认为，由于钢丝绳绝大多数采用导磁性能良好的高碳钢制成，电磁无损检测方法理应成为探伤的首选方法。因此，该书主要论述了电磁方法中的漏磁和主磁通检测原理及其在钢丝绳断丝、磨

---

① 杨叔子，康宜华，陈厚桂等：《钢丝绳电磁无损检测》。北京：机械工业出版社，2017年，第 14-21 页。

损、锈蚀、变形等定量检测中的应用，是对《钢丝绳断丝定量检测原理与技术》的进一步扩展与深化。尤其值得关注的是，该书首次系统论述了缠绕式提升钢丝绳、摩擦式提升钢丝绳、电梯钢丝绳、索道钢丝绳等的在线检测方法与系统。基于杨叔子团队在钢丝绳电磁无损检测方面的贡献与该书涉及知识的全面性以及论述的逻辑严密性，《钢丝绳电磁无损检测》被收入"十二五"国家重点图书出版规划项目"现代电磁无损检测学术丛书"。

第八章
学科交叉新探索

> 桂香月满趣无穷，国际切磋情更浓。
> 潜力惊人称技术，智能涌"秀"出人工。
> 瑜珈山势英贤聚，黄鹤楼高气象雄。
> 客主把杯相与祝，专家系统更葱茏。[①]
>
> ——杨叔子

在美国访问期间，杨叔子不仅接触到机械工程学科的国际前沿，也敏锐地察觉到学科交叉的时代趋势。他所研究的时间序列分析作为数理统计的一个分支学科，已经表现出与经济、物理、机械等多个学科深度融合的强劲态势，滥觞于计算机科学的人工智能也开始逐渐深入机械制造领域。这种多学科交叉融合的科研特征与趋势引起了杨叔子的深思。他意识到，要使机械工程这门传统学科与时代接轨，必须积极吸收其他学科的前沿成果，为传统学科注入新的发展活力。其实早在出国之前，杨叔子因受钱学森的启发，就尝试将控制论与机械工程相融合，并获得成功。自那时起，他已经注意到学科交叉的发展趋势。此次访问经历则使他更加坚定了

---

① 杨叔子:《往事钩沉》。武汉：华中科技大学出版社，2018 年，第 194 页。

走学科交叉发展之路的决心。回国后，他每天都要花大量的时间阅读外语文献，了解新兴学科的发展趋势与相关学科的前沿动态，致力于机械工程与相关学科的交叉，以此找寻传统机械学科发展的突破口。在此方面，将人工智能引入机械工程，提升设备诊断技术的智能化水平成为杨叔子科研生涯中又一个里程碑式的成就。

人工智能在设备诊断领域的应用

自 20 世纪中期以来，机械设备诊断技术日益受到重视。一方面，随着科学技术的发展与工业生产的进步，机械设备工作强度增大，同时设备日益复杂，细微的一个小故障即会引发链式反应，不仅会导致机械设备的毁坏与停运，还会造成巨大的经济损失与人员伤亡，此类事例在国内外不胜枚举。另一方面，当时国内外对机械设备主要采用按时维修制。而这种方式往往会导致两种后果：一是在设备尚能正常使用时进行维修处理，不仅费时耗资，还会降低设备的工作性能；二是因诊断不及时，在已经出现故障的前提下让设备继续工作，不但损害设备寿命，而且容易导致事故。因此，研究与发展设备诊断技术不仅可以预防事故，还能够节省大量维修费用。20 世纪 60 年代初，美国就有了全国性的机械故障研究组织，英国、日本等国从 70 年代起也开始研究与使用设备诊断技术。在开展理论研究工作的同时，国外也积极开发了设备诊断的实用技术与仪器，发展了小至便携式诊断仪器大至复杂设备的监测诊断与控制系统，以适应不同的需求。

我国机械设备诊断技术起步较晚，直到 20 世纪 70 年代末国内才开始关注预防维修与监测技术。1983 年 1 月，国家经济贸易委员会颁布《国营工业交通企业设备管理试验条例》，其中第 11 条明确指出："逐步采用现代故障诊断与状态监测技术，发展以状态监测为基础的预防维修制度。"这成为我国在设备诊断技术发展史上的一个重要转折点。自此，高等院校、科研单位与相关企业纷纷开展设备诊断现代化的研究与应用工作。1986 年

6月，杨叔子参加了在沈阳举行的"中国机械设备诊断技术第一届年会暨国际学术讨论会"。这次研讨会使杨叔子意识到，经过几年的奋斗，我国在机械设备诊断的理论研究方面已达到国际水平，但在应用上还很落后。要真正解决企业工厂的设备诊断实际问题，我国不仅需要发展自己的设备诊断技术，还应该开发相应的诊断系统与设备。正当杨叔子苦苦思索机械设备诊断出路的时候，一个新兴的学科领域立即吸引了杨叔子的注意力，这就是与原子能、空间技术并称为"20世纪的三大科学成就"之一的"人工智能"（Artificial Intelligence）。

诊断专家系统的实践探索

20世纪80年代后期，专家系统成为人工智能中最为活跃、最少争议的重要分支，具有极为广阔的发展前景。世界强国纷纷将其列为国家重点研究项目，投入了大量的人力和资金。例如，日本把专家系统作为第5代计算机研究的核心内容，英国已将专家系统/智能数据库列入国家4大重点项目[1]。

专家系统是一个（或一组）能在某特定领域内，以人类专家水平去解决该领域中困难问题的计算机程序[2]。它将各领域专家的知识、经验加以总结，形成规则，存入计算机建立知识库。采用合适的控制策略，按输入的原始数据进行推理、演绎，作出判断和决策，因此能起到领域专家的作用[3]。一般而言，一个专家系统应具有以下三个特征：首先，专家系统具有较强的针对性。目前的专家系统大多是针对某一特定的应用领域而研制的。其次，专家系统具有较好的透明性。即系统的行为和系统本身能被用户所理解。最后，专家系统具有较强的实用性。专家系统的实用性来源于系统的高性能和透明性，使用方便也是提高实用性的一个重要因素[4]。到

---

[1] 马玉祥，武波：《专家系统》。成都：电子科技大学出版社，1994年，第9页。
[2] 黄可鸣：《专家系统》。南京：东南大学出版社，1991年，第2页。
[3] 武波：《专家系统（修订版）》。北京：北京理工大学出版社，2001年，第3页。
[4] 黄可鸣：《专家系统》。南京：东南大学出版社，1991年，第18-19页。

20世纪90年代初,人类社会已经涌现出大量不同类型的专家系统,其中最具代表性的是诊断型专家系统。前者主要是根据输入信息找出处理对象中存在的故障,这类任务对系统的要求主要是了解处理对象内部各部件的功能及其相互关系。而监督型专家系统则是完成实时监测任务,要求随时收集有关处理对象的各种数据,并把这些数据与预期的数据相比较,一旦发现异常现象立即发出报警信号[①]。

通过阅读国外文献,杨叔子及时地捕捉到了这一信息。他发现,专家系统将各领域专家的宝贵经验、智慧与思想方法同计算机巨大的存储、运算与分析能力相结合,可以涵盖从信号测取到设备干预的整个诊断过程,具有十分有效的诊断与干预能力。如果将专家系统的思路用于机械设备诊断,将会极大地提升诊断技术的性能。

杨叔子认为,机械设备诊断技术的目的是保证可靠、高效地发挥机械设备应有的功能。换言之,设备诊断技术不仅要为设备维修服务,还应为设备的设计、制造与运行服务。为此,必须改革当前按时维修的体制,使重要的设备能按设备状态进行维修(即视情维修或预知维修)。此时,人工智能为各领域带来的新的生机,尤其是专家系统的广泛应用引起了杨叔子的热切关注。通过多方位的国际比较,他预感到:智能化是制造技术发展的必然趋势。1986年前后,杨叔子开始积极尝试将人工智能应用于制造领域。在此方面,开发针对机械设备诊断问题的专家系统是杨叔子将人工智能与机械工程进行交叉融合的首个重要的尝试。

复杂机电系统,如汽车发动机、机床等,其结构和工作原理均比较复杂。这样的系统一般由几个或十几个机械系统、电子系统组成,在工作时各子系统以本身的正常工作以及相互之间的正确协调来实现系统的功能。相应地,对其工作状态的诊断也绝非易事。当时,意大利米兰汽车工业大学成功研制了包括点火系、充电系和起动系在内的汽车电系统故障诊断系统,美国通用汽车公司开发了内燃—电力机车故障排除和修理咨询专家系统,日本日产汽车公司研制了随车和离车的汽车发动机诊断专家系统,这

---

① 黄可鸣:《专家系统》。南京:东南大学出版社,1991年,第27—29页。

些系统实用性强，结构简单，但所采用的知识类型和推理控制策略单一，不足以反映诊断和维修技师的丰富经验。为更好地解决复杂系统的故障诊断问题，20世纪80年代中后期，杨叔子与郑小军、师汉民等人经过不懈探索，开发了"诊断专家系统的层次诊断模型"。该模型主要是利用系统结构分级原理，将复杂系统划分为系统级、子系统级和部件级等几个层次，然后对不同性质的层次分别采用最为适应的具体诊断方法，如征兆分析法、功能分析法和综合信号分析法等，逐层确定故障的部位和原因，直至得到预定层次的结果为止。与当时常用的多种诊断策略相比，这种方法能够最大限度地减少专家系统的搜索工作量，大幅提升诊断的效率与准确率。同时，对于具有复杂层级结构的机械设备而言，这一模型具有较强的通用性。

杨叔子认为，汽车发动机是一个典型的复杂机电系统，它由启动系统、供油系统、点火系统、润滑系统、冷却系统和机械系统等各种不同性质的子系统组成，可能发生故障的种类与原因非常复杂，因而采用以层次诊断模型为基础的诊断专家系统来解决它的诊断问题是非常有意义的[①]。于是，他带领团队以层次诊断模型为基础，混合使用专家经验、系统的结构和功能的分级分析以及波形信号理解等方面的知识，采用修正多步诊断策略，以人机交互的方式寻找发动机故障的故障源和故障原因，开发了一个"汽车发动机诊断专家系统 AEDES（A Diagnostic Expert System for Automobile Engines）"，并在内存为640KB的IBM-PC/XT微机上使用IQLISP语言和汇编语言，实现了汽车发动机诊断专家系统的原型系统。该系统包括200条规则、90多个框架和100多个过程，总程序量为500KB左右，能对发动机的4种类型的十多个故障作出比较完整的诊断，正确率为90%左右。同时，系统具有良好的人机接口，全部显示均采用中文自然语言，全部菜单均采用光标式菜单，全部输入均给予类型提示，并且具有一定的容错能力[②]。

[①] 郑小军，杨叔子，师汉民，周安法：设备诊断专家系统的层次诊断模型．《华中工学院学报》，1987年第2期，第9-14页。

[②] 郑小军，杨叔子：汽车发动机诊断专家系统 AEDES．《自动化学报》，1990年第5期，第393-399页。

立足汽车发动机诊断专家系统 AEDES 的开发经验，杨叔子团队研制了一个机械设备诊断专家系统开发工具 CEFDS-2。CEFDS-2 开发工具由任务管理模块、静态知识获取模块、动态知识获取模块、知识库管理模块 4 个部分构成，主要具有两方面的功能：一为与知识工程师对话，设计并生成特定设备的诊断专家系统；二为与用户交互，利用特定的诊断知识库进行诊断咨询 ① 。

之后，杨叔子率团队设计了一种功能更加强大的、用于开发各种诊断型专家系统的工具系统。该系统由任务管理模块、诊断系统环境设置模块、知识库编辑和管理模块、知识库一致性检测模块、知识库启动模块、诊断推理机、诊断解释模块 7 大模块构成，能完成知识获取、一致性检测与诊断推理等多种任务。经过检验，该系统成功应用于柴油机喷油系统的智能诊断系统与舰艇柴油机故障诊断专家系统的开发，并在实际应用中不断得到扩展与完善 ② 。

1994 年 4 月，“机电设备状态监测与故障诊断专家系统”项目获国家教育委员会科学技术进步奖二等奖。

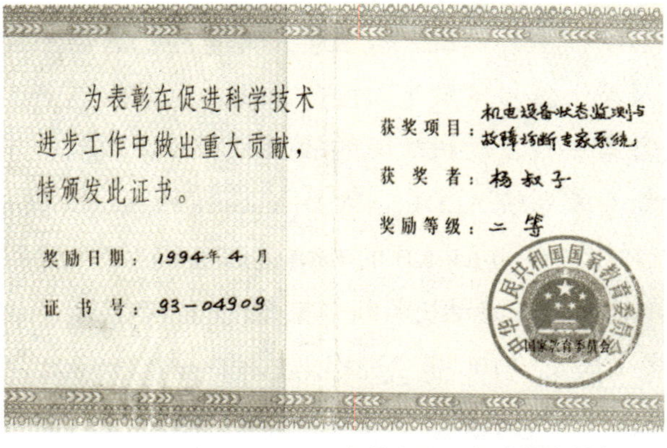
为表彰在促进科学技术进步工作中做出重大贡献，特颁发此证书。

奖励日期：1994年4月

证书号：93-04909

获奖项目：机电设备状态监测与故障诊断专家系统

获奖者：杨叔子

奖励等级：二等

图 8-1　1994 年 4 月，“机电设备状态监测与故障诊断专家系统”项目获国家教育委员会科学技术进步奖二等奖（资料来源：华中科技大学档案馆）

在诊断型专家系统及其开发工具的研制过程中，正在杨叔子门下攻读博士学位的史铁林、丁洪、郑小军、钟毓宁以及硕士生桂修文都是项目的主力军。在杨叔子的引领与鼓励下，他们不仅在故障诊断领

① 杨叔子，丁洪，史铁林等：《基于知识的诊断推理》。北京：清华大学出版社，1993 年，第 239 页。

② 钟毓宁，杨叔子，桂修文：设备诊断型专家系统的一种开发工具。《自动化学报》，1992 年第 5 期，第 559-564 页。

域作出了实质性的成果，还基于自身的科研实践作出了优异的学位论文。其中，史铁林的博士学位论文《基于知识的机械设备诊断理论与系统》、丁洪的博士学位论文《基于知识的复杂系统诊断理论与系统》以及郑小军的博士学位论文《基于知识的诊断推理——理论与系统》成为《基于知识的诊断推理》一书的主要原型与基础[①]。

自杨叔子担任校长以来，他虽从未离开过科研岗位，却在很多时候心有余而力不足。因此，他将团队的科研工作交由高徒史铁林负责。史铁林带领团队继续发展与深化人工智能与故障诊断技术的融合研究，他不仅与杨叔子一道前往有关军事基地研究柴油机的故障诊断问题，还在杨叔子申请与完成国家自然科学基金 B 类重大项目《大型机电系统中若干动力学关键技术的研究》中发挥了中坚力量。通过数十年如一日的辛勤耕耘，史铁林不负恩师所望，在机械设备的状态监测与故障的智能诊断方面取得了重要成就。例如，他成功开发了面向用户的旋转机械状态监测与故障诊断专家系统开发工具；研制完成了一个汽轮发电机组在线状态监测和故障诊断专家系统，并首次在国内投入使用；在大型设备状态监测与故障诊断系统的开发和分布式故障诊断系统研究方面，提出了基于组态技术的系统设计思想，开发完成了国内第一套代替二次常规仪表的 200MW 机组，集状态监测、故障诊断、能损分析为一体的计算机监测系统。在史铁林的不懈努力下，杨叔子团队将机械工程、机械制造技术同微纳科技、生物科技、智能科技、光电科技、国防科技等领域紧密结合，在此过程中不

图 8-2 1992 年，杨叔子（第一排左三）与史铁林（第一排左四）在原兰州铁道学院讨论工作（史铁林提供）

[①] 杨叔子，丁洪，史铁林等：《基于知识的诊断推理》。北京：清华大学出版社，1993 年，前言。

仅发展了科研，服务了社会，还培养出了一代又一代的杰出人才，使得人才培养、科学研究、社会服务充满着蓬勃朝气，洋溢着人文关怀[①]。史铁林对恩师杨叔子衣钵的继承与发扬及其对杨叔子生活与工作的关心与支持，使杨叔子深感欣慰，杨叔子认为："没有史铁林同志与有关同志的关心、帮助与照顾，许多工作、许多事情就不好去设想了。"[②] 墙内开花墙外香，史铁林所取得的显著成就也使其在相关领域得到广泛认可。他不但入选首批"新世纪百千万人才工程"国家级人选，而且于2011年受聘为教育部长江学者特聘教授。

牵头承办专家系统学术会议

图8-3　1989年10月，杨叔子（台上左二）出席专家系统工程应用国际学术会议（史铁林提供）

为深化专家系统在机械领域中的应用，杨叔子在专心实验的同时积极开展学术交流活动。在杨叔子的倡议下，1987年7月7—8日，"专家系统工程应用学术讨论会"在华中工学院举行。清华大学、上海交通大学、西安交通大学、天津大学、浙江大学、哈尔滨工业大学、北京工业学院（今北京工业大学）、南京工学院、大连工学院和华中工学院10个院校的专家出席了会议。会议期间，各校专家纷纷介绍了各自在专家系统工程应用方面的研究情况，并在杨叔子的陪同下参观了华中工学院正在研制的几个专家系统。之后，各位专家就专家系统工程应用的

---

① 杨叔子：《杨叔子科技论文选（下）》。武汉：华中科技大学出版社，2012年，第539页。
② 同①。

相关学术问题进行了深入研讨①。

1989年10月13—16日，杨叔子克服重重困难，使"专家系统工程应用国际学术会议"（International Conference on Expert Systems in Engineering Applications，简称ICESEA'89）在华中理工大学② 如期举行。来自澳大利亚、日本、美国、英国与我国各地的102位知名专家参加了此次会议。与会专家就"专家系统发展""专家系统理论""知识库发展""专家系统工具""基于知识的诊断系统""设计专家系统""控制与管理专家系统"和"机器人与模拟"等议题进行了深度交流，学术气氛十分活跃。③ 杨叔子有感于此次会议的盛况，写下了七律一首：

> 桂香月满趣无穷，国际切磋情更浓。
> 潜力惊人称技术，智能涌"秀"出人工。
> 瑜珈山势英贤聚，黄鹤楼高气象雄。
> 客主把杯相与祝，专家系统更葱茏。④

会议结束后，杨叔子主编了《专家系统工程应用国际学术会议论文集》。

除了积极参加并筹办学术会议，杨叔子也多次邀请自己的高中同学与多年挚友涂序彦来校进行学术报告，介绍国内外人工智能科学技术的新进展。涂序彦是中国人工智能学科的主要奠基人、中国人工智能学会的主要创始人之一。1976年，涂序彦在国内率先开展智能控制的研究。他主持研制了世界上第一个中医专家系统，在国际上首先提出"智能管理"新概念与"多级专家系统"等新方法，2012年被授予"吴文俊人工智能科学技术奖成就奖"。高中时涂序彦就将杨叔子作为自己的学习榜样与非常敬重的

---

① 专家系统工程应用学术讨论会组委会会议消息.《华中工学院学报》，1987年第4期，第100页。
② 1988年1月起，华中工学院更名为"华中理工大学"。
③ 杨叔子："专家系统工程应用1989年国际学术会议"（ICESEA'89）在武汉举行.《振动与冲击》，1990年第1期，第10页。
④ 杨叔子:《往事钩沉》. 武汉：华中科技大学出版社，2018年，第194页。

图 8-4　1995 年 10 月 2 日，杨叔子（左三）在北京拜访涂序彦（左一）及其夫人汪蔚宵（左二）时合影（资料来源：涂序彦提供）

兄长。大学期间，二人再续同学缘分，涂序彦就读于华中工学院电机系，杨叔子就读于华中工学院机械系。毕业以后，杨叔子继续着他的机械事业，涂序彦则转入了自动化与人工智能领域。不过，涂序彦与杨叔子之间的交往并未因工作单位与领域的不同而淡化。多年来二人一直保持着邮件往来，早已结成莫逆之交。杨叔子只要去北京，必会拜访老同学。同样，涂序彦来武汉也会主动联系杨叔子。在接受采访的时候，涂序彦一再表示，杨叔子既谦虚谨慎又聪明好学，并且对新事物的敏感性很强[①]。正因这些特质，杨叔子才能迅速瞄准吸收领域前沿与新兴学科知识，并顺利实现机械制造与人工智能的完美结合。

在实验研究与学术交流的基础上，杨叔子认为，将专家系统的工程应用所涉及的理论知识与应用实例进行系统梳理十分必要。为此，他积极组织工程测试教研室成员对有关成果与经验进行总结与提炼，先后完成了《机器故障诊断的时序方法》（杨叔子、吴雅等编著）、《人工智能与诊断专家系统》（杨叔子、郑小军编）以及《基于知识的诊断推理》（杨叔子、丁洪、史铁林、郑小军等著）等著作的编撰与出版，对人工智能及其发展、专家系统的结构与建造、知识的表示与利用、诊断专家系统实例、复杂系统诊断专家系统的层次诊断模型以及基于知识的汽车发动机诊断系统等作出详细介绍，为相关领域的研究者提供了极富价值的启发与借鉴。

[①]　涂序彦访谈，2016 年 7 月 21 日，北京。资料存于采集工程数据库。

图 8-5　杨叔子关于设备诊断的代表性著作（史铁林提供）

我国机械智能制造领域的拓荒者

自 1986 年起，杨叔子便开始积极尝试将人工智能应用于制造领域，研究范围涉及智能监测与诊断系统、制造过程的智能控制、智能管理信息与生产规划系统、基于知识的数据库技术、制造质量信息的智能处理系统、柔性制造系统（Flexible Manufacturing System，FMS）作业的智能调度与控制、智能预测技术、产品设计与制造中可视（几何）知识处理技术等，极大地推动了国内机械制造的智能化进程，也奠定了杨叔子在该领域的国际地位。

于杨叔子而言，科研是一项永无止境的志业。因此，即使在智能诊断、智能控制等方面取得了巨大的成就，他依然坚持每天阅读国内外科技文献，留心机械工程与相关学科发展的动态前沿，同时立足自身的实验成果，反思当下研究存在的不足。不久他便注意到了人工智能与机械制造相融合的新趋势——智能制造。在接受采访时，杨叔子谦逊地说："实际上，国外很早就出现了'智能制造'这一概念，我在国内较早提出来，是因为

第八章　学科交叉新探索

我每天都研读国内外相关的科技文献，看到国外有新的研究进展就立即进行学习与借鉴。"①

瞄准国际前沿

一般而言，制造是包含产品的研发、设计、原料采购、加工、管理、维护、销售等环节在内的整条产业线，或产品生产的整个生命周期。因此，科学意义上的制造是一个广义的制造系统。然而，长久以来，人们几乎把所有的焦点都集中到了制造过程（或加工），至于与此相关的设计、管理、维护与销售等环节，则没有引起足够的重视。这种情况在智能技术与机械制造的融合方面也表现得十分突出。

19世纪中后期至20世纪80年代，人们对制造技术的关注主要集中于制造过程（产品制造的加工环节）的自动化。结果，制造过程的自动化水平不断提高，产品设计以及生产管理效率的提高却十分缓慢。换言之，生产过程中人的体力劳动虽然得到了极大解放，但脑力劳动的自动化程度依然很低，各种问题求解的最终决策（如何进行产品的设计、管理以及销售）在很大程度上仍依赖于人的智慧。随着竞争的加剧和制造信息量的增加，这种依赖程度将越来越大。

不可否认，人类社会已经在"人工智能在机械制造中的应用"（Artificial Intelligence in Manufacturing，AIM）方面取得了重要进展，尤其是各类专家系统的问世，极大地提升了产品的制造性能。但是，人工智能在机械制造中的应用依然存在很大的局限性。一方面，人工智能在机械制造中的应用是面向特定环节中特定问题的求解，仅能对产品生产起到特定的支持或辅助作用，还不能部分替代人的角色。例如，专家系统的专门性或针对性，决定了它只能对某一狭隘的应用领域起作用。因此，可以认为，专家系统是通过牺牲通用问题求解能力，换得在某一狭窄领域高水平

---

① 杨叔子、徐辉碧访谈——杨叔子的学术研究、校长经历及夫人徐辉碧的支持与帮助，2016年9月14日，武汉。资料存于采集工程数据库。

处理问题的能力①。另一方面，由于这些智能技术之间是相互孤立的，制造与生产的盲目性、低效率、重复设计以及资源浪费等问题仍然无法避免。因此，如何提升制造产业整体的决策自动化水平，从而更大程度地解放人的脑力劳动是一个亟待解决的世界性问题。

自 20 世纪 80 年代以来，先进发达工业国家已经开始了这方面的有益探索。英美等国出现了智能制造方面的专著，国际知名学者共同创办的国际期刊《智能制造》(*Journal of Intelligent Manufacturing*) 也于 1990 年问世。日本提出了引人注目的"智能制造国际合作研究计划"，其最终目的是研究开发出能使人和智能设备都不受生产操作和国界限制的彼此合作的系统。这一趋势很快便被密切注视国际科技发展动态的杨叔子注意到了。杨叔子认为，与工业发达国家相比，中国拥有丰富的劳动力市场，但专业人员与技术力量却十分稀缺。一旦这些国家掌握了先进的制造技术，拥有了决策自动化的水平，它们将不再依赖发展中国家廉价的劳动力资源。不仅如此，这还会进一步拉大发达国家与发展中国家在经济与科技发展上的差距。②

在开发专家系统工具的过程中，杨叔子已经意识到这种专门性的智能技术的固有缺陷。他认为，单个环节或要素的自动化或智能化无法从根本上改善整个制造系统的性能，要从整体上提升机械制造的智能化水平，必须走"集成创新"之路，即必须实现制造系统中各领域与环节的智能化，对各领域与环节的传统运行方式进行创新，在此基础上，寻求各环节新的运行方式的集成，实现制造系统整体的优化与提升。美国、日本等制造强国对智能制造的高度重视使杨叔子更加坚信了自己的想法：要实现制造过程中真正意义上的人的解放，就必须从当前的"智能化孤岛"③迈向制造环境的全面智能化研究。

---

① 黄可鸣:《专家系统》。南京：东南大学出版社，1991 年，第 18 页。
② 杨叔子，丁洪：智能制造技术与智能制造系统的发展与研究。《中国机械工程》，1992 年第 2 期，第 18-21 页。
③ 指人工智能技术在机械制造某一领域的应用。

首倡"智能制造"

1988年6月8—11日，国家自然科学基金委员会材料与工程科学部委托华中理工大学筹备召开"机械制造的未来"研讨会。此次会议的目的在于分析探讨国内外机械制造工业的现状、发展趋势与研究前沿，明确我们的差距及努力方向。来自全国高等院校、科研单位、工厂和技术领导部门的40名代表出席了这次会议。国家自然科学基金委员会材料与工程科学部李恒德主任在开幕式讲话中提出，要在这次会议的基础上，产生一个题为《机械制造走向2000年》的研究报告，论述机械制造的作用和地位、现状与发展趋势，以及我们的差距与对策。报告应具有权威性与公正性，既可作为领导决策的参考，又可作为基金申请者的引导，还可作为自然科学基金委员会编制项目指南的依据。为进一步落实报告撰写工作，经国家自然科学基金委员会代表与其他与会代表协商决定，由杨叔子、师汉民、王先逵、屈梁生与彭泽民等11位专家组成起草委员会，由师汉民担任起草委员会主席[1]。

1989年，"机械制造走向2000年——回顾、展望与对策"大会在华中理工大学召开。此次会议云集了一大批机械学科的著名专家学者，其中不少专家学者就人工智能在制造领域中的应用进行了探讨。杨叔子认为，这是一个提出"智能制造"的绝佳契机。于是，他在会上发表了一篇主题为"智能制造"的论文，在国内首次探讨了制造系统的集成化与智能化问题，即智能制造系统的问题[2]。

不过，鉴于当时国内制造业水平与工业发达国家之间差距悬殊，很多人还不认可"智能制造"这一概念，认为智能制造是一个"虚无缥缈"的东西。因此，杨叔子在国内倡议开展智能制造研究之初，受到了许多同

---

[1] "机械制造的未来"研讨会：《机械制造的未来（论文集）》。武汉：华中理工大学出版社，1989年，第1-3页。

[2] 赵东标，朱剑英：智能制造技术与系统的发展与研究。《中国机械工程》，1999年第8期，第95-99页。

行的质疑[①]。但是，基于国际方面的启示与自身的战略研判，杨叔子预感：智能技术在机械领域的发展前景十分广阔。智能制造是 21 世纪的制造技术，作为其特征的"双 I"（即 integration & intelligence，集成化与智能化）将是 21 世纪制造业赖以行进的基本轨道。

开展智能制造课题研究

为了加深国内同行对智能制造的认识，杨叔子决定从理论与实践两方面进行努力。

在理论研究方面，自 1989 年在国内首倡"智能制造"以来，杨叔子一方面继续追踪智能制造发展的国际动态，另一方面协同其指导的博士生丁洪、吴波等人发表了多篇与智能制造相关的学术论文，试图阐释智能制造的准确内涵，构建智能制造的完整体系。

杨叔子基于对开发孤立化智能技术研究与实践的系统思考，融合国外已有研究，认为应该从两个角度来解析智能制造。一是智能制造技术（Intelligent Manufacturing Technology，IMT）。1992 年，杨叔子在《智能制造技术与智能制造系统的发展与研究》一文中对智能制造技术作出界定。他指出："智能制造技术是指在制造工业的各个环节以一种高度柔性与高度集成的方式，通过计算机模拟人类专家的智能活动，进行分析、判断、推理、构思和决策，旨在取代或延伸制造环境中人的部分脑力劳动；并对人类专家的制造智能进行收集、存贮、完善、共享、继承与发展。"[②] 这也是国内首个关于"智能制造"的明确定义。二是智能制造系统（Intelligent Manufacturing System，IMS）。基于对智能制造技术的内涵释义，杨叔子在随后撰写的多篇论文中逐步深化了对 IMS 的看法。例如，在 1996 年发表的《先进制造技术与系统 第二讲 智能制造——21 世纪的制造技术》一文中，杨叔子对智能制造系统的定义为："基于智能制造技术的制造系统（智

---

① 吴波访谈，2016 年 8 月 11 日，武汉。资料存于采集工程数据库。
② 杨叔子，丁洪：智能制造技术与智能制造系统的发展与研究。《中国机械工程》，1992 年第 2 期，第 18-21 页。

能制造系统）则是一种借助计算机，综合应用人工智能技术、并行工程、现代管理技术、制造技术、信息技术、自动化技术的系统工程技术。在国际标准化和互换性的基础上，使得制造系统中的经营决策、生产规划、作业调度、制造加工和质量保证等各个子系统分别智能化，成为网络集成的高度自动化制造系统。"① 至今杨叔子仍然十分强调要用这种整体的视角看待智能制造：

> 从整体来看，制造过程一定要智能化，我们整个工业发展最后也要走向智能制造。智能制造是整个制造过程的智能化，涵盖了产品的市场、开发、制造、管理、销售与服务整个过程。从某种意义上，智能制造就是进一步的现代化的工业化②。

不过，智能制造的提出不是为了削弱人在工业生产中的地位，恰恰相反，智能制造反而强化了人的作用。因为任何机器、任何技术都是人创造出来的，人是一切智能的智能来源。杨叔子如今仍然对此坚信不疑：

> 人工智能取代人的一部分工作，是人要他这么去干，是人赋予它这个能力，机器本身是没有生命、没有智慧的。所以，要想有一天全部用机器取代人，这是不可能的，人总是最高的主角。③

在实践方面，杨叔子积极组建团队、开展课题研究，以期在提升中国智能制造研究水平的同时，促进有关科研成果的实际应用与转化。

1991 年，杨叔子率先在华中理工大学组建了智能制造学科组，其成员主要包括工程测试教研室的丁洪、吴雅、杜润生、吴波等人。1992 年，

---

① 唐立新，杨叔子，林奕鸿：先进制造技术与系统 第二讲 智能制造——21 世纪的制造技术。《机械与电子》，1996 年第 2 期，第 33—36 页。

② 杨叔子访谈——智能制造的腾飞与团队建设的关键，2016 年 9 月 28 日，武汉。资料存于采集工程数据库。

③ 杨叔子、徐辉碧访谈——杨叔子的学术研究、校长经历及夫人徐辉碧的支持与帮助，2016 年 9 月 14 日，武汉。存地同上。

学校成立了智能与集成制造研究中心，由此开启了国内智能制造研究的早期探索。同年，国家自然科学基金委员会组织华中理工大学、南京航空航天大学、清华大学等高校共同访问新加坡，并与新加坡南洋理工大学及国立新加坡大学签订了包括"智能调度""智能控制""智能故障诊断""智能系统与建模""智能机器人"5个领域长达5年的合作研究协议。其中，杨叔子代表华中理工大学与南洋理工大学签订了为期4年（1993—1996年）的"模具智能设计、制造及系统的开发"合作研究协议。在杨叔子的统领下，工程测试教研室的吴雅、杜润生、吴波等人均成为这一课题的中坚力量[①]。

图 8-6 1992 年 11 月，杨叔子（左一）访问新加坡南洋理工大学并与其签订合作协议（史铁林提供）

也是在这一年，杨叔子牵头向国家自然科学基金委员会提出了设立智能制造专项课题的建议[②]。1993 年，我国首个智能制造国家级重大项目——"智能制造技术基础"国家自然科学基金重点项目成功立项。这一项目的设立亦引起

图 8-7 1994 年，杨叔子（左三）与学生在实验室（史铁林提供）

---

① 史铁林访谈——杨叔子智能制造研究初况，2018 年 2 月 9 日，武汉。资料存于采集工程数据库。

② 杨占玺，韩秋实：智能数控系统发展现状及其关键技术。《制造技术与机床》，2008 年第 12 期，第 63—66 页。

了国家自然科学基金委员会对智能制造的重视，此后该机构每年都会资助相关的研究项目[1]。

"智能制造技术基础"项目于1994年开始实施，由华中理工大学、南京航空航天大学、西安交通大学和清华大学四所高校联合承担。项目的研究内容主要涉及智能制造基础理论、智能化单元技术与智能机器三个方面。其中，智能化单元技术包括智能设计、智能工艺规划、智能制造、智能数控技术、智能质量保证、监测与诊断技术等具体内容，智能机器主要包括智能机器人与智能加工中心两项研究内容。杨叔子所带领的华中理工大学研究团队主要承担智能制造基础理论、智能设计、智能工艺规划、智能制造关键技术与智能加工中心及其相关技术的研究与开发任务。

对于工程类项目而言，理想的实验室与试验设备是必要的硬件准备。然而，当时国内在智能制造方面，无论是科学研究还是工业实践都处于空白，因此并没有开展智能制造研究的专门实验条件。据杨叔子回忆，当时承担这个课题的时候，学校根本没有专门的智能制造实验室，只有机床实验室。机床实验室主要从事三个方面的研究工作：机床、工具刀具以及刀具加工（即制造工艺）[2]。但要开展智能制造研究，现有的设备条件肯定是不够的。据此，杨叔子充分发挥团队的科研优势，带头将智能加工、智能规划、智能检测等智能技术与算法融入已有设备，实现了旧设备的智能升级，同时积极开发研制新设备。渐

图8-8 国内第一台立式加工中心，华中科技大学机械科学与工程学院的"镇馆之宝"（2016年9月28日。采集小组拍摄）

---

[1] 赵东标，朱剑英：智能制造技术与系统的发展与研究。《中国机械工程》，1999年第8期，第95-99页。

[2] 杨叔子访谈——智能制造的腾飞与团队建设的关键，2016年9月28日，武汉。资料存于采集工程数据库。

渐地，曾经单一的机床实验室发展成了一个集制造、人工智能与智能制造于一体的多功能智能制造实验室。杨叔子坦诚地说："这个实验室完全是依据形势所需，逐步发展的，并不是有意去建这个智能制造实验室[①]。"也正是在这样一个依时势逐步发展起来的智能制造实验室中，杨叔子带领工程测试教研室相关成员完成了"智能制造技术基础"项目的大部分研究任务。

图 8-9　华中数控中的"华中 8 型"系统（此为华中科技大学机械科学与工程学院在智能制造方面的重要成果，处于国内前沿水平。2016 年 9 月 28 日。采集小组拍摄）

派学生赴日学习智能制造

"他山之石，可以攻玉"。深受中国优秀传统文化浸润的杨叔子深谙此道。因此，除了自身的刻苦钻研，杨叔子也十分重视国际交流与合作。

20 世纪 90 年代初，我国在智能制造，甚至整个机械制造领域与日本、美国和德国等发达国家存在着很大差距。1989 年，日本东京大学工程学系精密机械工程专业教授吉川弘之（Yoshikawa）率先发起"智能制造系统 IMS 国际合作研究计划"倡议。吉川弘之曾担任过英国伯明翰大学高级研究员与挪威国立工科大学客座教授，长期从事设计学、机器人学等方面的研究，对智能技术在机械制造方面的应用前景十分看好。1991 年 1 月，这一倡议获得日本通产省的立案批准，以 10 年为期限，预算投资 10 亿美元。该计划于 1992 年秋开始执行。为此，日本联合欧共体、美国等工业强国成立了"IMS 国际委员会"，加拿大、韩国等也随之加入。"智能制造系统"国际合作研究计划选取了 6 个试验项目：过程工业（Process Industry）中的

[①] 杨叔子访谈——智能制造的腾飞与团队建设的关键，2016 年 9 月 28 日，武汉。资料存于采集工程数据库。

清洁制造技术、并行工程技术、全球制造业集成技术、自律分散型控制系统、产品快速成形技术与知识系统化技术[①]。

杨叔子认为，这个项目代表着当时国际上最顶尖的水平，我国必须加入这一国际合作计划中，看一看这些工业先进国家究竟是怎么做研究的。遗憾的是，由于多方面因素的影响，我国连续3年申请加入这个国际合作项目，却一直遭到拒绝[②]。这样一来，我国与发达国家在此方面的差距只会越来越大。杨叔子为此困恼良久。

一次，杨叔子受邀去天津大学参加一位博士的毕业论文答辩。该生是天津大学派往日本的留学生，答辩前曾在日本东京大学攻读智能制造专业，属于联合培养性质。这次答辩经历使杨叔子对日本东京大学在智能制造方面所做的课题和研究方向有了较为清晰的了解。受此启发，杨叔子突然想到，华中理工大学也可以效仿天津大学，通过派学生留学的方式来参加此类国际合作项目。当时正好有一个机会，教育部组织实施公派学生去日本留学，享受日本留学生奖学金，华中理工大学有两个名额，杨叔子紧抓良机，力荐自己的硕博连读研究生李军旗去日本学习智能制造。

李军旗本科就读于沈阳工业学院（今沈阳理工大学）。毕业之后，李军旗经本科辅导员介绍，于1991年投入杨叔子门下。初入"杨门"，杨叔子问李军旗："你是只读硕士呢，还是直接读到博士？"李军旗一口笃定："我直接坚持读到博士！"[③] 于是，杨叔子就给李军旗分了一个硕博连读的

图8-10 华中科技大学数字制造装备与技术国家重点实验室的机器人刨模装备（该装备融合多种智能算法。2016年9月28日。采集小组拍摄）

---

① 王庆明：《先进制造技术导论》。上海：华东理工大学出版社，2007年，第247-248页。
② 李军旗访谈，2016年7月27日，深圳。资料存于采集工程数据库。
③ 同②。

课题"30万千瓦汽轮发电机组的智能故障专家诊断系统"。1993年被公派出国的时候,李军旗正值博士一年级。在华工的这些年,李军旗表现出了浓厚的科研兴趣、过硬的专业功底与刻苦的钻研精神,杨叔子对此深感欣慰。因此,杨叔子在派谁去的问题上并没有花费太多脑筋,很快就作出了决定。

拿到留学名额仅是赴日留学的第一步。出国之前,李军旗需要先去东北师范大学学习一年的日语。这一年,杨叔子于百忙之中,坚持给李军旗写信,一方面叮嘱他注意身体,另一方面鼓励他学好日语,将来学成归国,为祖国作贡献。他还托东北师范大学的郝水院士代他照顾李军旗。

李军旗出国之前,杨叔子特意把他叫到家里,为其设宴饯行。临行前,杨叔子还给了李军旗300块钱,让他置办出国的"行头"。杨叔子无微不至的关怀深深打动了李军旗,他立志要在日本学好先进技术,在此方面作出成绩,来日报效祖国。

到了东京大学之后,李军旗的视野变得更加开阔了。他不仅接触到了当

图8-11 1995年4月3日,杨叔子给在东北师范大学学习日语的李军旗写的问候信(李军旗提供)

时全世界最先进的设备,也得到了日本智能制造与精密制造领域知名教授(如东京大学校长吉川弘之、东京大学智能制造实验室主任常伟高明教授以及中川威雄教授等人)的指导。从他们的研究领域及其取得的成果来看,李军旗发现杨叔子提出的概念、研究方向和方法十分前沿,处于国际

领先水平。遗憾的是，受我国当时经济条件的制约，国内在硬件设施、装备研究与资金支持方面十分薄弱，所以在科学研究方面与国外产生了不小的差距。但是，杨叔子提出来的研究方向和研究方法与国外几乎是处于同等水平的。李军旗在华中理工大学求学期间，杨叔子为其选定的研究方向是具有前瞻性的，采用的研究方法与方法论，如集成创新、交叉融合等是适合机械学科本身发展的。正因如此，李军旗去日本后迅速融入了对方的研发团队，并提出了自己独到的研究方向和理念[①]。随着学习的深入，李军旗越发觉得，日本学者在有些领域是领先的，但某些思维方式还是存在局限性。我国的科技工作者用自己独特的理念和方法完全可以做出全世界顶尖的、领先的学术成果，并且能够很快解决一些企业棘手的问题[②]。

这一发现极大地增强了李军旗的自信心。此时的他只有一个念头：不辜负恩师杨叔子多年的教诲，用杨叔子的集成创新思想，抓住留学机会把它发扬光大，争取能够在智能制造领域做到全世界顶尖的、领先的技术和水准。在东京大学 3 年半左右的求学时间，他的目标与方向十分明确，那就是学到最先进的技术，在这个基础上再创造性地做出一些成果。所以，那三年虽然很辛苦，但是李军旗每天都很有动力。

与此同时，李军旗也更加钦佩杨叔子的超前意识与战略眼光。在日本留学期间，李军旗曾几次回国，与杨叔子交流他在日本学习的经历、所取得的成就，也积极向杨叔子请教自己所遇到的学习困惑。他深切地相信，这位目光高远的战略科学家一定能为自己指出最好的发展道路。据李军旗回忆：

> 我回国去拜访杨老师，也与他探讨关于研究方向做调整的问题，征求他的意见。好像是 1998 年的时候，向杨老师汇报了一些我的博士论文研究方向。到 2000 年左右，我又回来向他汇报了我们在做远程遥控、网络制造的情况。当时在下一步的研究方向上，我也存在一些困惑，因为那时候觉得我们在整个世界的范畴之内，无论是硬件还

[①] 李军旗访谈，2016 年 7 月 27 日，深圳。资料存于采集工程数据库。
[②] 同①。

是软件都处于领先的位置了,在这个顶峰的时候再思考下一个研究方向应该怎么选择。日本 2000 年就作出了世界上第一台纳米分辨率的超精密加工机器,我觉得这个方向是我们国内比较欠缺的,我想在这个领域能够做些超越的事情,回来与杨老师探讨,并且把当时在日本做的一些样品拿回来给杨老师看。我记得很清楚,杨老师给我的一句话是:"这就是制造业的核心,也是我们国家最缺的技术。"电脑、信息、科学软件,国内的研究也好,我国是不落后于国外的,而一旦涉及超精密的硬件设备,我国只能依赖进口非常昂贵的设备。我向杨老师说,这个方向,第一我有兴趣,第二这是日本的一些领先技术,我希望以后去做研究开发。杨老师非常支持制造业里的一些值得探讨的新领域。所以回日本以后,我利用日本的有利环境,花了 5 年的时间,不但是从软件,更是从系统和设备上做研究开发,而且还是采用从杨老师那里学来的集成创新的方法,把测量设备和加工设备集成在一起。在 2005 年的时候,我们研究出了世界上第一台纳米分辨率,并集车、铣、磨和测量于一体的超精密加工设备,基本上打破了日本在这个领域内的一些传统方式和方法。①

在杨叔子的鼓励与指导下,在日本学习期间,李军旗先后在开放性智能制造系统研究以及精密制造领域取得了巨大的成就,得到了领域内日本知名专家教授的高度认可。回国后,李军旗不忘初心,经过与杨叔子的慎重商议,他毅然前往深圳创办了圆梦精密技术研究院,立足智能制造与精密制造两大领域,以杨叔子的集成创新思想为引领,研发高端装备、工具与材料,并致力于培养创新人才。据李军旗介绍,研究院自创立以来一直得到杨叔子的支持与指导,其所涉及的研究领域、研究方向以及研究的关键方法论,基本上是杨叔子智能制造思想体系的具体实现。就连研究院的名字也是杨叔子提出的。"圆梦"一词寄予了杨叔子对李军旗深切的期望,它有三重含义:一是圆海归创业的报国梦,二是圆精密制造的强国梦,三

---

① 李军旗访谈,2016 年 7 月 27 日,深圳。资料存于采集工程数据库。

图8-12 2011年,杨叔子(右四)与李军旗(右三)、肖海涛(右一)、余东升(右二)等在深圳合影(徐辉碧提供)

是圆中华复兴的中国梦[①]。目前,圆梦精密技术研究院已得到深圳市"孔雀计划"的大力支持,在解决航空航天难题方面也达到了国际领先水平。而现任富士康工业互联网股份有限公司董事长的李军旗仍在持续从事精密加工、精密制造、精密工具和新材料方面的研究开发和业务拓展,不遗余力地为祖国走向智能制造与精密制造的现代化强国贡献光和热。

积极开展国际交流

在国际交流方面,除了派李军旗去日本留学,杨叔子也积极筹划并参与相关学术会议。

1989年5月15日,杨叔子联合英国伯明翰大学与湖北省计量测试学会,在华中理工大学组织召开了"首届测试技术与智能仪器国际学术讨论会"。美国、英国、日本、德国、苏联等14个国家与我国20多所高校及

---

① 李军旗访谈,2016年7月27日,深圳。资料存于采集工程数据库。

科研单位均派代表参加了此次会议。会议共发表论文240多篇,其中华中理工大学论文占到总论文数的四分之一。这反映出华中理工大学当时在新技术与新学科上,尤其是测试技术与智能仪器方面正迅速追赶世界先进水平。会后华中理工大学出版社出版了《第一届测试技术与智能仪器国际学术讨论会议论文集》,其中收录了杨叔子与王阳生、师汉民等人合作撰写的英文论文 *Laser rangefinder for visible objects measurement*。

1993年8月,杨叔子作为大会主席之一,赴北京参加了第一届全球华人智能控制与智能自动化大会(CWCICIA'93-The First Chinese World Congress on Intelligent Control and Intelligent Automation),并向会议提交了《基于神经网络的汽轮机组故障诊断系统》一文。

1995年6月14—17日,由国家自然科学基金会、美国光学工程学会、香港王宽诚基金会和华中理工大学联合主办的"首届国际智能制造会议"在华中理工大学召开。来自16个国家和地区的近百名智能制造权威专家汇聚华工校园,围绕"智能制造技术最新成果"及"制造的智能化、集成化和柔性化发展"等主题进行了讨论交流[①]。其中,杨叔子在会上作重要报告《智能制造:21世纪中国制造战略面临的挑战及应对》,引起了与会专家的强烈共鸣。此次会议共收到论文320篇,其中70%以上为中国学者与科研人员所撰写。由此,杨叔子不仅对国内外智能制造研究与发展的动态前沿有了更为全面与清晰的认

图8-13 1993年,在全球华人智能控制与智能自动化大会上杨叔子(右二)与涂序彦(左三)等人合影(涂序彦提供)

---

① 金石:首届国际智能制造会议在武汉召开.《机械与电子》,1995年第4期,第24页。

第八章 学科交叉新探索

识，同时也看到了中国向世界高科技领域最前沿阵地挺进的信心和实力。

经过设备更新，派学生出国留学，国际交流互动，加之各单位的共同努力，国家自然科学基金重点项目"智能制造技术基础"于1997年12月顺利完成，于1999年5月通过专家组验收。该项目收获了若干理论与实践成果，被认为提高了我国制造业在国际市场的竞争能力和快速响应市场需求变化的能力，同时也为用高新技术改造我国的传统制造业，推动经济发展打下良好的基础[1]。

在杨叔子提出"智能制造"概念之初，并未受到国内同行的重视与认可。现如今，智能制造已经上升为国家战略。2015年5月，国务院印发我国实施制造强国战略第一个十年的行动纲领《中国制造2025》，提出"把智能制造作为两化深度融合的主攻方向"，将"研究制定智能制造发展战略""加快发展智能制造装备和产品"以及"推进制造过程智能化"等作为战略任务和重点加以推进[2]。2016年9月28日，工业和信息化部与财政部联合发布了《智能制造发展规划（2016—2020年）》，提出了推进智能制造发展的"两步走"战略构想[3]。2017年3月，国务院发展研究中心携手博世（BOSCH）在北京发布《借鉴德国工业4.0推动中国制造业转型升级》报告（以下简称"报告"），报告将"智能制造"和"智能服务"作为德国工业4.0的关键词，并将之视为中国制造业转型升级的必由之路[4]。早在20世纪80年代末，杨叔子就已经预测到这一发展趋势，并为我国智能制造的起步与发展作出了奠基性的贡献。

熊有伦院士认为："杨叔子院士通过将机械工程与控制工程、电子信息工程、人工智能等交叉融合，不仅在数控、数字制造、智能制造这些方面取得了重大成就，还对整个机械学科的发展起到了很重要的作用。"[5] 原华

---

[1] 杨叔子，吴波：依托基金项目 开展创新研究——国家自然科学基金重点项目"智能制造技术基础"研究综述。《中国机械工程》，1999年第9期，第987-990页。

[2] 国务院：国务院关于印发《中国制造2025》的通知。中华人民共和国中央人民政府网站，2015-05-19。

[3] 工业和信息化部，财政部：关于印发《智能制造发展规划（2016-2020年）》的通知。中华人民共和财政部网站，2016-09-28。

[4] 陈颐：国务院发展研究中心携手博世发布工业4.0研究报告。中国经济网，2017-03-17。

[5] 熊有伦访谈，2016年8月22日，武汉。资料存于采集工程数据库。

中理工大学党委书记李德焕在接受采访时亦指出,"杨叔子的学术研究顺应了国际学术发展的趋势,他的学问更有导向性,起到一种引领作用,因此杨叔子亲自撰写并作为第一作者的文章可能不会是特别具体的东西,更多的是关于智能制造的现状、今后国家的重大装备和现代制造的前景等。他是先走出第一步,为后续的研究指明方向。这个很重要,能够为后续的研究起到一个很好的铺垫作用"。[①]

鉴于杨叔子在我国智能制造方面的开创性贡献,1990年11月4日,杨叔子被国家高技术自动化领域专家委员会聘为中国第一届中国计算机集成制造系统(CIMS)学术会议学术委员会委员。1992年4月14日,杨叔子又被中国人工智能学会聘为学会第三届理事会副理事长。

杨叔子常说,做科研有两个必备因素:一个是要有一个能把方向的学术领导,另一个是要有一支团结一心的攻关团队,缺一不可[②]。访问回国后,杨叔子便以他前瞻性的战略眼光与卓越的学术领导力,带领团队永攀科技高峰,推进了超精密加工,实现了无颤振切削,攻克了定量检测国际难题,开辟了智能制造新领域,在若干领域竖起了一个又一个的里程碑。这些事迹不仅成就了杨叔子,也成就了华中科技大学,成就了中国!在杨叔子看来,荣誉属于集体,而在与他共事的所有人眼中,杨叔子才是使这支科研交响乐得以和美的总指挥家。

[①] 李德焕访谈,2016年8月23日,武汉。资料存于采集工程数据库。
[②] 杨叔子访谈——智能制造的腾飞与团队建设的关键,2016年9月28日,武汉。存地同上。

第九章
校长之路尚教育

  重任落双肩,夫复何言?深情挚语又华笺。风雨同舟年四十,一瞬依然。
  立誓创新篇,梦绕魂牵。成城众志是源泉。谋政须符身在位,无愧前贤。①

——杨叔子

  1991年,杨叔子因在精密机械加工与机械加工自动化、机械设备诊断理论与实践以及时间序列分析的工程应用方面的突出贡献,当选为中国科学院学部委员,实现了华中理工大学在学部委员人数方面零的突破。1993年,杨叔子被正式任命为华中理工大学校长。在四年的任期里,他以原浙江大学校长竺可桢为榜样,以"育人"为一切工作的出发点和落脚点,以深刻的教育思想和切实的教育举措为依托,加快了华中理工大学从单一工科型高校向综合研究型高校进军的坚实步伐。与此同时,杨叔子也逐渐成长为一名优秀的教育家。

---

  ① 杨叔子:浪淘沙·接任校长感赋。见:杨叔子,《杨叔子槛外诗文选》。武汉:华中科技大学出版社,2009年,第11页。

荣膺华工首个学部委员

中国科学院成立于 1949 年,是我国自然科学最高学术机构、科学技术最高咨询机构。其中,成立于 1955 年的学部作为中国科学院的重要组成部分,承担着组织选举学部委员的职能,也是国家重要的科学思想库。中国科学院学部委员是国家在科学技术方面的最高学术称号,无论是在荣誉上还是学术上都有着较高的权威。1993 年 10 月,中国科学院学部委员改为中国科学院院士。

学部自成立以来,已于 1955 年、1957 年、1980 年先后选出了三批中国科学院学部委员。作为国家最高层次的科技"智囊",学部委员以高度的爱国热忱和高深的学术造诣,为开创和发展我国科学技术事业以及培养人才作出了不可磨灭的贡献。但由于各种原因,学部委员的增选工作在 1981 年至 1990 年全面停止[①]。到 1990 年年末,学部委员的平均年龄已超过 74 岁。而在 20 世纪 80 年代,我国涌现出一批具有突出成就和奉献精神的优秀科技工作者,他们为我国的经济建设和科技发展作出了突出贡献,在人民群众中产生了很好的影响。为了充实中国科学院学部委员的队伍,更好地发挥这些优秀科技工作者的重要作用,在中国科学院数学物理、化学、生物、地学、技术科学五大学部召开的学部委员会议上,委员们纷纷建议尽快增选一批新的学部委员,把更多优秀的科学家集中到学部中来,并逐渐使增选工作制度化、规范化,以增强学部的活力,适应我国科技事业发展的需要。

随后,国务院于 1990 年 11 月 16 日发布文件,同意中国科学院、国家科委《关于增选中国科学院学部委员的请示》和《中国科学院学部委员增选办法》,批准中国科学院在全国范围内增选约 200 名学部委员。于是,中国科学院学部委员第四次增选工作于 1991 年正式开展。此次增选完全

---

① 王扬宗:学部委员改称院士的曲折过程。《中国科学报》,2014 年 5 月 23 日。

不同于其他申请奖励、评定职称、推选代表等性质的工作,而是参照国际上大多数国家科学院推选院士的做法,严格按照推荐、初选、评审和选举四个步骤有序进行[1]。同时,国务院也作出要求,推荐学部委员候选人时,必须推荐在某一科学技术领域真正作出系统的、创造性的科学成就和重大贡献,具有突出学术水平、热爱祖国、学风正派的优秀科技专家,并从中进行认真初选。

1991年,华中理工大学推选出3名教授作为中国科学院学部委员候选人,杨叔子就是其中之一。他之所以能够成为候选人,除了自身的努力外,学校的培养也是一个重要因素。据李德焕回忆:

> 当时机械系公开宣布了三个重点培养对象,叔子是第一个。学院每个学期都要写教授培养计划,包括要担任哪些教学科研任务,准备写哪些文章,阅读哪些书目,还要定期检查。当时有重点师资培养的书面表格,都需要填写上交,对叔子的培养组织上一直是比较尽心的。在申报学部委员时,整个机械系全力支持他,关键时候起到了助推器的作用。[2]

华中理工大学确实十分重视这次的学部委员申报工作。因为在此之前华中理工大学没有自己的学部委员,申报成功将实现学校在学部委员人数上零的突破。更重要的是,它会对学校的整体学术水平、长远发展等产生重大影响。回忆起当时申报学部委员的情形,杨叔子仍记忆犹新:《候选人推荐书》等所有材料是学校一大批同志在反复研究的基础上共同书写的,包括研究生院的梅世炎、杨焕祥、王宏文,以及测试教研室的吴雅、史铁林、卢文祥、杜润生等。材料的填写不仅要做到实事求是,还必须把相关成就讲清楚,不能有任何遗漏,也不能无重点。大家为此费尽了心力,并且当时的校领导李德焕、黄树槐等人也是十分重视。大家都十分明白,这

---

[1] 汤华,顾迈南:把最优秀的科学家选进学部——中科院学部委员增选工作侧记.《瞭望周刊》,1991年第50期,第26-27页。

[2] 李德焕访谈,2016年8月23日,武汉。资料存于采集工程数据库。

一申报是关系我校发展的重大事情,马虎不得[①]。

杨叔子深知此事意义重大。一方面,他全力以赴,积极配合各项申报工作。另一方面,他也很坦然,做了充分的思想准备,以郑板桥的《竹石》勉励自己,如果这次不行,下次再继续申报。在整个学部委员选举期间,杨叔子丝毫不受影响,仍然以从容、严谨的学术态度,继续有条不紊地投身于陕西汉江机床厂的高精度滚珠丝杠等各项科研工作。

图9-1 1992年1月10日,杨叔子(中间站立者)在学校庆祝会上讲话(史铁林提供)

经过重重严格遴选程序之后,1991年11月,杨叔子当选为中国科学院学部委员。但是由于选举后还有诸多审查与手续,直到1992年1月4日,该消息才正式公布。这一天,中央人民广播电台公布了学部委员名单,杨叔子名列其中。"杨叔子成功当选为中国科学院学部委员!"当时杨叔子还在陕西汉江机床厂进行课题攻关,从他人口中得知这一消息后,严谨的他一再确认"没听错吧"。不久,杨叔子便接到学校的通知,证实了这一消息。随后,他在领导的要求下,立即赶回学校参加庆祝会。面对这一结果,杨叔子自然是高兴至极,但是他并没有沉醉其中。在庆祝会的讲话中,他将这一荣誉的获得归结于党,归结于学校,归结于研究团体的共同努力,并对向他表示祝贺的学生们说:"十分感谢你们!好好干!好好干就是最好的祝贺!"杨叔子希望以此为一个新的起点,开始一段新的征程,其当选后的欣喜之情、感恩之心以及对未来科学事业的期许在他的诗里表现得淋漓尽致:

---

① 杨叔子:《往事钩沉》。武汉:华中科技大学出版社,2018年,第196-197页。

七律·闻增选为中国科学院学部委员喜赋（二首）

其一

欢欣热泪共交流，竟夕沉思卅八秋：
大树参天培种始，高楼遍地拓荒谋；
敢将壮志酬书史，岂让华年化悔羞？！
饮水应知源远处，征程跃马越从头。

其二

风雨兼程五八春，雄鸡一唱九州晨。
红旗猎猎征新路，黑浪滔滔战恶津。
唯赖宏文群有力，频加重任我唯真。
心如明月情如水，笑作梅花是此身。①

图9-2　1992年1月7日，杨叔子（左）与孙女杨易（右）在院士庆祝专栏前合影（徐辉碧提供）

杨叔子当选为中国科学院学部委员可谓实至名归。"他立足于机械工程，关注机械工程与有关新兴学科的交叉，拓宽了机械工程学科的研究领域，从而取得了许多重要成果，在机械工程的理论研究与制造实践中均作出了重大贡献。在精密机械加工与机械加工自动化方面，杨叔子及其团队发展了切削振动理论与误差补偿技术，研究制造出切削监控系统，解决了二汽等大型企业生产中的关键技术问题。在机械设备诊断理论与实践方面建立了一整套概念体系，发展了诊断模型与策略，研制出不解体的发动机诊断系统。发展了钢丝绳无损检测理论与技术，解决了国际上断丝定量检测难题。在专家系统工程应用、信号处理、机械工程控制上也取得了多方面的成就。杨叔子在评选学部委员时已获重要奖励9项，专利1项，发表学术论文260多篇，出版著

---

① 杨叔子：《杨叔子槛外诗文选》。武汉：华中科技大学出版社，2009年，第10页。

作 20 种。他有力地促进了中国机械工程学的发展。"①

回首过去，杨叔子所走过的每一步路都为其当选学部委员奠定了坚实的基础。早在 1980 年，47 岁的杨叔子就以出色的教学科研实绩破格成为湖北省年轻的教授之一。从此，杨叔子便荣誉不断：湖北省科技精英、国家级有突出贡献的专家、全国优秀教师、全国高校优秀科技工作者、全国教育系统优秀模范……直至中国科学院学部委员②。这一系列成就的获得并非偶然，而是源于杨叔子勤于探索、勇于创造、坚持不懈的精神与毅力。正如他在毕业留校时所写："没有什么秘诀，没有什么捷径，真正的成功只能属于那些生活目的明确、不畏任何险阻的人。"诚如他荣膺学部委员时所说："人生在勤！勤，不是一天两天，一年两年，应该是一辈子。"

从教研室主任到校长的跨越

从 1984 年 12 月到 1992 年 12 月，黄树槐已连任两届华中理工大学校长。黄树槐是我国著名的机械工程专家、教育家。担任校长期间，黄树槐坚持"异军突起，出奇制胜"的办学谋略，使学校的发展迸发出强大活力。他始终将育人放在一切工作的首位，全面提高了学生的能力与素质；高度重视加强学校的学术水平与实力，不仅建立了多个国家级重点实验室，实现了学部委员零的突破，还深化了学校同国内外院校的联系与交流、同产业部门的沟通与合作③。在黄树槐的领导下，华中理工大学取得了巨大的成就，但他的校长任期即将结束。面对学校如此强劲的发展势头，全体师生都满怀期待：谁将是下一任校长的最佳人选，带领华中理工大学再创佳绩。

---

① 袁宝华，翟泰丰：《中国改革大辞典》。海口：海南出版社，1992 年，第 1536 页。
② 严赤卫：科学家·诗人·教育家——记华中理工大学校长杨叔子。《政策》，1997 年第 2 期，第 50-52 页。
③ 杨叔子：《杨叔子散文序函类文选（下）》。武汉：华中师范大学出版社，2012年，第278页。

第九章　校长之路尚教育

经过慎之又慎的一番考虑，学校向教育部极力推荐杨叔子担任新一任校长。这不仅仅是因为当时杨叔子刚刚荣膺中国科学院学部委员，学术能力让人心服口服，更是由于他平时工作认真努力，人品也备受好评。所以学校极为信任他，希望他能接任新一任校长，带领学校发展更上一层楼。然而在官方消息发布之前，杨叔子本人对此事却毫不知情。

1992年12月，杨叔子去北京参加一个学术会议，会议结束后他被叫到了国家教育委员会，与他一同前往的还有时任华中理工大学党委书记的李德焕。当时的国家教育委员会主任李铁映一见到两人，就表示希望杨叔子接任华中理工大学的校长。杨叔子听后一惊，随即表示自己无法胜任。因为在他看来，作为一校之长，要处理方方面面、里里外外的关系，而自己一直在走学术道路，没有做过系副主任、主任，没有做过副院长、院长，更没有做过副校长，还缺乏足够的行政管理经验，力不能及。所以，对于接任华中理工大学校长一职，严谨的杨叔子一再推辞。但是李铁映态度十分明确，建议杨叔子好好考虑，并表示极为赞同杨叔子"办大学要抓办学思想"的观点。

原来在1992年上半年，国家教育委员会就曾对华中理工大学的新任校长人选展开过调查。当时有关人员也就如何治理大学这一问题征询了杨叔子的意见，他回答："办大学就要抓办学思想，主要抓三点：一是抓教学，二是抓教师，三是抓干部队伍。当然，这不是说学生不重要。学生当然很重要，办学就是为了培养人，但没有教学，没有教师，没有服务教学与教师的干部，办学就成了空话。"①

不论是作为学校领导还是作为学友、挚友的李德焕都十分支持杨叔子接任校长，但与此同时，他也看出了杨叔子的忧虑。他鼓励杨叔子："你不用担心自己缺乏管理经验，我们领导班子团结协作，一起努力。你作为校长，主管大事，为学校引进人才、课题和经费，其他工作我们分工进行。相信自己，你一定可以胜任校长一职！"②

看到这一人心所向的形势，当时还只是教研室主任的杨叔子选择相信

---

① 杨叔子：《往事钩沉》。武汉：华中科技大学出版社，2018年，第211页。
② 李德焕访谈，2016年8月23日，武汉。资料存于采集工程数据库。

党和群众对自己的信任，同意出任华中理工大学校长一职。1993年1月11日，国家教育委员会人事司副司长张仁贤在学校校长任免大会上宣读了国家教育委员会的任免通知，任命杨叔子为学校校长，李德焕为党委书记，钟伟芳为学校常务副校长，朱耀庭、姚宗干、黄承堂为学校副校长。

教育家的探索之路

由于出身机械工程领域，又缺乏行政管理经验，当选校长之后的杨叔子还是受到了来自社会的些许质疑，他也曾把当时的自己形象地比喻为"热锅上翻烤的烧饼"。但很快，杨叔子便找准了自己的角色定位，并以原浙江大学校长竺可桢作为自己前进路上的榜样，与校领导班子成员团结协作，带领华中理工大学走上新的征程。在此过程中，杨叔子不断提出独具特色的教育思想，并不断推行切实有效的教育措施，逐步成长为一名优秀的教育家。

效法竺可桢，开启探索路

作为校长，杨叔子深知责任重大。他对自己提出了严格的要求：不仅要切实履行好校长的行政职责，开展好学校的教学、科研等各项工作，还要站在教育家的高度，以深刻的教育思想和躬行的教育实践引领学校未来发展，培养一大批爱国创新人才。为此，杨叔子以既是著名科学家，又是卓越教育家的竺可桢为榜样，开启了崭新的教育探索之路。

竺可桢是我国知名的气象学家、地理学家，同时也是与蔡元培、梅贻琦等知名校长齐名的教育家。1936年，竺可桢在国难深重、内战频仍、学潮不断的危急情势下被蒋介石举荐为浙江大学的校长。在之后的13年里，他带领学校从一所地方性大学发展成为蜚声中外的综合性名牌大学，并培育出了李政道、钱人元、程开甲、胡济民等一大批杰出人才。

竺可桢不但具有深刻的教育思想,而且在浙江大学推行了一系列卓有成效的教育举措。他认为大学的功能不仅是知识的传授,还必须体现在德、智、体、美等各个方面,使学生毕业以后能够在学问、事业、品行上有所成就。"大学所施的教育,不只在传授现成的知识,而重在开辟基本的途径,揭示获得知识的方法,并且培养学生研究批判和反省的精神,以期有自动求智和不断研究的能力。"[1] 大学的培养目标也不是"造就多少专家,如工程师、医生之类",而是旨在推出"公忠坚毅,能担大任,主持风气,转移国运的领导人才"。为此,他对浙江大学进行了大刀阔斧的改革:实行通才教育,反对单独的技能训练;注重育人,充分发挥学生的主体能动性;注重教师队伍建设,汇聚各路名师,容纳各派学者;提倡民主办校,实行校长与教师、职工分权的民主管理体制;以有限的经费大力扩充学校图书、教学设备,为教学与科研创造良好条件[2]。总之,深厚的教育思想与切实的教育举措不仅加速了浙江大学的发展,还使竺可桢成为我国近代史上一位闻名中外的教育家。

同为科学家,又同是被他人极力推荐走上校长岗位,开启育人之道的探索新路,相似的经历让杨叔子在敬佩竺可桢的同时,又增加了几分情感共鸣。他曾多次表示,竺可桢是他的榜样,是他在开展学校教育、管理等各方面工作时的表率。他深入研究竺可桢的教育理念,辩证分析竺可桢在浙江大学实行的一系列教育措施,并结合自身深厚的人文功底与多年的教学经验,形成了独具特色的教育思想。他认为我国高等教育的主旋律应是"育人",而非"制器",高等教育要培养既有爱国情怀,又有创新意识与能力的现代中国人。与此同时,他不断将自己的教育思想付诸实践,积极倡导在我国高等院校中实行文化素质教育,关心教师发展与生活,重视学科建设,提高学校教学与科研条件等。

在不断学习与探索的过程中,杨叔子在肩负科学家使命的同时,也逐渐成长为一名教育家。华中理工大学在国内外不断提高的影响力与其四个重要转变(从机电类为主的工科院校向文、理、工、管综合性大学的转

---

[1] 应向伟,郭汾阳:《名流浙大》。杭州:浙江大学出版社,2007年。
[2] 同[1]。

变，从以教学为主向教学、科研相结合的转变，从以本科教育为基础向高度重视研究生教育和发展继续教育的转变，从专业教育、科学教育向科学教育与人文教育相结合的转变）深刻印证了杨叔子作为一名教育家在我国高等教育发展史上的重要地位。可以说，杨叔子与竺可桢的相似之处又增加了一点，即两者都既是成就卓著的科学家，又是成绩斐然的教育家。

关心教师，尊重学生

韩愈的《师说》有云："古之学者必有师。师者，所以传道授业解惑也。"杨叔子认为，办重点大学最重要的就是师资，学校的发展需要不同类型、不同年龄段的教师各尽其才。所以在任校长期间，他十分注重加强师资队伍建设。他曾说过：学校不仅需要精于教学的教师，还需要善于科研的教师，更需要两者兼长的教师……学校需要年老的教师，他们是台柱；需要中年的教师，他们是中坚；需要年轻的教师，他们是未来[①]。杨叔子尤其关注年轻教师，他与教务、科研、人事、后勤、校办等有关部门的负责人定期同年轻教师进行座谈，听取他们关于教学、学校发展等各方面的意见与建议，能当场解决的问题就立即作出回复，复杂的问题就集体研讨之后再作出确切答复。

教师是学校发展的基石。但是在20世纪90年代初期，我国高校教师队伍流动非常频繁。对于如何稳定教师队伍，当时社会上流行着一条

图9-3 2004年，杨叔子（第二排左三）在华中科技大学附属小学与小学生们合影（陈惜曦提供）

---

① 杨叔子：《往事钩沉》。武汉：华中科技大学出版社，2018年，第279页。

重要经验，叫作"三留人"：一是事业留人，要使英雄有用武之地；二是待遇留人，要使教师在吃、穿、用等物质条件方面不用愁；三是住房留人，住房从待遇中划出来，足以见得在当时解决住房问题的重要性。杨叔子深知"安居"才能"乐业"的道理，接任校长后的第一件大事，就是解决教职工的住房问题。后来，时任国家教育委员会主任的朱开轩参观学校教职工宿舍，看到教职工的住房问题得以解决，对杨叔子给予了称赞。

  杨叔子对教师的关心可谓无微不至。他认为在中国的传统习俗中，孩子尤为重要。他说："可怜中国父母心，不重自己重子女。"所以，要想教师安心工作，在"三留人"的基础上还要再加一条"子女留人"，即学校必须要考虑教师子女，特别是青年教师子女的教育问题。虽然当时经费极为紧张，但在他的建议下，学校还是重建了幼儿园，大修了华中科技大学附属小学和附属中学。虽然杨叔子多年来一直保持着一条不成文的规矩——不题字，但他还是为附属中学题了校训："读好书，立好志，做好人"。他说："读好书，就是为立好志。立好志就是'工欲善其事，必先利其器'，而后才能脚踏实地地做好人。"①

  除了关心教师，杨叔子还特别尊重学生。当时学校的副书记刘献君、校办副主任万锦屏都评价他对于学生总是"有求必应"。只要学校有活动，不管是大是小，学生邀请他，他都会参加。由于杨叔子举办讲座、出席活动特别多，所以与很多学生保持着书信往来，其中既有本校的学生，也有外校的学生，既有大学生，也有中小学生。只要学生来信，不管是咨询人生规划，还是请教专业问题，不管是寻求鼓励，又或是表达感谢，杨叔子都会亲自看，并且亲自回复。万锦屏回忆说："他不光是给企业高层、知名人士回信，他还会给广东、山东等高校的本科生回信，会给武汉一些小学的小朋友回信，他真正做到了'有信必回'。"②

---

① 杨叔子：《往事钩沉》。武汉：华中科技大学出版社，2018年，第256页。
② 万锦屏访谈，2016年9月28日，武汉。资料存于采集工程数据库。

建设引力实验大楼和CERNET

杨叔子任华中理工大学校长期间，学校经济十分困难。但是为了学校的长远发展，为了使学校走向国际舞台，他不畏任何艰难，与校党委齐心协力，完成了几件重大事项。其中最有代表性的就是建设引力实验大楼与中国教育和科研计算机网络（China Education and Research Network，CERNET）。

图9-4 2011年，杨叔子（左）与罗俊（右）游樱园时留念（史铁林提供）

从1983年开始，华中理工大学物理学院的引力实验中心就一直从事与引力有关的实验检验及理论研究，一直受到学校历届领导人的高度重视。杨叔子接任校长时，万有引力常数G的精确测量工作正干得风生水起，并引起了国际学术界的高度重视。当时引力实验中心的负责人为罗俊[1]。罗俊曾对杨叔子讲过一件他在国外参加学术活动时发生的事情，此事令杨叔子极为自豪与感动，杨叔子遂将其记录在自传《往事钩沉》中。

罗俊说，在一次国际活动中，一位极为著名的外国专家对他们的工作表示质疑，质疑测试方法、测试环境和测试结果。那位著名专家就问："你们实验室有高级恒温装置吗？一天24小时能保证温度活动不超过±0.1℃吗？"罗俊笑了笑，告诉他："不是±0.1℃，而是±0.01℃。如果不作足够的准备就进入实验室，温度就会波动。"那位著名专家听完就哑口无言了。[2]

---

[1] 罗俊（1956— ），湖北仙桃人。引力物理专家，博士生导师，长江学者特聘教授。2009年当选为中国科学院院士。2010年7月任华中科技大学党委常委、副校长。2013年7月任华中科技大学党委常委、常务副校长。2015年1月任中山大学校长。参见华中科技大学官网。

[2] 杨叔子：《往事钩沉》。武汉：华中科技大学出版社，2018年，第255页。

虽然研究人员取得的成绩令人骄傲，但是他们却没有一个安全、舒适的工作环境。由于受经济等各项条件的制约，当时的引力实验中心只有一个山洞实验室。虽然对于万有引力的精确测量等研究工作来说，该实验室具有得天独厚的自然条件，但它对于研究人员的健康状况却造成了严重的威胁。由于罗俊常年在山洞实验室中开展科研工作，受到山洞中氡气的强烈辐射，脸上、手上患有严重的白癜风。杨叔子深知这一批研究人员创业的艰难，于是提议在山洞实验室前建一座引力实验大楼，为研究人员提供一个良好的工作环境。对于此事，杨叔子强调了三点理由：第一，为了引力实验中心全体研究人员的健康；第二，为了实验研究工作的需要；第三，为了开展国际交流，使学校走上国际舞台。但是当时学校经费确实有限，这一提议遭到了主管财务的黄承堂副校长的反对。据杨叔子回忆，黄承堂在学校会议上曾无奈地表示："我知道，这座大楼急需建，党委也一定会通过；但我依然投反对票，只因为学校的确没有钱。"[①]

虽然条件艰难，但为了学校的明天，这一提议最终还是得以通过。1996年5月，投资80万元的引力实验大楼成功建成。该大楼不仅使引力实验中心的研究工作开展得更为顺利，同时也为学校科研事业的腾飞奠定了基础。如今，在国家的大力支持下，引力实验中心已成为华中科技大学学科发展的三大重点平台之一，在国际舞台上也占有重要地位。2018年4月27日，来自美国、法国、俄罗斯、澳大利亚、日本、中国香港和内地的近10所知名大学和科研中心的专家学者参观了学校的引力实验中心。其中，俄罗斯莫斯科大学的Vadim Milyukov教授感慨不已，他说："我32年前就来过这里，当时的实验条件还非常有限。现在，这里已经发展成为世界上水平最高的引力实验中心，让人惊叹！"

另外，杨叔子继续坚持着办学应该"放眼未来，放眼世界"的原则，将中国教育和科研计算机网络华中地区网络中心的设置地争取到了华中理工大学。20世纪80年代以来，国家级的教育和科研计算机网络在大多数发达国家相继建成，并成为他们开展教育和科研工作最重要的基础设施，

[①] 杨叔子：《往事钩沉》。武汉：华中科技大学出版社，2018年，第212页。

从而有力促进了其教育和科研事业的迅速发展。我国政府高度重视教育信息化工作，从1994年起开始投资建设中国教育和科研计算机网络，旨在利用先进实用的计算机技术和网络通信技术实现我国教育和科研计算机网络之间的互联，及其与国际学术计算机网络之间的连接，为我国的教育和科研活动提供先进的信息交流手段和丰富的信息资源，实现资源共享，从而支持并促进我国教育和科技事业的发展。中国教育和科研计算机网络分四级管理，分别是全国网络中心、地区网络中心和地区主节点、省教育科研网、校园网。其中，全国网络中心设在清华大学，负责全国主干网的运行管理。而对于地区网络中心和地区主节点的建设，教育部则计划与部分高校合作，在全国范围内设置8个网络中心，分布在华北、华东、华南、华中、东北、西北、西南、东南地区。华中地区网络中心设在何处？显然，一定会设在武汉，而设在武汉的哪所高校？这打响了武汉重点高校的网络中心"争夺战"。

杨叔子认为，争取到中国教育和科研计算机网络华中地区网络中心设置地具有重要意义，它不仅能够为师生的学习与教学提供实惠而便捷的网络资源，还有利于学校与互联网相关的科研事业的发展。虽然杨叔子作为校长中为数不多的院士，在这场"争夺战"中已占有一定的优势，但是要想赢得这场"战争"绝非易事，既要处理好学校与教育部的关系，又要处理好与兄弟学校的关系，还要处理好与具体负责校园网络规划与实施的负责人的关系。杨叔子与学校当时从事校园网络建设的石冰心、黄载禄等为此四处奔走，全力以赴。

要建设校园网络，就要解决当时"多网合一"的问题，这就必须要与湖北省邮电局建立良好关系。当时省邮电局的局长梁清章是一位很有文采的技术干部，书法很好。所以，在这方面杨叔子与他就有了许多共同语言。杨叔子还特意填了一首词赠给他：

蝶恋花·为促进局校合作，感赠省邮电局梁清章局长

黄鹤白云相缱绻，鹤舞云飞，浪漫冲霄殿。奔泻长江何俱险，百折千回情无限。

倍感君怀高且远，笔走龙蛇，尺幅千钧展。意载微波情载线，蓝图同绘基同奠。①

最终，省邮电局与华中理工大学在邮电通路方面签订了一系列协议，中国教育和科研计算机网络华中地区网络中心于 1994 年 9 月 26 日建在华中理工大学。这意味着学校在全国高校中率先建立了校园网。从此，华中理工大学与全国其他 7 个地区网络中心和 30 多个主节点一起管理和维护着中国教育和科研计算机网络的运行，同时负责湖北、湖南、河南三省大、中、小学校的校园网与中国教育和科研计算机网络互联。除此之外，学校还要为本地区联网单位提供技术支持、咨询和服务，承担华中地区网络技术培训，负责本地区网络信息资源开发、建设和网络安全。发展至今，该网络中心的具体地点和建筑都未改变。之后，根据国家教育委员会与美国国际商业机器有限公司（International Business Machines Corporation，简称 IBM 公司）就加强信息技术教育进行广泛合作的精神，杨叔子带领华中理工大学于 1996 年 5 月 13 日与 IBM 公司建立合作关系，并共同建立了"IBM 公司与华中理工大学计算机技术中心"，有力地促进了学校与计算机相关的教学、实验、信息服务与科学研究等各项工作。

跻身首批"211 工程"高校行列

杨叔子任华中理工大学校长期间，恰逢国家实施"211 工程"，即面向 21 世纪、重点建设 100 所左右的高等学校和一批重点学科的建设工程。"211 工程"是中华人民共和国成立以来国家正式立项在高等教育领域进行的规模最大的重点建设工程，是国家"九五"期间提出的高等教育发展工程，也是高等教育事业的系统改革工程。从 1991 年 7 月到 1995 年 11 月，在经过了长达 4 年的酝酿筹备之后，"211 工程"最终以《"211 工程"总体建设规划》的出台而正式启动。1995 年年底，国家计委、国家教育委员会

---

① 杨叔子：《往事钩沉》。武汉：华中科技大学出版社，2018 年，第 218 页。

和财政部组织专家组，分别对北京大学和清华大学两校"211工程"建设项目的可行性研究报告进行审核，这标志着"211工程"立项审核工作正式启动。当时，杨叔子也参加了会议，一为听取意见、讨论问题，二为取经学习，以利于准备论证报告，争取使华中理工大学早日加入"211工程"高校行列。

"211工程"的建设内容主要包括学校整体条件、重点学科和高等教育公共服务体系建设三大部分。进入"211工程"高校行列不仅对于优化学科设置、强化师资力量、提高科研水平等具有重要意义，还会极大地提升学校在国内外的知名度与影响力。但是要想跻身其中并不容易，需要经过预审、报送预备立项备案材料、报送项目可行性研究报告等多项严格程序。除此之外，各高校之间的竞争也很激烈。

在杨叔子的领导下，华中理工大学很早就开始筹备此项工作。1994年9月，学校召开第二届教代会第三次会议，会议审议了学校"211工程"立项报告，号召全体职工再次创业，努力把学校建成国际一流大学。1995年2月，国家教育委员会副主任兼党组书记张孝文、高等教育司副司长兼直属高校工作办公室主任陈小娅一行，对学校的"211工程"预审准备情况进行了检查。

1995年11月，国家教育委员会和湖北省政府共同组织了对学校申请加入"211工程"的部门预审，杨叔子做了题为《团结奋斗，跨世纪，创一流》的学校"211工程"整体建设规划的报告。报告首先对学校42年的发展历程做了简要回顾，然后主要汇报了学校"211工程"建设的整体规划和实施方案。报告指出了学校实施"211工程"的总体目标，即到2010年左右把华中理工大学建设成为一所综合性、研究型、第一流的社会主义大学，在国际上具有重要影响，部分学科接近或达到国际先进水平。为了实现这一目标，学校作出了学科建设、师资队伍建设、人才培养、科学研究、科技工业园及校办产业、国际交流、办学条件、管理水平八个方面的具体规划。专家和领导们对学校进行实地考察与召开座谈会之后，学校"211工程"部门预审专家组组长、清华大学校长王大中院士宣布，专家组一致建议通过华中理工大学申请进入"211工程"的部门预审，华中理工大学成为第一批国家"211工程"建设的22所重点单位之一,获得中央专项资金6000万元。1996年12月,华中理工大学真正成为我国首批"211工程"高校之一,这极大地提高了学校在国内外的知名度和影响力,对学校招生等各个方面产生了重要影响。

之后,杨叔子参加了多所高校的"211工程"评审与验收工作。

率先进行本科教学工作水平评估

从1995年起,国家教育委员会开始对全国普通高等学校本科教学工作进行评估。由于它还是一项比较新的工作,之前没有足够的经验,所以国家教育委员会选择了两所高校进行试点,其中之一就是华中理工大学,另一个是西安交通大学。

作为在我国高校中率先进行"本科教学工作水平评估"的华中理工大学对此项工作高度重视。1996年6月7日,学校成立了教学工作评估领导小组,杨叔子和当时负责教学的副校长邹寿彬为主要责任人,大家全力以赴,将所有事宜在评估前做了认真、充分的准备,以迎接国家教育委员会对学校的考核评估。

1997年12月1—7日,国家教育委员会对华中理工大学的本科教学工作进行了全面、严肃地评估。在杨叔子的领导下,全校师生团结一心,各部门随时待命;一切材料准备得井井有条,无遗漏,无紊乱。评估组白天全力调研,检查、听课、看实验、找教师座谈,晚上开会分析。在学校的全力配合下,评估组工作进展顺利,最终的评估结果为"优秀"。

作为试点院校,杨叔子在华中理工大学的评估工作结束之后,不断总结经验教训,并深入研究如何将好的经验推广到后续的评估工作中。正是凭借着丰富的经验和严谨的态度,杨叔子之后还担任了清华大学、天津大学、郑州大学、电子科技大学、深圳大学等多所高校的本科教学工作水平评估专家组组长。

华中理工大学能够在教学评估中获得"优秀"的好成绩,是杨叔子始终视教学质量为根本,长期坚持深入教学第一线的必然结果。杨叔子在

图 9-5　2007 年，杨叔子（第一排左五）参加清华大学本科教学工作水平评估
（史铁林提供）

接任校长后，到数学系、中文系听取了教师关于优化教学的意见与建议，还要求自己每周必须拿出两个上午的时间去听课，并且做听课记录。在后来进行教学评估时，因为拿出他当时的听课记录，这项得了很高的成绩，总评也是"优秀"[1]。提起杨叔子对教学的重视，刘献君在访谈中回忆道："他一开学就去听课，一听就是一上午，从早上 8 点到中午 12 点，4 节课听 4 个老师的，一个老师一节课，听完以后就与老师交流，与同学交流。"[2] 在杨叔子的影响下，华中科技大学至今仍保持着重视教学的优良传统。

强基、扶优、支新、重交

对于当时备受各大高校瞩目的"211 工程"建设而言，学科建设是龙

---

[1]　杨叔子：《往事钩沉》。武汉：华中科技大学出版社，2018 年，第 212 页。
[2]　刘献君访谈，2016 年 9 月 14 日，武汉。资料存于采集工程数据库。

图9-6 2007年5月24日,《深圳大学本科教学工作水平评估快报》发表了"教育部评估组组长杨叔子院士在本科教学工作水平评估汇报会上的讲话"(采集小组提供)

头。杨叔子认为,若要在"211工程"建设中作出成绩,就要在重视工科发展的同时,努力向文、理、工、管理学科相结合的综合型大学方向转变。

尽管从20世纪80年代初开始,华中理工大学就尝试突破原有的教育模式,设置理科、文科和管理学科,向综合化的方向发展,到杨叔子在任时已设有3个理科系、8个文科系、14个工科系、5个管理学科系和1个医科系。但是在他看来,这还远远不够。因为将来任何科学技术问题、社会发展问题和环境问题的解决都具有高度的综合性,未来高新科技的发展必然是学科交叉与综合研究的结果。学校如果只有工科,没有较强的理科和文科作为支撑,其理论基础必然不强;没有学科交叉,文理渗透也很难形成气候,缺乏学科发展的环境与氛围①。于是,杨叔子提出了"强基、扶优、支新、重交"的学科建设原则,组建了文学院、理学院、经济学院、工商管理学院、建筑工程学院、机械科学与工程学院、信息科学与工程学院、能源科学与工程学院、材料科学与工程学院等。

对于"强基、扶优、支新、重交"的学科建设原则,杨叔子强调其四者是一个整体。首先,要加强基础学科的建设。"基础不牢,地动山摇",

---

① 杨叔子,姚启和:论重点理工大学实现四个转变.《高等教育研究》,1996年第2期,第1-6页。

"风物长宜放眼量",做事一定要有后劲,没有后劲肯定没有明天的优势。杨叔子任校长期间,国内不少理工院校不太重视基础研究,甚至还取消了许多基础学科,而他却反其道而行之,大力支持基础学科的发展。高度重视学校万有引力测量研究工作就是明证。其次,在强化基础学科的前提下,一定要扶持优势学科。杨叔子指出"要竞争,拿什么去竞争,当然拿优势学科去竞争。田忌赛马,以己之长去竞争,以己之长去胜人之短。扬长避短,自古皆然。"再次,要支持新兴学科。世界的发展永远是新陈代谢,今天有优势的,明天就不一定有优势。所以,一接任校长,杨叔子就大力支持具有广阔发展前景的生命类学科,有的科研课题虽然还是初生,他仍然全力支持。最后,重视交叉学科。交叉出新学科,交叉出新苗头,交叉领域大有可为[①]。杨叔子的学生张海霞回忆说:"杨老师眼光放得非常长远,他经常鼓励我们应用学科的学生多与从事基础研究的学生交流,并尝试从中发现一些创新点。"[②] 1996年,杨叔子在此八字方针的基础之上,又新增了"协调发展、办出特色"八个字。他指出,每个学校必须要有特色,而抓学校就是培养人,就是抓学科建设[③]。

刘献君在接受访谈时突出强调了杨叔子对学校人文社会学科发展的大力支持。1994年年初,华中理工大学的社会学科与人文学科只有五六个硕士学位授权点,拥有博士学位的教师只有两人:一个是张培刚,我国著名的经济学家,发展经济学奠基人之一;一个是林少宫,我国著名的数理统计学家和计量经济学家,我国计量经济学奠基者之一。科研经费一年只有一二十万,教学大楼也只有"东七楼"一座。见此情景,杨叔子认为华中理工大学要向综合型大学转变,就必须重视社会学科与人文学科的发展,于是采取了成立文学院(刘献君任院长)、聘请知名教授来校任教等多项措施。在随后十多年的时间里,社会人文学科在杨叔子和学校相关领导的支持下不断取得新的发展:拥有博士学位的教师由2人增加到150余人,设立了多个博士学位授权点,拥有两个国家重点学科,科研经费一年有

[①] 杨叔子:《往事钩沉》。武汉:华中科技大学出版社,2018年,第278页。
[②] 张海霞访谈,2016年7月22日,北京。资料存于采集工程数据库。
[③] 杨叔子:我是如何认识学校发展的。华中科技大学校史网,2013-11-16。

2000多万，拥有8座教学大楼。刘献君总结道："正是因为杨校长的支持与影响，华中理工大学的社会学科与人文学科才有了又快又好的发展。"①

如果说之前担任高校教师的经历为杨叔子关于人才培养的具体认知提供了一个良好的试验场，那么这段担任校长的经历则为杨叔子的高等教育思想，尤其是他对理工类大学的发展构想提供了一个更为广阔的实践检验平台。1993—1997年出任华中理工大学校长期间，杨叔子面对的教育场不再是一间教室，而是整个学校，因此，他需要思索的不是如何教好某个班的学生，而是如何使整个学校的办学获得高质量发展。通过积极更新观念、紧密联系实践，杨叔子在任校长期间带领华中理工大学实现了"建设第一流的社会主义大学"的宏伟目标。据杨叔子回忆，他就任华中理工大学校长期间给学校带来的变化主要体现在两大方面：一是学校地位得到了认可。1993年年初，外界议论华中理工大学是"自我感觉良好"，认为华中理工大学在数量上"拿金牌"，在质量上"拿铜牌"。1995年，华中理工大学一举拿下了很多博士学位点，国家教育委员会有关领导直言：华工发展快，质量也好，在国内是一流的②。二是教育思想发生了深刻变化。杨叔子认为，这一点与学校实施文化素质教育关系密切。华中理工大学40周年校庆庆典时，杨叔子等人将学校从20世纪80年代初开启的教育改革总结为"三个转变"，即：由原来是单纯的工科院校向文、理、工、管学科相结合的综合性大学转变；由原来主要是搞教学向教学和科学研究并重转变；由原来主要是培养本科生向培养本科生和研究生并重转变③。后来，随着文化素质教育的推行，杨叔子越发清晰地认识到，重点理工大学要进一步办成达到或接近世界先进水平的大学，除了实行上述三个转变外，还必须实行"第四个转变"，即由只注重科技教育向科技教育和人文教育并重转变，注重培养学生的全面素质④。1995年年底，杨叔子在办公室与姚启和讨论去台湾高等教育研讨会的发言稿时，不仅完善了"三个转

---

① 刘献君访谈，2016年9月14日，武汉。资料存于采集工程数据库。
② 杨叔子：我是如何认识学校发展的。华中科技大学校史网，2013-11-16。
③ 杨叔子，姚启和：论重点理工大学实现四个转变。《高等教育研究》，1996年第2期，第1-6页。
④ 同③。

变"的提法，还正式提出了"第四个转变"[①]。在这"四个转变"的指引下，华中理工大学的办学成就日益突出，学校师生的思想与视野也日渐开阔。

心系学校发展

1997年7月1日，杨叔子卸任华中理工大学校长职务，由时任常务副校长周济接任。虽然脱去了校长身份，但杨叔子始终心系学校发展，时刻关注学校的方方面面。其中，他在20世纪末的高校合并潮中对坚定学校综合发展道路所作的努力，不仅对华中理工大学自身的发展具有关键意义，对国家高等教育事业的发展也产生了深远影响。

20世纪90年代，现代科技的迅猛发展与社会主义市场经济体制的确立，使我国的经济、社会、科技和文化等方面发生了深刻的变革，社会对各类人才的需求也在发生变化，中华人民共和国成立初期形成的苏联式高等教育管理体制与"条块分割"的高校办学格局已经无法满足社会主义现代化建设的需要，尤其是无法与刚刚建立的社会主义市场经济体制相适应。此外，单科类型高校过多、专业面窄、学校与专业重复设置等问题也较为突出[②]，制约着我国高等教育的效益提升与良性发展。在此背景下，90年代开始，国家从转变政府职能、合理配置高等教育资源和提升高等学校办学水平的大局出发，进行了以"共建""合作""合并""协作"和"划转"为主要内容的高等教育管理体制改革，着力构建适应社会主义市场经济的高等教育宏观结构和新型高等教育管理体制的框架[③]。

以1992年扬州工学院等七单位合并组建扬州大学为标志，我国高等教育管理体制改革工作正式启动。1995年，国家教育委员会发布《关于深化高等教育体制改革的若干意见》（以下简称《意见》），明确提出了高等教

[①] 杨叔子：我是如何认识学校发展的。华中科技大学校史网，2013-11-16。

[②] 中华人民共和国教育委员会：关于深化高等教育体制改革的若干意见。《中国高等教育》，1995年第10期，第8-10页。

[③] 谢红星：《武汉大学校史新编（1893-2013）》。武汉：武汉大学出版社，2013年11月，第266页。

育管理体制改革的目标。在此过程中，高校合并作为优化高校办学格局、深化高等教育体制改革的一项有力举措，得到了中央与地方有关部门的高度重视。《意见》指出，"要按照优化教育资源配置和提高办学规模效益的原则，逐步对有条件的高等学校进行合理调整和合并，特别是在同一地方规模较小、科类单一、专业设置重复的学校要打破原隶属关系的限制，积极创造条件进行适当的调整或合并。"[1] 1998年5月，江泽民总书记在庆祝北京大学建校100周年大会上向世界宣布："为了实现现代化，我国要有若干所具有世界先进水平的一流大学。"在此精神的指引下，教育部决定借助高等教育管理体制改革的契机，启动以创建"世界一流和知名高水平大学"为核心的"985工程"。以同年9月新浙江大学的合并组建为标志，新一轮高等教育管理体制改革的大幕由此开启[2]。

"湖北省委省政府也希望能够借这次高等教育体制改革的契机，在武汉地区组建一所实力强大、学科优势互补且能够冲刺世界一流水平的大学。"[3] 在此背景下，省内名牌老校武汉大学与高等教育新星华中理工大学引起了国务院和湖北省委省政府的高度重视。考虑到武汉大学建校历史长，且一直保持着优良的办学品质，而华中理工大学经过45年的发展，在综合实力上已位居全国大学前10名之列，且发展势头依然强劲，有关领导主张将武汉大学与华中理工大学合并，再并入另外几所大学，以此为基础，在省内建设一所世界一流大学。消息既出，华中理工大学全体师生十分关注这一合并与重组大事，多数骨干教师甚至表现出强烈的反对情绪。"学校多数领导和师生认为，这一合并方案将导致华中理工大学再次成为一个单纯的工学院，因为，在1980年之前的华中工学院时期，这所学校就是单纯的工学院，因为朱九思院长，华中工学院好不容易走上了综合发展的道路。而经过了18年的发展，这个时候再撤销一所已具有较高水平、

---

[1] 中华人民共和国教育委员会：关于深化高等教育体制改革的若干意见。《中国高等教育》，1995年第10期，第8-10页。

[2] 谢红星：《武汉大学校史新编（1893-2013）》。武汉：武汉大学出版社，2013年11月，第266页。

[3] 同[2]。

综合性格局初步形成的大学，不利于国家高等教育事业的发展。"① 华中理工大学党委常委会也多次召开重大会议进行反复商讨。

得知此消息后，杨叔子极为焦灼，他认为两校合并不仅会破坏华中理工大学的良好发展态势与生态环境，还将构成中国高等教育事业的巨大损失。事出紧急，他立即联络熊有伦、崔崑、张勇传3位院士，联名致信教育部有关领导，对华中理工大学与武汉大学并校的问题发表意见：

同志：

您好！

我们怀着很不情愿但又无可奈何的严肃心情，来写这封信，来打扰你们的工作。

我们四人都是共产党员，都是院士，而且都是随着我校的发展而成为院士的。我校现有院士六人，其中两位是去年引进的。据我们所知，他们两位在不赞成我校与武汉大学合并这个观点上，同我们也是一致的。我们本着对党、对高等教育事业、对湖北省、对武汉市、对华中理工大学负责的精神，来反映我们的意见。

最近，突然传开而且已经证实了有关并校问题，即湖北省决定要建立一所世界一流的大学，武汉大学同华中理工大学牵头，再并入几所大学，这是主要的方案。对于建设世界一流大学，江泽民同志在北大百年校庆庆祝大会上的讲话中已明确指出，我们认为完全正确，衷心拥护。但是，在湖北省如何具体实行，则需要慎重研究。如将我校同武汉大学合并，我们认为不妥，现在不存在合并的条件；如果匆忙行事势必导致一系列重大问题的产生，华中理工大学势必下滑乃至受到严重破坏，学校内部很可能出现不稳定的乃至于我们极不愿意看到的有关情况。我们的理由如下：

（1）华中理工大学建校45年，能以相当快的步伐发展到在综合实力与水平上位于全国大学前10名之内，而且目前发展势头依然很

---

① 武大和华工当年如果合并了，现在的华中科技大学将是什么模样？搜狐网，2018-11-02。

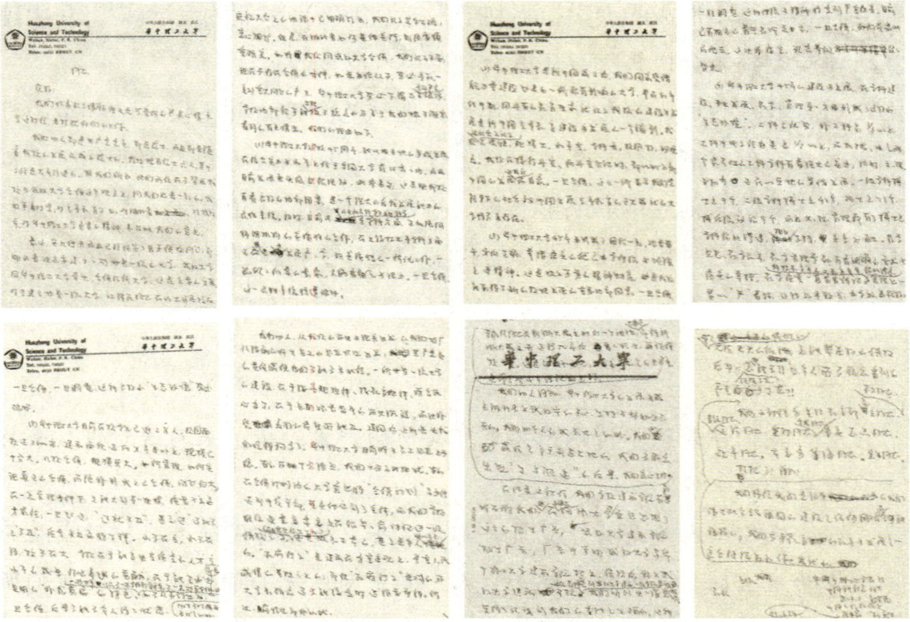

图9-7 1999年1月，杨叔子、熊有伦、崔崑、张勇传致教育部关于华中理工大学与武汉大学并校问题的意见信底稿（陈惜曦提供）

强劲，此非易事；这表明我校有着良好的内部因素，是一个有着强大的自我发展能力的良性系统。同时，目前在人文社会科学、自然科学等学科方面，正加强同科研机构的实质性的合作，在工程技术等学科方面正在推进与发展产、学、研实质性的一体化工作，一派欣欣向荣的景象，充满着朝气与活力。一旦合并，这一良性系统将遭破坏。

（2）华中理工大学是新中国成立后，我们国家凭借自己的力量建设起来的一所很有影响的大学。早在80年代中期，国外有的教育专家就指出我校的建设与发展是新中国高等教育建设与发展的一个缩影，我校被社会公认为发展快，规模大，水平高，学科齐，校风好，环境美。我校在接待外宾、向外宾介绍时，都以此为新中国的发展与成就而自豪。一旦合并，这么一所显示在我们党领导下的社会主义中国发展高等教育的巨大成就的大学将不复存在。

（3）华中理工大学45年来形成了团结一致，艰苦奋斗，方向正确，举措落实的优良办学传统与顽强上进精神。这是极为可贵的精神财富，这是我校能不断取得较快的发展的重要内部因素。一旦合并，一经调整，这种传统与精神将受到严重伤害。目前已有相当多的骨干教师表示，一旦合并，他们即离此而他去。这绝非虚言，欲须举例，比比皆是。

（4）华中理工大学45年的建设与发展，在学科建设、专业发展、教学、管理等方面形成了良好的"生态环境"。工科占优势，非工科占三分之一以上，工科中电子信息类占二分之一以上，而机械、电气两个最基础的工科学科有着强大的实力；同时，文、理、生物等正在以更快的步伐发展。一级学科博士点9个，二级学科博士点41个，硕士点71个，博士后流动站9个，而且文、理、管理都有了博士点。学科彼此渗透，相互支持，关系交融。教学思想、教学改革、教学管理等都有着明确的要求与落实的措施，教学质量一直有着保证。科技教育与人文教育并举，彼此渗透。管理上一贯以"严"著称，运转效率较高，办学效益较好。一旦合并，一旦调整，这种良好的"生态环境"势必遭破坏。

（5）华中理工大学目前在校学生已近2万人，校园面积达3600亩，建筑面积达80万平方米以上，规模已十分大，几校合并，规模更大，如何管理，如何实现真正的合并，而绝非形式上的合并，问题很大。在一定管理条件下，只能大到某一规模，质量与效益才最佳；一旦超过，"过犹不及"，甚至"过"还比不上"不及"，质量与效益将下降。山不在高，水不在深，校不在大；学校的好坏在于能否出高质量的杰出人才，出高水平的优秀成果，作出卓越的贡献，在于能否办出鲜明的"非我莫属"的特色。一所世界一流大学不一定学科都要齐全，不一定所有学科都要一流，MIT与哈佛两者就是如此。如不从实际出发，一旦合并，后果不能不令人深深忧虑。

我们四人，从我校的历史与现实出发，从我们所广泛接触的师生员工的思想情况出发，我们共产党员的责任感使我们不能不写此信。一所世界一流大学的建设，在于按客观规律、教育规律、符合民心办事，在于长期艰苦奋斗的历史沉淀，而绝非凭美好的希望所能及。新中国成立后这种苦头我们吃得够多了。华中理工大学目前师生员工对这么一个"合并"，大多数思想上不稳，有的反映十分强烈，我们为此十分担忧。有的在合并计划内的大学竟然将"合并计划"至少传达到中层干部，其实传达到了全体，而我们学校据说连党委常委只在很早以前讨论过一次并校之事（而且意见很不一致），广大师生员工更无所知，这是极不正常的，甚至是令人难以容忍的。"政府行为"是建筑在尊重客观规律上、尊重教育规律上、尊重人民感情的基础之上的；即使"政府行为"是对的，而大多数群众还不能接受时，还需要等待与教育。何况，目前情况并非如此。

我们四人深知，华中理工大学的发展、成长与湖北省、武汉市的关心、支持和帮助是分不开的，我们四个人的成长也是如此。我们的感情是系于荆楚大地的。我们不愿意出现"事与愿违"的后果。我们衷心支持李岚清同志在新浙大成立时的一个讲法，大意是待新浙大成立并运行几年后，看看情况，再谈并校之事。这是既解放思想，又实事求是的见解，是符合邓小平理论的见解的。

在结束这封信时，我们学校建筑学院有位教师告诉我们，他到上海去，看到在同济大学中竟然出现了这样的招生广告，武汉大学建筑学院招生广告，广告中写明武汉大学与华中理工大学建筑学院招生，并校后，称为武汉大学建筑学院。这位教师还已到武汉大学建筑学院查证了这一情况。我们听到这一消息，更深深认识到我们的看法是正确的。这种令人愤慨的无法无天的做法，怎能带来好的并校结果？！继续下去，怎能不引起今人不愿意看到的严重事态？！是可忍，孰不可忍！到此，我们还想到，为了"并校"，有的人甚至不顾历史真相，讲什么华中理工大学、同济医科大学等是50年代院系调整时从武汉大学分离出来的。那么，当时组成华中工学院的湖南大学、广西大学、南昌大学的机、电类专业，当时华南工学院的部分机、电类专业算作哪个大学的？当时并入武汉医学院的同济大学的医学院又算作哪个大学的？

我们深信我们党领导的我们伟大社会主义祖国的建设是任何困难都不可能阻挡的，我们高等教育的改革与发展一定会继续取得伟大成就的。

我们这封信呈寄给教育部至立同志、韦钰同志、远清同志、秉林同志、宝成同志，省委志杰同志、祝平同志，市委守海同志、宪生同志。

打扰了，谢谢！

此致

敬礼

华中理工大学教授
中国科学院院士　杨叔子　熊有伦
中国工程院院士　崔崑　张勇传
一九九九年一月十四日

最终，杨叔子等人发自肺腑且有理有据的陈词得到了有关部委的理解，有关部委本着"对高等学校的合并要采取审慎的态度，要经过充分的酝酿和科学的论证，要按照国务院《普通高等学校设置暂行条例》规定程序进行审批"[1] 这一指示的精神，决定充分考虑华中理工大学全体师生的意见。然而，合并已成必然趋势，如果华中理工大学不与武汉大学合并，那么应该与谁合并呢？在这一过程中，无论是国家、省市有关部门，还是华中理工大学都设想过多种方案。同时，也有部分高校主动寻求与华中理工大学合并。但由于兹事体大，合并方案一直没有确定下来。2000年年初，时任教育部部长陈至立来到武汉，杨叔子、熊有伦、潘垣、张勇传抓住机遇，再次写下联名信，声明华中理工大学在并校方面的鲜明立场，表示十分愿意为华中理工大学、同济医科大学、中南政法学院合并组建一所新大学这一方案的胜利实现而竭尽全力。

---

[1] 中华人民共和国教育委员会：关于深化高等教育体制改革的若干意见.《中国高等教育》，1995年第10期，第8-10页。

至立部长：

　　您好！

　　千禧龙年，千里迢迢，您赶来武汉，十分辛苦，我们真不忍心打搅您。您太忙了，太操心了。我们考虑了很久，还是想见您一下，万一见不着，就留下这封信，表达我们的真诚心愿，也可以说是华中理工大学全体院士的心愿，因为还有4位院士（如果算加盟我校的院士，就还有6位）出差在外，这次不能见您。

　　我们衷心感谢您对我校的直接关心与细微爱护，感谢教育部对我校的深切体谅与大力支持。这是我们发自肺腑之言，也是想来见您以表达我们的真挚感情。我们闻知有关我校组建新的大学的方案后，十分高兴，十分拥护，十分愿意，为华中理工大学、同济医科大学、中南政法学院合并组建一所新大学这一方案的胜利实现而竭尽我们的努力；正因为如此，我们不希望此方案受到什么干扰、什么阻力而有所变化。

　　湖北、武汉这么多高校，包括部队院校在内，多达60多所，而武汉大学、华中理工大学又是其中最强大的两所，放眼未来，从我国高等教育发展的战略着眼，并从实际可以真正操作与运行着手，组建以这两所来牵头的两所知名的乃至向更高水平奋进的大学，是完全正确的。部长同志，您非常清楚，我校是1953年组建的新校，在人民共和国的旗帜下成长，在我们党的关怀下与领导下成长，赢得了教育界乃至社会上的好评：发展快，规模大，水平高，学科多，环境美，学风好。我们以此为荣。我们告诉外国朋友：中国人民在共产党领导下的社会主义新中国有力量办了这样的好大学，有力量办好我们该办的学校，任何困难与挫折也阻碍不了中国人民的大步前进。是的，事实就是如此！这么一所华中理工大学是应该得到支持的。如果退一万步，真要在湖北、武汉只办一所大学的话，那么我们可以理直气壮地讲，应该以华中理工大学为基础来组建，而不是其他方案。无论以学校发展的速度，学校所达到的水平，学校所作出的贡献，学校内部的团结一致，学校的办学思想，学校所呈现的活力等方面，而绝不能仅凭历史这一点来做界定。当然，我们始终认为应该是办两所重点，而不是一所重点，并且坚决拥护教育部与省委省政府的已出台方案。部长同志，我们不会搞小动作，我们顾全大局，坚信中央，坚持通过组织反映情况，完全相信您与教育部能作出正确的、坚定的决策。

部长同志，前一阶段在"九所"，特别是"二十一所"，加上多方面的冲击下，感谢您与教育部的直接关心与指导。我校不但稳定得很好，而且发展势头也好。我们衷心感激您与教育部的细心关怀。我们和全校师生员工一样，企盼着新的组建方案即日实现。我们愿坚定不移地为我们社会主义祖国的教育事业的发展鞠躬尽瘁，死而后已。我校全体院士，又都是共产党员，我们懂得党性，我们会坚持党的原则，我们坚贞不渝地坚信共产主义事业，敢向悬崖攀险峰。我们坚

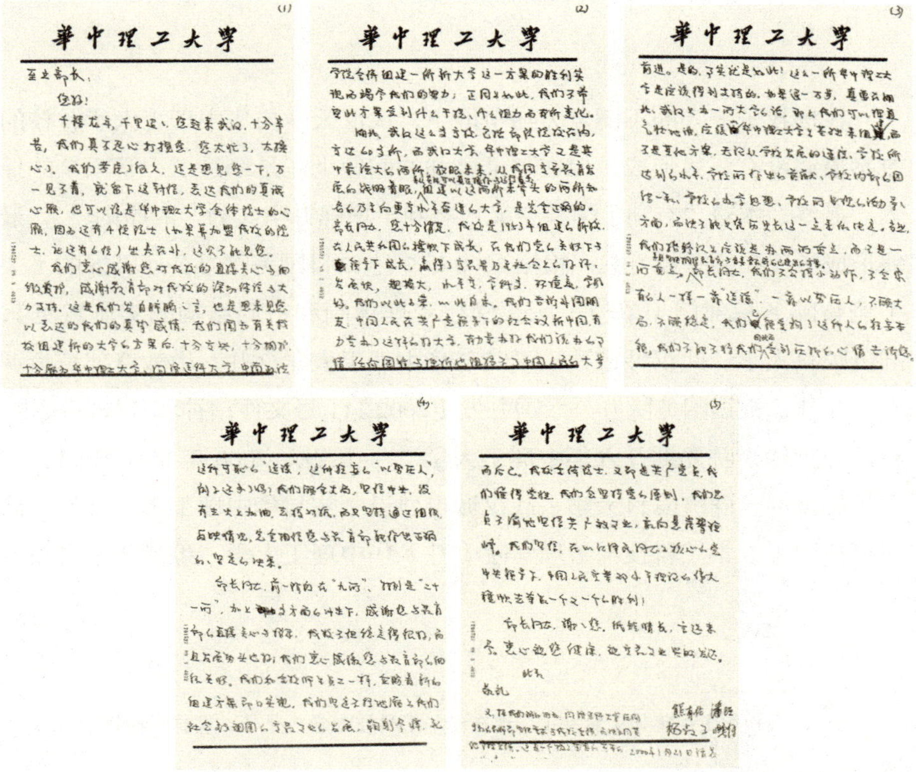

图 9-8　2000 年 1 月，熊有伦、潘垣、杨叔子、张勇传致陈至立部长关于华中理工大学并校事宜的信（陈惜曦提供）

信,在以江泽民同志为核心的党中央领导下,中国人民高举邓小平理论的伟大旗帜去夺取一个又一个的胜利!

  部长同志,谢谢您。纸短情长,言远未尽。衷心祝您健康,祝教育事业兴旺发达。
此致
  敬礼

熊有伦 潘垣

杨叔子 张勇传

2000年1月21日清晨

  又:据我们消息所知,同济医科大学压倒多数的名师,都坚决要求与我校合并,而拒绝与其他学校合并。这是一个极其重要的基本的信息。

  在杨叔子等人的不懈努力与争取下,武汉大学与华中理工大学并校的方案最终没有正式形成。但在与谁合并的问题上还是经过了一番艰辛的探索。最终,本着"有利于学科交叉、有利于增强办学实力"的原则[1],最终形成了现在的并校方案。根据2000年2月12日国务院办公厅转发的《关于调整国务院部门(单位)所属学校管理体制和布局结构的实施意见》,同济医科大学、武汉城市建设学院与华中理工大学合并,由教育部负责调整。此外,根据国务院办公厅国办发〔2002〕11号文件精神和科技部决定,科技部管理学院先期并入华中理工大学[2]。因此,2000年5月26日,经国务院批准,同济医科大学、武汉城市建设学院与华中理工大学合并,武汉科技职工大学(科技部管理学院)并入华中理工大学,组建华中科技大

---

[1] 武大和华工当年如果合并了,现在的华中科技大学将是什么模样?搜狐网,2018-11-02。

[2] 李智,胡艳华主编:《华中科技大学纪事》。武汉:华中科技大学出版社,2012年9月,第322页。

学①。新组建的华中科技大学继承并进一步发展了华中理工大学时期所确立的综合发展道路，学科门类不断增多，科研力量日渐雄厚，教学管理更加完善，成为湖北省两座高等教育的高峰之一。根据2018年全球最佳大学排行榜，华中科技大学在中国排名第九。可以说，华中科技大学的崛起与杨叔子的学术成长互为见证。如今，虽然离辞去校长之位已十分久远，但杨叔子始终心系学校发展，并在必要时刻以"华工人"的强烈身份认同付出自己最大的努力。

---

① 李智，胡艳华主编：《华中科技大学纪事》．武汉：华中科技大学出版社，2012年9月，第321页。

第十章
科学院士人文情

> 没有科学的人文，是残缺的人文；
> 没有人文的科学，是残缺的科学。[①]
>
> ——杨叔子

　　杨叔子具有深厚的人文情怀。作为一个教育家，他认为教育的本质在"育人"，而非"制器"，高等教育所培育的人才不仅要有专业知识与能力，还要有文化素质与爱国精神。因此，他积极倡导在高等教育领域实行文化素质教育，在华中理工大学乃至国内各大高校中产生了深远影响。作为一个教师，他指导的众多学生目前已成长为各自领域的佼佼者，其孜孜不倦的教导与无微不至的关怀令学生终生难忘。作为一个诗词爱好者，他有感于自身学习与创作诗词的经历，在中小学、大学乃至全国范围内积极推广中华诗词。

---

① 杨叔子：时代的必然趋势：科学文化与人文文化交融.《中国高教研究》，2004年第8期，第11页。

躬行文化素质教育的实践

20世纪90年代，为了纠正基础教育领域片面追求升学率的现象，我国开始在中小学中实行素质教育。这引起了杨叔子的关注，他不断对我国高等教育的发展现状进行反思，认为素质教育对于高层次人才的培养同样具有重要意义。他指出，我国高等教育虽然在曲折的发展进程中取得了举世瞩目的成绩，但仍面临四个严重问题：一是过窄的专业教育，二是过重的功利导向，三是过强的共性制约，四是过弱的文化陶冶[1]。这些问题如果得不到解决，势必会对人才培养造成严重影响。所以，结合当时国家在基础教育中大力推行素质教育的政策契机，杨叔子倡导在我国高等院校，特别是在理工科院校中实行和加强大学生文化素质教育，通过科学教育和人文教育的交融培养高素质人才。

对于文化素质教育，杨叔子特别强调三点：第一点，文化素质教育针对的是忽视人文教育的现象，要解决做人的问题；第二点，文化素质教育的重点是加强民族文化教育，解决做中国人的问题，不但要做人，还要做中国人；第三点，文化素质教育的核心，是实现科学文化和人文文化的交融，解决做现代中国人的问题，不能搞复古，要做现代中国人[2]。为将其落到实处，杨叔子在学校领导班子的支持下，采取了开办人文讲座、举行中国语文水平达标测试、设立大学生文化素质教育基地等多项有力措施，以此在华中理工大学掀起了一股人文热潮，极大地提高了学生的人文素质，同时也引起了其他高校的学习与借鉴，在国内产生了强烈反响。此外，以他为主任编写的丛书《中国大学人文启思录》也成为激励学生不断进取的经典之作。

---

[1] 陈思中，夏斐：建立宽口径培养模式——访中国科学院院士、华中理工大学校长杨叔子。见：刘献君，《在共和国的旗帜下——新闻媒体上的华中科技大学（1952-2003）》。武汉：华中科技大学出版社，2003年，第90页。

[2] 欧阳光谱，刘谦：文明以止，人文也——访中国科学院院士杨叔子。《大学（学术版）》，2010年第8期，第4-13页。

人文讲座拉开文化素质教育序幕

在黄树槐任校长期间，华中理工大学就开始注重艺术与人文素质教育，比如专门设立美育课程，购置新钢琴等设备，新建音乐大楼等①。但真正拉开文化素质教育序幕的，当属1994年杨叔子任校长时学校开办的人文讲座。当时，文学院院长刘献君首先提出开办人文讲座，这一提议得到杨叔子的大力支持。但是万事开头难，人文讲座开办之初面临的一大问题就是请不到主讲人，有人建议采用一些"时髦"的做法，比如，找热门话题，开通俗讲座，请明星露面，但都被杨叔子拒绝了。他认为，讲座的根本目的不是迎合好奇心，而是要给人以深刻的思想启迪。所以，杨叔子就以思想性、学术性、艺术性为准则带头演讲。当时讲座的时间都是在晚上，杨叔子一般是忙完了一天的工作以后，匆匆忙忙地吃过晚饭，提前20多分钟到达会场，然后站着讲3个多小时，60多岁的他即使衣服被汗水浸

图 10-1　1995 年，杨叔子（中间站立者）在华中理工大学为学生做人文讲座（史铁林提供）

---

① 李德焕访谈，2016 年 8 月 23 日，武汉。资料存于采集工程数据库。

透也毫无怨言。杨叔子的每一场演讲都十分具有激情与感染力。万锦屏在接受访谈时回忆了这一点：

> 杨院士的演讲为什么能够打动人？我认为原因在于他国学功底深厚，知识广泛，智慧丰富，口才流利。除此之外，最重要的是他内心深处具有热爱国家、热爱中华民族的人文情怀和民族精神。①

此后，随着人文讲座的逐渐开办，越来越多的学生前来听讲，其中不乏来自其他高校的学生。因此，每期人文讲座举办之时，300多人的会场基本座无虚席，杨叔子做主讲人时更是场场爆满。而且，学生在听完杨叔子的演讲之后，一定要得到其亲笔签名才肯离开。杨叔子总是"有求必应"，每次都是一一签完之后才回家，而这时一般已经是晚上十一点多了。

人文讲座对学生产生了很大的影响。一位学生说："平时我们埋头学习，考虑的多是毕业后的个人问题，听了人文讲座，我才发现世界是如此广阔，国内外还有那么多问题需要研究，我们必须拓宽视野，跳出个人圈子。"② 还有一位工科专业的学生，割舍不下从小对文学的热爱，时常想"弃工从文"，听了几次讲座之后，他说："我发现学工科和学文科不仅不矛盾，还可以相辅相成。作为一名现代大学生，不论是科学知识还是人文知识，都要有一定的学习与掌握。"③

看到华中理工大学人文讲座开展得如此成功，杨叔子便向当时中国教育部高等教育司司长周远清汇报了自己关于文化素质教育的想法以及华中理工大学加强文化素质教育的有关情况，得到了周远清的支持。周远清对杨叔子说："教委刚抓了英语素质教育、计算机素质教育，下面要抓一下文化素质教育，没有问题，你们放手去做。"④

杨叔子大受鼓舞，一方面继续开展人文讲座，另一方面开办了新的自

---

① 万锦屏访谈，2016年9月28日，武汉。资料存于采集工程数据库。
② 华中科技大学国家大学生文化素质教育基地：《春雨化育 华中科技大学文化素质教育十年》。武汉：华中科技大学出版社，2005年，第152页。
③ 同②。
④ 杨叔子：我是如何认识学校发展的。华中科技大学校史网，2013-11-16。

然科学讲座。

第一，杨叔子将人文讲座制度化，每周1—2讲，内容涉及民族文化、哲学宗教、社会自然、政治经济等方面，截至2018年7月已成功举办2000余期，杨振宁、章开沅等国内外知名学者都曾做过主讲人。1996年，以周远清、季羡林为顾问，杨叔子为主任编写的丛书《中国大学人文启思录》第一卷出版发行，其中收录了50篇精彩的人文讲座演讲稿。《人民日报》发表文章称之为"重塑大学人文精神的力作"[①]。

第二，为了向文科学生普及自然科学知识，向理工科学生进行跨学科的自然科学知识教育，培养学生的创新思想与科学精神，杨叔子倡议开办自然科学讲座，由理学院负责组织实施。[②] 自然科学讲座自1996年3月首次开办以来，与人文讲座交相辉映，受到同学们的热烈欢迎。

除了在华中理工大学办讲座、做演讲，杨叔子也开始走出校门，走入清华大学、北京大学、上海交通大学、中山大学、深圳大学等国内百余所院校，举办人文讲座300余场，吸引听众30余万人次，在国内外产生了强烈反响。与此同时，众多高校纷纷效仿华中理工大学，开始注重大学生的文化素质教育，并举办各种形式的人文讲座。一时间，推行文化素质教育在国内高等教育界蔚然成风。

一封学生来信开启中国语文水平达标测试

1994年，杨叔子突然收到一封本校学生的来信。这封信十分简短，但字字刺眼。这名学生在信中直言："杨校长，有件事情我想不通。作为一个中国的大学生，英语四级过不了关就不能获得学位证，这点我赞成。因为要改革开放，要中外交流。但是汉语错别字一大堆，用词不妥，句子不通，文章不顺，居然可以拿到学位证。请问杨校长，这应做何解释？"

[①] 华中科技大学国家大学生文化素质教育基地：《春雨化育 华中科技大学文化素质教育十年》。武汉：华中科技大学出版社，2005年，第3页。

[②] 华中科技大学国家大学生文化素质教育基地：《春雨化育 华中科技大学文化素质教育十年》。武汉：华中科技大学出版社，2005年，第5页。

杨叔子看完这封信之后,感觉这名学生的想法与自己多年思考的问题不谋而合。他来不及回信,立即将信拿到了校长办公会上讨论,学校领导作出决定,要加强大学生文化素质教育,就从现在做起!

1995年6月27日,经杨叔子和学校领导班子讨论决定,学校最终颁布了《关于提高我校学生人文素质和中国语文水平的决定》(以下简称《决定》)。《决定》指出,当前高等学校中有少数学生的人文素养和语文水平较差,既不能正确运用语言文字,更缺乏对中华民族历史与传统文化以及我国国情的了解,这在不同程度上影响了对民族和祖国的感情,严重地影响了人才培养的质量。因此,华中理工大学规定,从1995年入校的新生开始,每年对全校各层次的学生(专科生、本科生、硕士研究生、博士研究生)举行一次"中国语文水平达标测试",所有学生在校学习期间必须通过该项测试,未能通过者将不授予学位证书。

1995年9月17日,3800多名该年度入学的各层次学生参加了华中理工大学首次举行的"中国语文水平达标测试"。这次测试的主要内容分为汉语知识、中国古代文学知识、阅读与理解、写作四部分,试题难度高于中学语文水平程度,考试成绩分为优秀、及格和不及格三类。杨叔子和学校领导高度重视,并亲自到考场查看。杨叔子在接受记者采访时指出,举行"中国语文水平达标测试"的目的有两个:一是促使学生高度重视母语和中华文史知识的学习,将自己的中学语文水平进一步提高到大学水平,二是对大学生的人文素质提出更高的要求[1]。

为了更好地提高学生语文水平和人文素质,华中理工大学中文系组织教师编写并出版了《中国语文》教材以及配套的《文学作品选》,随后还专门开设了有关《中国语文》的系列课程,供学生选修。与此同时,华中理工大学还不断对"中国语文水平达标测试"的试题内容与评估方式作出改革,使其更符合时代的发展要求。

"中国语文水平达标测试"作为华中理工大学开展文化素质教育的一项重要内容,已成为学生学籍管理的一项制度。学校规定,每年6月的第

---

[1] 华中科技大学国家大学生文化素质教育基地:《春雨化育 华中科技大学文化素质教育十年》。武汉:华中科技大学出版社,2005年,第7页。

二个星期六上午,为举行年度"中国语文水平达标测试"的时间。直到今天,华中科技大学在教学上还深刻地烙着"杨叔子时代"的痕迹[①]。

如欲戴上博士帽,需过《老子》《论语》关

在世界经济日趋一体化,各国文化交流更加频繁的国际形势下,自幼饱读诗书的杨叔子认为文化知识的学习固然重要,但更重要的是在知识学习的过程中升华学生的精神境界,培养学生的民族责任感和民族精神。

但如何提高学生的文化素质,培养学生的民族责任感与民族精神,又是值得思考的问题。杨叔子深受涂又光的影响,认为扎根优秀的中华传统文化是一条有效路径。涂又光是我国著名的哲学家、教育家,曾任华中科技大学教育科学研究院教授、博士生导师。他是现代著名哲学家冯友兰的高足,深得冯友兰的赏识。冯友兰去世后所遗留的中英文文稿都是由涂又光整理的。在学术研究上,涂又光不仅深得冯友兰衣钵真传,还能通过进一步深化与突破另辟天地,开拓新域,可谓博古通今,学贯中西。

1993 年,杨叔子在接任校长之初结识了涂又光,当时就感到他才华不凡。1994 年,杨叔子提倡开展文化素质教育,涂又光提出"泡菜"理论和"教育发展三阶段论"予以大力支持。何谓"泡菜"理论?即泡菜的味道取决于泡菜汤,校园环境好比泡菜汤,它影响和决定了浸泡其中的学生的精神风貌和行为风格。何谓"教育发展三阶段论"?即我国高等教育的发展,从传说中的五帝到清朝末年可谓"人文"阶段,近百年来可谓"科学"阶段,现在正发展为"人文－科学"阶段。这让杨叔子深感他造诣极高,甚至有些相见恨晚的遗憾,最后拜他为自己在文科方面、教育方面的老师。

涂又光认为,在基督教中,每个人都要读一本书,这就是《圣经》;在伊斯兰教中,每个人也要读一本书,这就是《古兰经》;而在我们中国,大学生至少要读两本书,这就是《老子》与《论语》。杨叔子自幼学习古

[①] 李萍,童光来:"永远的校长"杨叔子。《北京科技报》,2004 年 2 月 18 日。

书，国学功底十分深厚，他非常赞同涂又光的观点，认为《老子》和《论语》是中华文化的经典，无论是《老子》的"出世"还是《论语》的"入世"，它们都蕴含着"和"的理念，这对于人性的解读，对于人与人之间的友好相处，对于和谐社会的构建都很有启发。所以，杨叔子作出明确要求，从1998年他招收的博士新生开始，每人都需学《老子》，背《老子》，不学不背，则不接受其博士毕业论文答辩。1999年，他又进一步作出要求，博士生在学习《老子》的同时还需加学《论语》，并背诵《论语》的前七章。2004年，杨叔子在接受《广州日报》采访时表示："我的博士生，不过《老子》《论语》关，休想戴上博士帽。"[①]

为了让学生更加深刻地理解《老子》，理解其中蕴含的中华民族文化的哲理与精髓，杨叔子邀请涂又光亲自为学生授课。许多学生表示博士时期的学习让他们一生受益。杨叔子的1995级博士研究生张海霞[②]在访谈中表示，博士期间学习的《老子》极大地转变了她的思维：

图10-2 2004年10月12日，《广州日报》刊登了对杨叔子的专访"想当工科博士 先要熟背《老子》"（资料来源：华中科技大学档案馆）

> 杨老师邀请涂先生来给我们讲授《老子》。老先生一来的时候，我们也真没太当回事儿。结果一上课，我们就深深地被涂先生的学

---

① 王湘，刘清平：想当工科博士 先要背熟《老子》.《广州日报》，2004年10月12日。
② 张海霞，杨叔子的1995级博士研究生，1998年获得博士学位，现为北京大学信息科学技术学院教授。研究方向包括MEMS设计技术与工具开发、SiC MEMS技术等。现任中国微米纳米技术学会副秘书长，并担任全球华人微米纳米技术合作网络CINN执行主席，参与组织和承办IEEE NEMS等多个重要国际学术会议。2006年获得国家技术发明二等奖。参见北京大学信息科学技术学院官网。

图10-3 杨叔子（第一排左一）邀请涂又光（第一排左二）为研究生讲国学经典（陈惜曦提供）

识涵养折服了。涂先生把《老子》第一章翻开，先是在黑板上画了一个矩阵，然后开始把"道可道，非常道"这样的话列在矩阵的横坐标和纵坐标上，由此阐述这些语句之间的关系。之前，有谁会想到用一种科学的方法来研究我们的古文文献呢？有谁会想到用这样一种矩阵向量的关系去描述古文中的关系呢？没有人。可是，它就在我们的课堂上发生了，涂先生剖析得丝丝入扣。我当时就震惊了！心想原来文科也有科学研究啊！当然，学习这门课对我最大的影响就是，以后看人看事不再泾渭分明了，不再是以一个"0101"的简单思路去理解世界，我开始相信万物其实是皆有联系的。这对我后来在北京大学这样一所以文科见长的高校工作有非常大的帮助，我能以文科的思维去理解别人，并由此结交了很多朋友，也开展了很多合作。[①]

建立全国首个大学生文化素质教育基地

在杨叔子的推动下，文化素质教育得到了有关部门和国内各大高校的大力支持，并逐渐走向全国。

1995年9月，国家教育委员会在华中理工大学召开"高等学校加强大学生文化素质教育试点院校第一次工作会议"，充分肯定了学校推行文化素质教育的做法。会议原定约30所大学为试点院校，结果各大高校纷纷要求参加。即使是在高等教育司的控制之下，参加高校的数量也达到了52所。时任高等教育司司长的周远清在会上做了重要报告，主要部署了52

---

① 张海霞访谈，2016年7月22日，北京。资料存于采集工程数据库。

所高等教育的大学生文化素质教育试点工作，成立了加强高等学校文化素质教育试点工作协作组，杨叔子担任协作组组长，清华大学、北京大学的有关负责人担任副组长。

华中理工大学作为试点高校之一，在杨叔子的带领下对学校文化素质教育的教师资质、教学机制、课程设置、设施建设等进行了细致地分析，还对文化素质教育实施方案进行了研讨与改进。最终，为推进试点工作更好地加以落实，杨叔子同多方商谈研讨后决定筹建大学生文化素质教育基地，作为开展文化素质教育工作的常设机构。

1997年5月11日，学校发出《关于成立校文化素质教育基地领导小组的通知》，杨叔子担任组长。1997年5月12日华中理工大学大学生文化素质教育基地正式成立，这是我国高校中第一个大学生文化素质教育基地。基地设在学校图书馆内，占地面积为200平方米，首期投入经费为100万元，以后逐年投入50万元，必要时还有追加款。该基地不仅是学校实施文化活动的常设机构，还承担着全校的文化素质教育工作，比如，开办人文讲座，举行每年一次的"中国语文水平达标测试"，组织有关提高教师人文素养的活动，组织同文化素质教育有关的全国性或地区性会议，与国外交流文化素质教育，进行文化素质理论研究等。除此之外，基地也发挥着联系兄弟学校的特殊作用。

1998年5月，教育部在四川联合大学（今四川大学）召开了"高等学校加强大学生文化素质教育试点院校第三次工作会议"。此次会议宣布试点结束，加强大学生文化素质教育的工作由试点转入全面推广，并继续深入，使工作进一步科学化、规范化、制度化；成立教育部高等学校文化素质教育指导委员会，取代协作组，委员会主任由杨叔子担任，清华大学、北京大学等名校负责人担任副主任；宣布建立国家级的"高等学校文化素质教育基地"，同年11月经过专家评审，次年2月经教育部批准建立了32个基地，华中理工大学当仁不让地成为首批高校之一。此后，大学生文化素质教育工作在国内各大高校全面展开，清华大学、北京大学不断加强此项工作，吉林大学、东南大学、南开大学、西南交通大学、重庆大学、华南理工大学等全国一大批重点大学也作出了相应的规定。

图 10-4　1998 年 5 月，杨叔子（第一排右九）在四川联合大学参加"高等学校加强大学生文化素质教育试点院校第三次工作会议"时的合影（陈惜曦提供）

图 10-5　2003 年，杨叔子就增加大学生文化素质教育基地相关事宜写给教育部部长周济的信（陈惜曦提供）

杨叔子为大学生文化素质教育基地的建设倾尽心力。一方面他多次致信教育部有关领导，希望增设基地、增加基地活动经费；另一方面他也经常到多所高校指导相关工作的开展。杨叔子任校长期间的校办副主任万锦屏形容当时杨叔子为文化素质教育基地的建设所作的努力："一年四季跑遍了长城内外、大江南北"[①]。但杨叔子丝毫不觉得辛苦，看到学校首创的大学生文化素质教育基地在全国范围内发挥着辐射功能和示范效应，看到文化素质教育工作在各个高校深入推广，他甘之如饴。

凝粹文化素质教育的精髓

自担任华中理工大学校长以来，杨叔子就站在教育家的思想高度，从培养"现代中国人"的角度出发，通过一系列教育实践在我国高等教育领域形成了文化素质教育热潮。现任教育部部长陈宝生在华中科技大学考察时曾提到，他对杨叔子倡导的文化素质教育印象非常深刻。与此同时，杨叔子不断从实践中总结经验，从中华优秀传统文化中吸取智慧与精华，长期致力于文化素质教育的理论研究与探索，形成了丰富的文化素质教育思想[②]。其中，有关人文教育的基础性地位、科学与人文的关系、培养创新能力与民族精神的重要性以及绿色教育的论述是其文化素质教育思想中最基本、最核心的内容。

"育人"而非"制器"：人文教育的基础性地位

改革开放以来，我国社会主义市场经济迅猛发展，高等学校在这一进程中为社会主义经济建设培养了大批专业人才。但是进入20世纪90年代，一个严重的问题引起了人们的思考：为什么现在大学生的专业知识与技能提高了，但是思想道德等基本素质却下降了？

[①] 万锦屏访谈，2016年9月28日，武汉。资料存于采集工程数据库。

[②] 杨叔子关于文化素质教育的文章颇多，思想颇丰，学生们对其文章进行整理，汇编成《杨叔子教育雏论选（上、下）》。该书收集了91篇杨叔子论述教育的文章，涵盖文化素质教育与素质教育、科学与人文、民族文化与民族文化教育等七个部分，2010年已由华中科技大学出版社出版。

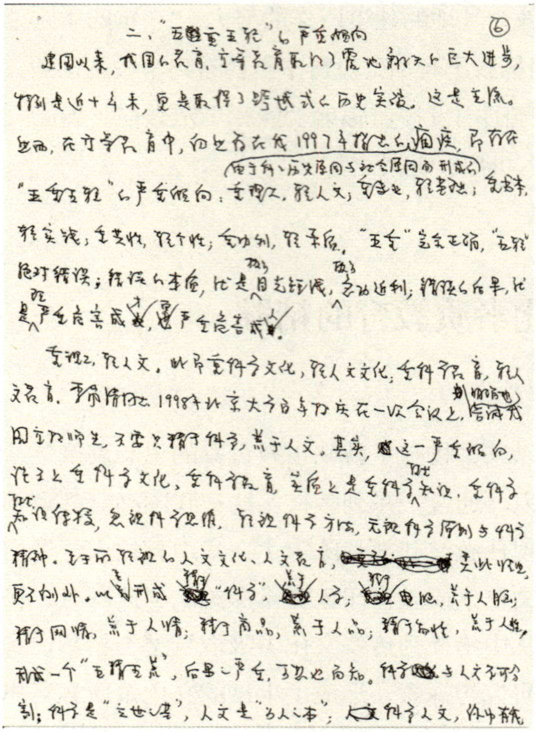

基于对我国高等教育的理论研究和现状考察，杨叔子对上述问题作出了回答。他指出，高等教育具有双重属性，即生产力的社会属性和上层建筑的社会属性。前者主要体现在科学教育上，后者主要体现在人文教育上。我国在一定历史时期内过于注重高等教育的生产力属性，而弱化了其上层建筑属性。在教育实践中表现为重视科学教育，轻视人文教育，其结果是大学生的基本素质越来越低。1997年，杨叔子参加了原国家教育委员会组织的一次大学教学工作研讨会。在此次会议上，杨

图 10-6　2006 年，杨叔子在《面向工程，打好基础，全面发展》的手稿中再次提到高等教育的"五重五轻"现象（陈惜曦提供）

叔子将上述现象进一步归结为高等教育的"五重五轻"，即重理工轻人文，重专业轻基础，重书本轻实践，重共性轻个性和重功利轻素质[①]。他表示，"五重"完全正确，"五轻"极为错误。"五轻"的根本在于轻素质，主要是轻人文素质，轻教育要教化人与塑造人这一"在明明德"的本体功能。因此，当前的高等教育陷于狭隘的功利主义的圈圄之中。基于以上考虑，杨叔子认为人文教育应该是现代大学的基础。

杨叔子之所以强调人文教育的基础性地位，除了源于他对我国高等教育的反思，还在于其对教育本质的深入研究。大学毕业即留校任教的杨叔子具有丰富的大学教学经验，基于此，他提出我国高等教育的主旋律应

---

① 杨叔子：现代大学与人文教育。《高等教育研究》，1999 年第 4 期，第 1-5 页。

是"育人",而非"制器";是培养高级人才,而非制造高档器材。人是有思想、有感情、有个性的,而器物再高级,也不过是人所赋予复杂功能的程序。所以,我们的教育应以人为根本,忽略人的存在就等于失去了一切。

身为校长的杨叔子深谙"大学之道,在明明德"的道理。所以,他认为人文教育在科技突飞猛进、日新月异的今天不仅关系到社会的兴衰,还关系到每个人的发展,其在教育中的基础性地位不言而喻。具体来讲,人文教育的基础性地位体现为以下七个方面:第一,人文教育关系到民族的存亡;第二,人文教育关系到国家的兴衰;第三,人文教育关系到社会的进退;第四,人文教育关系到人格的高低;第五,人文教育关系到思维的智愚;第六,人文教育关系到涵养的深浅;第七,人文教育关系到事业的成败[1]。

强调人文教育的基础性地位,其目的是传承人文文化,形成人文素质。为此,杨叔子进一步指出,人文素质的关键是情感,是社会责任感,而社会责任感的背后就是价值观,就是人生价值取向。

"没有科学的人文,是残缺的人文;没有人文的科学,是残缺的科学":科学与人文的交融共生

当今,科学技术的飞速发展给人类带来了高度发达的物质文明,但同时也产生了一系列极为严重的环境问题、社会问题与精神问题。对此,美国未来学家约翰·奈斯比特在《高科技·高思维:科技与人性意义的追寻》一书中表达了深深的忧虑,并坚定地认为在科技时代要作人性的思索,要呼吁人性。杨叔子深受此书的启发,认为人文与科学的交融是时代的必然趋势。

杨叔子的人生经历正体现了人文与科学的交融。出生于诗礼之家的他自幼学习诗词经典,积淀了深厚的人文文化;作为中国科学院院士的他长

---

[1] 杨叔子:是"育人"非"制器"——再谈人文教育的基础地位。《高等教育研究》,2001年第2期,第7-10页。

期致力于机械工程领域的研究与实践，积累了精深的科学文化。所以，他曾多次表示，对于一个人的发展而言，两者关系密切，不可或缺。其中，人文文化是"为人之本"，科学文化是"立世之基"，前者主要为后者导向，后者主要为前者奠基。就科学文化与人文文化共有的四个层面（知识、思维、方法和精神）而言，两者的关系主要有三层：基层，即形而下的一层，是实践，是大脑对实践的反映，两者完全一致。中层，即知识层，包括思维、方法等在内，是作为科学文化与人文文化存在的形式这一层，两者不同。正因差于形态、异于功能，才将文化划分成种种不同的学科。但两者你中有我，我中有你，相交互补。顶层，即形而上的一层，是精神层面，是情感与智力交融的、人性与灵性交融的境界层面，两者又完全一致。总之，科学文化与人文文化同源、共生、互通、不可分割[①]。

科学与人文在本质上是交融的，交融则两利，分离则两弊。杨叔子经常对学生说，不管是像鲁迅、达·芬奇这样的文艺大家，还是像沈括、爱因斯坦这样的科技大家，他们之所以能够取得令人瞩目的成就，就在于实现了科学与人文的融合。杨叔子将两者交融的益处总结为五个方面：第一，有利于形成正确的人生追求；第二，有利于形成完备的知识基础；第三，有利于形成优秀的思维品质；第四，有利于形成健康的生活方式；第五，有利于形成和谐的个人同外界的关系[②]。

杨叔子不止一次在人文讲座中指出，学习、思考和实践三者紧密结合是促进人文文化与科学文化交融的最根本途径。正如《论语》所说："不学无术，不学无知。"杨叔子首先把学习视为基础。要善于向已有的知识学习、向实践学习、向自己学习。其次，从"学而不思则罔，思而不学则殆"出发，杨叔子将思考视为关键。既要善于分析问题、解决问题，更要善于发现问题、提出问题；既要善于超越，又要善于从"形而下"到"形而上"，即善于抽象，善于抓住本质；与此同时，还要善于从"形而上"到"形而下"，即善于联想，举一反三。最后，杨叔子认为实践是根本。

[①] 杨叔子：科学文化与人文文化交融——兼论全面素质教育。《国家教育行政学院学报》，2005年第10期，第10-13页。

[②] 杨叔子：科学人文 和而不同。《清华大学教育研究》，2002年第3期，第11-18页。

因为实践是检验真理的唯一标准，实践是最大的教科书，实践还是能力、品德与创新的源泉①。

"培养现代中国人"：创新能力与民族精神是文化素质教育的重点

杨叔子极为注重对学生创新能力与民族精神的培养。2008年，他在华中科技大学接受覃美琼博士采访时，满怀忧虑地讲了这样一件事："我曾经遇到过一个留学生，我问他的家乡在哪里。他竟然说了一个美国的地名，根本不认为自己是一个中国人！"②所以，杨叔子大声疾呼："一个国家，一个民族，没有先进科学，没有现代技术，就会落后，一打就垮；而没有优秀传统，没有民族精神，就会异化，不打自垮。"因此，杨叔子始终坚持认为，我们的高等教育要培养人，要培养中国人，要培养现代中国人！也就是说，要培养与时俱进、具有创新能力和中华民族美德的高级人才。

从小受中华传统文化熏陶的杨叔子说："中华民族迎着五千年的历史风雨，踏过五千年的历史征程能生存下来，一定有她的精华所在！"③所以，在杨叔子看来，优秀的中华民族文化是培养学生创新能力与民族精神的主要源泉。

潜心于民族文化研究，杨叔子发现民族文化中包含着鼓励创新的丰富意蕴。一方面，民族文化内含高尚的精神、深厚的情感和强大的凝聚力，激励人们热爱祖国、不断攀登，这成为自主创新的灵魂与根本；另一方面，民族文化蕴含深刻的哲理、丰富的经验和伟大的创造力，启迪人们的思维，锻炼人们的能力，这成为自主创新的智慧与才能④。

另外，杨叔子也指出，民族文化对于民族精神的培养同样发挥着重要的作用。中华民族文化所蕴含的哲理主要体现在三个方面：整体观、变化

---

① 杨叔子：时代的必然趋势：科学文化与人文文化交融.《中国高教研究》，2004年第8期，第8-12页。
② 覃美琼：杨叔子：再谈高校文化素质教育.《高校教育管理》，2008年第3期，第1-5页。
③ 同②。
④ 杨叔子：民族文化教育 自主创新道路.《中国高教研究》，2006年第10期，第7-13页。

观与本质观。所谓整体观，是全局地、有联系地看问题；所谓变化观，是长远地、发展地看问题；所谓本质观，是深入地、辩证地看问题。三者紧密相连，不可分割，深刻影响一个人的世界观、人生观和价值观，帮助学生形成伟大的民族精神。

"科学人文，交融生绿"："绿色教育"是文化素质教育思想的升华

如果有关"人文教育基础性地位"的论述是杨叔子文化素质教育思想的萌芽，有关"科学与人文交融共生""创新能力与民族责任感是文化素质教育的重点"的论述是其思想的进一步发展，那么，"绿色教育"的提出则标志着杨叔子文化素质教育思想的成熟。2002年，杨叔子先后发表《现代高等教育：绿色·科学·人文》和《绿色教育：科学教育与人文教育的交融》两篇学术论文，首次正式提出"绿色教育"的概念。"绿色教育"是杨叔子在对教育本质进行追问、对教育现实不断反思的基础上，长期积累、沉淀与升华的思想结晶，是对教育本质的一种回归与创新。

2001年，我国申办2008年奥运会成功，提出了"绿色奥运、科学奥运、人文奥运"的承办理念。受"绿色奥运"的启发，杨叔子认为，我国高等教育也应是科学与人文交融而成的"绿色"现代高等教育。杨叔子进一步说明，"绿色教育"既是现代教育的目标，又是教育的内容与方法，而其核心就是素质教育。

从自然界出发过渡到人，杨叔子详细阐述了"绿色教育"的必要性。对于自然界，一定要开发，一定要保护，要正确地开发。不开发，就是"洪荒"；不正确开发，就会破坏生态平衡，损坏自然界可持续发展的能力，进而导致人与自然界的冲突，这就是所谓的开发不"绿"。人脑也是一样，也要开发，也要保护，也要正确地开发，或者说要化育"灵魂"。不开发，就会导致思维能力低下；不正确开发，就会异化人的灵魂，桎梏人的创新能力，这也是开发不"绿"的严重后果。由此可见，开发不"绿"最终会导致人与他人、人与集体、人与社会、人与自然界的不协调，

使人自食灾难性恶果①。

"科学人文，交融生绿"。通常而言，教育开发人的大脑，主要是开发人的思维中枢和情绪中枢，其本质是开发根植于大脑之中的灵性和人性。开发的目的是使人具备科学与人文双重素质，化育灵性与人性双重"灵魂"，成就既会做事、又会做人的全面发展的人。为了实现这一目的，科学教育与人文教育必须交融生绿。所谓的"绿"，就是科学教育与人文教育融合的结果。

杨叔子从做校长的经验出发，深刻意识到高校要实施"绿色教育"，就要做到"顺人之天，以致其性"。具体而言，首先，要看到教育的对象是有人性与灵性的人，应"引导"人的内在因素合乎规律、全面而主动地向健康方面"发展"；其次，营造一个与"引导"和"发展"相应的适宜环境；最后，精心地使这两方面协调起来。回首华中科技大学的辉煌历程，杨叔子认为若要进一步推进"绿色教育"，应该做到以下五个方面：第一，学科建设是龙头，抓紧学科建设，这是大学学科建设定位问题；第二，大学要以教学为基础，以科研来提高，以为社会服务来发展大学适应社会的活力，这是大学功能定位问题；第三，大学教育应是高级专门教育，但应在教育的全过程、诸方面、各环节中融入素质教育的思想，这是大学教育思想定位问题；第四，大学必须加大开放，必须具有强烈的国际意识，这是大学竞争定位问题，也是学术平台定位问题；第五，大学必须建设一流的管理体制与机制，这是办大学最关键的问题②。

杨叔子的文化素质教育思想已随着时代的发展结出了新的硕果。他的1988级博士研究生钟毓宁（现任湖北广播电视大学党委副书记、校长）在访谈中回忆了他任湖北汽车工业学院院长、党委副书记时的人文教育举措："我以杨老师的教育理念为出发点，通过几个方面加强我们学校的人文教育，一是开办了东风讲坛、明德论坛和道德讲堂，二是开设了选修课，三是对学生进行创新创业教育，整体来看取得了良好的效果。"③ 此外，杨

---

① 杨叔子：现代高等教育：绿色·科学·人文.《高等教育研究》，2002年第1期，第22-24页。
② 同①。
③ 钟毓宁访谈，2016年8月8日，武汉。资料存于采集工程数据库。

叔子任名誉院长的九江学院也在他的指导下建立了大学生文化素质教育基地、陶渊明研究院、濂溪书院等一系列研究所进行庐山文化的传承与传播。更为可贵的是，为了使我国的传统经典走向国际，增强文化自信，在甘筱青院长的领导下，九江学院还开展了一项全新的研究工作——中华经典的公理化诠释，即用科学论证的形式对我国经典著作进行解读，此项研究得到了杨叔子的大力支持。

　　回首过往，杨叔子的文化素质教育思想形成于他任华中理工大学校长期间的文化素质教育实践，成熟于他校长荣休后的不懈追求与探索。虽然他一直谦虚地认为"自己推行文化素质教育只是形势使然"，但除此之外，这一思想的提出无疑具有深刻的个人原因。首先，杨叔子在中华民族优秀文化的熏陶下长大，他从小就学习《论语》《中庸》和《大学》等我国传统文化的经典之作。所以，他极为强调人文教育的基础性，强调我国的教育要"背靠五千年文化"。其次，杨叔子历经残酷战争的洗礼和四处逃亡的艰难岁月，父亲从小就教育他要爱国，爱中华民族。所以，他视民族精神的培养为文化素质教育的重点之一。最后，杨叔子从自身经历出发，认为一个学生要成才，"最根本的是素质上去，文化上去，以文化人，以人化文，两者不可分割"。所以，他坚持倡导人文与科学的交融，并为其倾尽心血。

杨叔子的文化素质教育思想不仅对高等教育界产生了深远影响，还延伸至基础教育领域。某种程度上，杨叔子所提倡的文化素质教育与当时国家正着力推行的素质教育的基本精神一脉相通。并且，杨叔子认为，基础教育阶

图10-7　2009年2月13日，《人民日报》第11版刊登了杨叔子撰写的文章《取消文理分科，要改革高考制度》（资料来源：华中科技大学档案馆）

段是培养健全人格情感、打好知识基础的关键期，学生的很多特性到大学阶段已经基本成型。因此，要想为学生打好"做好人"与"做好事"的底子，必须把握好基础教育阶段的基本价值取向。因此，在《中共中央国务院关于深化教育改革全面推进素质教育的决定》颁行10周年之际，杨叔子撰文呼应与肯定素质教育的推行，并指出实施素质教育需要取消文理分科，改革高考制度。此文被刊登在《人民日报》2009年2月13日第11版，发表后被多家媒体全文转载，在全国范围内引起了不小的轰动。

诲人不倦春满园

杨叔子不仅是一名成就卓著的机械工程专家，一位满负盛名的大学校长，更是一位春风化雨、爱生如子的人民教师。教书育人是杨叔子一生都在辛勤耕耘的事业。在他看来，教育是国家的根本，民族的希望。因此，较之科学研究，教育是一项更为关乎国运的事业。

自1956年留校任教以来，杨叔子便一直固守在教学第一线。无论是从事本科生教育工作，还是从事研究生指导工作，他都是兢兢业业、一丝不苟。在此过程中，他不仅为学生传道、授业、解惑，更是以身作则、春风化雨地感染与升华学生的精神境界。

1978年9月，杨叔子开始招收第一批硕士研究生。与此同时，他也负责指导以其他教授名义录取的博士研究生。到2012年，杨叔子指导的研究生已有几十人获博士学位，博士后也有10余人出站。如今，这些"杨门学子"早已成为各个领域的佼佼者：从高校知名教授，到大学校长，再到企业骨干，不一而足。接受访谈的"杨门学子"代表在谈及恩师杨叔子时，无不满怀感激。从他们深情的讲述中不难发现，杨叔子之所以能够"桃李满天下"，与他高瞻远瞩的战略眼光、诲人不倦的教育情怀以及对学生关怀备至的指导风格密切相关。

前瞻思想引方向

可以说，杨叔子在机械领域的成就在很大程度上得益于其极具前瞻性的研判智慧。作为一位极具教育情怀的人民教师，这种智慧也被他成功地应用于教育领域。每当学生陷入困惑与迷茫时，他总会尽心竭力地安抚学生的情绪，并设身处地且又高瞻远瞩地帮学生定位正确的人生方向。

重视基础是杨叔子一贯的教学主张。在他看来，一个人的知识基础将决定其日后发展的高度。20 世纪 70 年代中期，华中工学院积极响应国家"开门办学"的号召，与二汽合作办学，在湖北十堰开设了 3 个厂校"合办班"：机械制造工艺及设备专业班、工业铸造班以及工业自动化班。其中机械制造工艺及设备专业班的班号为"75113"，全班共有 80 多位学员。杨叔子担任这个班的班主任。

当时的杨叔子面临着两大严峻形势。一方面，学员们有一半的学习时间要在荒草蔓生、缺水少粮、条件极其艰苦的大山深处[①]度过，不少人对此颇有微词。另一方面，班上有接近一半的学生是工农兵学员。当时的工农兵学员一般是从有实践经验的工人、农民中选拔出来，经组织推荐即可入学，无须参加考试。所以，学员之间的学习基础差距悬殊，既有小学、初中毕业的，也有高中毕业的。杨叔子认为，这些学生不应仅仅读一读书，将来再去做一些最简单的体力劳动，而应该有所成长，有所提高。所以，他立足学生的长远发展，同时承担了数学、物理、政治等多门课程的教学工作。不管学生的基础有多差，他总是以十分的耐心，尽心竭力地帮学生把基础打牢。在杨叔子的耐心指导下，"75113"班的学员毕业后普遍基础扎实，而正是这种扎实的知识功底，为其日后的发展奠定了坚实的基础。

现任电讯盈科企业方案属下机构中联集团华中区域总经理的李诚曾是"75113"班的学员。在接受采访时，李诚感叹道：

[①] 十堰位于秦巴山区的汉水谷地。20 世纪 70 年代，十堰还是一个极其闭塞的山区城市，经济条件极不发达。

当时杨老师可能有些先知先觉，认识到整个学校教育应该有所改革。所以他就提出来：即使是工农兵学员，也要从基础抓起！我们大学本科是从三角函数开始学起的，杨老师教我们教到复变函数，这其实是现在大学数学专业要学习的知识。①

除了李诚，1995年度国家杰出青年科学基金项目获得者之一吴雅、毕业后供职于中国科学院武汉岩土力学研究所的张新亚等，均是"75113"班的优秀学员。

除了重视基础，杨叔子在指导研究生的时候，也极为强调基于学科交叉的学术创新方法论。史铁林是杨叔子1988年招收的博士研究生，现为华中科技大学机械科学与工程学院教授、党委书记，教育部长江学者特聘教授。求学期间，在杨叔子的指导下，史铁林选择了机械设备的故障诊断领域，并将当时正在兴起的人工智能技术融入课题研究之中。在博士阶段，史铁林就与杨叔子合作编写了《基于知识的诊断推理》一书，合作研制了"汽轮发电机组在线状态监测和故障诊断专家系统"，并因此荣获国家教育委员会科学技术进步奖二等奖（应用类）。毕业后，杨叔子仍不断鼓励史铁林进行开拓创新。在杨叔子的建议下，史铁林近年来主要致力于机械制造领域的微细化研究。最终，他凭借在此方面取得的显著成果顺利当选为教育部长江学者特聘教授。

除此之外，杨叔子尤其强调做学问的前瞻眼光。这种"会当凌绝顶"的学术视野，对其学生的发展之路产生了深远影响。现任北京大学信息科学技术学院教授的张海霞是杨叔子指导的1995级博士研究生。师从杨叔子期间，张海霞在杨叔子的指导与支持下，沉下心来研究当时"并不流行"的微型传感器。此项研究在近年来被证明具有极大的研究价值，张海霞也因此获得了一个理想的研究平台。在接受采访时，张海霞回忆说：

其实我在进入杨老师的团队时，杨老师已非常有名，可是他确实

---

① 李诚访谈，2016年8月22日，武汉。资料存于采集工程数据库。

图10-8 2012年4月，杨叔子在办公室与学生、同事合影（前排：杨叔子，后排左起：易传云、胡友明、赵英俊、陈惜曦、吴波、史铁林、李锡文。陈惜曦提供）

有一颗不断创新的心。他时常关注并鼓励学生做一些新的东西，这些新东西与我们原来所做的不一样，是未来机械领域可能会有所发展的新东西。以我自己为例，其实那时候我就开始涉及当时机械领域并不是很流行，或看起来并不是很时尚的一个东西——微型传感器。那时候我们真的没有什么特别好的条件，因为华中科技大学几乎没有人在研究这个，在国内也不是特别流行。但实际上，微型传感器在机械中不管是在检测方面，还是在设计制造方面都非常有价值，所以我在杨老师的支持下开始从事这方面的研究，后来也证明这些工作确实有价值。正是在那时我们开始迈出这样的步伐以后，像这种微型的传感器、微型的加工慢慢地在华中科技大学有了一些突显。我毕业以后到别的地方去工作，才发现那时前瞻性的研

图10-9 2012年7月，杨叔子（左二）在北京与张海霞（左一）等人合影（张海霞提供）

究正好为未来一个大的发展领域打下了基础。所以,杨老师在学术上是不保守的,他不仅有自己的长见,还有创新。我读博士的时候杨老师其实已经是功成名就,做不做新的方向其实没有什么关系,但他的远见卓识为机械学科开辟了一些新方向,产生了重大影响。所以,我非常佩服杨老师科学家的战略眼光。他不光能从自己的学科,也能从其他学科进行交叉来发展新方向,我觉得这是特别好的,也是华中科技大学能够在国内机械领域蓬勃发展的一个非常重要的原因。[①]

"深""宽"课程打基础

杨叔子扎实的数理基础和深厚的人文底蕴使他在诸多领域取得了突出成就,所以,在学生培养方面,他也十分强调这两点。为了全面提升学生的综合素养,为其日后发展打下宽厚的知识基础,杨叔子为学生设置了全面的数理类与人文类课程。

第一,杨叔子极为强调工科学生的数理基础。汪大总是杨叔子招收的第一届硕士研究生。在杨叔子的指引下,1978 年刚刚入学的他就开始学习工科以外的数学课程。当时,学校教育主要效仿苏联,仅开设实用性较强的课程。杨叔子认为,这种做法会禁锢学生的知识范围。因此,他顶住各方压力,为学生开设了包含现代控制论在内的许多新课。汪大总认为,正是跟随杨老师学习的两三年为他奠定了扎实的基础,而且培养了他的信心。因此,后来他在美国康奈尔大学就读期间,取得了各门课程均为 A 的优异成绩[②]。此外,杨叔子从不轻信文献资料,对于论文中用到的公式,总是坚持自己一步一步地推导。当然,他也这样要求学生。张海霞就曾因为论文中涉及的一个公式推导问题受到了杨叔子的严厉指正。在老师严谨的治学风格影响下,慢慢地,张海霞改掉了粗心的毛病。她同时发现,代数基础对于日后她在专业领域的提升是一个必要前提。如今,已成为北京大学信息科学技术学院教授的张海霞,在指导研究生的过程中也以同样的

---

① 张海霞访谈,2016 年 7 月 22 日,北京。资料存于采集工程数据库。
② 汪大总访谈,2016 年 7 月 25 日,北京。存地同上。

标准来要求和培养自己的学生①。

第二，杨叔子也十分重视工科学生的人文素养。1977年恢复高考之后，我国为迅速培养各类专业人才，进行文理分科。然而，这种文理分科的做法导致了一个不良倾向：很多理工科的学生轻视人文学科。杨叔子从自己的亲身经历中体会到人文素养对一个现代中国人的重要性，所以，杨叔子坚持让自己指导的研究生学习《老子》《论语》等中华优秀传统文化的经典之作。从1997年开始，杨叔子正式对学生提出学习《老子》《论语》的要求。除自己做讲座外，杨叔子还特意邀请涂又光为学生讲解《老子》。据杨叔子的学生反馈，这些人文知识的积淀重塑了他们的世界观。在接受采访时，张海霞不无感慨地说：

> 我是这些人文课程的很大受益者。长期的文理分科使我的脑子里早已划了一条线：文科跟我没关系，不属于我的领域。开始学习《老子》时我常想，还不如把时间用来做实验。但通过学习，我结交了许多文科的朋友，发现他们有很多与众不同的地方，跟他们谈话使我的视野开阔了许多。②

另外，对国学经典的颂扬不仅丰富了学生的精神世界，也有助于培育学生的爱国情怀。汪大总在跟随杨叔子学习期间，杨叔子对中国古诗词的热爱对他形成了潜移默化的影响。渐渐地，汪大总也形成了写诗赋词的爱好，并经常就诗词创作与杨叔子展开交流探讨。汪大总认为，杨叔子使他对民族文化始终有一种自豪感，而这种自豪感让他知道自己的根，即使常年在海外也不会迷失方向。

教亦多法巧育人

教育是一门充满智慧的艺术。精通中国优秀传统文化的杨叔子，对于

---

① 张海霞访谈，2016年7月22日，北京。资料存于采集工程数据库。
② 同①。

"因材施教""教无定法"等流传至今的教学原则有着独到的领悟。因此，面对多变的教学形势和个性、基础不一的学生，杨叔子总会采取最适宜的教学方法。

杨叔子在教学上首先强调的原则是"顺天致性，因材施教"。他总会根据学生的实际情况为其制定合适的培养方案。对于理论功底较强的学生，他会为其选择偏理论性的研究课题；而对于有工作经验、动手能力较强的学生，他则指导其做一些偏实践性的课题。

面对"调皮任性"的学生，杨叔子总是能在充分了解学生内心世界的基础上，对学生循循善诱，并帮助学生看到其本性之中的自我，进而帮助学生获得成长。张海霞在入学之初就与一名学生发生了激烈的冲突。听说这件事后，身为校长的杨叔子并没有因为事务繁忙而对此置之不理。他找到张海霞，像父亲一样与她谈心，并对张海霞说相信她是一个好孩子，希望她能说出实情，因为自己真的很想帮助她。这一举动使张海霞感受到了杨叔子对自己真挚的关怀。此后，张海霞的内心发生了巨大的转变，她开始集中精力投入科研与学习。她认为这是对杨叔子最好的回报，也是对自己人生的负责[①]。

在具体的指导方式上，杨叔子主要采用"授人以渔"的教学方式。他往往会在关键的时刻，通过一些简单、温和的话语，告诉学生一些学习方法、人生道理，然后让学生自己慢慢去体会。这种教学风格深深地影响了学生王雪。王雪是杨叔子的1991级博士研究生，现为清华大学精密仪器系教授、博士生导师、副系主任、精密测试技术及仪器国家重点实验室副主任。提到杨叔子的教学，他侃侃而谈：

> 杨老师指导学生的特别之处在于他会传递给我们很多思想，而不只是单纯地教某个公式、算法。他会在恰当的时候，在我们最需要帮助的时候给我们许多思想性、方向性的指导。就这个角度而言，杨老师通常是授之以渔，教给我们很多学习的新方法和新思想。时至今

[①] 张海霞访谈，2016年7月22日，北京。资料存于采集工程数据库。

日，我也开始指导博士研究生，也会跟他们有很多交流，但是其实很多指导学生的方法都是深受杨老师潜移默化的影响。我感觉越到后期，杨老师对我的影响越深，因为很多东西真的需要一定的人生阅历才能完全领悟。[①]

1989级博士研究生吴波[②]也对杨叔子的这种教学风格十分钦佩。在接受采访时，吴波表示：

> 杨老师指导我们时不一定是面面俱到，但往往一句话就能让我们豁然开朗，或者一句话就能够点到关键之处。比如，我们在课题研究的过程中遇到了问题，他总是一句话就帮助我们打开思路。所以，我当时特别愿意多听取他的指导意见[③]。

当然，作为教师，杨叔子在教学中也有非常严厉、严谨的一面。学生康宜华[④]曾经说过："杨老师最多时带过20多个学生，包括不同年级的研究生和博士后。可学生无论何时把论文给他修改，几天后一定会收到反馈，并且密密麻麻、圈圈点点地提出修改意见。甚至细微到'和''与''的''地''得'等词语的运用，老师都给我们一一纠正。这

---

① 王雪访谈，2016年7月22日，北京。资料存于采集工程数据库。
② 吴波系杨叔子1989级博士研究生，1992年获机械制造及自动化专业博士学位。现为华中科技大学机械科学与工程学院教授，博士生导师，机械电子信息工程系主任。主要从事数字化制造技术、机电装备状态监测与故障诊断方面的研究。参见华中科技大学机械科学与工程学院官网。
③ 吴波访谈，2016年8月11日，武汉。资料存于采集工程数据库。
④ 康宜华从1984年进入华中工学院开始本科阶段学习，到1995年博士后出站，一直都跟随杨叔子。现为华中科技大学机械科学与工程学院教授、博士生导师，主要从事无损检测新技术、数字化无损检测装备、机电一体化工程等方面的研究。康宜华不仅科研成果突出，还具有丰富的企业管理经验。现任武汉华科机电工程技术有限公司总经理，武汉华宇一目检测装备有限公司董事长、总经理，华工制造装备数字化国家工程中心有限公司总经理。同时还担任制造装备数字化国家工程研究中心副主任，中国机械工程学会无损检测分会委员，湖北·武汉无损检测学会常务副理事长等职。参见华中科技大学机械科学与工程学院官网。

让我们看到严谨的品质对于一个科研人员有多么重要。"①

此外，杨叔子还能够"因地制宜"地进行教学。在华中工学院与二汽合作办学期间，杨叔子发现，虽然当时在生活与教学各方面的条件都比较艰苦，但机床等设备资源却十分丰富。因此，杨叔子充分利用二汽的设备资源，让学生们提前进行专业学习，带领学生实地认识车床、铣床与镗床的结构与机理，为学生的进一步发展打下了很好的基础。在讲授三角函数时，杨叔子就以工厂里的车床为例，讲解怎么运用正弦与余弦的投影进行实际加工。学生们对这种理论与实践相结合的授课方式感到很有新意，接受起来也比较快。李诚感慨地说："我们这届学生有的已任职于国家机械工业部，博士也有三四个，都是得益于当时杨老师因地制宜的教学方式。如果没有当时打下的坚实基础，后期可能还不会那么顺利。"②

团队建设树风气

"尊重他人，依靠集体"是杨叔子一贯的行事风格。杨叔子认为，没有一个团结、强大的团队支持，一个人很难做成大事。因此，他一方面致力于培养年轻人，源源不断地为团队注入新鲜活力；另一方面以身作则，带头树立院系之间的团结之风，以此来感染学生。

杨叔子总是想方设法为年轻人提供各种锻炼机会，让他们不断成长。在推选项目负责人时，杨叔子总是优先考虑学生。此外，他也有意识地带领学生参加国内国际重大会议，让学生作主讲人，锻炼学生的胆识与表达能力。即使现在行动不便，他依然定期听取学生的工作汇报，并为他们提供指引方向。杨叔子的1989级博士研究生吴波在接受采访时讲道：

> 1994年，杨老师获批一项国家自然科学基金重点项目——"智能制造技术基础"。这是我国最早的一个智能制造的重点项目，由杨老

---

① 胡文鹏：中国科学院院士、著名机械工程专家杨叔子——心共苍山一片丹.《经济日报》，2009年12月6日.

② 李诚访谈，2016年8月22日，武汉。资料存于采集工程数据库.

师牵头,我们学校和南京航空航天大学、西安交通大学、清华大学联合承担。杨老师鼓励我参与研究,而且每次汇报,别的学校都是由资深教授作汇报人,杨老师却总是把机会给我。经过3年的共同努力,该项目取得了重大成果,我在这个过程中也积累了许多关于智能制造的专业知识,这帮助我成功地将研究重点转向智能制造和数字制造。①

对此,史铁林也有同样的切身感受。在接受采访时,他说自己从小是个不善言辞的人,语言表达能力确实是杨叔子培养出来的。杨叔子每年都带他参加国际国内会议,例如故障诊断协会的年会。这种会议一般都要请院士做报告,而杨叔子总是只讲半个小时,接下来就让史铁林主讲。由于面对的都是机械领域的知名教授,史铁林一开始十分紧张。但经过五六次这样的锻炼以后,史铁林的紧张感消除了,表达能力也提高了。他认为这都是老师杨叔子一点一点训练出来的②。

为了加强华中理工大学机械学院的办学与科研力量,除了学生,杨叔子对学院里的青年教师也会倾囊相授。他结合自己的从教经历,定期为青年教师开设讲座。同样,他也会通过提供各种机会将学院的青年教师推向学术圈与行业的中心地带。

同时,杨叔子还十分珍视与同事之间的相互支持与合作。杨叔子的1993级博士研究生易传云认为,团结是华中科技大学机械科学与工程学院一直以来的一大特点,各院士之间相互支持,很多项目都存在交叉与合作,老一辈学者之间的融洽关系为学生们树立了良好的榜样。而指导老师杨叔子对此理念的身体力行则对他产生了直接影响。他直言以前的自己比较高傲,但跟在杨叔子身边,他逐渐沉下心来,知道了什么是团队精神、责任意识和奉献精神以及它们的重要性③。

---

① 吴波访谈,2016年8月11日,武汉。资料存于采集工程数据库。
② 史铁林访谈——科学研究与做人做事助推学生与学院发展,2016年8月22日,武汉。存地同上。
③ 易传云访谈,2016年8月10日,武汉。存地同上。

图 10-10　2012 年 10 月 15 日，华中科技大学暨机械科学与工程学院 60 周年院庆合影（第一排左十八：杨叔子，第一排左十七：周济，第一排左十六：李培根，第一排左十二：李德焕，第二排左九：吴波，第二排左十三：史铁林。史铁林提供）

多年来，在杨叔子的苦心经营与持续关注下，华中科技大学机械科学与工程学院在特种工艺装备、微纳制造、纳米光学测量、故障诊断、智能制造、无损检测等多个研究方向形成了强大的研究团队，各团队均拥有一支高素质的研发队伍，在授权发明专利、国防专利与实用新型专利、发表高质量学术论文与培养高层次研究型与应用型人才方面拥有优势。2013 年，"微纳米制造与纳米测量技术"研究团队入选教育部创新团队[①]。如今，杨叔子团队不仅攻克了多项技术难题，还为国内外多所高校与科研单位培养出了大批卓越教师和科研工作者，也为世界各大企业输送了大量复合型人才。在杨叔子所坚持的团结风气的浸润下，截至 2018 年 10 月，华中科技大学机械科学与工程学院已建成 5 个国家级研究平台、2 个国家级基础教学平台、1 个国家自然科学基金创新群体、2 个教育部创新团队、2 个国家级教学团队与 3 个教学科研实验平台[②]。同时，学科建设也取得了丰硕成果。2012 年，华中科技大学机械工程一级学科顺利通过教育部组织的第三轮学科评估，与上海交通大学并列第一。2016 年，根据教育部学位与研究生教育发展中心公布的全国第四轮学科评估结果，在参加机械工程一级学科评估的 189 所高校中，华中科技大学与清华大学、哈尔滨工业大学、上海交通大学成为获得"A+"的 4 所高校。这些成就一方面反映了华中科技

[①]　参见学院简介。华中科技大学机械科学与工程学院官网。

[②]　同[①]。

大学机械科学与工程学院过硬的办学实力与强劲的发展势头,另一方面也印证了杨叔子所一再坚持的团队建设思路在发展科研与教学中的前瞻性与正确性。

淡泊名利做师表

杨叔子一生淡泊名利,心中所想皆是为国家科技进步、为民族教育发展作出个人应有的努力。而他的这种操守对其所指导的学生产生了直接而深刻的影响。渐渐地,淡泊名利成了工程测试教研室乃至整个学院的团队美德。

2000年年初,杨叔子带领的研究团队与中国航天科工集团展开了深入合作,进行国防尖端装备的研发。这次合作的性质不同于以往他们与其他企业的合作。一方面,这是在为国防建设作贡献,大家都感到无比的自豪。另一方面,这项研究涉及国家机密,因此,大家不能以最终成果发表论文,尤其是国外的期刊,也不能申请专利。显然,对于参与此项目的相关人员来说,他们必须将个人名利让位于国家发展。在杨叔子的引领下,不管是教师还是学生,团队的所有成员无一退缩。在项目进行期间,所有

图10-11 2011年12月,杨叔子(左六)参加深圳大学"杨叔子院士奖学金"颁奖仪式(史铁林提供)

人全力以赴：钻地沟，测定线，爬高地，不辞辛劳。在大家的共同努力下，该项目的最终成果成为国内航天领域里的一个重要生产基地。

2009年，河南某公司聘请杨叔子做高级顾问，一年20万元薪酬。出于为祖国建设作贡献的考虑，杨叔子接受了这个任职邀请，但他却将这笔薪酬悉数捐给了母校湖口中学，每年资助学校的85名优秀生与贫困生。湖口中学从领导到教师无不为之感动[1]。担任深圳大学双聘院士期间，杨叔子用全部酬劳在深圳大学设立了一个"杨叔子院士奖学金"，每年奖励10名优秀学生，每人一万元。当时，这是深圳大学个人设立的奖学金中奖励金额最高的。而且，他每年都会亲自来给获奖学生颁奖，鼓励学生不断创新。杨叔子为深圳大学的师生开设讲座也从不收报酬，还自费给学生买书，年年如此[2]。他的行为不仅影响了自己指导的学生，也感染了深圳大学的教师。他们在教书育人的过程中也将杨叔子的这种奉献精神传承下去，这种爱的接力必将会影响更多的优秀学子。

此外，杨叔子对家乡教育事业的支持，尤其是对九江学院的扶持可谓不遗余力。2013年，经江西省政府立项批准，杨叔子院士工作站在九江学

图10-12　2012年，杨叔子（第一排左五）、甘筱青（第一排左六）等人参加九江学院院庆后合影留念（陈惜曦提供）

---

[1] 屈鉴平访谈，2016年7月12日，湖口。资料存于采集工程数据库。
[2] 肖海涛访谈，2016年7月27日，深圳。存地同上。

院的机械与材料学院成立。杨叔子首先帮助九江学院机械与材料工程学院（现机械与智能制造学院）成立了一个科研团队，带领这个团队走访了70多家周边企业，为九江学院争取项目。同时，杨叔子也会率领华中科技大学的团队将项目带到这里来做。其次，杨叔子还亲力指导九江学院的教师进行科技项目的申报工作。同时，杨叔子为九江学院的教学建设提供了大力支持。他帮助九江学院机械与材料工程学院组建教学团队，为教师开设专题讲座，协助学院修订人才培养方案，并将华中科技大学的优秀博士毕业生引进九江学院。为奖励九江学院的优秀学生，鼓励大家勤奋上进，杨叔子还在九江学院设立了"叔子爱莲奖学金"。深受老师杨叔子的感染，史铁林、吴波、易传云、赵英俊等"杨门学子"也与九江学院建立了密切联系，定期为九江学院师生开设专题讲座，积极为他们引荐项目，并指导他们开展科研。在他们的支持与帮助下，九江学院机械与材料工程学院的科研实力和教学力量均得到了极大的增强，3年之内学院就拿到了全国机械创新大赛的一等奖，还申请到了国家自然科学基金。

关怀备至慈父爱

杨叔子不仅是一位严师，更像一位慈父。他对待学生就像对待自己的孩子一般，不仅指导他们的学习，也关心他们的生活。这些关心并不是抽象的，而是体现在他与学生交往的日常细节之中。

杨叔子奉行"有教无类"的教学方针，他对学生的关爱是不分阶层与贫富的。吴雅是杨叔子颇为赏识的学生之一。她于1975年进入华中工学院设在二汽的厂校合办班就读，自那时起，她便与杨叔子结下了深厚的师生情谊。吴雅的家庭处境十分艰难：父亲早年去世，留下她与母亲、弟弟相依为命。即便如此，吴雅仍克服一切困难，抓紧一切机会学习。正因为她十几年如一日的勤奋努力，吴雅最终在名额十分紧张的情况下顺利考上华中工学院。来到合办班，她在学问上那股锲而不舍的钻劲，以及她"出了名"的勤奋刻苦，给作为班主任的杨叔子留下了深刻的印象。由于条件艰苦，吴雅大多依靠自学，所以一开始吴雅的基础较差。杨叔子在了解情

图 10-13 2003 年 9 月，杨叔子 70 岁寿辰（第二排左八）时与部分学生的合影
（史铁林提供）

图 10-14 2008 年 9 月，杨叔子 75 岁寿辰（第一排左六）时与部分学生和朋友的合影
（史铁林提供）

况后，主动为她补习基础知识。吴雅也对杨叔子充满了信任，在迷茫与困惑时总会在第一时间向杨叔子倾诉，以求恩师的开导。每次与杨叔子谈心之后，吴雅总会有豁然开朗之感。回到华中工学院之后，吴雅在杨叔子的精心栽培下，写出了《时间序列分析的工程应用》一书，在国内机械工程

第十章 科学院士人文情

领域受到好评；完成了"Mx-4曲轴连杆颈车床振动、噪声源分析与对策"课题，并以此为基础写出了一篇极负盛誉的优质博士论文。后来，吴雅荣获1995年度国家杰出青年科学基金项目，还被评为"荆楚女杰""中华学人"等。然而，天妒英才！1999年，吴雅因车祸英年早逝。杨叔子为此悲痛万分。即使时隔多年，每当回想起吴雅，杨叔子仍不免流露出伤心与惋惜之情。

杨叔子对学生的关心是细致入微的。康宜华在博士期间主要从事钢丝绳无损检测方面的研究，需要经常去矿井里做实验，一个实验可能需要一两月才能完成。那时的通信不像现在这样发达，而且通话费用也比较贵。但是每次康宜华去矿井做实验，杨叔子都会给他打问候电话，问他吃得好不好，休息得好不好。康宜华毕业后，杨叔子还一直记着他的生日，每年都会及时为他送上生日祝福。杨叔子的细心，使康宜华深受感动[①]。在接受采访时，吴波也深情讲述了恩师杨叔子对自己的关爱。一次，杨叔子派吴波与另一位学生去参加一个学术会议，杨叔子特意安排学校的车把他们送到车站。出发那天清晨，正当他们在车站等车的时候，杨叔子拎着一大包吃的赶来，嘱咐他们带着路上吃。博士期间，吴波出了一次车祸。在那之后半年左右的时间里，吴波由于行动不便，只能卧床修养。住院期间，杨叔子隔三岔五就叫女婿煨一罐排骨汤拿到医院送给吴波，祝愿他早日康复[②]。杨叔子的关爱给吴波留下了深刻的印象。这些年来，他一直铭记师恩，并努力将这种对学生发自内心的关心在自己的教学实践中加以践行传承。

杨叔子对学生的关心并不限于学生本人。在学生忙于项目无暇分身的时候，杨叔子百忙之中也会尽力关照他们的家人。1992年，史铁林专注于扬子石化的项目，半年以上的时间都在外地。那时候，他的爱人正怀有身孕，身体不好，经常有头晕的症状。杨叔子得知情况后，几乎每个星期都会抽空去看一下史铁林的爱人。如果自己去不了，也要委托家人去关照一

[①] 康宜华访谈——杨叔子对学生的关心及学术指导，2016年8月10日，武汉。资料存于采集工程数据库。

[②] 吴波访谈，2016年8月11日，武汉。存地同上。

下，送点补品[1]。杨叔子的举动给身在外地的史铁林增添了许多安慰。每当回忆起这段往事，史铁林总是充满感激与感动。

此外，对于其他院系的学生，杨叔子也是不遗余力地给予关心和帮助。由于杨叔子曾经担任校长，又大力推行文化素质教育，具有丰富而深刻的教育思想，所以，1996年进入华中理工大学攻读高等教育学博士学位的肖海涛[2]，决定请杨叔子担任自己毕业论文的指导老师。杨叔子欣然应允，两人因此形成了特殊的师生关系。肖海涛的博士毕业论文是《中国现代大学的理想》，杨叔子对此表示大力支持，他结合自己的教育经历及其对高等教育的看法，给肖海涛提供了许多方向上的指引。后来，杨叔子还做了肖海涛毕业论文的评审人。肖海涛的优异表现让杨叔子看到了其巨大的发展潜力，毕业之际，杨叔子专门就其工作问题与她的导师通了电话，希望肖海涛毕业之后能够留校，同时赠予她一本当时风行全国的《中国大学人文启思录》，并附上亲笔题字"中华儿女多奇志，偏向悬崖攀绝峰"。肖海涛对此感激不已。但由于各种原因，肖海涛最终选择了深圳大学。杨叔子依旧为她送上祝福，之后也一直与其保持交流。后来肖海涛的爱人在工作上遇到一些问题，杨叔子也都热心帮忙解决[3]。

图 10-15 2003 年，杨叔子（第一排左三）70 岁寿辰时大家庭合影（史铁林提供）

---

[1] 史铁林访谈——科学研究与做人做事助推学生与学院发展，2016 年 8 月 22 日，武汉。资料存于采集工程数据库。

[2] 肖海涛现为深圳大学高等教育研究所研究员，硕士生导师，广东省高等学校"千百十人才培养工程"人才。主要致力于中国现代大学理念研究、中国高等教育学制研究、现代高等教育思想研究及新中国高等教育思想发展研究、高等教育大众化研究等。

[3] 肖海涛访谈，2016 年 7 月 27 日，深圳。资料存于采集工程数据库。

杨叔子对学生慈父般的关爱，让与他交往的每一位学生都深受触动。即使毕业多年，这些学生也一直与杨叔子保持着密切联系。每逢杨叔子的大寿，他们都从四面八方远道而来，为杨叔子送上最真挚的祝福。同时，这些"杨门学子"在自己的工作中也自觉地奉行从杨叔子那里学到的优良之风。

除了对学生慈父般的关爱外，杨叔子对杨家大家庭的晚辈也关怀备至。在晚辈们的学习、工作与生活中总是给予指点帮助，他把杨家"清廉爱国，师表崇德"的家风庭训播撒在晚辈的心田上。

满腹情怀诗词溢

杨叔子将所有的时间都献给了科研与工作，除了写诗赋词，他在生活中并没有什么其他爱好。在父亲的耳濡目染下，杨叔子自幼学习国学与诗词，由此对诗词产生了浓厚的兴趣。在杨叔子教育生涯中，他倾尽心血宣扬诗教，以此希望中华诗词走进千家万户。

幼年启蒙，终身受益

杨叔子自幼学习我国传统文化，父亲杨赓笙是他的第一任老师。杨赓笙是一位爱国人士，饱读诗书，尤爱诗词创作，留下了《江西讨袁军总司令檄文》等名篇名作。在父亲的教导下，杨叔子先后学习了《唐诗三百首》《诗经》《论语》《大学》《中庸》《幼学琼林》和《古文观止》的部分文章及其他古籍。后来又跟随私塾老师涂寿山学习了《孟子》和《书经》等经典之作。在优秀传统文化的熏陶之下，年幼的杨叔子就已经懂得了许多道理：从"举头望明月，低头思故乡"中学会了热爱家乡；从"有弟皆分散，无家问死生"中体会到了日军侵略的民族之耻；从"谁谓河广？一苇杭之。谁谓宋远？跂予望之"中学会了热爱祖国；也从"莫等闲，白了少年头,空悲切"中学会了珍惜时间。

良好的国学基础使杨叔子在正式进入学校之后,就在语文课程的学习中表现突出。他的儿时同学陈义明在接受访谈时表示:"他对唐诗宋词、古文掌握得相当熟练,我们简直没办法跟他比。我记得语文老师曾多次在班上朗读他的作文,并作为范文让我们学习。后来有的同学说,如果杨叔子学文学,也肯定会作出了不起的成就。"①

年少的杨叔子并不只是单纯地背诵古文,而是常用名篇警句激励自己。上小学时杨叔子的数学比较差,尤其是除法运算更是令他百思不得其解。但是他在做作业时绝不会抄袭别人的,因为《论语》有云:"知之为知之,不知为不知,是知也。"他还进一步以《中庸》中的名言(人一能之,己百之;人十能之,己千之。果能此道矣,虽愚必明,虽柔必强)鼓励自己:"只要下决心、能专心、有恒心,就一定能学好数学。"最后,杨叔子用"试试看"的方法学会了除法,体悟到了除法与"求逆"密切相关,从此数学对他来说也不再是难事。

回首来时路,杨叔子坦言,幼年时期的诗词启蒙与长期以来的不断学习对其产生了很大的影响。在人生的一个个节点上,诗词引领着他作出了正确的选择。

"孤舟蓑笠翁,独钓寒江雪"告诉杨叔子即使在艰苦的条件下,也要像置身于良好的环境中一样坚持学习。所以,当他在华中工学院桂林分部学习时,即使教学、师资条件都极为有限,他依然刻苦学习,深入钻研,去"钓取"为国家作贡献所需的知识与能力。

"顺木之天,以致其性""春蚕到死丝方尽,蜡炬成灰泪始干"引导杨叔子作为一名教师,应该尊重学生,因材施教,并且时时刻刻关心、爱护学生。所以,在大学毕业留校任教之后,他很快进入教师角色。

"横眉冷对千夫指,俯首甘为孺子牛"教会杨叔子要时时为人民群众着想。所以,即使在"文化大革命"期间遭到不公正待遇,被"贬为"食堂管理员,他也依然一心为公,从不谋取私利。

---

① 陈义明访谈,2016年7月11日,九江。资料存于采集工程数据库。

"人生自古谁无死，留取丹心照汗青""苟利国家生死以，岂因祸福避趋之"教导杨叔子作为一个中国人要有民族气节，要热爱祖国。所以，当他于 1982 年在美国威斯康星大学访问结束之后，毅然拒绝了年薪近 10 万美元的大学教授职位，回到祖国拿着每年只有 600 美元的工资，一心一意地投入华中工学院的教学与科研工作中。

"删繁就简三秋树，领异标新二月花"教会杨叔子做学问就要有开创精神，应该敢于带头、敢于标新立异。所以，他发表了国内第一篇机械方面的"智能制造"学术论文，与团队合作解决了"曲轴连杆颈车床"严重振动这一关键难题和"钢丝绳断丝定量检测技术"这一世界性难题。

"置身须向极高处，举首还多在上人"告诉杨叔子做人、做学问一定要谦虚。所以，他在荣膺中国科学院学部委员之后依然不骄不躁，坚守本职工作。

坚持诗词创作

杨叔子并没有满足于单纯的诗词学习。随着文学积淀的日益深厚，杨叔子开始尝试创作诗词，并用诗词记录自己的心路历程。大学时期与同学出游寻得相思豆，杨叔子想起了远在北京的徐辉碧，思念涌上心头："红豆异乡得，相思寄远方。心随鸿雁去，比翼共高翔。"[1] 1962 年雷锋牺牲，杨叔子为此悲痛万分，立志向雷锋学习，为人民服务："中华儿女竞雄风，灿烂螺钉亮九重。有限敢教无限化，小河奋汇大河宏；言行一致无朝夜，爱憎分明胜夏冬。映日征旗红别样，汗青长照此心同。"[2] ……可以说，作诗赋词日益成为杨叔子生活中不可或缺的一部分。

杨叔子对诗词的热爱没有随着教学和科研任务的加重而有丝毫的减退，相反，他的创作热情更加高涨，创作水平日渐提高。具体而言，杨叔子作诗选材广泛，生活趣事、工作科研、党情动态、国家要闻等都会成为他抒情感慨的素材；他的诗结构严谨、语言精妙、思想深邃、格调高雅，

---

[1] 杨叔子：《往事钩沉》。武汉：华中科技大学出版社，2018 年，第 44 页。
[2] 杨叔子：《往事钩沉》。武汉：华中科技大学出版社，2018 年，第 92 页。

且能够将国学与科学融合起来，发人深省的同时又能增长知识。现从《杨叔子槛外诗文选》中摘录如下几篇佳作：

1984年，杨叔子参与研制的"APPLE-Ⅱ微型机在线信号处理系统"通过鉴定，往日的劳累尽抛脑后，喜悦之情与自豪感油然而生："披星迎日忘情牵，信息迷人若悟禅。软件巧编程序好，荧屏彩现画图妍。心齐岂惧龙潭闯，智聚能将虎翼添。过隙白驹谁与比？还夸电脑快无边。"（《七律·赞微机信号处理系统研制成功》）

1996年，杨叔子与夫人徐辉碧一同参加教育部组织的高校领导干部休假，面对美景挚爱，他以深情的诗句纪念与夫人相识后的第一次出游："劳燕何曾结伴游，而今宿愿得相酬。峰回九曲漂清筏，溪抱三岩隐小楼。险境同攀尘俗净，先贤共仰泽芳流。丹山碧水留双照，竹洁梅贞对素秋。"（《七律·武夷山休假并赠辉碧》）①

图10-16　1996年，杨叔子（左）与徐辉碧（右）在武夷山休假时留念（史铁林提供）

2006年，长征胜利七十周年，作为一名忠诚的中国共产党员，杨叔子对中国共产党革命事迹的无限缅怀跃然纸上："临川思往事，谁可主浮沉？奋越雄关险，迎来赤县春；荣名芳万古，炳册冠千军。七十周年庆，裁诗颂国魂。"（《五律·纪念长征七十周年感赋》）

2008年，汶川大地震牵动国人心弦，杨叔子以诗声援，传递深情大爱，与汶川共赴难关："日日欣传圣火擎，何期浩劫骤然生。山崩地裂音书绝，屋垮城摧瓦砾莹；惨象揪心难尽诉，危场救命实堪旌。千情万爱汶川汇，举国同舟破浪行。"（《七律·四川汶川大地震悲赋》）

杨叔子最为人熟知的词，就是他于1996年1月随大陆大学校长代表团

---

① 杨叔子：《杨叔子槛外诗选》。北京：高等教育出版社，2017年，第336页。

赴台湾参加"海峡两岸高等教育现况学术研讨会"时所作的《浪淘沙·初访台湾感赋》：

　　峡浪接云天，逝水流年，悲欢离合几多篇？！本是根生同一脉，梦也团圆！举酒醉华筵，情意绵绵，心心相印永相连。要领风骚新世纪，愿我黄炎。①

据杨叔子回忆，他是在抵达台湾后第三天在成功大学举行的座谈会上发言时即席填写的这首词。没想到此诗一出，台湾各大报纸纷纷登载，有的报纸直接用"本是根生同一脉，梦也团圆"作为标题，刊登了这首词的全文。杨叔子说，之所以写这首词，有两个原因："其一，当时参加会议的10所大陆大学有9所都是工科、医科大学，只有一所综合性大学，而校长又是学数学的，这样10位校长都是理工科的。我当时就担心台湾同胞怎样看待内地大学的人文文化和民族文化。其二，是感慨于台湾同胞与我们血浓于水的事实。"②

1999年中秋，华中理工大学举行了"全国第十二届中华诗词研讨会"，来自新加坡、日本等地的近200名华人诗人、学者出席了会议。在当天晚上举办的"中华诗词吟唱晚会"上，杨叔子的《浪淘沙·峡浪接云天》一词由学校的沈建军教授以昆曲为基调配曲，由女学生领唱。在悠扬、婉转、极富民族风格和人间真情的旋律中，"本是根生同一脉，梦也团圆"将观众的心融在了一起，几乎所有到会的港澳台地区的诗人边看演出边流眼泪③。

杨叔子的佳篇名作之多，令人感叹。从1946年创作第一首诗起，他保存下来的诗词就有600余首。杨叔子与其学生们选择整理了其从1978年到2008年30年间所作诗词的186题200首，以及谈诗论文7篇组成了《杨

---

　　① 杨叔子：《杨叔子槛外诗文选》。武汉：华中科技大学出版社，2009年，第22页。
　　② 曹素华、孙发友：杨叔子的"绿色教育观"和教育人生。《中国教育报》，2007年3月27日。
　　③ 同②。

叔子槛外诗文选》，该书已于 2009 年由华中科技大学出版社出版。

经典需诵读，诗教应先行

杨叔子从自身经历出发，认为中华诗词中蕴含着极为深刻的人生哲理，一个人的成长、成才与诗词的熏陶密切相关。

从担任华中理工大学校长开始，杨叔子就结合文化素质教育工作，对诗词进行了更加深入、系统的研究。他认为，中华诗词源远流长、博大精深，体现与蕴含着中国传统文化的精髓，闪烁着中国传统经典的哲理光芒，对于学生爱国情怀、民族精神以及创新能力的培养具有重要意义。他在深入挖掘中华诗词精髓的基础上，撰写了一系列文章来论述中华诗词的特点，并结合时代背景，深刻地阐明了诗词在传承民族文化、在素质教育中的先导性，以及诗词独特的育人功能和创新功能。同时，杨叔子还在学校和社会上进行了大量的实践活动，以促使中华诗词大步走进大学校园，走进中小学校园与幼儿园，走进千家万户。

1998 年 8 月，在乌鲁木齐举行的全国第十一届中华诗词研讨会上，杨叔子的一篇论文《让中华诗词大步走进大学校园》震惊四座。这篇文章主要阐明了诗词在陶冶性情、升华精神境界、活跃思维和增强创新能力方面的特殊效用。深刻的论述、强烈的共鸣使大会原定研讨边塞诗的主题变成了研讨诗词进校园。之后，《中华诗词》（1998 年第 5 期）首篇刊登了这篇论文，并加了编者按。按语盛赞："文章打破了科技与文艺的壁垒，论证了逻辑思维与直觉思维的作用，指出了一流的科学家大都热爱文艺这一发人深省的事实，是一篇令人心情振奋、耳目为之一新的重要诗论。"[①]

在杨叔子的影响下，华中理工大学于 1998 年在全国高校中首先开办了中华诗词创作班，以传承与弘扬民族文化，培养科学与人文相融合、具有全面素质的一代新人。至此，中华诗词创作班与学校的瑜珈诗社、夏雨诗社，与"唐宋诗词赏析""中国语文"等选修课一起成为学生们学习诗

---

① 曹素华，孙发友：杨叔子的"绿色教育观"和教育人生.《中国教育报》，2007 年 3 月 27 日。

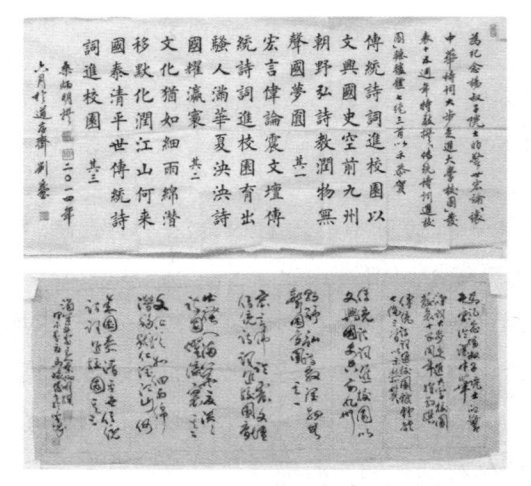

图10-17 2014年6月，为纪念《让中华诗词大步走进大学校园》发表十五周年，书法家刘乐堂、马怀忠撰写书法以示恭贺（杨叔子提供）

词、赏析诗词、创作诗词的重要平台。在杨叔子的指导下，深圳大学开办了诗词学会。杨叔子经常去给同学们作诗词讲座，并当场即兴赋诗，同学们在感叹中华文化博大精深的同时，也被杨叔子独特的人文风采和深厚的爱国情怀所折服。

1999年9月，在华中理工大学举行的全国第十二届中华诗词研讨会上，杨叔子作了《科学人文相融、爱国创新与共——再论让中华诗词大步走进大学校园》的主题报告，成为让诗词走进大学的又一力作。

2000年9月，在深圳举行的全国第十三届中华诗词研讨会上，杨叔子作了《力施诗教于未冠——让中华诗词大步走入中小学校园与幼儿园》的主题报告。他认为，诗词是中华民族文学皇冠上的钻石和人类文明极为珍贵的精神财富，开展诗教具有重要意义。诗教能够把直接关系到直觉、灵感、顿悟、创新等形象思维的元素开发、激活，使其与逻辑思维元素相结合，创造出新的成果，甚至还关系到民族的存亡、国家的兴衰、个人的智愚和事业的成败。所以，杨叔子的母校黎川一小受到其思想的启发，自编校本教材开展经典诵读活动，由此为学生全面素质的提高、民族精神的培育打下了坚实的基础。

2001年5月，在安徽合肥举行的全国第十四届中华诗词研讨会上，杨叔子进一步作了《诗教与文化——中华诗词大步走进千家万户》的专题报告。在此影响下，中华诗词学会在全国开展了一系列诗词推广活动。于是国内纷纷出现了诗词之乡、诗词之市……使作为国之瑰宝的传统诗词逐渐走向人民群众。至此，杨叔子不仅为中华诗词进入大学校园、中小学校园、幼儿园以及千家万户做了大量的理论研究工作，更为重要的是，他还

图10-18 2002年9月7日,杨叔子(第一排左七)参加华中科技大学第二期中华诗词创作班开学典礼(史铁林提供)

支持与推动了一系列卓有成效的诗教活动,为弘扬我国优良传统文化作出了重要贡献。基于此,中华诗词学会于2002年3月聘任杨叔子为名誉会长。在接下来的时间里,年逾古稀的杨叔子依旧笔耕不辍,将其诗教思想不断进行总结与升华。

2004年,杨叔子发表了文章《经典需诵读 诗教应先行———一项弘扬与培育民族精神的战略措施》,指出了文化传承对于民族凝聚力具有重要意义。文化的传承需要诵读经典,而诗词因其精湛的形式、凝练的内容、深邃的思想与高远的意境应该在文化传承与育人方面具有先导性,应该充分发挥诗词提升精神境界与开拓原创性思维的重要功能。

2008年,杨叔子发表了文章《"兴于诗" 建设民族共有精神家园》。在这篇文章中,他将诗对人的功能分两个方面进行了全面细致的总结与论述。第一,诗对人的内部精神世界具有五个功能,即立德、启智、健心、育美、燃情。第二,诗对人的外部世界具有四个功能,即观、群、兴、怨。在论述这两个功能的基础上,杨叔子又强调了创新是内外合一的总功能,创新在培养人的全面发展中具有重要作用。

2009年，杨叔子对其多年来力主诗教、力主"文化要传承，经典需诵读，诗教应先行"的思想进行了高度概括，并在此基础上发表了文章《国魂凝处是诗魂》。文章从民族文化是一个民族的"基因"出发，论述了国魂的五个方面：核心是强烈的爱国主义，"基因"是高超的文字语言，感性体现是丰富动人的情感，理性体现是开拓活跃的思维，精髓是广博深刻的哲理。同时，阐明了作为文化"主脉"的诗歌不仅与国魂的五个方面密不可分，还以极为动人的艺术形式凝聚着国魂的方方面面，这一凝聚就是诗魂。

总之，作为一个诗词爱好者，杨叔子认为诗词是中华优良传统文化的典型代表，其蕴含着中华传统经典的深刻哲理。所以，他希望通过推广诗教使中华优良传统文化薪火相传。另外，作为一名大学教师和校长，杨叔子希望我国的高等教育能够培养"中国的大学生"或者"现代中国人"。事实上，无论是"中国的大学生"还是"现代中国人"，他们都有一个很重要的特点，即他们是具有创新精神与民族精神、兼具人文素养与科学素养的全面发展的人。而我国大量的诗词在培育学生家国情怀、民族责任感与开拓进取精神上都具有重要作用，所以，这与杨叔子的教育理想正相契合，诗教因此获得他的大力推崇。在杨叔子诗教思想的影响下，中华诗词学会与浙江经济职业技术学院携手创办了中华诗词文化学院，学院于2014年4月25日举行揭牌仪式，并承担着举办诗词骨干培训班的重要任务，杨叔子与中华诗词学会郑欣淼会长担任名誉院长。2018年1月19日，浙江经济职业技术学院举办了"杨叔子院士当代诗教理论研讨会"，参会人员围绕杨叔子的诗教思想畅所欲言，14位参会代表提交了发言稿。

诗词挚友

杨叔子喜爱诗词，生活中也结交了许多痴迷于诗词的朋友，如涂序彦、孔汝煌等，杨叔子经常与他们进行创作交流。

涂序彦是杨叔子的诗词挚友之一。他不仅是自动控制和人工智能方面的专家，也是一位才华横溢的诗人。两人自高中时期相识，多年来联系不断，感情甚好。他们有许多共同的爱好，诗词就是其中非常重要的一个。涂序彦尤其擅长五言绝句和七言绝句，两个人经常通过信件或电子邮件交流读诗、写诗心得，互相给对方创作的诗词提出修改意见或建议。每逢佳节，两人都会以赋诗的形式致以对方诚挚的问候，多少年来一直如此。在杨叔子大力提倡文化素质教育和推行诗教时，涂序彦全力支持。他也认为诗词是中华五千年文明的典型代表，我们作为炎黄子孙，有责任也有义务去继承和弘扬中华传统文化。所以，与杨叔子一样，具有深厚国学功底的涂序彦也经常被高校邀请去做讲座。涂序彦说："在做讲座方面，我跟杨叔子有许多共同的体验。"[1] 涂序彦现已出版了三本诗集，分别是《糊涂集》《潇洒集》和《逍遥集》，三本诗集的序都是由杨叔子所作，可见两人的深情厚谊。涂序彦在接受访谈时一再强调："杨叔子在诗词方面很有灵性，他既是我的老同学、好朋友，也是我为人处世、教书育人、科学研究、著书立说的好榜样。"[2]

孔汝煌也是杨叔子的诗词挚友。他是浙江经济职业技术学院教授，中华诗词学会理事，中华诗教促进中心副主任，在书法方面很有造诣，旧体诗词的成就更高，杨叔子经常与他讨论诗词创作。徐辉碧在接受采访时饶有兴致地说："孔老师是真正的诗人，叔子经常将自己创作的诗词发给孔老师，然后让孔老师提意见。孔老师说了修改意见，他又思考哪些是可以采纳的，哪些是不能接受的，两个人在电话两头讨论得兴高采烈，这是他的兴趣。"[3]

杨叔子和孔汝煌的唱和之作也颇为惊艳。2011年1月11日，听闻中国国家博物馆的北门广场内建了孔子像，杨叔子感而赋之：

天安不夜，有多少史迹，由君评写。主席堂前，英雄碑侧泪飞洒。红旗旭日惊天下。每大典，移尊仙驾。无价！巍巍像立，喜传统誓继，中华光射。志在得仁，至矣中庸千秋话。"有教无类"以文化。

---

[1] 涂序彦访谈，2016年7月21日，北京。资料存于采集工程数据库。
[2] 同[1]。
[3] 徐辉碧访谈，2016年9月12日，武汉。资料存于采集工程数据库。

舜尧旬，长春如画。灵魂应系家园，免他做嫁。①（《绛都春·为天安门前立孔子像喜极而赋》）

杨叔子完成之后写信给孔汝煌，希望孔汝煌能够提出意见。孔汝煌评价此词极有深度，并在回信中和词一首：

天高云淡，正苞放腊梅，岚收岩巉。翠竹凌霄，苍柏冲寒松颐颔。先师掀髯应无憾。喜当世、后凋同验。有情华表，沧桑数度，也应惊撼。冉冉、旗升像立，敬圣者大德，摩空垂范。寿并泰嵩，经得恒沙交魔剑。当思文脉绵延险。可曾见、山崩海泛？国魂承祚千秋，与公并担。（《绛都春·为天安门广场树孔子铜像作并和杨叔子院士》）

在《杨叔子槛外诗文选》出版之前，杨叔子就曾请孔汝煌对其诗选内容的去留、诗作中的技术问题提出意见，孔汝煌欣然应之。对此，杨叔子一再表示感谢，还将此事写进了诗集的后记。而孔汝煌对杨叔子的诗词也是赞不绝口，在多次赏读之后作了《深爱 真情 美韵 教铎——〈杨叔子槛外诗文选〉读后感》一文。文章将杨叔子所作诗词的特点总结为四条：第一，爱之深，爱亲朋、爱师生、爱故乡、爱祖国、爱华夏民族；第二，情之真，对党、对领袖、对科教事业怀有无限的深情与壮怀；第三，美之韵，壮语有韵、淡语有味、刚柔相济；第四，教之铎，从民族存在、延续与振兴的高度，从教育文化学与思想科学的维度，从科学辩证方法论和科学与人文汇通的角度论诗教②。

孔汝煌还坦言自己是"杨院士旗下的诗教老兵"，两人曾多次共同参加浙江经济职业技术学院举办的诗词文化沙龙，以及中华诗教促进中心举办的诗教讲堂等活动，共同倡导、践行诗教。

---

① 杨叔子：绛都春·为天安门前立孔子像喜极而赋.《华中科技大学校报》，2011 年 2 月 28 日。

② 孔汝煌：深爱 真情 美韵 教铎——《杨叔子槛外诗文选》读后感.《诗词月刊》，2010 年第 3 期，第 51—56 页。

孔汝煌认为，杨叔子对我国的诗文化（包括诗性文化、诗词文化与诗教文化）作出了划时代的贡献。从诗性文化方面来说，他前无古人地揭示了诗性智慧是形象思维与逻辑思维相结合的创新思维，是科学与人文在思维方式上的相融与统一；从诗词文化方面来说，他深刻揭示了中华诗词文化是理性、感性与价值三位一体的智性审美文化；从诗教文化方面来说，他创造性地指出诗教的实质是人文文化教育，诗教育人功能可简括为培育人性与灵性，诗教文化过程也遵循"知识－思维－方法－精神"这样一条具有教育文化普适性的"下学上达"途径[①]。

作为一名科学院院士，杨叔子热爱诗词，且有一定造诣，这首先得益于其良好的家教。父亲对诗词的热爱，对其进行的传统文化教育使杨叔子从小就对诗词产生了浓厚的兴趣，打下了良好的基础。杨叔子说，他儿时所记住的有些诗词虽然当时不能理解，但是随着年龄的增长产生了不同的感悟，这使他受益匪浅。其次，杨叔子的诗词造诣源于自身的勤奋与努力。他常说"人生在勤"，其同学钱祥生也表示"他的勤奋别人学不来"。杨叔子认为自己并不聪明，只是一直很努力。他在访谈中表示："《为学》对我影响很大，'天下事有难易乎？为之，则难者亦易矣；不为，则易者亦难矣'。天下的事情本没有难易之分，去做就容易了，不做就难了。"[②] 除此之外，杨叔子个人的天赋、从小接受的良好的学校教育也都是影响其诗词造诣的重要因素。

[①] 孔汝煌：杨叔子院士对诗文化的原创性贡献略说（简稿）.《杨叔子当代诗教理论研讨会》发言稿，2018年1月15日. 内部资料.

[②] 杨叔子、徐辉碧访谈——杨叔子的求学经历与学术成长，2016年9月12日，武汉. 资料存于采集工程数据库.

结 语

在几十年的努力奋斗中，杨叔子在机械制造领域取得了重要成就。通过对杨叔子学术成长经历的回顾，发现杨叔子在科研上十分注重学科交叉，紧密追随科学研究的前沿问题。同时，他也十分注重团队成员的通力合作，致力于在合作中共同攀登科研高峰。另外，杨叔子的科研成就与其深厚的人文素养也密不可分，其在人文上的造诣是他与其他科学家相迥异的重要特点。

注重学科交叉，紧随科学前沿问题

杨叔子之所以能够在科学研究上取得如此成就，这主要得益于他十分善于将不同学科的知识进行交叉融汇，以此发现、挖掘和探索新的科学研究问题。具体来说，杨叔子立足于机械工程领域，把机械工程与控制论、信息论、系统论紧密结合，致力于微电子技术、信息技术、网络技术等新兴技术领域的交叉研究，带领团队推进了时间序列分析的工程运用，实现了无颤振切削，攻克了钢丝绳断丝定量检测国际难题，进入了智能制造新领域，在诸多方面取得建树。

同时，杨叔子也十分注重追索科学研究的前沿问题。在美国作访问学者期间，杨叔子以其敏锐的眼光捕捉到了当时机械工程学科的国际前沿问题，也迅速察觉到了相关学科交叉发展的时代趋势。可以说，对学科交叉的探索与对学科热点的关注直接促成了杨叔子科学认识能力的极大提升，并且为其日后在科学发展史上作出贡献奠定了坚实的基础。细致地说，在关注学科前沿方面，20世纪80年代后期，专家系统成为人工智能中最具有发展前景的重要领域，为此，国内同行纷纷将其列为国家重点研究项目，并且投入了大量的人力和资金，同时也取得了较好的研究效益。然而，当时我国在这方面的研究基本上处于空白状态。通过阅读国外文献，杨叔子及时地捕捉到了这一信息，并且率领团队努力攻坚，最终设计了一种功能更加强大的、用于开发各种诊断型专家系统的工具系统。此外，学术敏感性极强的杨叔子十分重视学科交叉研究。自20世纪80年代以来，如何提升制造产业整体的决策自动化水平，从而更大程度地解放人的脑力劳动是一个亟待解决的问题。先进发达工业国家（如英国、美国等国家）已经在这些方面进行了大量探索。日本也提出了引人注目的"智能制造国际合作研究计划"。这一国际最新的科技发展动态很快被杨叔子抓取到了。于是，杨叔子便主张将自动控制工程、信息技术等领域的一些新成果和时间序列模型、神经网络等数学理论与方法有机地交叉起来，由此进行智能制造研究。杨叔子在机械行业提出"智能制造"概念之初，这一概念和理论体系并未受到国内同行的重视与认可，甚至被认为"虚无缥缈"。然而现如今，智能制造已经上升为国家战略，并且相关技术也已经基本达到了国际先进水平。可以说，杨叔子在智能制造领域的探索不仅大幅提高了我国制造业在国际市场的竞争能力和快速响应市场需求变化的能力，同时也为利用高新技术改造我国的传统制造业继而推动经济发展立下了汗马功劳。

注重在团队合作中攀登科研高峰

团队的进步与个人的成功是如此紧密地联系在一起，当一个团队实现既定目标的时候，每一位成员都会从中获得个人的成功。杨叔子认为，任何一项创新性研究，最重要的是组建一个高质量的团队，并培养团队成员的科研热情和钻研精神。杨叔子在多个场合中反复提到，他所取得的一系列科研成就与其所在的科研团队是分不开的。

杨叔子不仅是一个善于领导团队攀登科研高峰的人，同时也是一个善于参与团队合作的人。无论是时间序列分析方法的工程应用、机床切削颤振难题的攻克，还是钢丝绳断丝定量检测技术的发明，抑或是在智能制造领域的探索与研究，杨叔子在这些研究方面所取得的巨大成就都离不开其背后的科研团队。可以说，正是在总设计师杨叔子的带领下，辅之以科研团队的通力合作，他们才能取得重大突破，继而为中国科技史留下了浓墨重彩的一笔。

具体来说，杨叔子之所以能够在20世纪80年代攻克钢丝绳断丝在线定量检测这一公认的世界性难题，并将之开拓为可持续的研究领域，离不开其团队成员（如康宜华、李劲松、卢文祥等人）的密切配合。同时，为了解决金属切削机床颤振控制的难题，杨叔子带领他的团队成员发展出了一种机床颤振的在线监控试验系统。通过这一系统，杨叔子团队成功地探索出防止或抑制机床颤振的有效方法，在国内首次实现无颤振切削，由此大幅提升了我国机床生产与加工的效率与质量。此外，杨叔子不仅与校内人员进行科研合作，还积极与校外的其他科研团队进行大范围地联合攻关。例如在1993年，一项名为"智能制造技术基础"的国家自然科学基金重点项目获准设立，该项目由华中理工大学、南京航空航天大学、西安交通大学和清华大学四所高校联合承担。其中，华中理工大学由杨叔子牵头，负责与其他三所兄弟院校的科研人员进行合作研究。在研究过程中，杨叔子紧密配合整个大团队的科研要求，带领华中理工大学工程测试教研室相关成员完成了"智能制造技术基础"项目的绝大部分研究任务。因此，杨叔子所取得的巨大科研成就与其科研团队的密切配合是紧密关联的。诚如杨叔子自己所言，他所在的科研团队不畏困难、齐心合力，为其在科学研究过程中提供了很多帮助。在此意义上，正是在所有人的共同努力下，杨叔子及其科研团队才能不断战胜在攀登科研高峰中遇到的所有困难，进而结出累累硕果。

强调科学素养与人文素养不可或缺

　　杨叔子曾经说过:"没有科学的人文是残缺的人文,没有人文的科学是残缺的科学。"为此,他极力倡导在高校,尤其是理工类高校要大力开展文化素质教育。在杨叔子的认知理念里,科学与人文本就"同源共生",都属于文化整体中不可或缺的一部分,因而彼此交融、不可分割。他举例说,漫画中寥寥几笔,就是现代数学分支拓扑学中的"特征不变量";而自然科学中所谓不证自明的"公理",其实是人的精神世界对外在对象的直觉和感悟。并且,通过对杨叔子相关文献的整理与研究,我们发现,他在科学研究上的成就与其深厚的人文素养是分不开的。因为,科学研究的灵魂是创新,他对人文的钟爱激发了他在科学研究过程中的灵感与激情,由此让他不断实现一个又一个的科学创新。例如,1986—1987年杨叔子在带领团队攻克国际难题"钢丝绳断丝的定量检测"时,连续熬了好几个通宵,有感于当时情景写下七律一首:"国际难题解未酬,书生意气兴方遒。前驱未果文犹在,后续有踪路可求;断裂绳丝存迹象,新兴测试察根由。从来登顶无平路,不领风骚不罢休!"从此诗中,我们可以清晰地领略到杨叔子攻克科研难题与攀登科研高峰的信心与勇气。

　　可以说,杨叔子的科研人生充满了浓厚的人文气息,正是人文激励了他科学创造的热情。能够在科学与人文两个领域同时取得卓越成就的人凤毛麟角,杨叔子就是其中最具代表性的一位。杨叔子之所以具有高水平的人文素养,这主要得益于他的家庭背景。杨叔子出生于江西湖口县的一个书香世家,幼年时随父亲躲避抗日战火,无法入小学接受正规教育,5岁起便在父亲指导下念古书。直到9岁入高小(小学五年级)学习时,他已经熟读"四书"与《诗经》《书经》,《唐诗三百首》与百篇古文更是烂熟于心。

　　杨叔子不仅自己是一位具有深厚人文素养的机械制造专家,他同时也在全国范围内倡导文化素质教育。杨叔子认为,文化素质教育的重点是加强民族文化教育,解决做中国人的问题;文化素质教育的核心是解决科学文化和人文文化的交融,解决做现代中国人的问题。为了将文化素质教育落到实处，杨叔子从 20 世纪 90 年代开始，就一直在公开呼吁取消中学文理分科，改革中小学课程体系，开展素质教育。"文理分科培养出的是四分之一人，甚至是八分之一人。"在许多公开场合，杨叔子都毫不留情地直陈其弊，"分科太细，甚至学工的不懂理，更不懂文，学机械的不懂电气，学制造的不懂汽车，如何能有交融和创新？"此外，在华中理工大学学校领导班子的支持下，作为校长的杨叔子也采取多项有力措施，极大地提高了本校学生的人文素质。杨叔子本人先后在清华大学、北京大学等国内百余所院校及有关单位举办人文讲座 300 余场，吸引听众 30 余万人次，在国内外产生了强烈反响，在全国范围内发挥了很大的辐射功能、示范效应和影响力。并且，他所主编的《中国大学人文启思录》与《杨叔子教育雏论选》也成为培养学生人文素质和指导学校开展文化素质教育工作的经典之作。

杨叔子有一句名言："一个国家、一个民族，没有现代科学，没有先进技术，就是落后，一打就垮；然而，一个国家、一个民族，没有民族传统，没有人文文化，就会异化，不打自垮。"见证今日高等教育中文理割裂的发展窘境，这位耄耋老人更加笃定自己的这一人生信条——科学要和人文相互交融，两翼齐飞，不可或缺。

附录一　杨叔子年表

1933 年

9月5日，出生于江西省九江市湖口县，在家排行第四，大哥杨锄非，姐姐杨静娴，二哥杨仲子，妹妹杨静婉。

父亲杨赓笙（1869—1955），号咽冰，出生于江西省湖口县三里乡上杨村。早年就读于白鹿洞书院、京师国子监、江西大学堂。后加入同盟会，是江西最早的同盟会会员之一，曾任孙中山的秘书长。1913年7月，担任江西讨袁军总司令部秘书长，撰写《江西讨袁军总司令檄文》，与李烈钧领导湖口起义；1926年至1929年，担任赣军总司令部秘书长兼参谋长、江西省民政厅长、江西省主席，主持赣政；1949年，响应中国共产党的和平号召，组织江西和平促进委员会，并被推为主任委员；赣州解放后，担任江西省第一届人民政治协商会议特邀代表和江西文史馆馆员。

母亲李昆玉，祖籍广东，李烈钧的义妹。

1937 年

7月，湖口县发生大洪灾，县里几近淹没，父亲从并不富裕的家中拿出仅有的口粮分给受难的乡亲们。父亲的仁义之举对其影响深远。

1938 年

因日军逼近湖口，全家开始逃难，其间跟随父亲杨赓笙学习古诗文。逃难第一站为江西省九江市武宁县，在此地上幼稚园，后辗转至江西省抚州市南城县避难。

1939 年

辗转至九江市修水县上奉镇石街村避难，赁居李家大屋，在此地过春节。

1940 年

在江西省抚州市黎川县避难，住在江家大屋。

1942 年

在黎川上私塾。

1943 年

9 月，在黎川县日峰镇第一区中心小学就读高小一年级。

1944 年

9 月，在黎川进入江西中学读初中一年级。

1945 年

10 月，抗日胜利后，全家由黎川乘船返回湖口。

1946 年

进入湖口彭泽联合初级中学读初二、初三年级。

1948 年

春季，从湖口彭泽联合初级中学毕业。

9月，考入九江市同文中学读高中一年级。

1949年

4月上旬，全家从湖口迁往南昌，借读于豫章中学。

9月，考入江西省立南昌第一联合中学高二（三）班继续高中的学习，结识徐辉碧、涂序彦。

1950年

1月26日，于江西省立南昌第一联合中学正式加入中国共青团。

暑期，参加南昌团员干部训练班，结识在江西省立南昌第二联合中学就读的王义遒。

年底，被评为南昌市模范团员。

1951年

7月，由江西省立南昌第一联合中学毕业，原准备考大学，后服从组织要求留校工作，任教导干事，分管校部校章及保密资料管理工作，同时兼任初三（七）班班主任。

被评为南昌市优秀共青团员。

1952年

为响应国家工业化的号召，以"调干生"的身份参加高考。由于国家采用分区招生原则，报考当时中南地区排名第一的高校——武汉大学，被顺利录取，10月进入武汉大学工学院机械系就读。

11月，中南军政委员会文化教育委员会召开高等教育计划会议，确定在武汉建立华中工学院、中南动力学院（1953年与华中工学院合并）以及中南水利学院；决定成立"三院联合建校规划委员会"，由查谦出任委员会主任，张培刚任办公室副主任。

1953 年

暑假，积极参与华中工学院的建校工作。华中工学院由原武汉大学、湖南大学、广西大学、南昌大学的机械系全部和电机系的电力部分以及华南工学院机械系的热能动力部分、电机系的电力部分合并组成，是一所以机电类专业为主的新型工科院校。

因武汉大学院系调整，由武汉大学工学院机械系转入华中工学院机械工程系就读，与叶声华同班。因华中工学院机械工程系校本部未竣工，赴广西桂林分部学习，为期一年。

1954 年

5 月底，从桂林回到武汉，在华中工学院机械工程系继续大三的学习。

6 月初至 7 月 1 日，在株洲机车车辆修理厂进行认识实习。

7 月至 9 月中旬，从株洲回校后参加武汉防汛工作。

1955 年

暑假，被分到北京第一机床厂进行第一次生产实习。

父亲杨赓笙在南昌病逝，享年 86 岁。哥哥杨仲子将母亲李昆玉接到北京生活。

1956 年

寒假，到沈阳第一机床厂进行第二次生产实习。

2 月 6 日，在华中工学院正式加入中国共产党。

4 月，提前毕业，被安排在华中工学院机械工程系金属切削机床教研室担任助教，随即被选赴哈尔滨工业大学机械系进修，在孙靖民老师的指导下完成关于机床设计的毕业论文。

7 月，从华中工学院正式毕业，留校任教。

1957 年

结束在哈尔滨工业大学的进修，回到华中工学院机械工程系金属切削机床教研室担任助教。

1958 年

前往株洲制造航空发动机厂研制液压仿型数控车床。

担任华中工学院机械工程系金属切削机床教研室主任。

1959 年

国庆前成功研制出液压仿型数控车床。

国庆，作为华中工学院的代表，到北京参加"大跃进"成果展览会，展出开发的液压仿型数控车床。

1960 年

1月23日，与徐辉碧办理结婚手续，正式结为夫妻。

6月上旬，赴南昌有关工厂落实学生实习食宿问题。

9月，晋升为华中工学院讲师。

华中工学院被批准成为全国重点高等学校。

1961 年

春节，在北京与母亲李昆玉、哥哥杨仲子一家团聚。

4月上、中旬，在无锡参加国家机械工业部门召开的关于机械行业专题会议。

1962 年

3月18日，夫人徐辉碧从北京化工研究院调入华中工学院，与其团聚。

12月25—31日，到北京、天津、沈阳、洛阳等地联系约10家工厂，落实师生实习事宜。

1963 年

3—4月，在沈阳指导毕业实习，主要精力投注于沈阳第一机床厂，兼顾沈阳第二、第三机床厂工作。

1964 年

2 月中旬至 3 月 12 日,在济南指导学生毕业实习。

6 月,接教育部指示,作为学校骨干教师被选派到上海机床厂,在该厂劳动锻炼一年,开展磨床试验研究。

1965 年

6 月上旬,在上海机床厂劳动期满,从上海返回武汉。

从华中工学院机械工程系金属切削机床教研室抽调至机械原理教研室,担任党支部书记。

1968 年

1 月,将徐辉碧弟弟最小的女儿认作女儿,并为其改名为杨村春。

1969 年

11 月,赴咸宁马桥参加学校"斗、批、改"。

12 月 1 日,被下放咸宁高寨大队锻炼,开始接受隔离审查,管理食堂三年。

1971 年

12 月 31 日,从咸宁向阳湖学校农场返回华中工学院。

1972 年

11 月,赴沈阳第二机床厂参加国内外卧式镗床技术水平分析会议。

与杨荣柏一同编写教材。

1973 年

11 月,前往第二汽车制造厂指导教学,同时在十堰张湾区六堰和花果街道授课。

1974 年
11 月 27 日，完成二汽教学任务，返回武汉。

1975 年
上半年，第二次前往二汽，继续开展机床课的教学工作，并参与该厂技术攻关。

10 月，第三次前往二汽，开展厂校"合办班"的教学工作，担任"75113"班班主任。

1977 年
5 月 27 日，与二汽和华中工学院"75113"班学生拍摄毕业留念。

1978 年
研究方向由金属切削机床转向机械工程与相关新兴学科的交叉研究，着重于机械工程中的信息技术与智能技术。

8 月，晋升为华中工学院副教授。

9 月，招收第一批硕士研究生汪大总和韦庆如，并指导以路亚衡教授名义招收的博士研究生王治藩。

1979 年
5 月 16 日，在《机床》上发表论文《三支承主轴部件静刚度的分析与讨论》。

1980 年
8 月 28 日，在《华中工学院学报》上发表论文《δ 函数在机械制造中的应用》。

10 月，在仅任两年副教授的情况下，破格晋升为教授。

为研究生开设"机械工程控制"与"变分法"课程。

1981 年

4月,被华中工学院授予"教学质量优秀奖二等奖"证书。

10月,论文《机床主轴部件静刚度研究》被武汉市科学技术协会授予"1980年度优秀论文一等奖"。

12月31日,在《高等教育研究》上发表论文《为培养研究生努力开出新课》。

12月,赴美国威斯康星大学麦迪逊分校机械系作访问学者。

在 International Journal of Machine Tool Design and Research 上发表论文 A study of the static stiffness of machine tool spindles。

招收硕士研究生秦争鸣,因准备出国,暂由杜润生指导。

1982 年

全年,在美国威斯康星大学麦迪逊分校访问,并在合作导师吴贤铭教授的支持下开展时间序列分析及其在工程中的应用研究。

5月25日,被机械工业部聘为高等工业学校机械制造(冷加工)类专业教材编审委员会委员。

10月,论文《机床主轴部件静刚度的研究》被收录于《中国机械工程学会机械加工学会第二届学术年会论文集》。

12月,从美国威斯康星大学麦迪逊分校访问结束后返校。

招收硕士研究生:陈小鸥。

1983 年

上半年,为华中工学院机械系研究生开设"时间序列分析及其工程应用"课程。

7月,被西安交通大学聘为《应用力学学报》编委。

10月中旬,在学校支持下组建工程测试教研室。

10月28日,在《华中工学院学报》上发表论文《平稳时间序列的数学模型及其阶的确定的讨论》。

10月28日至12月27日，应《机械工程》杂志之邀，在该刊物上开设动态数据的系统处理系列讲座，主要介绍对有序的动态数据的系统处理、ARMA模型及其方法。

12月23—24日，在以其为代表的一批威斯康星大学麦迪逊分校访问学者的倡导下，第一届"时间序列分析在机械工程中的应用学术讨论会"在华中工学院举行，这是我国首次召开时间序列分析这一数学方法在工程中应用的学术讨论会。

12月，被华中工学院授予"八三年度先进工作（生产）者"荣誉证书。此后，连续三年获得年度"先进工作（生产）者"证书。

招收硕士研究生：丁洪、梅志坚、赵卫。丁洪与梅志坚硕士毕业后继续在杨叔子门下攻读博士学位。

1984年

2月，与王治藩等人开始合作研制"APPLE-Ⅱ微型机在线信号（动态数据）处理系统"。该系统于8月22—23日通过湖北省科学技术委员会与教育厅主持的鉴定，被鉴定专家一致认为在国内先进水平中处于领先地位，具有重大经济效益与实用价值。此后，全国30多个单位向他们购置此系统，为国家节约外汇100余万美元。

3月1日至4月30日，在《机械工程》上继续开设动态数据的系统处理系列讲座，主要介绍动态数据处理的最佳预测与建模。

3月，与杨克冲主编的《机械工程控制基础》由华中工学院出版社出版。该书于1992年5月被机械电子工业部评为第二届全国高校机电类专业优秀教材一等奖，并经多次修订，一版再版，目前已更新至第七版。

9月10日，被全国机电液控制系统研究会聘为研究会学术委员会副主任委员、《机电液控制系统学报》委员会副主任委员；20日，被全国机电液控制系统研究会聘为研究会副理事长。

10月，论文《刀具磨损在线的时序监视》被收录于《第三届机床设计与研究年会论文集（一）》；论文《计算机时序分析在机械制造中的应用》

被收录于《第三届机床设计与研究年会论文集（二）》。

11月，在第一届全国时间序列分析会议上被中国数学会及中国概率统计学会选为时间序列分析专业委员会委员。

12月26日，在《华中工学院学报》上发表论文《时序建模与系统辨识》。

冬季，牵头与广州军区第一总医院耳鼻喉科合作研制"眼震电图微电脑分析仪"。

招收硕士研究生：叶兆国。

1985年

上半年，应天津大学机械系彭泽民教授之邀，赴天津大学为机械制造专业研究生讲课，主讲内容为"时间序列分析的工程应用"。

2月初，受西北轻工业学院徐元昌邀请，访问西北轻工业学院，作学术报告，介绍华中工学院机械系教学改革与科学研究情况。

4月，《振动信号的微型机在线分析与监视》《信号（动态数据）的微型机在线处理》《时序分析在机械制造中的应用》《时序建模与系统辨识》四篇论文被武汉市科学技术协会评为自然科学优秀学术论文二等奖。

5月28日，被天津大学聘为该校机械系兼职教授。

6月24日，项目"《机械工程控制基础》教材及教学的研究"被华中工学院授予"一九八五年度教学研究成果奖二等奖"证书。

7月，研制的"眼震电图微电脑分析仪"投入使用。

9月28日，项目"APPLE-II微型机在线信号（动态数据）处理系统"被华中工学院评为科学技术研究成果奖二等奖。

10月28日，在《华中工学院学报》上发表论文《金属切削过程颤振预兆的特性分析》。

10月，被全国高校机械工程测试技术委员会总会聘为全国高校机械工程测试技术委员会信号分析学术组成员。

11月，被九江市人民政府聘为专家顾问组成员，并应邀参加九江市社会经济发展战略规划论证会议。

12月2—4日，课题"滚珠丝杠副导程误差微型机测量、分析与处理系统"在陕西汉江机床厂通过国家鉴定。该课题是机械工业部"六五"期间的重点科研课题，由汉江机床厂与华中工学院共同研制完成。

与上海长海医院胸外科（全军胸外科研究中心）合作研制"脉图心血管功能联机监测系统"。

招收首届博士研究生：周安法；硕士研究生：李劲松、欧阳普仁、刘克明。李劲松硕士毕业后继续在杨叔子门下攻读博士学位。

1986 年

3月1日，被华中工学院授予"一九八五年度优秀共产党员"证书。

3月10日，被《机床》编辑部聘为杂志编辑委员会委员。

5月，论文《平稳时序连续模型建模的探讨》《时序分析及其在机械制造过程自动化中的应用》与《金属切削颤振预兆的特征分析》被湖北省科学技术协会评为自然科学优秀学术论文二等奖；论文《微型机信号的在线处理与工况监视》被湖北省科学技术协会评为自然科学优秀学术论文三等奖。

6月16日，被武汉水利电力学院聘为机械设计及制造专业技术职务评审组成员。

6月，论文《诊断技术的时序模型方法》被 Proceedings of CSMDT'86 Conference June 4-7, 1986 收录。

9月10日，被华中工学院授予"执教三十年"荣誉证书。

10月，被华东工学院聘为该院兼职教授。

12月，被华中工学院授予"一九八六年研究生教学质量优秀乙等奖"证书。

12月，论文《时序模型与系统辨识》被华中工学院授予"优秀论文奖"。

论文《APPLE-Ⅱ微型机在线信号（动态数据）处理系统》被收录于《湖北省计算机优秀应用成果、优秀软件公报（1981—1985）》。

被评为湖北科技精英。

招收博士研究生：丁汉、陶涛、郑小军、尤政；硕士研究生：昌松、谭沈安、桂修文。

1987年

2月10日，成果"眼震电图微电脑分析仪"被中国人民解放军总后勤部授予"中国人民解放军科学技术进步奖二等奖"。

3月，论文《机械工程诊断中的时序方法》被收录于《时间序列分析在机械工程中的应用论文集（第二集）》。

5月1日，被中国振动工程学会聘为《振动工程学报》第一届编委会委员。

5月1日，项目"APPLE-Ⅱ微型机在线信号（动态数据）处理系统"被湖北省人民政府授予"湖北省计算机优秀应用成果奖"证书。

5月1日，在《华中工学院学报》上发表论文《机械设备诊断学的探讨》。

5月10日，被中国动态分析设计学会聘为学会名誉理事长。

5月16日，在《机床》上发表论文《一种无颤振机床技术的研究》。

7月，被国家机械工业委员会聘为高等工业学校流体运动与控制专业教学指导委员会委员，并被该委员会授予"高等工业学校机械制造（冷加工）专业教材建设"荣誉证书。

8月29日，在《机械工程》上发表论文《人工智能在机械设备诊断中的应用》。

10月1日，被航天工业部第702研究所、航天工业部第八情报网联合聘为《强度与环境》顾问。

10月28日，在《水利电力机械》上发表论文《专家系统的原理、现状和发展趋势》。

12月，在《动态分析与测试技术》上发表论文《SD375Ⅱ型动态分析仪上三维谱阵图分析功能的开发及其应用》。

研制出"钢丝绳断丝定量检测系统"，该系统主要包括"钢丝绳在线检测"和"交互式断丝分析与识别"两个部分，综合应用了电磁理论、信号处理原理、计算机技术、模式识别等多学科知识，在断丝定量检测技术方面属国内首创，达到国际先进水平。

招收博士研究生：吴雅；硕士研究生：康宜华、郑尚龙、戴林钧、徐海贤、杨光友。康宜华硕士毕业后继续在杨叔子门下攻读博士学位。

1988 年

1月24日，"微机补偿磨削四级丝杠的研究"通过鉴定，鉴定结果为"技术水平达到国际先进"。

1月，国家教育委员会批准华中工学院改名为"华中理工大学"。

1月，被中国科学院应用数学研究所聘为该所多元分析与时间序列分析研究奖评审委员会委员。

2月5日，申请"电磁无损探伤传感器"实用新型专利。

2月7日，研制的"脉图心血管功能联机监测系统"通过解放军总后卫生部组织的鉴定；7月9日，该系统被中国人民解放军总后勤部授予"中国人民解放军科学技术进步奖二等奖"。

2月，在《机械工程》上发表论文《机械制造的发展及人工智能的应用》。

3月，被中国机械工程学会授予"优秀学会工作者"证书。

3月，在《信号处理》上发表论文《人口死亡的时序模型分析及其群体预报》；在《长沙铁道学院学报》上发表论文《金属切削过程颤振和在线监控的研究》。

4月，在《振动工程学报》上发表论文《钢丝绳断丝信号的定量解释》。

5月，论文 Investigation on the Intelligent Electromagnetic to Flaw Detector and Its Application in Quantitative Inspection of Write Ropes 被收录于 Proceedings of International Symposium on Automation and Robotics in Production Engineering。

6月8—11日，出席由国家自然科学基金委员会材料与工程科学部组织的"机械制造的未来"研讨会，并向会议提交论文《人工智能在机械制造中的应用》。在这次会议的基础上产生一个题为"机械制造走向 2000 年"的研究报告，杨叔子、师汉民等 11 位参会代表被指定为研究报告起草委员会委员。

6 月 29 日，在《华中理工大学学报》上发表《信号的人工智能处理系统——基于知识的信号处理方法的探讨》《设备诊断专家系统的核心结构探讨》《灰色预测和时序预测的探讨》《钢丝绳断丝定量检测中径向随机晃动误差的补偿》等 14 篇论文，其中 10 篇杨叔子为前三作者。

6 月 30 日，论文《时序模型的诊断方法》与《动态数据的时间序列分析》被湖北省机械工程学会评为 1986、1987 年度优秀学术论文二等奖，《人工智能在机械设备诊断中的应用》《机械设备诊断系统的探讨》《专家系统及其机械工程应用》《机械设备诊断学的探讨》四篇论文被评为 1986、1987 年度优秀学术论文三等奖。

6 月，被中国振动工程学会聘为学会第一届理事会常务理事。

6 月，被华中理工大学授予"一九八八年优秀共产党员"称号。

7 月，项目"时间序列及其工程应用"被国家教育委员会授予"科学技术进步奖二等奖"。

7 月，项目"金属切削机床颤振的非线性理论"被国家教育委员会授予"科学技术进步奖二等奖"；8 月 28 日，该项目又被国家科学技术委员会授予"1987 年国家自然科学奖四等奖"证书。

8 月，在《振动工程学报》上发表《机床颤振的早期诊断与在线监控》。

9 月 1 日，被重庆大学聘为"机械运动精度理论及测试国际学术会"组织委员会委员。

10 月 17 日，被聘为中国振动工程学会动态信号分析分科学会主任委员。

10 月 27 日，在《工业控制计算机》上发表论文《机床颤振的计算机控制技术的研究》。

年底，成果"水轮发电机组稳定性试验研究"通过四川省电力工业局组织的技术鉴定。

被国家人事部评为有突出贡献的中青年专家。

招收博士研究生：史铁林、钟毓宁、陶友传；硕士研究生：翁平、莫西林、丁忠平、柯石求、吴功平、李维国。

所在的华中工学院机械工程系更名为"华中理工大学机械工程一系"。

1989 年

1月，成果"钢丝绳断丝在线检测装置"通过中国金属工业总公司组织的技术鉴定。

3月，完成《时间序列分析的工程应用》初稿，将初稿作为研究生学习用书在内部发行，同时寄给国内近100位专家广泛征求意见。

4月1日至6月30日，携吴雅在《机床》杂志上开设"时间序列分析在机床上的应用技术"系列讲座，讲述时间序列分析方法的理论基础及其在机械工程领域的具体应用。

5月15日，联合英国伯明翰大学与湖北省计量测试学会在华中理工大学组织召开"首届测试技术与智能仪器国际学术讨论会"。

6月8日，被国防科学技术大学聘为该校兼职教授。

6月，被湖北省科学技术进步奖励评审委员会聘为委员会委员。

6月，成果"用动态法快速测定桥梁承载能力"通过城乡建设部科技发展司组织的技术鉴定。

7月，作为校方主持人，会同二汽组织承担该厂攻关课题"Mx-4曲轴连杆颈车床振动、噪声源分析与对策"。

8月15日，在《广西大学学报（自然科学版）》上发表论文《云锡矿工肺癌的时间序列预测方法》。

8月，与吴雅合撰的著作《机械故障诊断的时序方法》由西安交通大学出版社出版。

9月10日，项目"站在学科前沿培养高层次人才"被湖北省教育委员会授予"一九八九年湖北省普通高等学校优秀教学成果奖二等奖"荣誉证书。

9月，被国家教育委员会、国家人事部、中国教育工会全国委员会联合授予"全国优秀教师"证书及奖章。

10月13—16日，在华中理工大学组织召开"专家系统工程应用1989年国际学术会议"，并主编出版会议论文集。

10月30日，被天津大学聘为该校机械系兼职教授。

12月20日，被武汉市机械工业委员会、机械工程师进修大学武汉分校联合授予"继续教育优秀工作者"荣誉证书。

招收博士研究生：吴波、李作清、陈国锋；硕士研究生：雷鸣、何涛、陈根林、盛秋林。雷鸣硕士毕业后继续在杨叔子门下攻读博士学位。

1990年

1月11日，成果"基于知识的发动机诊断系统KBSED"通过湖北省教育委员会主持的技术鉴定。

1—3月，携吴雅在《机床》杂志上继续开设"时间序列分析在机床上的应用技术讲座"的后五讲，讲述时间序列分析的其他方法与应用。

3月，发表论文《新型管道有源降噪系统的试验研究》(《强度与环境》1990年第1期)、《高效管道有源降噪系统——理论与试验》(《振动工程学报》1990年第1期)、*Space-Domain Feature-Based Automated Quantitative Determination of Localized Faults in Wire Ropes*（*Materials Evaluation* 1990.3，48th Volume）。

4月，项目"水轮发电机组稳定性试验研究"被四川省人民政府授予"1989年度四川省科学技术进步奖三等奖"证书。

6月，被湖北省科学技术协会聘为湖北省第三届自然科学优秀学术论文评审委员会委员。

6月，与郑小军合撰的著作《人工智能与诊断专家系统》由西安交通大学出版社出版。

6月，论文 *On Knowledge-Based for Complex Systems* 与 *A Theoretical and Experimental Investigation for the Chatter Suppression by On-Line Adjusting the Cutting Tool Angle During Machining Proces* 被收录于 *Proceedings of the International Conference on Vibration Problems in Engineering*。

6月,在《机械工程》上发表论文《产品设计、制造、维护的智能技术》。

7月1日,被中共华中理工大学委员会授予"一九八九至一九九〇年度优秀共产党员"称号。

10月23日,"Mx-4曲轴连杆颈车床振动、噪声源分析与对策"课题在二汽通过专家鉴定。

10月28日,在《自动化学报》上发表论文《汽车发动机诊断专家系统AEDES》。

10月,论文《机械制造走向智能化》被收录于《机械工程(机电一体化专辑)》。

11月4日,被国家高技术自动化领域专家委员会聘为中国第一届中国计算机集成制造系统学术会议学术委员会委员。

12月20日,国家"七五"重点科技攻关项目成果"工程数据库管理系统"通过由机电部计算机司组织的鉴定。

12月,被国家教育委员会、国家科学技术委员会联合授予"全国高等学校先进科技工作者"称号。

1991年

3月,项目"微机补偿磨削四级丝杠的研究"被陕西省机械工业厅授予"机械工业科学技术进步奖一等奖"。

4月,在《计算机学报》上发表论文《基于深知识的多故障两步诊断推理》,在《振动工程学报》上发表论文《时变金属切削过程颤振的线性、非线性时序模型》。

5月1日,在《华中理工大学学报》上发表论文《机床切削系统的强迫再生颤振与极限环》。

5月,与吴雅合撰的著作《时间序列分析的工程应用(上册)》由华中理工大学出版社出版。

6月18日,被中国机械工程学会授予"中国机械工程学会1986—1991年度先进工作者"称号。

7月2日，在《振动工程学报》上发表论文《基于知识的发动机诊断系统的研究》。

7月，项目"切削过程动态稳定性在线监控的基础理论和技术"与"钢丝绳断丝定量检测理论及其技术"被国家教育委员会授予"国家教育委员会科学技术进步奖二等奖"。

8月29日，在《强度与环境》上发表论文《钢丝绳磨损和绳径缩细无损检测的研究》。

9月，被国家教育委员会、国家人事部联合授予"1991年全国教育系统劳动模范"称号与"人民教师"奖章。

10月1日，为表彰其为发展我国高等教育事业作出的突出贡献，国务院决定为其发放政府特殊津贴。

10月1日，在《应用力学学报》上发表论文《机床非线性颤振的描述函数分析》。

11月9日，被中国机械工程杂志社聘为《中国机械工程》杂志编委会委员。

11月，当选为中国科学院学部委员。

12月31日，在《华中理工大学学报》上发表论文《机械设备诊断策略的若干问题探讨》与《机械设备诊断学的再探讨》。

为深入研究智能制造，在华中理工大学组建智能制造学科组，从事智能制造基础研究，成员主要包括丁洪、吴雅、杜润生、吴波等。

所指导博士研究生吴雅的毕业论文《机床切削系统的颤振、噪声及其控制——理论与实践》在答辩时创华中理工大学答辩高分纪录，随后入选科学出版社首批"博士丛书"出版计划。

招收博士研究生：王雪、何岭松、黄其柏、赵英俊、黄锐、李白诚、郭兴；硕士研究生：刘辉、周汉明、王贤江、李军旗。刘辉硕士毕业后继续在杨叔子门下攻读博士学位，李军旗为硕博连读。

1992年

1月，被国家自然科学基金委员会聘为委员会学科评审组成员。

3月1日，在《中国机械工程》上发表论文《测量自动化、集成化和智能化》。

3月20日，被湖北省科学技术协会授予"湖北省优秀科技工作者"证书。

3月，项目"Mx-4曲轴连杆颈车床振动、噪声源分析与对策"被湖北省人民政府授予"科学技术进步奖二等奖"。

4月1日，在《振动工程学报》上发表论文《柴油机喷油系统压力波形的特征抽取及描述方法》。

4月14日，被中国人工智能学会聘为学会第三届理事会副理事长。

4月20日，被国务院学位委员会聘为委员会第三届学科评议组（机械工程评议组）成员。

4月30日，在《中国机械工程》上发表论文《智能制造技术与智能制造系统的发展与研究》。

4月30日，在《计算机学报》上发表论文《基于模糊理论与覆盖技术的诊断模型》。

4月，在北京参加两院院士大会。

4月，与吴雅合撰的著作《时间序列分析的工程应用（下册）》由华中理工大学出版社出版。同年，《时间序列分析的工程应用》获第六届"中国图书奖二等奖"。

5月，项目"时间序列分析工程应用的基础理论研究"通过由湖北省教育委员会组织的专家通信鉴定。6月29日，在《强度与环境》上发表论文《集成霍尔元件在钢丝绳缺陷检测中的应用》。

7月，项目"金属切削机床的颤振、噪声及其控制"被国家教育委员会授予"国家教育委员会科学技术进步奖二等奖"。

8月20日与9月14日，先后被同济大学、东南大学聘为兼职教授。

9月30日，在《固体力学学报》上发表论文《机床切削颤振的定常与时变特性》。

9月，研制的"GDIY-I型便携式钢丝绳断丝检测仪"被江西省经济委员会授予"一九九一年江西省优秀新产品一等奖"。

10月27日，在《自动化学报》上发表论文《设备诊断型专家系统的一种开发工具》。

10月，因领衔完成"钢丝绳断丝在线定量检测方法与仪器"项目，被国家科学技术委员会授予"四等国家发明奖第一发明人"证书与奖章。

11月12日，成果"GDJY-Ⅱ型钢丝绳断丝定量检测仪"通过湖北省科学技术委员会主持的成果鉴定。

11月下旬，在国家自然科学基金委员会的组织下，访问新加坡南洋理工大学，代表华中理工大学与其签订为期四年（1993—1996）的"模具智能设计、制造及系统的开发"合作研究协议，杨叔子、吴雅、杜润生、吴波等为课题组重要成员。

12月30日，申请"定量检测细长导磁构件缺陷的装置和方法"专利。

发展了一种工件丝杠热伸长误差的智能补偿技术，与汉江机床厂合作完成3米C级精度滚珠丝杠的磨削。

牵头向国家自然科学基金委员会建议设立智能制造重点项目。

招收博士研究生：邵新宇、梁建成、谈兵、鲁宏伟、石磊、刘建素、赵东波、卢江舟、胡亦农、高宝成、崔汉国、罗欣、胡阳、刁柏青；硕士研究生：周建国。

1993年

1月11日，被任命为华中理工大学校长。

2月12日，申请"无缝管材高速冷轧机芯棒监测装置和方法"专利。

2月，被清华大学聘为该校精密仪器与机械学系（所）兼职教授。

2月，被选为湖北省第八届人大代表，4月28日，参加湖北省第八届人民代表大会第一次会议。

5月，被中国机械工程学会聘为机械工业自动化分会第四届管理委员会常务委员。

7月10日，被李烈钧教育基金会聘为该会顾问。

8月15日，被武汉诗词学会聘为该会顾问。

8月，作为大会主席（Co-Chairman），赴北京出席"第一届全球华人智能控制与智能自动化大会"（CWCICIA'93-The First Chinese World Congress on Intelligent Control and Intelligent Automation），并向会议提交了《基于神经网络的汽轮机组故障诊断系统》一文。

9月4日，项目"机械类研究生专业基础课程设置与教材建设"被国家教育委员会授予"一九九三年普通高等学校优秀教学成果奖二等奖"。

9月10日，华中理工大学与东风汽车公司协商决定成立华中理工大学研究生院东风汽车公司分部，作为学校代表出席并签字。

10月10日，作为代表参加国家教育委员会直属高校工作委员会第四次全体会议。

10月，被中国机械工程学会聘为《机械工程学报》第六届编委会委员。

10月，成果"GDJY-Ⅱ型钢丝绳断丝定量检测仪""基于参数模型的智能化预测及其应用"与"基于知识的发电机诊断系统"被湖北省科学技术委员会授予"湖北省科学技术成果奖"证书。

12月10日，项目"机械类研究生专业基础课程设置与教材建设"被湖北省人民政府授予"湖北省普通高等学校优秀教学成果奖一等奖"。

12月31日，在《中国科学院院刊》上发表论文《努力开拓现代机械工程学研究领域》。

12月，与丁洪、史铁林等合撰的著作《基于知识的诊断推理》由清华大学出版社和广西科学技术出版社共同出版，该书为国内第一本研究智能诊断的专著。

在 Computers in Industry 上发表论文 Intelligent prediction and control of a leadscrew grinding process using neural networks。

推荐博士生李军旗赴日本东京大学学习智能制造。

牵头申请的国家自然科学基金重点项目"智能制造技术基础"获批。

代表华中理工大学与省邮电局签订合作协议，为华中理工大学争取到 CERNET 华中地区网络中心设置地，使华中理工大学在全国高校中率先建立校园网，至今，该网络中心的具体地点和建筑都未改变。

招收博士研究生：管在林、易传云、余佳兵、陈维克、朱钏、陈培林、薛鸿健、张征、李才伟、徐宜桂、李军旗。

1994 年

2月，被中国科学报社聘为《中国科学报》顾问。

3月3日，在其倡议下，华中理工大学举行第一期人文讲座。

4月6日，被国家自然科学基金委员会聘为《中国科学基金》杂志第三届编辑委员会委员。

4月中旬，应马来西亚纪永辉、马明月夫妇邀请，与段正澄、王运赣教授以及陈厚勤处长赴新加坡、马来西亚访问。

4月，项目"螺纹磨削智能控制系统的研究"和"机电设备状态监测与故障诊断专家系统"被国家教育委员会授予"科学技术进步奖二等奖"。

5月20日，被湖北省机械工程学会聘为该会第五届理事会副理事长以及常务理事。

6月30日，被国家自然科学基金委员会聘为委员会机械学科评审组成员。

9月2日，被华中理工大学聘为湖北省"亿利达青少年发明奖"评选委员会主任委员。

10月，被镇江市人民政府聘为镇江市人民政府科技顾问。

10月，因业绩卓著，被中国作家协会创作联络部、世界文库出版社及北京作家创作与出版服务中心载入《中国英才》大型系列丛书。

11月，被中国自动化学会聘为智能自动化专业委员会顾问。

所在的华中理工大学机械工程一系更名为"华中理工大学机械科学与工程学院"。

向诺贝尔物理学奖得主杨振宁颁发聘书，授予医学奖得主 Erwin Nehr 华中科技大学名誉博士学位。

牵头承担国家自然科学基金重点项目"智能制造技术基础"，该项目由华中理工大学、南京航空航天大学、西安交通大学和清华大学四所高校联合承担。

招收博士研究生：刘世元、李锡文、胡春华、左力、李东晓、张中民、浦耿强、李录平、韩西京、龚发云、刘克明。

1995 年

2月16日，被国家自然科学基金委员会聘为第一届（1994—1996）国家杰出青年科学基金评审委员会委员。

4月6日，被中国机械工程学会设备维修分会聘为"设备诊断名词术语"编委会顾问。

4月17日，申请"磁性吸附表面固定热电偶"专利。

5月15日，在《高等教育研究》上发表论文《努力提高研究生培养质量 建设第一流社会主义大学》。

5月，项目"基于知识的设备诊断的基础理论与方法研究"被国家教育委员会授予"科学技术进步奖一等奖"。

6月14—17日，主持在华中理工大学召开的"首届国际智能制造会议"。

6月20日，被西安交通大学聘为"机械制造系统工程国家重点实验室"第一届学术委员会顾问。

7月，与丁洪、史铁林等合撰的著作《基于知识的诊断推理》被新闻出版署授予"第七届全国优秀科技图书二等奖"。

7月，与康宜华等合撰的著作《钢丝绳断丝定量检测原理与技术》由国防工业出版社出版。

9月22日，被华中理工大学机械科学与工程学院聘为塑性成形模拟及模具技术国家重点实验室学术委员会委员。

9月，参加在华中理工大学召开的"全国高等学校加强大学生文化素质教育试点院校第一次工作会议"，被推选为试点院校协作组组长，并作题为《身需彩凤双飞翼——谈高校加强文化素质培养问题》的报告。

10月10—11日，在中国振动工程学会第三届理事会第一次全体会议上当选为中国振动工程学会第三届理事会副理事长。

11月10日，被中国高校金属切削研究会聘为该会顾问。

11月18日，参加华中理工大学申请进入"211工程"的部门预审会议，并作报告《团结奋斗，跨世纪，创一流》。

12月8日，参加"加强大学生文化素质教育报告会"，并作题为《双翼健劲，长空竞胜》的报告。

12月10—15日，应香港孔教学院院长汤恩佳邀请，赴香港孔教学院参加一年一度的孔子诞辰活动。

12月12日，"基于知识的设备诊断的基本理论与方法""机电设备状态监测与故障诊断专家系统"以及"螺纹磨削智能控制系统的研究"等科技成果被梁亮胜侨界科技奖励基金理事会、湖北省归国华侨联合会授予"梁亮胜侨界科技奖励基金一等奖"。

在其大力倡导之下，华中理工大学规定本科生、硕士生、博士生在校期间每年都必须通过学校组织的"中国语文水平达标测试"，否则不予颁发学位证书。

招收博士研究生：江汉红、轩建平、黎洪生、张海霞、周杰韩。

1996年

1月9—18日，赴台湾参加"海峡两岸高等教育现状学术研讨会"，访问台湾成功大学等高校。

1月10日，在《学位与研究生教育》上发表论文《加强素质教育，实行两个"优先"》。

1月15日，在《计算机科学》上发表论文《BP网络的全局最优学习算法》。

1月25日，被大连理工大学聘为该校兼职教授。

4月，被机械工业部聘为全国高等学校机电类专业教学指导委员会委员。

8月30日，在《华中理工大学学报》上发表论文《一种新的单层神经网络学习算法分析模型》；在《中国机械工程》上发表论文《重型机械工艺设计中机床资源动态模型的研究与应用》。

9月17日，论文《机床强迫再生颤振的研究与控制》与《智能制造技术与智能制造系统的发展与研究》被中国机械工程学会授予"1991—1996

年度优秀论文奖"。

9月30日，在《华中理工大学学报》上发表论文《CNC系统中三次参数样条曲线的插补算法》和《δ-网分形指纹及其在图像匹配中的应用》。

10月28日，教学改革项目"在理工科大学中加强文化素质教育的研究与实践"被华中理工大学授予"校级优秀教学成果奖一等奖"。

10月，出席华中理工大学"人文讲座"，并作题为《传统文化·人文底蕴·大学教育》的演讲。

11月12—15日，参加在湖南大学召开的第二次全国高校大学生文化素质教育试点院校工作会议，并作题为《永必求真 今应重善》的专题报告。

11月，在 Artificial Intelligence in Engineering A parallel distributed knowledge-based system for turbine generator fault diagnosis。

12月上旬，带领华中理工大学接受教育部组织的本科教学工作水平评估。

招收博士研究生：武新军、张洁、吴伟蔚、李晓峰、张桂才、李斌、崔汉锋、周传宏。

1997年

3月30日，在《振动工程学报》上发表论文《基于神经网络的结构动力模型修改和破损诊断研究》。

4月20日，参加中国振动工程学会成立十周年暨第三届理事会第二次会议。

4月，因1995年4月至1997年4月担任湖北省科学技术协会第四届委员会常务期间为湖北省科技进步与该会发展所作出的重要贡献，被湖北省科学技术协会授予荣誉证书。

5月20日，被国务院学位委员会聘为国务院学位委员会第四届学科评议组（机械工程评议组）成员。

6月，应邀参加母校九江同文中学130周年校庆。

7月1日，参加华中理工大学校长任免仪式并发表讲话，卸任华中理工大学校长职务，由时任常务副校长周济接任。

8月，担任华中理工大学校学术委员会主任。

8月，参加湖南省高校领导干部暑期研讨会，并作题为《预则立，不预则废——关于大学发展战略思想的几点思考》的演讲。

9月10日，项目"在理工科大学中加强文化素质教育的研究与实践"被湖北省人民政府授予"湖北省普通高等学校优秀教学成果奖一等奖"；10月24日，该项目被国家教育委员会授予"国家级教学成果奖一等奖"。

9月18日，参加中国共产党第十五次代表大会。

11月11日，被机械工业部制造技术研究中心聘为机械工业部制造技术研究中心动态设计与故障诊断技术研究室首席专家。

11月，参加国家教育委员会面向21世纪机械类专业教改组工作会。

12月，"智能制造技术基础"项目顺利完成。

在其大力倡导下，华中理工大学在全国高校中率先建立大学生文化素质教育基地。

招收博士研究生：程涛、熊良才。

1998年

1月16日，参加在厦门大学举行的两岸大学教育学术研讨会，并作题为《下学上达 文质相宜——论知识如何转化为能力、素质》的报告。

2月，项目"汽车汽轮发电机组机电耦合动态分析与扭振研究"被湖北省人民政府授予"湖北省科学技术进步奖一等奖"。

3月，与赵英俊、杨克冲等合撰的著作《非晶态合金传感器技术与应用》由华中理工大学出版社出版。

4月，被中华全国总工会授予"全国五一劳动奖章"。

5月，在四川联合大学参加"第三次全国高校加强文化素质教育试点工作研讨会"。

6月，参加国际人工智能工程应用学术会议并发表讲话。

6—9月，在《传感技术学报》上发表论文《一种新型非晶态合金磁场传感器的设计与优化》；在《振动工程学报》上发表论文《柴油机燃烧压力波振动识别研究》《基于动力学数学模型的故障检测与诊断理论和方法综述》。

10月8日，被全国振动与噪声技术及应用会议组织委员会聘为全国振动与噪声技术及应用会议第一届组织委员会顾问。

11月4日，在深圳大学与潘懋元一同被聘为该校名誉教授，并作讲座。

11月6日，在广州参加"大学生文化素质教育（通识教育）研讨会"，并作题为《现代大学与人文教育》的报告。

11月，参加在江南大学举办的"院士论坛"，并作题为《面向二十一世纪的大学素质教育》的讲话。

12月，被"世纪颂"中华诗词大赛组织委员会聘为中华诗词大赛组织委员会主任。

在 Sensors & Actuators A：Physical 上发表论文 A Novel Co-Based Amorphous Magnetic-Field Sensor。

教育部高等学校文化素质教育指导委员会正式成立，被任命为委员会主任。

招收博士研究生：来五星、肖健华、饶贵安、李巍华。

1999 年

3月30日，在《中国机械工程》上发表论文《基于因特网的设备故障远程协作诊断技术》；在《华中理工大学学报》上发表论文《基于高阶统计量的机械故障特征提取方法研究》。

4月，被香港理工大学推荐为"1999年度杰出中国访问学人"；10月29日参加在该校举行的"一九九九年度杰出中国访问学人计划 表扬学人成就典礼"。

5月16日，被中国高校切削与先进制造技术研究会聘为中国高校切削与先进制造技术研究会第六届理事会顾问。

5月30日，在《机械与电子》上发表论文《大直径钢丝绳直径连续测量方法与装置》。

5月,"智能制造技术基础"项目通过专家组验收。

6月9日,参加在成都举行的高等教育教学内容和课程体系改革计划理工科项目经验交流会。

6月15日,在《成都大学学报(自然科学版)》上发表论文《中国古代工程制图的数学基础》。

6月,其担任编委会主任的《中国大学人文启思录(第三卷)》由华中科技大学出版社出版。

8月15日,在《无损检测》上发表论文《磁性无损检测技术中磁信号测量技术》。

9月10日,著作《时间序列分析的工程应用(上、下册)》被湖北省出版奖励基金会授予湖北出版佳作奖、荣誉奖。

9月30日,在《中国机械工程》上发表论文《依托基金项目 开展创新研究——国家自然科学基金重点项目"智能制造技术基础"研究综述》。

12月,在南京大学参加大学教育思想国际讨论会。

招收博士研究生:胡友民、张智勇、余东升(教育学专业)、郭昊龙(教育学专业)。

2000年

1月25日,被普通高等学校机械设计制造及其自动化专业新编系列教材编审委员会聘为名誉主任。

2月18日,为表彰其在1997—1998年度在机械工程控制基础等领域的科技成果,被梁亮胜侨界科技奖励基金理事会、湖北省归国华侨联合会联合授予"梁亮胜侨界科技奖励基金二等奖"证书。

2月29日,在《中国机械工程》上发表论文《网络化制造与企业集成》。

3月,在《科学新闻周刊》上发表论文《先进制造技术——促进经济增长的百年大计》。

5月26日,原同济医科大学、武汉城市建设学院与华中理工大学合并,组建华中科技大学。

5月，论文《系统集成，整体推进面向21世纪改革机械工程教学——"机械类专业人才培养方案及教学内容体系改革的研究和实践"项目工作汇报》被收录于华中理工大学出版社出版的《面向新世纪的制造科学与技术》一书。

6月25日，在《无损检测》上发表论文《磁性无损检测技术中的信号处理技术》。

7月23日，参加在昆明举行的《大学生文化素质教育书系》编委会会议。

7月25日，在《高等教育研究》上发表论文《面向21世纪改革机械工程教学》。

提出"绿色教育"理念，指出绿色教育是科学教育与人文教育交融而成的一个整体。

招收博士研究生：黄树红、陈勇辉、刘志平、郜庆路、王峻峰、陈磊（教育学专业）。

2001年

4月30日，被教育部聘为2001—2005年教育部高等学校机械学科教学指导委员会主任委员、机械设计制造及其自动化专业教学指导分委员会委员，后于9月25日参加在武汉举办的"2001—2005年教育部高等学校机械学科教学指导会工作会议"。

6月4—22日，作为专家组组长，先后在北京航空航天大学、天津大学与同济大学参加教育部组织的"211工程"项目验收。

6月30日，论文《信息时代和网络条件下的制造业发展及其前景》被收录于《新世纪科技与湖北经济发展——2001首届湖北科技论坛论文集》。

9月30日，在《华中科技大学学报》上发表论文《AR模型参数的Bootstrap方差估计》。

10月22—24日，在湖南大学参加第一届国际机械工程高等教育学术会议。

11月18日，参加南昌一中百年校庆院士亭揭幕仪式。

11月30日，在深圳大学参加教育部高等学校文化素质教育指导委员会。

12月，项目"面向21世纪机械工程教学改革"被教育部评为国家级教学成果奖一等奖。

在 The International Journal of Advanced Manufacture 上发表论文 Intelligent machine tools in a distributed network manufacturing mode environment。

招收博士研究生：王伏林、郝远（教育学专业）。

2002 年

1月，在《高等教育研究》上发表论文《现代高等教育：绿色·科学·人文》。

5月14—16日，在重庆参加"中南·重庆片高等学校文化素质教育理论研讨暨经验交流会"，并作发言。

5月，被西北大学与西北工业大学联合聘为国家大学生文化素质教育基地顾问。

6月1日，参加中国科学院院士大会，并宣读了题为《科学人文 和而不同》的论文。

6月10日，在同文书院参加同文中学135周年校庆庆典会。

6月25日，在《清华大学教育研究》上发表论文《科学人文 和而不同》。

9月7日，参加华中科技大学第二期中华诗词创作班开学典礼。

11月2日，在中山市一中作题为《踏平坎坷 立志成才》的报告。

11月8—14日，参加中国共产党第十六次全国代表大会。

招收博士研究生：蔡洪涛、何锐波。

2003 年

4月13—14日，参加在华中科技大学举办的全国文化素质教育工作暨基地建设研讨会，并在开幕式发表讲话。

10月16日，出席湖北省"高科技时代与文学艺术"高层研讨座谈会，并作发言。

10 月，论文（《机床加工中的强制再生切削及其控制策略》）被中国机械工程学会与《机械工程学报》编辑部评为《机械工程学报》创刊 50 周年优秀论文。

11 月 20 日，在《机械工程学报》上发表论文《先进制造技术及其发展趋势》。

11 月，论文《先进制造技术及其发展趋势》被武汉市科学技术协会在"振兴武汉制造业学术研讨会"上评为优秀论文一等奖。

12 月 2 日，被国家质量监督检验检疫总局聘为国家质量监督检验检疫总局特种设备安全技术委员会委员。

12 月 20—21 日，参加在暨南大学召开的全国高等学校教学研究会第四次常务理事会暨学术研讨会。

在 Journal of Quality in Maintenance Engineering 上发表论文 Feature extraction and classification of gear faults using principal component analysis。

教育部首次设立了哲学社会科学重大课题攻关项目，面向全社会公开招标。其与欧阳康、刘献君等人申报的"培育和弘扬民族精神研究"课题中标。

招收博士研究生：易朋兴、黄弢、谢守勇。

2004 年

1 月 15 日，被中国航天第三研究院聘为中国航天第三研究院特聘专家。

2 月 20 日，被教育部聘为第二届教育部高等学校文化素质教育指导委员会主任委员。

2 月 25 日，与欧阳康、刘献君等在《华中科技大学学报（社会科学版）》发表论文《当代中华民族精神的反思与建构——"培育和弘扬民族精神"研究构架》。

3 月 15 日，在《机械工程学报》上发表论文《制造系统分布式柔性可重组状态监测与诊断技术研究》。

3 月，被中国航空工业第一集团公司科技发展部聘为超精密加工技术国防科技重点实验室第二届学术委员会主任。

9月，参加在南昌大学举行的第一届大学生机械创新设计大赛。

10月，项目"机械类专业创新人才培养教学改革综合实践的研究"被华中科技大学授予该校2004年教学成果奖特等奖。

11月1日，参加在华中科技大学举行的"第六届中国智能机器人学术研讨会"并发表讲话。

11月15日，出席华中科技大学第1000期人文讲座，并作题为《民族精神：中华民族文化哲理的凝视》的报告。

招收博士研究生：杨明金、王林鸿。

2005年

6月2—3日，在香港中文大学参加"人文的科学，科学的人文"通识教育主题研讨会，并作题为《文化：知识·思维·方法·精神》的报告。

6月15日，在《机械工程学报》上发表论文《基于Markov模型的分布式监测系统可靠性研究》。

8月12日，出席"全国先进制造技术高级论坛暨制造业自动化、信息化技术研讨会"，并作题为《再论先进制造技术及其发展》的报告。

8月29日，参加在南阳举行的"科学与中国"前沿报告会，并作题为《先进制造技术及其发展趋势》的报告。

8月，参加在南阳举行的中国科学院技术科学论坛第十七次学术报告会，向会议提交论文《文化：知识、思维、方法与精神的集》，并被收录于《技术科学论坛第十七次学术报告会议论文集（主题：科学、技术、人文）》。

9月，项目"机械类专业创新人才培养教学改革综合实践的研究"被教育部评为国家级教学成果奖一等奖；10月，该项目被湖北省人民政府评为湖北省高等学校教学成果奖特等奖。

10月23日，参加在清华大学举行的"纪念文化素质教育开展十周年暨高等学校第四次文化素质教育工作会议"，并致开幕词。

10月，出席在华中科技大学举行的"后现代视野中的科学与人文精神"国际研讨会并做发言；论文《民族精神：中华民族文化哲理的凝视》被收录于《春雨化育 华中科技大学文化素质教育十年》。

12月4日，被九江市人民政府聘为九江学院名誉院长；5日，参加九江学院杨叔子院士雕像揭幕仪式。

参加上海"科学与艺术"论坛，并作题为《科技发展的世纪回眸、当前趋势与若干人文思考》的报告。

2006年

1月15日，在《机械工程学报》上发表论文《再论先进制造技术及其发展趋势》。

1月24日，被武汉市人民政府聘为武汉市人民政府参事。

3月30日，在《高等教育研究》上发表论文《继承历史财富 不断丰富发展——由庆贺朱九思同志九十华诞而作》。

3月，参加2006年湖北省政府咨询委员会工作报告会。

4月1日，被中国高等教育学会聘为学会顾问。

5月，受邀担任中国机械工程学会特邀理事；受邀担任香港中文大学《大学通识报》顾问。

6月19—20日，参加天津大学"211工程"验收。

7月30日，在《中国大学教学》上发表论文《面向工程，打好基础，全面发展》。

10月24日至12月4日，担任本科教学水平评估专家组组长，先后参加郑州大学、汕头大学、哈尔滨工业大学等三所高校的本科教学工作水平评估。

11月3—6日，出席在复旦大学召开的第五届全国信息与电子学科研究生学术研讨会，并作题为《德才兼备 自强不息 志在创新》的专题报告。

12月，论文《总结过去，分析现在，谋划未来，将文化素质教育推向新的阶段》被收录于《十年探索 十年发展——纪念文化素质教育开展十周年》。

2007 年

2月7日，出席在北京举行的"全国校园文化活动研讨会"，并作题为《校园文化与时代精神》的报告。

3月10日，被澳门科技大学聘为该校荣誉教授。4月23日，在该校举办讲座。

3月14日，与复旦大学前校长、英国诺丁汉大学校长杨福家院士等在华中科技大学人文讲座上深入交流大学的使命以及大学生的职责。

3月28日，在《高等工程教育研究》上发表论文《机械创新设计大赛很重要》。

3月30日，在《南京邮电大学学报（社会科学版）》上发表论文《"人是为别人而生存的"——纪念"相对论"诞生100周年》。

3月，论文《走出"半个人"的时代》被《现代教师人文与师德读本（上）》收录。

4月18日，被湖北省人民政府评为湖北省科普先进工作者。

5月13日，出席在东华大学举办的首届上海研究生机械工程学科学术论坛开幕式，并作发言。

5月20日至12月14日，担任本科教学水平评估专家组组长，先后参加深圳大学、天津大学、清华大学、华南理工大学、西安交通大学、电子科技大学六所高校的本科教学工作水平评估。

6月15日，代表华中科技大学接见和陪同李嘉诚，参加李嘉诚来校访问座谈会并发表讲话。

6月，著作《时间序列分析的工程应用（上、下册）》（第二版）由华中科技大学出版社出版。

7月，在 Frontiers of Mechanical Engineering in China 上发表论文 Cutting Force Model for a Small-diameter Helical Milling Cut。

9月9日，在武汉理工大学参加"2007中国科协年会工业设计分会场开幕式暨工业设计与创意产业高峰论坛"，并作题为《科学求真·人文为善·艺术致美·工业设计彰和谐》的演讲。

11月15日，在《中国机械工程》发表的论文《网络化制造与企业集成》获得首届"中国百篇最具影响优秀国内学术论文奖"。

11月18日，参加同文中学140周年校庆。

招收博士研究生：吴庆华。

2008年

4月1日与5月1日，先后在《装备制造》上发表论文《制造、先进制造技术的发展及其趋势（上）》《制造、先进制造技术的发展及其趋势（下）》。

4—6月，担任教育部本科教学工作水平评估专家组组长，先后参加东南大学、国防科技大学本科教学工作水平评估。

5月17—19日，参加在汕头大学举行的"中国CDIO工程教育模式研讨会"，并作题为《CDIO——工程文化教育》的报告。

5月31日，在《高等教育研究》上发表论文《大学的生命：日新之德——为温家宝总理在同济大学百年校庆时的讲话发表一周年而作》。

7月15日，在《机械工程学报》上发表论文《以人为本——树立制造业发展的新观念》。

11月16—18日，参加江苏大学主办的"高等教育改革发展30年"高层论坛暨《高校教育管理》第一次编委会会议，并作题为《踏平坎坷 成人成才》与《走向制造服务一体化的和谐制造》的报告。

11月，被陈嘉庚科学家基金会聘为陈嘉庚技术科学奖第三届评审委员会委员。

12月1日，在九江学院作题为《实施素质教育，造就创新人才》的报告。

12月2日，出席"同文讲坛"开坛首讲，作题为《踏平坎坷，成人成才》的励志报告。

12月6—7日，回到家乡黎川，并作报告。

12月，访问母校湖口中学。

12月，被中国教育电视台网站、腾讯网、中国教育新闻网、中国青年网联合授予改革开放30年"中国教育风云人物"荣誉证书。

2009 年

1月，被中国机械工程学会聘为《机械工程学报》第九届编委会委员。

8月，著作《杨叔子槛外诗文选》由华中科技大学出版社出版。

8—9月，与刘献君、欧阳康主编的《民族精神研究丛书》系列论著由人民出版社相继出版，该丛书由《民族信念与文化特征——民族精神的理论研究》《现实挑战与路径选择——民族精神的对策研究》《社会理想与精神追求——民族精神的实证研究》《文化反思与价值建构——全球化与民族精神》《思想碰撞与方法借鉴——民族精神的比较研究》五本书构成。

9月28日，在《高等工程教育研究》上发表论文《再论机械创新设计大赛很重要——纪念中共中央、国务院〈关于深化教育改革全面推进素质教育的决定〉颁布十周年》。

9月，项目"机械专业高素质人才培养体系的建设与实践"被教育部评为国家级教学成果奖二等奖。

9月，著作《弘扬与培育民族精神研究》由经济科学出版社出版。

11月15日，参加九江学院"叔子爱莲奖学金"颁发仪式暨杨叔子院士万人报告会。

11月22—23日，在南京出席由教育部素质教育指导委员会主办、东南大学和高等教育出版社共同承办的"文化素质教育课程建设与教学改革"专题研讨会，作题为《认清新形势，加强文化素质教育及其课程建设》的报告。

11月，项目"机械专业高素质人才培养体系的建设与实践"被湖北省人民政府授予"湖北省高等学校教学成果奖一等奖"证书。

12月，《杨叔子文化素质教育文集》由华中科技大学出版社出版。

招收博士研究生：王二化、高阳、张嘉琪。

2010 年

3月，为《峥嵘岁月 追忆敬爱的黄树槐教授》作序。

4月21日，做客北京交通大学"院士校园行"名师讲坛，为研究生作《踏平坎坷，成人成才》的专题报告。

4月，被教育部聘为第三届教育部高等学校文化素质教育指导委员会主任委员。

5月23日，出席瑜珈诗社成立20周年庆典暨国学院中华诗词研究中心成立大会，并发表讲话。

7月16日，为《中国大学"科学精神与实践"启示录》作序。

11月13日，参加华中科技大学香港校友会30周年活动。

11月27日，出席在中国人民大学举行的高等学校文化素质教育开展十五周年纪念大会并致辞。

在 Ieee Transactions on Robotics 上发表论文 Kinematic-Parameter Identification for Serial-Robot Calibration Based on POE Formula。

招收博士研究生：杨璠。

2011年

1月20日，为《只凭天地鉴孤忠：杨赓笙诗作及生平大事集》作序。

2月20日，在《机械制造与自动化》上发表论文《高端制造装备关键技术的科学问题》。

6月2日，陪同胡锦涛视察武汉光电国家实验室（筹）。

10月18日，在同文中学"同文讲坛"作励志成才专题报告。

11月，在湖口中学捐资设立"杨叔子卫华助学基金"，出席首届湖口中学"杨叔子卫华助学基金"颁奖仪式，并作题为《懂得感恩 坚持勤奋》的报告。

12月9日，出席深圳大学杨叔子院士奖学金颁奖仪式暨学术报告会，并作《踏平坎坷，成人成才》主题演讲。

招收博士研究生：熊晶。

2012年

4月13—14日，出席"高等学校文化育人研讨会暨第五次文化素质教育工作会议"开幕式并致辞。

4月20日，在无锡参加中国科学院"航空发动机与燃气轮机先进制造技术战略研究"研讨会。

4月24日，在光明日报上发表论文《"读好书"与"做好人"》。

4月28日，出席在湖北工业大学举办的"长机科技杯"2012年湖北省大学生机械创新设计大赛暨第五届全国大学生机械创新设计大赛湖北分区预赛开幕式，并发表讲话。

5月18日，参加九江学院"千年文脉、百年办学、十年升本"院庆。

5月，在《导师论导 研究生导师论研究生指导》上发表论文《文化的全面教育 人才的拔尖创新》。

7月7—8日，在北京参加"2012年国际大学生物联网创新创业大赛全球总决赛"，并作题为《人生在勤，贵在立志》的讲座。

8月15—16日，参加在北京举办的以"科学与艺术——数字时代的科学与文化传播"为主题的"2012年科学与艺术研讨会"，并作题为《热烈的祝贺 衷心的祈愿——致"2012年科学与艺术研讨会"》的开场报告。

9月，著作《瑜园诗选（五）——献给华中科技大学六十周年校庆》《杨叔子科技论文选（上、下）》《杨叔子散文序函类文选（上、下）》由华中科技大学出版社出版。

10月12日，出席九江学院机械与材料工程学院柔性引进高端人才签字仪式。

10月13日，出席在白鹿洞书院举行的2012年中华经典重读与文化传承创新学术研讨会开幕式。

10月15日，参加华中科技大学暨机械科学与工程学院60周年庆典活动。

12月，被中国共产党九江市委宣传部、九江市精神文明建设指导委员会办公室评为2011—2012年度"感动九江十大人物"。

招收博士研究生：张贻春、张康。

2013年

6月7日，出席在江西省九江市举行的纪念"湖口起义"100周年座谈会。

7月,《杨叔子科技论文选》荣获"中南地区大学出版社2011—2012年度优秀学术著作一等奖"。

9月8日,在武汉与学生和家人共庆80周岁诞辰。

9月,著作《杨叔子教育雏论选(上、下)》由华中科技大学出版社出版。

11月28日,出席九江学院院士工作站杨叔子院士入站协议签字仪式暨深化校企合作推进卓越计划研讨会。

11月,著作《机械加工工艺师手册》(第2版)由机械工业出版社出版。

12月25日,在深圳大学作《寻美古典诗词,践行中华文化》的演讲。

2014年

2月12日,申请专利"一种带尺寸定位孔的具有显示装置的算盘"。

2月,主编的《中国著名大学校长毕业训词》由华中科技大学出版社出版。

4月25日,出席在浙江经济职业技术学院举办的中华诗词文化学院揭牌暨首届诗词骨干培训班开班仪式。

5月12—13日,出席在华中科技大学召开的第六次全国高等学校文化素质教育工作研讨会,并在开幕式上致辞。

5月26日,在湖北汽车工业学院"明德论坛"上作《踏平坎坷,成人成才》主题报告。

6月9—11日,参加中国科学院院士大会,6月11日突发脑卒中,住进北京解放军306医院,6月20日转院至武汉协和医院接受治疗,7月20日出院,疗养至今。

2015年

2月15日,为挚友涂序彦的著作《潇洒集:诗六百首》作序。

7月,著作《机械工程控制基础》(第六版)由华中科技大学出版社出版。

2016 年

2 月，为甘筱青著作《〈论语〉的公理化诠释》作序。

8 月 22 日，被湖北省老教授协会聘为老教授事业贡献奖名誉会长。

2017 年

3 月，与康宜华、陈厚桂等合撰的著作《钢丝绳电磁无损检测》由机械工业出版社出版。该书被收入"'十二五'国家重点图书出版规划项目现代电磁无损检测学术丛书"。

2018 年

1 月 19 日，"杨叔子院士当代诗教理论研讨会"在浙江经济职业技术学院召开。

5 月，自传《往事钩沉》由华中科技大学出版社出版。

附录二　杨叔子主要论著目录

机械工程专业类论著

论文类

[1] 杨叔子. 三支承主轴部件静刚度的分析与讨论 [J]. 机床, 1979 (9): 11-20.

[2] 杨叔子, 师汉民. δ 函数在机械制造中的应用 [J]. 华中工学院学报, 1980 (4): 145-154.

[3] Yang Shuzi. A study of the static stiffness of machine tool spindles [J]. International Journal of Machine Tool Design and Research, 1981 (1): 23-40.

[4] 杨叔子. 机床主轴部件静刚度的研究 [C]. 中国机械工程学会、机械加工学会第二届学术年会论文集, 1982: 8-18.

[5] 杨叔子. 平稳时间序列的数学模型及其阶的确定的讨论 [J]. 华中工学院学报, 1983 (5): 9-14.

[6] 杨叔子. 动态数据的系统处理 [J]. 机械工程, 1983 (5): 43-45.

[7] 杨叔子. 动态数据的系统处理——第二讲 ARMA 模型及其特性 [J].

机械工程，1983（6）：41-46.

[8] 杨叔子，王治藩. 时间序列分析的工程应用——建模方法评述与研究[J]. 时间序列分析在机械工程中应用学术会议论文摘要集，1983：7.

[9] 杨叔子. 动态数据的系统处理 第三讲 建模[J]. 机械工程，1984（1）：38-43.

[10] 杨叔子. 动态数据的系统处理——第四讲 最佳预测[J]. 机械工程，1984（2）：42-45.

[11] 杨叔子. 动态数据的系统处理——第五讲 应用[J]. 机械工程，1984（3）：42-47.

[12] 杨叔子. 刀具磨损在线的时序监视[C]. 第三届机床设计与研究年会论文集（一），1984：301.

[13] 杨叔子. 计算机时序分析在机械制造中的应用[C]. 第三届机床设计与研究年会论文集（二），1984：445.

[14] 杨叔子，熊有伦，师汉民，等. 时序建模与系统辨识[J]. 华中工学院学报，1984（6）：85-92.

[15] 杨叔子，杨克冲，赵星，等. 平稳时序连续模型建模的探讨[C]. 第二届"时间序列分析在机械工程中的应用"学术研讨会论文摘要汇编，1985：63-65.

[16] 杨叔子，刘经燕，师汉民，等. 金属切削过程颤振预兆的特性分析[J]. 华中工学院学报，1985（5）：79-86.

[17] 杨叔子. 诊断技术的时序模型方法[C]. Proceedings of CSMDT'86 Conference June 4-7，1986：53-59.

[18] 杨叔子. APPLE-Ⅱ微型机在线信号（动态数据）处理系统[J]. 湖北省计算机优秀应用成果、优秀软件公报（1981—1985），1986：25-28.

[19] 杨叔子，屈梁生. 机械工程诊断中的时序方法[C]. 时间序列分析在机械工程中的应用论文集（第二集），1987：1-11.

[20] 杨叔子，师汉民，熊有伦，等. 机械设备诊断学的探讨[J]. 华中工学院学报，1987（2）：1-8.

[21] 梅志坚，杨叔子，师汉民，等．一种无颤振机床技术的研究［J］．机床，1987（9）：9-12．

[22] 杨叔子，郑小军，周安法，等．人工智能在机械设备诊断中的应用［J］．机械工程，1987（4）：10-13．

[23] 杨叔子，郑小军．专家系统的原理、现状和发展趋势［J］．水利电力机械，1987（5）：33-37．

[24] 桂修文，丁洪，杨叔子，等．SD375Ⅱ型动态分析仪上三维谱阵图分析功能的开发及其应用［J］．动态分析与测试技术，1987（4）：1-7．

[25] 叶兆国，王阳生，杨叔子，等．钢丝绳检测信号的非线性平滑处理［J］．动态分析与测试技术，1988（3）：36-40．

[26] 周安法，杨叔子，师汉民，等．基于粗糙的模糊归纳学习方法［J］．北京机械工业管理学院学报，1988（1）：22-33．

[27] 杨叔子，丁洪．机械制造的发展及人工智能的应用［J］．机械工程，1988（1）：32-34．

[28] 欧阳普仁，杨叔子，谢月云．模态参数识别Prony法的一种改进［J］．振动与冲击，1988（1）：68-71．

[29] 吴雅，杨叔子．门限自由回归模型建模的有关探讨及其在人口死亡率预报中的应用［J］．天津大学学报，1988（1）：23-29．

[30] 吴雅，杨叔子，杜跃芬，等．人口死亡的时序模型分析及其群体预报［J］．信号处理，1988（1）：106-114．

[31] 周光前，杨叔子，梅志坚，等．金属切削过程颤振和在线监控的研究［J］．长沙铁道学院学报，1988（1）：68-74．

[32] 王阳生，师汉民，杨叔子，等．钢丝绳断丝信号的定量解释［J］．振动工程学报，1988（2）：9-17．

[33] 郑小军，杨叔子，周安法，等．机械设备故障的振动诊断及其专家系统方法［J］．湖北工学院学报，1988（1）：39-47．

[34] Li Jingsong, Liu Keming, Lu Wenxing, et al. Investigation on the Intelligent Electromagnetion to Flaw Detector and Its Application in Quantitative Inspection of Write Ropes［J］. Pcoceedings of

International Symposium on Automation and Robotics in Production Engineering, 1988: 117-122.

[35] 杨叔子, 欧阳普仁. 信号的人工智能处理系统——基于知识的信号处理方法的探讨[J]. 华中理工大学学报, 1988(3): 1-6.

[36] 师汉民, 郑小军, 杨叔子, 等. 设备诊断专家系统的核心结构探讨[J]. 华中理工大学学报, 1988(3): 7-12.

[37] 郑小军, 杨叔子, 师汉民, 等. 复杂系统的诊断问题求解——一种基于知识的方法[J]. 华中理工大学学报, 1988(3): 13-18.

[38] 周安法, 师汉民, 杨叔子, 等. 知识获取的多层证据网络模型[J]. 华中理工大学学报, 1988(3): 19-26.

[39] 吴雅, 杨叔子, 陶建华. 灰色预测和时序预测的探讨[J]. 华中理工大学学报, 1988(3): 27-34.

[40] 吴雅, 杨叔子, 师汉民. 门限自回归模型与非线性系统的极限环[J]. 华中理工大学学报, 1988(3): 35-42.

[41] 丁洪, 杨叔子, 董双文. ARMA谱估计中若干问题的研究[J]. 华中理工大学学报, 1988(3): 43-48.

[42] 王阳生, 师汉民, 杨叔子, 等. 检测局部异常信号的一个新特征量[J]. 华中理工大学学报, 1988(3): 61-67.

[43] 叶兆国, 王阳生, 杨叔子, 等. 钢丝绳断丝定量检测中径向随机晃动误差的补偿[J]. 华中理工大学学报, 1988(3): 69-74.

[44] 欧阳普仁, 杨叔子, 谢月云, 等. 时域模态参数识别法的改进及实验研究[J]. 华中理工大学学报, 1988(3): 95-100.

[45] 欧阳普仁, 杨叔子. 一种改进的Marple算法[J]. 华中理工大学学报, 1988(3): 41-47.

[46] 杨叔子, 师汉民, 郑小军, 等. 机械设备及其工作过程的计算机诊断[J]. 机械工业自动化, 1988(2): 2-6.

[47] 杨叔子. 机电一体化的发展——兼论机械制造的柔性化[J]. 湖北机电一体化学术研讨会论文集, 1988: 7-13.

[48] 梅志坚, 杨叔子, 师汉民. 机床颤振的早期诊断与在线监控[J]. 振

动工程学报，1988（3）：8-17.

[49] 杨叔子，吴雅，丁洪，等. 时间序列分析在我国工程中的应用［C］. 时间序列分析在机械工程中的应用论文集，1988（3）：1-9.

[50] 梅志坚，杨叔子，师汉民，等. 机床颤振的计算机控制技术的研究［J］. 工业控制计算机，1988（5）：17-20.

[51] 吴雅，杨叔子. 死因死亡率的非平稳时序模型预报及有关探讨［J］. 成都科技大学学报，1989（1）：125-130.

[52] 梅志坚，杨叔子，昌松，等. 在线调整刀具前角和后角抑制颤振的原理与试验研究［J］. 武汉工学院学报，1989（1）：53-61.

[53] 吴雅，杨叔子. 时间序列分析及其在工业机床中的应用［J］. 机床，1989（6）：46-49.

[54] 康宜华，丁洪，杨叔子. 最大熵谱谱峰的计算［J］. 四川工业学院学报，1989（1）：1-9.

[55] 吴雅，杨叔子. 时序分析在机床上的应用技术讲座 第二讲 ARMA 模型及其特性［J］. 机床，1989（7）：47-50.

[56] 吴雅，杨叔子. 时序分析在机床上的应用技术讲座 第三讲 建模（一）［J］. 机床，1989（8）：46-48.

[57] 吴雅，杨叔子. 时序分析在机床上的应用技术讲座 第四讲 建模（二）［J］. 机床，1989（9）：49-51.

[58] 吴雅，杨叔子. 时序分析在机床上的应用技术讲座 第五讲 模态参数识别及其应用［J］. 机床，1989（10）：42-45.

[59] 杨叔子，熊有伦. 人工智能在机械制造中的应用［J］. 机械制造的未来，1989：132-138.

[60] 吴雅，杨叔子. 时序分析在机床上的应用技术讲座 第六讲 谱分析及其应用［J］. 机床，1989（11）：44-46.

[61] 欧阳普仁，杨叔子. 一个智能编程系统［J］. 武汉水利电力学院学报，1989（3）：76-81.

[62] 吴雅，杨叔子. 时序分析在机床上的应用技术讲座 第七讲 故障诊断的时序方法（一）［J］. 机床，1989（12）：48-50.

[63] 吴雅，杨叔子，姜莉，等．云锡矿工肺癌的时间序列预测方法［J］．广西大学学报（自然科学版），1989（3）：64-71.

[64] 王阳生，师汉民，杨叔子，等．钢丝绳断丝定量检测的原理与实现［J］．中国科学（A辑 数学 物理学 天文学 技术科学），1989（9）：993-1000.

[65] 杨叔子，桂修文，郑小军，等．专家系统与振动工程［J］．机械科学与技术，1989（5）：2-5.

[66] 郑小军，杨叔子．集成节约覆盖模型与概率推理的新方法［J］．华中理工大学学报，1989（4）（增刊）：1-8.

[67] 丁洪，杨叔子，桂修文．复杂系统诊断问题的研究［J］．华中理工大学学报，1989（4）（增刊）：9-16.

[68] 桂修文，丁洪，杨叔子．用树表达法进行波形理解与释义［J］．华中理工大学学报，1989（4）（增刊）：17-22.

[69] 王阳生，师汉民，杨叔子．深度图象用于机器人视觉［J］．华中理工大学学报，1989（4）（增刊）：117-122.

[70] 吴雅，杨叔子．时序分析在机床上的应用技术讲座 第八讲 故障诊断的时序方法（二）［J］．机床，1990（1）：45-47.

[71] 吴雅，杨叔子．时序分析在机床上的应用技术讲座 第九讲 最佳预测及其应用［J］．机床，1990（2）：47-49.

[72] 吴雅，杨叔子．时序分析在机床上的应用技术讲座 第十讲 最佳控制及其应用［J］．机床，1990（3）：49-51.

[73] 史铁林，杨叔子，周继洛．新型管道有源降噪系统的试验研究［J］．强度与环境，1990（1）：7-12.

[74] 史铁林，杨叔子，周继洛．高效管道有源降噪系统——理论与试验［J］．振动工程学报，1990（1）：34-39.

[75] J.S. Li, S.Z. Yang, W.X. Lu, et al. Space-Domain Feature-Based Automated Quantitative Determination of Localized Faults in Wire Ropes［J］. Materials Evaluation, 1990（48）：336-341.

[76] 吴雅，杨叔子．时序分析在机床上的应用技术讲座 第十一讲 向量

ARMA 模型及其应用 [J]. 机床, 1990（4）：49-51.

[77] 吴雅, 杨叔子. 时序分析在机床上的应用技术讲座 第十二讲 时序的其他方法及其应用 [J]. 机床, 1990（5）：52-54.

[78] Ding Hong, Yang Shuzi, Gui Xiuwen. On Knowledge-Based Coagmpsos for Complex [C]. Proceedings of the International Conference on Vibration Problems in Engineering, 1990：672-677.

[79] Yang Shuzi, Mei Zhijian, Shi Hanmin. A Theoretical and Experimental Investigation for the Chatter Suppression by On-Line Adjusting the Cutting Tool Angle During Machining Process [C]. Proceedings of the International Conference on Vibration Problems in Engineering, 1990(6)：899-904.

[80] 杨叔子, 余俊, 丁洪, 等. 产品设计、制造、维护的智能技术 [J]. 机械工程, 1990（3）：2-6.

[81] 昌松, 梅志坚, 杨叔子, 等. 机床颤振信号 互谱特性分析 [J]. 山东工业大学学报, 1990（3）：25-31.

[82] 钟毓宁, 杨叔子, 陈继平, 等. 冷连轧机工作辊轴承失效的定量分析 [J]. 钢铁研究, 1990（4）：46-51.

[83] 吴雅, 杨叔子. 时序模型预测、组合预测与预测的智能化 [C]. 时间序列分子在机械工程中的应用论文集, 第四集, 1990：1-16.

[84] 史铁林, 杨叔子, 周继洛. 一个高效的管道有源降噪系统的试验研究 [J]. 噪声与振动控制, 199（5）：3-7.

[85] 杨叔子. 机械制造走向智能化 [J]. 机械工程（机电一体化专辑）, 1990：3-8.

[86] 郑小军, 杨叔子. 汽车发动机诊断专家系统 AEDES [J]. 自动化学报, 1990（5）：393-399.

[87] 徐海贤, 杜润生, 杨叔子, 等. 一种故障诊断专家系统信号接口的研制 [J]. 振动、测试与诊断, 1991（1）：43-50.

[88] 郑小军, 杨叔子, 师汉民. 基于深知识的多故障两步诊断推理 [J]. 计算机学报, 1991（3）：206-212.

[89] 吴雅，柯石求，杨叔子，等. 时变金属切削过程颤振的线性、非线性时序模型 [J]. 振动工程学报，1991（1）：25-32.

[90] 史铁林，杨叔子，师汉民，等. 专家系统中的不确定性 [J]. 洛阳工学院学报，1991（1）：97-103.

[91] 吴波，吴功平，杨叔子，等. 柴油机喷油压力波形的分析方法 [J]. 郑州工学院学报，1991（1）：20-25.

[92] 王阳生，师汉民，杨叔子，等. 激光寻距器作可见物体测量 [J]. 宇航计测技术，1991（2）：1-6.

[93] 吴雅，杨叔子. 机床强迫再生颤振的研究与控制 [C]. 1991年中国机床设计与研究会议论文集，1991：177.

[94] 吴雅，杨叔子，柯石求，等. 机床切削系统的强迫再生颤振与极限环 [J]. 华中理工大学学报，1991（2）：69-75.

[95] 吴雅，李维国，杨叔子，等. 大型专用机床的故障特征与按状态维修的方法 [C]. 第三届全国机械设备故障诊断学术会议论文集，1991：652-657.

[96] 丁洪，杨叔子，桂修文. 基于知识的发动机诊断系统的研究 [J]. 振动工程学报，1991（2）：35-42.

[97] 杨叔子，丁洪，史铁林，等. 机械设备诊断学的再探讨 [J]. 华中理工大学学报，1991（S2）：1-7.

[98] 康宜华，杨叔子，卢文祥. 钢丝绳磨损和绳径缩细无损检测的研究 [J]. 强度与环境，1991（2）：26-31，38.

[99] 戴林均，谌刚，杨叔子. 弹性空腔噪声的有限带宽预估法 [J]. 振动工程学报，1991（3）：27-33.

[100] 梅志坚，杨叔子，师汉民，等. 机床非线性颤振的描述函数分析 [J]. 应用力学学报，1991（3）：69-78.

[101] 张文祖，胡瑞安，杨叔子. 用向前差分基函数生成二次、三次曲线的算法 [J]. 微型机与应用，1991（12）：10，47.

[102] 史铁林，杨权子，师汉民，等. 机械设备诊断策略的若干问题探讨 [J]. 华中理工大学学报，1991（12）：9-14.

[103] 杨叔子，丁洪，史铁林，等. 机械设备诊断学的再探讨［J］. 华中理工大学学报，1991 增刊（Ⅱ）：1-7.

[104] 熊有伦，杨叔子. 测量自动化、集成化和智能化［J］. 中国机械工程，1992（1）：20-22.

[105] 吴波，吴功平，杨叔子. 柴油机喷油系统压力波形的特征抽取及描述方法［J］. 振动工程学报，1992（1）：34-40.

[106] 吴波，杨叔子，李白诚. 柴油机喷油压力波形的符号描述与结构模式分类［J］. 国防科技大学学报，1992（2）：12-16，42.

[107] 杨叔子，丁洪. 智能制造技术与智能制造系统的发展与研究［J］. 中国机械工程，1992（2）：15-18.

[108] 史铁林，杨叔子，师汉民，等. 基于模糊理论与覆盖技术的诊断模型［J］. 计算机学报，1992（4）：313-317.

[109] 丁忠平，康宜华，杨叔子，等. 集成霍尔元件在钢丝绳缺陷检测中的应用［J］. 强度与环境，1992（3）：59-64.

[110] 吴雅，梅志坚，杨叔子. 机床切削颤振的定常与时变特性［J］. 固体力学学报，1992（3）：271-276.

[111] 杨叔子，史铁林，丁洪. 机械设备诊断的理论、技术与方法［J］. 振动工程学报，1992（3）：193-201.

[112] 钟毓宁，杨叔子，桂修文. 设备诊断型专家系统的一种开发工具［J］. 自动化学报，1992（5）：559-564.

[113] 黄其柏，杨叔子，师汉民. 低噪声齿轮副最佳齿侧间隙的确定方法研究［J］. 噪声与振动控制，1992（5）：19，26-28.

[114] 徐志良，桂修文，丁洪，等. 3米C级精度滚珠丝杠磨削的研究［J］. 机床，1993（3）：17-21.

[115] 杨叔子. 努力开拓现代机械工程学研究领域［J］. 中国科学院院刊，1993（4）：340-341.

[116] Ding Hong, Yang Shuzi, Zhu Xinbiao. Intelligent prediction and control of a leadscrew grinding process using neural networks［J］. Computers in Industry，1993（3）：169-174.

[117] 李军旗，阎明印，史铁林，等. 基于神经网络的汽轮机组故障诊断系统[J]. 智能控制与智能自动化（上卷），1993：802-805.

[118] 杨叔子. 机床颤振研究与控制的新进展 前言[J]. 华中理工大学出版社，1993.

[119] 徐宜桂，史铁林，杨叔子. BP网络的全局最优学习算法[J]. 计算机科学，1996（1）：73-75.

[120] 冯昭志，黄载禄，杨叔子. 一种新的单层神经网络学习算法分析模型[J]. 华中理工大学学报，1996（8）：21-23.

[121] 陈维克，吴波，杨叔子，等. 重型机械工艺设计中机床资源动态模型的研究与应用[J]. 中国机械工程，1996（4）：62-64.

[122] 叶伯生，杨叔子. CNC系统中三次参数样条曲线的插补算法[J]. 华中理工大学学报，1996（9）：9-11.

[123] 李才伟，胡瑞安，杨叔子. δ-网分形指纹及其在图像匹配中的应用[J]. 华中理工大学学报，1996（9）：68-70.

[124] Wang Xue, Yang Shuzi. A parallel distributed knowledge-based system for turbine generator fault diagnosis[J]. Artificial Intelligence in Engineering, 1996（4）：335-341.

[125] 胡春华，吴波，杨叔子. 基于Petri网的离散制造过程建模工具[J]. 华中理工大学学报，1996（9）：28-31.

[126] 杨叔子，廖晓昕. 神经网络若干理论和应用问题的研究[C]. 中国神经计算科学大会论文集（1-2），1997：6-11.

[127] 徐宜桂，史铁林，杨叔子. 基于神经网络的结构动力模型修改和破损诊断研究[J]. 振动工程学报，1997（1）：8-12.

[128] 张海霞，赵英俊，杨叔子. 一种新型非晶态合金磁场传感器的设计与优化[J]. 传感技术学报，1998（2）：7-12.

[129] 胡以怀，史铁林，杨叔子. 柴油机燃烧压力波振动识别研究[J]. 振动工程学报，1998：224-229.

[130] 轩建平，史铁林，杨叔子. 基于动力学数学模型的故障检测与诊断理论和方法综述[J]. 振动工程学报，1998：11-17.

[131] Haixia Zhang, Yingjun Zhao, Shuzi Yang, et al. A Novel Co-Based Amorphous Magnetic-Field Sensor [J]. Sensors & Actuators A Physical, 1998(2): 121-125.

[132] 何岭松, 王峻峰, 杨叔子. 基于因特网的设备故障远程协作诊断技术 [J]. 中国机械工程, 1999(3): 336-338.

[133] 张桂才, 史铁林, 杨叔子. 基于高阶统计量的机械故障特征提取方法研究 [J]. 华中理工大学学报, 1999(3): 6-8.

[134] 武新军, 康宜华, 杨叔子. 大直径钢丝绳直径连续测量方法与装置 [J]. 机械与电子, 1999(3): 3-5.

[135] 刘克明, 杨叔子, 蔡凯. 中国古代工程几何作图的科学成就 [J]. 中国科学基金, 1999(3): 163-166.

[136] 刘克明, 杨叔子. 中国古代工程制图的数学基础 [J]. 成都大学学报(自然科学版), 1999(2): 16-23.

[137] 康宜华, 武新军, 杨叔子. 磁性无损检测技术中磁信号测量技术 [J]. 无损检测, 1999(8): 340-343.

[138] 杨叔子, 吴波. 依托基金项目 开展创新研究——国家自然科学基金重点项目"智能制造技术基础"研究综述 [J]. 中国机械工程, 1999(10): 987-990.

[139] 杨叔子. 鼓形齿联轴器 序 [J]. 华中理工大学出版社, 1999.

[140] 杨叔子. 快速成形技术 序 [J]. 华中理工大学出版社, 1999.

[141] 杨叔子, 吴波, 胡春华, 等. 网络化制造与企业集成 [J]. 中国机械工程, 2000(1): 45-48.

[142] 杨叔子, 熊有伦. 先进制造技术——促进经济增长的百年大计 [J]. 科学新闻周刊, 2000(10): 7.

[143] 杨叔子, 张福润. 系统集成, 整体推进面向21世纪改革机械工程教学——"机械类专业人才培养方案及教学内容体系改革的研究和实践"项目工作汇报 [J]. 面向新世纪的制造科学与技术, 2000: 2-11.

[144] 康宜华, 武新军, 杨叔子. 磁性无损检测技术中的信号处理技术

[J]. 无损检测, 2000（6）: 255-259.

[145] 杨叔子, 吴波, 周杰韩. 虚拟制造系统综述[J]. 中国科学基金, 2000（5）: 279-283.

[146] 杨叔子, 熊有伦, 管在林, 等. 信息时代和网络条件下的制造业发展及其前景[C]. 新世纪科技与湖北经济发展——2001首届湖北科技论坛论文集, 2001: 11-15.

[147] Tao Cheng, Jie Zhang, Shuzi Yang, et al. Intelligent machine tools in a distributed network manufacturing mode environment[J]. The International Journal of Advanced Manufact, 2001（3）: 221-232.

[148] 轩建平, 史铁林, 杨叔子. AR模型参数的Bootstrap方差估计[J]. 华中科技大学学报, 2001（9）: 81-83.

[149] 杨叔子, 吴波. 先进制造技术及其发展趋势[J]. 机械工程学报, 2003（10）: 73-78.

[150] 杨叔子. 金属切削理论及其应用新探 序[J]. 华中科技大学出版社, 2003.

[151] Weihua Li, Tielin Shi, Shuzi Yang, et al. Feature extraction and classification of gear faults using principal component analysis[J]. Journal of Quality in Maintenance Engineering, 2003（2）: 132-143.

[152] 胡友民, 杨叔子, 杜润生. 制造系统分布式柔性可重组状态监测与诊断技术研究[J]. 机械工程学报, 2004（3）: 40-44.

[153] 杨叔子. 画法几何与土木工程制图 序[J]. 华中科技大学出版社, 2004.

[154] 易朋兴, 杜润生, 杨叔子, 等. 基于Markov模型的分布式监测系统可靠性研究[J]. 机械工程学报, 2005（6）: 143-148.

[155] 杨叔子, 吴波, 李斌. 再论先进制造技术及其发展趋势[J]. 机械工程学报, 2006（1）: 1-5.

[156] 杨叔子, 吴昌林, 彭文生. 机械创新设计大赛很重要[J]. 高等工程教育研究, 2007（2）: 1-5.

[157] Yang Shuzi. Cutting Force Model for a Small-diameter Helical Milling

Cut [J]. Frontiers of Mechanical Engineering in China, 2007: 272-277.

[158] 杨叔子. 制造、先进制造技术的发展及其趋势（上）[J]. 装备制造, 2008（4）: 52-55.

[159] 杨叔子. 制造、先进制造技术的发展及其趋势（下）[J]. 装备制造, 2008（5）: 38-41.

[160] 杨叔子. "以人为本"为核心 树立制造业发展的新观念 [J]. 机械工程学报, 2008（7）: 1-5.

[161] 杨叔子, 史铁林. 走向"制造服务"一体化的和谐制造 [J]. 机械制造与自动化, 2009（1）: 1-5.

[162] 杨叔子, 史铁林. 和谐制造: 制造走向制造与服务一体化 [J]. 江苏大学学报, 2009（3）: 217-223.

[163] Ruibo He, Yingjun Zhao, Shuzi Yang, et al. Kinematic-Parameter Identification for Serial-Robot Calibration Based on POE Formula [J]. Robotics IEEE Transactions on, 2010（3）: 411-423.

[164] 杨叔子, 丁汉, 李斌. 高端制造装备关键技术的科学问题 [J]. 机械制造与自动化, 2011（1）: 1-5.

著作类

[1] 杨叔子, 杨克冲. 机械工程控制基础 [M]. 武汉: 华中理工大学出版社, 1984.

[2] 杨叔子, 吴雅. 机械故障诊断的时序方法 [M]. 西安: 西安交通大学出版社, 1989.

[3] 杨叔子, 郑小军. 人工智能与诊断专家系统 [M]. 西安: 西安交通大学出版社, 1999.

[4] 杨叔子, 吴雅. 时间序列分析的工程应用（上册）[M]. 武汉: 华中理工大学出版社, 1991.

[5] 杨叔子, 吴雅. 时间序列分析的工程应用（下册）[M]. 武汉: 华中

理工大学出版社，1992.

[6] 杨叔子，丁洪，史铁林，等. 基于知识的诊断推理［M］. 北京：清华大学出版社，南宁：广西科学技术出版社，1993.

[7] 杨叔子. 钢丝绳断丝定量检测原理与技术［M］. 北京：国防工业出版社，1995.

[8] 赵英俊，杨克冲，杨叔子. 非晶态合金传感器技术与应用［M］. 武汉：华中理工大学出版社，1998.

[9] 杨叔子. 序［M］// 盛正卯，叶高翔. 物理学与人类文明. 杭州：浙江大学出版社，2000：I-II.

[10] 杨叔子，张福润，吴昌林. 高度重视知识 认真打好基础——兼谈构建专业教育平台［M］// 赵汉中. 工程流体力学 1. 武汉：华中科技大学出版社，2005：I-VII.

[11] 杨叔子. 序［M］// 马兴瑞. 动力学 振动与控制新进展. 北京：中国宇航出版社，2006：III-V.

[12] 杨叔子. 序［M］// 徐新桥. 电能结构优化——以湖北为例研究. 上海：上海三联书店，2007：1-3.

[13] 杨叔子，吴雅，轩建平，等. 时间序列分析的工程应用（上册）（第二版）［M］. 武汉：华中科技大学出版社，2007.

[14] 杨叔子，吴雅，轩建平，等. 时间序列分析的工程应用（下册）（第二版）［M］. 武汉：华中科技大学出版社，2007.

[15] 杨叔子. 序［M］// 毛汉领. 混流式水轮机转轮叶片裂纹监测研究. 北京：中国水利水电出版社，2009.

[16] 杨叔子. 杨叔子科技论文选（上）［M］. 武汉：华中科技大学出版社，2012.

[17] 杨叔子. 杨叔子科技论文选（下）［M］. 武汉：华中科技大学出版社，2012.

[18] 杨叔子. 机械加工工艺师手册（第2版）［M］. 北京：机械工业出版社，2013.

[19] 杨叔子，杨克冲. 机械工程控制基础（第六版）［M］. 武汉：华中

科技大学出版社，2015.

[20] 杨叔子. 钢丝绳电磁无损检测 [M]. 武汉：机械工业出版社，2017.

文化素质教育类论著

论文类

[1] 杨叔子. 为培养研究生努力开出新课 [J]. 高等教育研究，1981（4）：37-39，47.

[2] 杨叔子. 努力提高研究生培养质量 建设第一流社会主义大学 [J]. 高等教育研究，1995（2）：26-31，38.

[3] 杨叔子. 加强素质教育，实行两个"优先" [J]. 学位与研究生教育，1996（1）：12-15.

[4] 杨叔子. 下学上达，文质相宜 [C]. 两岸大学教育学术研讨会论文集，1998：245-259.

[5] 杨叔子. 了解具体，超越具体 [J]. 《院士思维》选读本，2000：409-417.

[6] 杨叔子，陶绪楠. 时代呼唤：让大学生走近京剧 [J]. 戏曲研究，2000（55）：1-7.

[7] 杨叔子，张福润. 面向 21 世纪改革机械工程教学 [J]. 高等教育研究，2000（4）：73-77.

[8] 杨叔子. 现代高等教育：绿色·科学·人文 [J]. 高等教育研究，2002（1）：18-24.

[9] 杨叔子. 科学人文 和而不同 [J]. 清华大学教育研究，2002（3）：11-18.

[10] 杨叔子. 高等教育的主旋律是"育人"而非"制器"——再谈人文教育的基础地位 [J]. 黄河文化论坛，2002（8）：9.

[11] 杨叔子，欧阳康，刘献君，等. 当代中华民族精神的反思与建构——"培育和弘扬民族精神"研究构架 [J]. 华中科技大学学报

（社会科学版），2004（1）：8-15.

［12］杨叔子. 文化：知识、思维、方法与精神的集［C］. 技术科学论坛第十七次学术报告会议论文集（主题：科学、技术、人文），2005：1-8.

［13］杨叔子. 民族精神：中华民族文化哲理的凝视［M］//华中科技大学国家大学生文化素质教育基地. 春雨化育 华中科技大学文化素质教育十年. 武汉：华中科技大学出版社，2005：72-85.

［14］杨叔子. 科技发展的实际回眸、当前趋势与若干人文思考［J］. 图书馆杂志，2005：81-88.

［15］杨叔子. 关注与加强科学文化与人文文化的交融［J］. 中国科学院院刊，2005：405-408.

［16］杨叔子. 继承历史财富 不断丰富发展——由庆贺朱九思同志九十华诞而作［J］. 高等教育研究，2006（2）：1-7.

［17］杨叔子. 才者德之资，德者才之帅［J］. 中国高教研究，2006（3）：1-3.

［18］杨叔子. 面向工程，打好基础，全面发展［J］. 中国大学教学，2006（7）：4-8.

［19］杨叔子. 总结过去，分析现在，谋划未来，将文化素质教育推向新的阶段［J］. 十年探索 十年发展——纪念文化素质教育开展十周年，2006：33-40.

［20］杨叔子. 走出"半个人"的时代［J］. 现代教师人文与师德读本（上），2007：25-36.

［21］杨叔子. 科学文化与人文文化的交融是时代发展的必然趋势［J］. 苏州教育学院学报，2007：5-7.

［22］杨叔子. "人是为别人而生存的"——纪念"相对论"诞生100周年［J］. 南京邮电大学学报（社会科学版），2007（1）：1-3.

［23］杨叔子. 大学的生命：日新之德——为温家宝总理在同济大学百年校庆时的讲话发表一周年而作［J］. 高等教育研究，2008（5）：1-6.

［24］杨叔子. 谈谈我对"CDIO——工程文化教育"的认识［J］. 中国大

学教学，2008（9）：6-7.

[25] 杨叔子，彭文生，吴昌林，等. 再论机械创新设计大赛很重要——纪念中共中央、国务院《关于深化教育改革全面推进素质教育的决定》颁布十周年[J]. 高等工程教育研究，2009（5）：5-10.

[26] 杨叔子. 踏平坎坷 成人成才[J]. 大学生GE阅读，2011（6）：3-10.

[27] 杨叔子. "读好书"与"做好人"[N]. 光明日报，2012-04-24.

[28] 杨叔子. 文化的全面教育 人才的拔尖创新[J]. 学位与研究生教育，2005（10）：1-5.

[29] 杨叔子. 在开放中飞跃发展[N]. 华中科技大学周报，2012-11-12.

著作类

[1] 中国大学人文启思录编委会. 中国大学人文启思录（第三卷）[M]. 武汉：华中科技大学出版社，1999.

[2] 杨叔子. 序：素质教育的一个创新成果[M]//陈子辰，等. 研究生素质教育论. 杭州：浙江大学出版社，2004：1-3.

[3] 杨叔子. 序[M]//夏昌祥. 人文素质教育探索与实务. 上海：上海交通大学出版社，2004.

[4] 杨叔子. 序[M]//涂序彦. 糊涂集诗四百首. 北京：北京邮电大学出版社，2005：1-2.

[5] 杨叔子. 序[M]//陈丽萍，等. 高水平大学建设的国家战略与模式选择. 天津：南开大学出版社，2008：1-3.

[6] 杨叔子. 序[M]//郭昊龙. 科学、人文及其融合. 北京：高等教育出版社，2009：Ⅰ.

[7] 杨叔子，欧阳康，刘献君. 总序[M]//刘献君. 现实挑战与路径选择——民族精神的对策研究. 北京：人民出版社，2009：1.

[8] 杨叔子. 杨叔子槛外诗文选[M]. 武汉：华中科技大学出版社，2009.

[9] 杨叔子. 弘扬与培育民族精神研究[M]. 北京：经济科学出版社，

2009.

［10］杨叔子，李白超，占骁勇. 瑜园诗选（五）——献给华中科技大学六十周年校庆［M］. 武汉：华中科技大学出版社，2012.

［11］杨叔子. 杨叔子散文序函类文选（上）［M］. 武汉：华中科技大学出版社，2012.

［12］杨叔子. 杨叔子散文序函类文选（下）［M］. 武汉：华中科技大学出版社，2012.

［13］杨叔子. 总序［M］//胡骄平，刘伟. 中西哲学入门. 北京：国防工业出版社，2012：V-Ⅵ.

［14］杨叔子. 杨叔子教育雏论选（上）［M］. 武汉：华中科技大学出版社，2013.

［15］杨叔子. 杨叔子教育雏论选（下）［M］. 武汉：华中科技大学出版社，2013.

［16］杨叔子. 中国著名大学校长毕业训词［M］. 武汉：华中科技大学出版社，2014.

［17］杨叔子. 序［M］//甘筱青，等.《孟子》的公理化诠释. 南昌：江西人民出版社，2014.

［18］杨叔子. 序：解读中国人文经典的可贵探索［M］//甘筱青，等.《论语》的公理化诠释. 桑龙扬，等译. 北京：外语教学与研究出版社，2014.

参考文献

[1] 李烈钧. 李烈钧将军自传［M］. 北京：中华书局，2007.

[2] 李烈钧. 李烈钧自述［M］. 北京：人民日报出版社，2011.

[3] 李松凌. 孙中山的执着追随者杨赓笙［J］. 炎黄春秋，2005（5）：30-33.

[4] 杨叔子. 杨叔子散文序函类文选（上）［M］. 武汉：华中科技大学出版社，2012.

[5] 杨叔子. 杨叔子散文序函类文选（下）［M］. 武汉：华中科技大学出版社，2012.

[6] 中国人民政治协商会议湖口县委员会文史资料研究委员会. 湖口文史资料选辑 第1辑［M］. 1985.

[7] 杨仲子. 讨袁义战垂青史，缅怀先人爱国情——写在《铁血共和》上映之后并答观众［J］. 中国电视，1992（9）：47-49.

[8] 杨仲子. 父亲杨赓笙在南洋为云南护国军筹饷的一段史料［J］. 北京政协，1996（2）：47-48.

[9] 杨叔子. 往事钩沉［M］. 武汉：华中科技大学出版社，2018.

[10] 杨叔子. 近代中国民族复兴的一次伟大壮举——纪念湖口起义（"二次革命"）一百周年［J］. 九江学院学报（社会科学版），2013（2）：52-53.

[11] 李海珉. 南社兴衰纪略［J］. 社会科学战线，2008（3）：162-176.

[12] 国导. 前事不忘，后事之师——电视连续剧《铁血共和》文史顾问杨仲子访

谈［J］．当代电视，1997（2）：26-27．

［13］杨叔子．鸭蛋黄［N］．长江日报，2000-07-05．

［14］杨叔子．杨叔子槛外诗选［M］．北京：高等教育出版社，2017．

［15］杨叔子．往事钩沉［M］．武汉：华中科技大学出版社，2018．

［16］杨叔子．杨叔子文化素质教育文集［M］．武汉：华中科技大学出版社，2009．

［17］邓伟平．芳林新叶催陈叶——杨叔子印象［J］．教师博览，1995（7）：33-34．

［18］刘嘉骥．杨叔子院士：踏平坎坷，成人成才［J］．成才之路，2013（3）：9．

［19］胡文鹏，奚茜，杨叔子．中国科学院院士、著名机械工程专家杨叔子——心共苍山一片丹［N］．经济日报，2009-12-06．

［20］杨叔子．记得少年骑竹马［N］．长江日报，2000-09-13．

［21］杨叔子．9岁才上小学［N］．长江日报，2000-09-20．

［22］杨叔子，曹素华．院士杨叔子的童年故事［J］．独生子女，2004（7）：16-17．

［23］左建．广益书局与"大达版"图书［J］．兰台世界，2012（33）：68．

［24］湖口中学校史第一次重修编纂委员会．江西省湖口中学校史［M］．杭州：浙江力创印业有限公司，2012．

［25］杨叔子．读好书，做好人［N］．光明日报，2009-05-13．

［26］杨叔子．"读好书"与"做好人"［N］．光明日报，2012-04-24．

［27］潭飞．弘扬一中精神，再创名校辉煌——南昌一中构建科学发展平台努力践行科学发展观［N］．南昌日报，2009-12-01．

［28］佚名．原北京大学副校长王义遒教授［J］．高等理科教育，2012（3）：126．

［29］童来光．"永远的校长"杨叔子［N］．北京科技报，2004-02-18．

［30］［苏］尼古拉·奥斯特洛夫斯基．钢铁是怎样炼成的［M］．梅益，译．北京：人民文学出版社，2004．

［31］何学慧．新中国历程探微［M］．北京：中国社会科学出版社，2013．

［32］高军峰，姚润田．新中国高考史［M］．福州：福建人民出版社，2009．

［33］教育部．关于全国高等学校一九五二年暑期招收新生的规定［N］．人民日报，1952-06-13．

［34］刘海峰．高考改革的理论与历史［M］．武汉：华中师范大学出版社，2016．

[35] 谢红星. 武汉大学历史人物选录[M]. 武汉：崇文书局，2012.

[36] 刘海峰，史静寰. 高等教育史[M]. 北京：高等教育出版社，2010.

[37] 刘我风. 七十年前的武大——从珞珈山到乐山[EB/OL]. 2008-07-24. http://news.whu.edu.cn/info/1002/29358.htm.

[38] 徐正榜，陈协强. 名人名师武汉大学演讲录[M]. 武汉：武汉大学出版社，2003.

[39] 张卓元，周叔莲，吕政，等. 中国百名经济学家理论贡献精要（第1卷）[M]. 北京：中国时代经济出版社，2010.

[40] 武汉地方志办公室. 张培刚传[M]. 武汉：华中科技大学出版社，2010.

[41] 刘献君. 在共和国的旗帜下——新闻媒体上的华中科技大学（1952—2003）[M]. 武汉：华中科技大学出版社，2003.

[42] 中共湖北省高校工作委员会、湖北省教育厅. 湖北高校志（下）[M]. 武汉：湖北人民出版社，2013.

[43] 谢红星. 武汉大学校史新编（1893—2013）[M]. 武汉：武汉大学出版社，2013.

[44] 中国人民政治协商会议武汉市武昌区委员会. 武昌文史 第9辑[M]. 政协文史资料研究委员会印，1993.

[45] 宋景华. 高等教育哲学概论[M]. 石家庄：河北教育出版社，2009.

[46] 谢红星. 武汉大学校史新编（1893—2013）[M]. 武汉：武汉大学出版社，2013.

[47] 中国著名高等院校概况丛书. 华中工学院[M]. 北京：知识出版社，1984.

[48] 张立红. 创建重点学科锻造科研团队——访中国工程院院士叶声华[J]. 中国科技奖励，2004（11）：24-26.

[49] 武汉地方志编纂委员会. 武汉市志·大事记[M]. 武汉：武汉大学出版社，1990.

[50] 北京第一机床厂调查组. 北京第一机床厂调查[M]. 北京：中国社会科学出版社，1980.

[51]《中华创业功臣大辞典》编委会. 中华创业功臣大典[M]. 北京：中国统计出版社，2001.

[52] 国家人事部专家司编撰. 中华人民共和国享受政府特殊津贴专家、学者、技术人员名录（1992年卷第二分册）[M]. 北京：中国广播电视出版社，1996.

[53] 李捷. 毛泽东对新中国的历史贡献［M］. 北京：社会科学文献出版社，2015.

[54] 杨新年，陈宏愚. 当代中国科技史［M］. 北京：知识产权出版社，2014.

[55] 余德庄. 生命的接力如此美丽［M］. 重庆：重庆出版社，2011.

[56] 杨叔子. 杨叔子槛外诗文选［M］. 武汉：华中科技大学出版社，2009.

[57] 郭沫若. 科学的春天——在全国科学大会闭幕式上的讲话［N］. 人民日报，1978-04-01.

[58] 林文俏. 1978：我是"文化大革命"后首届研究生［N］. 南方都市报，2015-12-09.

[59] 北京市经济和信息化委员会. 北京工业年鉴［M］. 北京：北京燕山出版社，2009.

[60] 中共湖北省高校工作委员会. 湖北高校志（下卷）［M］. 武汉：湖北人民出版社，2013.

[61] 王治藩，杨叔子. ARMA谱分析中若干问题的研究［J］. 应用力学学报，1985（1）.

[62] 杨叔子. 机床主轴部件静刚度的分析与计算［J］. 华中工学院学报，1978（1）.

[63] 杨叔子. 机床两支承主轴部件静刚度的分析与计算［J］. 机床，1979（3）：1-11.

[64] 杨叔子. 三支承主轴部件静刚度的分析与讨论［J］. 机床，1979（9）：11-20.

[65] 刘正兴. 维纳与控制论的发展——纪念控制论出版40周年［J］. 玉溪师专学报（自然科学版），1988（2）：44-51.

[66] 杨叔子. 为培养研究生努力开出新课［J］. 高等教育研究，1981（4）：37-39.

[67] 万百五. 21世纪控制论的发展态势：纪念控制论创立70周年（1948—2018）（评论）［J］. 控制理论与应用，2018（1）：1-12.

[68] 姜玉平. 钱学森创建的"工程控制论"在中国的传播和发展［J］. 西安交通大学学报（社会科学版），2005（4）：61-67.

[69] 陕西省高等教育局. 陕西地区高等学校高级知识分子人名录［M］. 西安：西北大学出版社，1989.

［70］杨叔子. 方法落实想法［N］. 人民日报，2015-01-28.

［71］杨叔子. 我与瑜园一道成长［N］. 湖北教育报，1999-05-02.

［72］杨叔子. 专业课教师教些基础课，好处甚多［J］. 高等教育研究，1981（2）：21-24.

［73］杨叔子，杨克冲，等. 机械工程控制基础（第一版）［M］. 武汉：华中工学院出版社，1984.

［74］杨建. 近代三次留学潮：邓小平对留学生的讲话［N］. 天津日报，2009-05-19.

［75］姜振寰. 科学技术史［M］. 济南：山东教育出版社，2010.

［76］袁江洋，樊小龙，等. 当代中国化学家学术谱系［M］. 上海：上海交通大学出版社，2016.

［77］钟德涛，邱扬品. 中国当代知名学者辞典（第二辑）［M］. 武汉：武汉测绘科技大学出版社，1997.

［78］安鸿志. 时间序列分析［M］. 上海：华东师范大学出版社，1992.

［79］徐宪江. 中国经济学家地图［M］. 北京：中国经济出版社，2005.

［80］杨叔子，王治藩，赵星，等. 信号（动态数据）的微型机在线处理［J］. 华中工学院学报，1984（6）：93-100.

［81］方东兴. 黑客微百科：洞察网络时代的未来［M］. 北京：东方出版社，2015.

［82］上海交通大学数学系组. 数学物理方法（第二版）［M］. 上海：上海交通大学出版社，2016.

［83］桂志国，陈友兴. 数字信号处理原理及应用（第二版）［M］. 北京：国防工业出版社，2016.

［84］徐科军，陈荣保. 自动检测和仪表中的共性技术［M］. 北京：清华大学出版社，2000.

［85］栾正禧. 中国邮电百科全书 电信卷［M］. 北京：人民邮电出版社，1993.

［86］杨叔子，吴雅，轩建平，等. 时间序列分析的工程应用（上册）（第二版）［M］. 武汉：华中科技大学出版社，2007.

［87］APPLE-Ⅱ微型机在线信号处理系统通过鉴定［J］. 机械工业自动化，1985（1）：64-65.

［88］王仲生. PS-80微处理机多通道数据采集与处理系统及其应用［J］. 微电子

学与计算机，1990（5）：12-14.

[89] APPLE-Ⅱ微型机在线信号处理系统受到重视[J]. 华中工学院学报，1984（6）：38.

[90] 脉图心血管功能联机监测系统在沪通过鉴定[J]. 华中理工大学学报，1988（S1）：16.

[91] 赵星，王治藩，陈小鸥，等. 在线信号处理系统改进中的若干问题的讨论[J]. 华中理工大学学报，1988（3）：49-54.

[92] 周巍，郝守玲，赵树元. 最大熵谱分析中 Burg 算法和 Marple 算法比较[J]. 石油物探，1998（2）：118-124.

[93] 王平明，杨克冲，徐毓琪，等. 人体消化道肠鸣音的时间序列分析初探[J]. 华中工学院学报，1985（5）：103-108.

[94] 王斌会. 计量经济学模型及 R 语言应用[M]. 广州：暨南大学出版，2015.

[95] 吴雅. 机床切削系统的颤振及其控制[M]. 北京：科学出版社，1993.

[96] 吴雅，杨叔子，杜跃芬，等. 人口死亡的时序模型分析及其群体预报[J]. 信号处理，1988（1）.

[97] 时间序列分析工程应用又获新成果[J]. 华中理工大学学报，1993（1）：99.

[98] 杨叔子，吴雅. 时间序列分析的工程应用[M]. 武汉：华中理工大学出版社，1991.

[99]《中国科学家辞典》编委会. 中国科学家辞典（现代第三分册）[M]. 济南：山东科学技术出版社，1984.

[100] 杨叔子. 动态数据的系统处理[J]. 机械工程，1983（5）：43-45.

[101] 吴雅，杨叔子. 时间序列分析及其在机床工业中的应用[J]. 机床，1989（6）：46-48.

[102] 刘贺云，柳世传. 精密加工技术[M]. 武汉：华中理工大学出版社，1991.

[103] 顾崇衔. 机械制造工艺学[M]. 西安：陕西科学技术出版社，1981.

[104] 国务院经济技术社会发展研究中心，国家统计局. 中国大中型工业企业 机械工业卷Ⅰ[M]. 北京：中国城市经济社会出版社，1989.

[105] 张春林，焦永和. 机械工程概论[M]. 北京：北京理工大学出版社，2003.

[106] 吴雅，师汉民，梅志坚，等. 金属切削机床颤振理论与控制的新进展[J]. 中国科学基金，1993（2）：99-105.

[107] 梅志坚，杨叔子，师汉民，等. 一种无颤振机床技术的研究[J]. 机床，

1987（9）：9-20.

[108] 余德庄. 生命的接力如此美丽［M］. 重庆：重庆出版社，2011.

[109] 康宜华，李劲松，陈根林，等. 钢丝绳断丝在线定量检测装置中的抗干扰措施［J］. 强度与环境，1989（6）：1-8.

[110] 杨叔子，康宜华，陈厚桂，等. 钢丝绳电磁无损检测［M］. 北京：机械工业出版社，2017.

[111] 马玉祥，武波. 专家系统［M］. 成都：电子科技大学出版社，1994.

[112] 武波. 专家系统（修订版）［M］. 北京：北京理工大学出版社，2001.

[113] 郑小军，杨叔子. 汽车发动机诊断专家系统 AEDES［J］. 自动化学报，1990（5）：393-399.

[114] 杨叔子，丁洪，史铁林，等. 基于知识的诊断推理［M］. 北京：清华大学出版社，1993.

[115] 钟毓宁，杨叔子，桂修文. 设备诊断型专家系统的一种开发工具［J］. 自动化学报，1992（5）：559-564.

[116] 专家系统工程应用学术讨论会组委会会议消息［J］. 华中工学院学报，1987（4）：100.

[117] 杨叔子. "专家系统工程应用1989年国际学术会议"（ICESEA'89）在武汉举行［J］. 振动与冲击，1990（1）：10.

[118] 黄可鸣. 专家系统［M］. 南京：东南大学出版社，1991.

[119] "机械制造的未来"研讨会. 机械制造的未来（论文集）［C］. 武汉：华中理工大学出版社，1989.

[120] 唐立新，杨叔子，林奕鸿. 先进制造技术与系统 第二讲 智能制造——21世纪的制造技术［J］. 机械与电子，1996（2）：33-36.

[121] 王庆明. 先进制造技术导论［M］. 上海：华东理工大学出版社，2007.

[122] 杨叔子，吴波. 依托基金项目 开展创新研究——国家自然科学基金重点项目"智能制造技术基础"研究综述［J］. 中国机械工程，1999（9）：987-990.

[123] 国务院. 国务院关于印发《中国制造2025》的通知［EB/OL］. 2015-05-19. http://www.gov.cn/zhengce/content/2015-05/19/content_9784.htm.

[124] 工业和信息化部，财政部. 关于印发《智能制造发展规划（2016—2020年）》的通知［EB/OL］. 2016-09-28. http://www.mof.gov.cn/index.htm.

[125] 王扬宗. 学部委员改称院士的曲折过程［N］. 中国科学报，2014-05-23.

[126] 汤华，顾迈南. 把最优秀的科学家选进学部——中国科学院学部委员增选工作侧记［J］. 瞭望周刊，1991（50）：26-27.

[127] 袁宝华，翟泰丰. 中国改革大辞典［M］. 海口：海南出版社，1992.

[128] 严赤卫. 科学家·诗人·教育家——记华中理工大学校长杨叔子［J］. 政策，1997（2）：20-52.

[129] 应向伟，郭汾阳. 名流浙大［M］. 杭州：浙江大学出版社，2007.

[130] 杨叔子，姚启和. 论重点理工大学实现四个转变［J］. 高等教育研究，1996（2）：1-6.

[131] 欧阳光谱，刘谦. 文明以止，人文也——访中国科学院院士杨叔子［J］. 大学（学术版），2010（8）：4-13.

[132] 华中科技大学国家大学生文化素质教育基地. 春雨化育 华中科技大学文化素质教育十年［M］. 武汉：华中科技大学出版社，2005.

[133] 王湘，刘清平. 想当工科博士 先要背熟《老子》［N］. 广州日报，2004-10-12.

[134] 杨叔子. 现代大学与人文教育［J］. 高等教育研究，1999（4）：1-5.

[135] 杨叔子. 是"育人"非"制器"——再谈人文教育的基础地位［J］. 高等教育研究，2001（2）：7-10.

[136] 杨叔子. 科学文化与人文文化交融——兼论全面素质教育［J］. 国家教育行政学院学报，2005（10）：10-13.

[137] 杨叔子. 科学人文 和而不同［J］. 清华大学教育研究，2002（3）：11-18.

[138] 杨叔子. 时代的必然趋势：科学文化与人文文化交融［J］. 中国高教研究，2004（8）：11.

[139] 覃美琼. 杨叔子：再谈高校文化素质教育［J］. 高校教育管理，2008（3）：1-5.

[140] 杨叔子. 民族文化教育 自主创新道路［J］. 中国高教研究，2006（10）：7-13.

[141] 杨叔子. 现代高等教育：绿色·科学·人文［J］. 高等教育研究，2002（1）：22-24.

[142] 曹素华，孙发友. 杨叔子的"绿色教育观"和教育人生［N］. 中国教育报，2007-03-27.

［143］杨叔子. 绛都春·为天安门前立孔子像喜极而赋［N］. 华中科技大学校报，2011-02-28.

［144］孔汝煌. 深爱 真情 美韵 教铎——《杨叔子槛外诗文选》读后感［J］. 诗词月刊，2010（3）：51-56.

［145］杨仲子，孙肖南. 只凭天地鉴孤忠：杨赓笙诗作及生平大事集［M］. 北京：中国文史出版社，2011.

［146］任江华. 杨赓笙故居暨杨叔子院士事迹展正式开放［EB/OL］. 人民网，2019-04-30. http://jx.people.com.cn/n2/2019/0430/c190260-32897875.html.

后 记

　　能够撰写杨叔子院士的学术传记，于我而言，确实是一件荣幸之至的事！时光飞逝，初见杨叔子院士已是三年前的事情了，但这一路走来的点点滴滴都能尽数清晰地浮现于脑海。采集工程使得杨叔子院士以科研创新和教育发展报效祖国的一生清晰可追溯，而参与研究的我助力了延续。回顾整个采集的历程，我们更多是怀着一颗感恩的心。

　　自2016年6月项目启动以来，我们所做的一切努力，包括访谈、实物和电子资料的采集与整理、大事年表与资料长编的编制等，都是为了让这本传记更加丰厚与严谨。2018年5月，杨叔子院士的《往事钩沉》正式出版，这对此书的写作既是一个借鉴，又是一个挑战！如何在全面立足院士自传的基础上对其有所超越，是本传记一个重要的努力方向。因此，从传记提纲的拟定、各章节标题的反复推敲、支持材料的恰当运用到行文风格的特色凸显，小组成员可谓是绞尽脑汁、竭尽全力。为了确保传记的真实性与专业性，我们一方面与杨叔子院士保持密切联系，无论是传记的初稿还是之后的几轮修改稿，我们都及时将之交付院士手中，以确认我们的叙述是否全面而又不失重点地反映了传主的真实情况。另一方面，我们悉心采纳采集工程有关专家提出的中肯意见和给出的针对性建议，并且请机械工程领域的专家学者帮助我们把好质量关。结题之后，为了进一步弥补传记的部分细节性缺失，尤其是杨叔子院士的童年经历，我们又对杨叔子院士进行了一次补充性访谈。凡此种种，既可以说明采集小组成员确实想在自己可及的范围内把这个项目做得更好，也有力地证明了采集工作是一个系统性的工程，它离不开各方人士的支持与帮助！

当然，传记只是采集项目的一部分。在此节点回首三年多的采集历程，我们在不知不觉中也沉淀了一些经验，收获了成长。这里最想与广大同人分享的是小组成员在采集工作中的两种心态。

一是学习者心态。我们通过文献搜集与研读、专题访谈等多种途径，最大限度地掌握院士所在学科领域的基本情况，深入了解院士主要研究方向与重要科研成就的历史情况与当下发展，拉近与院士之间的学科距离，增加访谈的质量。由于担心相关知识背景的匮乏掣肘访谈工作的开展与研究报告的写作，小组成员始终保持"人一能之己百之，人十能之己千之"的学习状态。虽然这道横亘在院士与小组成员之间的鸿沟至今依然难以弥合，但不可否认的是，差距在逐渐缩小，院士与小组之间的心理距离在日益拉近。随着采集小组对中国科技史、机械工程学科史、华中科技大学校史以及湖口、武汉等地文史资料的系统掌握，小组成员在与院士以及相关人士交流的过程中，更容易进入话语情境，更能够捕捉重要信息，也更能进行深度追问，从而为研究报告的写作提供了更为翔实的材料支撑与更为充分的观点论证。

二是研究者心态。我们始终牢记采集工程的重要使命，以一种研究者的心态面对采集任务。在广泛搜集各类资料的基础上，考辨资料的真伪，挖掘史料背后的意蕴，找寻资料间的相互关联，据此编制大事年表与资料长编，撰写研究报告。对于院士的早期经历，由于年代、历史久远，很多史料十分稀缺。在此情况下，相关口述资料显得弥足珍贵。但是，小组成员清晰地意识到，口述资料难免因受访人记忆的减退及其主观情感的掺杂而不尽全面客观，因此，小组成员十分注意针对同一问题的多份口述资料之间的重合与差异，以此来判定史料的可信度。此外，小组成员也会查询地方志史对相关事件的记载以确证史料的真实性与充分性。遇到不同类型的资料说法不一的情形，小组会立即向院士与有关人士做进一步确认。相关考辨的经过在传记的脚注部分也有所体现。

这里不得不提的是，通过采集工程，采集小组与杨叔子院士及其家人建立了良好的互动关系。因此，除了正式的录音录像访谈外，小组成员还从与院士的日常交往中获取了与院士学术成长经历密切相关的重要信息，从而深化了对有关事件的认识。由此我们深切地体会到，与院士在日常生活状态下的"闲谈"实为弥补"镜头之内"的访谈缺陷的有效途径。不过，由于年代、历史久远，加之院士身体状况的限制，有些历史事件院士本人也无法进行完整与准确地回忆，这时我们会转向其他相关人士做进一步考证与扩充。例如，我们对杨叔子院士开展智能制造研究的具体经过与其中涉及的有关人员的了解，正是通过对早期跟随院士学习的研究生进行补充访谈实现的。

回顾三年多的采集历史，这项工作的顺利完成离不开各方人士的支持、帮助、指导与配合，在此向他们表示由衷的感谢！

首先，我们想要感谢一直以来对项目给予高度支持与配合的杨叔子院士及其夫人徐辉碧教授。杨叔子院士于2014年6月突发疾病，之后一直处于康复状态，但为了配合采集工作，他克服了许多身体上的困难，全力支持我们的访谈与资料采集工作。

杨叔子院士常常幽默地称自己为"'80后'健康的病人"！在每一次与杨叔子院士的近距离接触中，他那种温良谦恭的为人、乐观豁达的心态，都会迅速感染我，使原本倍感压力的访谈变得轻松愉悦，如沐春风！他独到的科学思想、永不停歇的创新精神、在病中仍然执着于对生命意义和价值的不懈追求都深深震撼着我。我常常在想，无论社会如何变迁，杨叔子院士这样的科学家是任何时代我们都要"追"的星。他就像一座屹立不倒的丰碑，总能让人心生敬仰！在杨叔子院士学术成长资料采集的过程中，他的夫人徐辉碧教授可谓功不可没。徐辉碧教授也是著名的化学家，因而在采集工作中，她总能用一种专业的思维方式给我们提供非常高效的安排和帮助。访谈人员名单的拟定与补充、所有访谈行程的安排、电子与实物资料的捐赠、访谈校对稿的寄送签名以及研究报告的审阅等诸多核心事宜，她都可以在一两天之内全部发完邮件并给我回复准确的处理时间。有时候我真的感叹：能够得到徐辉碧教授这般热心、全面的相助，我们真的是太幸运了！自项目启动以来，她一直留意收集杨叔子院士的各类资料，只要一有新的资料就会第一时间发给我。有时候担心达不到技术指标，就联系好时间让我去扫描。某种程度上，她更像是我们采集小组的成员。每每想到徐辉碧教授，我的脑海中就会浮现出访谈深圳大学肖海涛教授时所说的话："徐老师绝对有大家风范，她就是那个最贤的妻、最才的女！"此外，杨叔子院士的女婿李晓平和侄外孙女孙肖南也为我们的采集工作提供了极大的帮助。

其次，我们要感谢对采集项目作出重要贡献的杨叔子院士的学生、同学、好友和同事。我们尤其要感谢华中科技大学机械科学与工程学院的史铁林书记。如果不是史铁林书记的大力支持，我们很难顺利扫描到已被华中科技大学档案馆收录的杨叔子院士的学术资料。同时，史铁林书记不仅向我们提供了许多有关杨叔子院士的珍贵照片类资料，还为这本传记提出了具体细致的修改建议。在此，也要特别感谢余东升教授的倾力支持。他在百忙之中抽出时间与我一起去九江、湖口、黎川还有北京完成了近一个多星期的访谈任务，还对整个研究提供了高瞻远瞩的指导和不遗余力的细节补充。此外，康宜华教授特意研制了杨叔子院士当年进行钢丝绳断丝定量检测实验的装置模型，陈惜曦秘书将办公室珍藏的大量书信与手稿"割爱"出来，原九江学院校长甘筱青提供了杨叔子院士支持家乡发展和九江学院成长的支撑材料，富士康工业互联网股份有限公司董事长李军旗提供了他赴日本学习智能制造前后杨叔子院士特意写给他的勉励书信。采集过程中像这样的热心人士还有很多，这让我们深感我们面对的不仅仅是杨叔子院士一个人，而是一个优秀的团队。我们在此一并致谢！

再次，感谢采集工程领导小组、中国科协、馆藏基地和湖北省科协的有关同志对本项目提供的直接指导与帮助。这里要特别感谢采集工程领导小组的张藜和吕瑞花两位专家在阶段性验收会议上给我们提出的中肯建议，感谢馆藏基地的李志东、王彦煜、高天平、陶萍和杨璐露等几位老师在资料的整理与验收方面对我们不厌其烦地指导与协助，感谢中国科协的马丽同志、中国科学院自然科学史研究所的张佳静同志和《中国科学报》

的韩天琪同志在大事年表、资料长编以及印刻文章等方面为我们提供的帮助，感谢湖北省科协的马贵兵同志和邓腾同志对采集工作提供的全程性支持。我们还要感谢湖北大学的王艳明教授、华中师范大学的贺金波教授、清华大学的徐立珍老师在资料的采集与整理方面对我们指点迷津，也要感谢张凯、刘元海、岳耀杰、邓红武同志在摄像、摄影和数字化方面的专业支持！

最后，作为项目的负责人，我要对采集小组的全体成员报以最真挚的感谢！其中陈俊源、马倩、徐洁、汪旭、张斌、汪路艳除了参与数据采集与整理工作外，还参与了本传记的撰写与修改；吴璇、张文娟、刘军豪、阳莎莎、贺静霞、张田丽、段倩倩、范芮宁、李丽琴、李雅洁、许元元、周静、徐凤雏、周芳芳、李婷婷、张鑫、张雨、陈亚凌、李祥云参与了资料的收集、整理与编目，他们都为这个项目倾注了大量的心血。如果不是团队的力量，完成这样一个工作量大且要求严格的项目是很困难的。这里要特别感谢陈俊源、马倩同学，她们协助我做了大量的组织协调工作。

此外，还要感谢所有关心、支持本项目的人！

许锋华

2020 年 1 月

老科学家学术成长资料采集工程丛书
已出版（110种）

《卷舒开合任天真：何泽慧传》　　《此生情怀寄树草：张宏达传》
《从红壤到黄土：朱显谟传》　　　《梦里麦田是金黄：庄巧生传》
《山水人生：陈梦熊传》　　　　　《大音希声：应崇福传》
《做一辈子研究生：林为干传》　　《寻找地层深处的光：田在艺传》
《剑指苍穹：陈士橹传》　　　　　《举重若重：徐光宪传》

《情系山河：张光斗传》　　　　　《魂牵心系原子梦：钱三强传》
《金霉素·牛棚·生物固氮：沈善炯传》《往事皆烟：朱尊权传》
《胸怀大气：陶诗言传》　　　　　《智者乐水：林秉南传》
《本然化成：谢毓元传》　　　　　《远望情怀：许学彦传》
《一个共产党员的数学人生：谷超豪传》《没有盲区的天空：王越传》

《含章可贞：秦含章传》　　　　　《行有则　知无涯：罗沛霖传》
《精业济群：彭司勋传》　　　　　《为了孩子的明天：张金哲传》
《肝胆相照：吴孟超传》　　　　　《梦想成真：张树政传》
《新青胜蓝惟所盼：陆婉珍传》　　《情系梁菽：卢良恕传》
《核动力道路上的垦荒牛：彭士禄传》《笺草释木六十年：王文采传》

《探赜索隐　止于至善：蔡启瑞传》《妙手生花：张涤生传》
《碧空丹心：李敏华传》　　　　　《硅芯筑梦：王守武传》
《仁术宏愿：盛志勇传》　　　　　《云卷云舒：黄士松传》
《踏遍青山矿业新：裴荣富传》　　《让核技术接地气：陈子元传》
《求索军事医学之路：程天民传》　《论文写在大地上：徐锦堂传》

《一心向学：陈清如传》　　　　　《钤记：张兴钤传》
《许身为国最难忘：陈能宽传》　　《寻找沃土：赵其国传》

《钢锁苍龙　霸贯九州：方秦汉传》
《一丝一世界：郁铭芳传》
《宏才大略　科学人生：严东生传》

《我的气象生涯：陈学溶百岁自述》
《赤子丹心　中华之光：王大珩传》
《根深方叶茂：唐有祺传》
《大爱化作田间行：余松烈传》
《格致桃李半公卿：沈克琦传》
《躬行出真知：王守觉传》
《草原之子：李博传》

《此生只为麦穗忙：刘大钧传》
《航空报国　杏坛追梦：范绪箕传》
《聚变情怀终不改：李正武传》
《真善合美：蒋锡夔传》
《治水殆与禹同功：文伏波传》
《用生命谱写蓝色梦想：张炳炎传》
《远古生命的守望者：李星学传》

《善度事理的世纪师者：袁文伯传》
《"齿"生无悔：王翰章传》
《慢病毒疫苗的开拓者：沈荣显传》
《殚思求火种　深情寄木铎：黄祖洽传》
《合成之美：戴立信传》
《誓言无声铸重器：黄旭华传》
《水运人生：刘济舟传》
《在断了 A 弦的琴上奏出多复变
　　最强音：陆启铿传》

《虚怀若谷：黄维垣传》
《乐在图书山水间：常印佛传》
《碧水丹心：刘建康传》

《我的教育人生：申泮文百岁自述》
《阡陌舞者：曾德超传》
《妙手握奇珠：张丽珠传》
《追求卓越：郭慕孙传》
《走向奥维耶多：谢学锦传》
《绚丽多彩的光谱人生：黄本立传》

《探究河口　巡研海岸：陈吉余传》
《胰岛素探秘者：张友尚传》
《一个人与一个系科：于同隐传》
《究脑穷源探细胞：陈宜张传》
《星剑光芒射斗牛：赵伊君传》
《蓝天事业的垦荒人：屠基达传》

《化作春泥：吴浩青传》
《低温王国拓荒人：洪朝生传》
《苍穹大业赤子心：梁思礼传》
《仁者医心：陈灏珠传》
《神乎其经：池志强传》
《种质资源总是情：董玉琛传》
《当油气遇见光明：翟光明传》
《微纳世界中国芯：李志坚传》
《至纯至强之光：高伯龙传》

《弄潮儿向涛头立：张乾二传》　　　《材料人生：涂铭旌传》
《一爆惊世建荣功：王方定传》　　　《寻梦衣被天下：梅自强传》
《轮轨丹心：沈志云传》　　　　　　《海潮逐浪　镜水周回：童秉纲
《继承与创新：五二三任务与青蒿素研发》　　口述人生》

《淡泊致远　求真务实：郑维敏传》　《采数学之美为吾美：周毓麟传》
《情系化学　返璞归真：徐晓白传》　《神经药理学王国的"夸父"：
《经纬乾坤：叶叔华传》　　　　　　　　金国章传》
《山石磊落自成岩：王德滋传》　　　《情系生物膜：杨福愉传》
《但求深精新：陆熙炎传》　　　　　《敬事而信：熊远著传》
《聚焦星空：潘君骅传》